1000 tests psychotechniques corrigés

LAMARRE
CONCOURS PARAMÉDICAL

1000 tests psychotechniques corrigés

André Combres

Nouvelle édition

Éditions Lamarre
1, avenue Édouard-Belin
92500 Rueil-Malmaison

Directeur de la collection : Pascal Le Masson

(Enseignant au Centre de préparation
aux carrières sociales et paramédicales de Rennes)

ISBN 2-85030-849-8

SOMMAIRE

Préface XV
Guide d'utilisation XVII
Avant-propos XIX
Quelques rappels d'algèbre élémentaire XXI

1. Concours blanc n° 1 1

Sujet 1
Raisonnement logique : M. Mind 1
Test d'observation 4
Raisonnement numérique 1 : arithmétique 6
Raisonnement numérique 2 : problèmes 7
Test d'observation sur des images 8
Test d'attention 9
Raisonnement logique 10
Aptitude verbale 1 : conjugaison 11
Aptitude verbale 2 : orthographe 12
Raisonnement logique de proposition 13
Aptitude verbale 3 : vocabulaire 14
Test de raisonnement logique sur des nombres 15
Feuille-réponse du concours n° 1 16
Corrigé 17
Raisonnement logique : M. Mind 17
Test d'observation 17
Raisonnement numérique 1 : arithmétique 17
Raisonnement numérique 2 : problèmes 18
Test d'observation sur des images 20
Test d'attention 20
Raisonnement logique 20
Aptitude verbale 1 : conjugaison 21
Aptitude verbale 2 : orthographe 22
Raisonnement logique de proposition 23
Aptitude verbale 3 : vocabulaire 24
Test de raisonnement logique sur des nombres 25
Feuille-réponse du concours n° 1 27

2. Concours blanc n° 2 — 29

Sujet — 29

Raisonnement logique sur des images — 29
Raisonnement logique : M. Mind — 30
Test d'observation — 33
Raisonnement numérique 1 : arithmétique — 34
Raisonnement numérique 2 : problèmes — 35
Test d'observation sur des images — 36
Test d'attention — 38
Raisonnement logique — 39
Test d'attention sur des symboles — 40
Aptitude verbale 1 : orthographe — 41
Aptitude verbale 2 : vocabulaire — 42
Test d'observation sur un texte — 43
Raisonnement logique : vues en perspective — 43
Test de raisonnement logique sur des nombres — 44
Feuille-réponse du concours n° 2 — 46

Corrigé — 47

Raisonnement logique sur des images — 47
Raisonnement logique : M. Mind — 47
Test d'observation — 48
Raisonnement numérique 1 : arithmétique — 48
Raisonnement numérique 2 : problèmes — 49
Test d'observation sur des images — 50
Test d'attention — 50
Raisonnement logique — 51
Test d'attention sur des symboles — 52
Aptitude verbale 1 : orthographe — 52
Aptitude verbale 2 : vocabulaire — 53
Test d'observation sur un texte — 54
Raisonnement logique : vues en perspective — 55
Test de raisonnement logique sur des nombres — 56
Feuille-réponse du concours n° 2 — 58

3. Concours blanc n° 3 — 59

Sujet — 59

Raisonnement logique sur un tableau — 59

Raisonnement logique sur un schéma 60
Raisonnement logique sur une suite numérique 1 61
Raisonnement logique sur une suite numérique 2 62
Raisonnement numérique 1 : arithmétique 63
Raisonnement numérique 2 : problèmes 64
Test d'observation sur des images 65
Aptitude verbale 1 : conjugaison 67
Aptitude verbale 2 : vocabulaire 68
Aptitude verbale 3 : orthographe 69
Raisonnement logique de proposition 69
Test de raisonnement logique sur des nombres 70
Feuille-réponse du concours n° 3 72

Corrigé 73

Raisonnement logique sur un tableau 73
Raisonnement logique sur un schéma 73
Raisonnement logique sur une suite numérique 1 73
Raisonnement logique sur une suite numérique 2 74
Raisonnement numérique 1 : arithmétique 74
Raisonnement numérique 2 : problèmes 75
Test d'observation sur des images 77
Aptitude verbale 1 : conjugaison 77
Aptitude verbale 2 : vocabulaire 78
Aptitude verbale 3 : orthographe 79
Raisonnement logique de proposition 79
Test de raisonnement logique sur des nombres 80
Feuille-réponse du concours n° 3 82

4. Concours blanc n° 4 83

Sujet 83

Test d'observation sur des images 83
Test d'attention 85
Raisonnement logique sur un schéma 86
Raisonnement numérique 1 : arithmétique 87
Raisonnement numérique 2 : problèmes 88
Raisonnement logique sur un tableau 89
Raisonnement logique : M. Mind 90
Raisonnement numérique 3 : opérations 93

Test d'attention sur des symboles 94
Aptitude verbale 1 : orthographe 95
Aptitude verbale 2 : vocabulaire 96
Test d'observation sur un texte 97
Raisonnement logique sous forme de tableau 97
Test de raisonnement logique sur des nombres 98
Feuille-réponse du concours n° 4 101
Corrigé 102
Test d'observation sur des images 102
Test d'attention 102
Raisonnement logique sur un schéma 103
Raisonnement numérique 1 : arithmétique 103
Raisonnement numérique 2 : problèmes 104
Raisonnement logique sur un tableau 106
Raisonnement logique : M. Mind 106
Raisonnement numérique 3 : opérations 107
Test d'attention sur des symboles 107
Aptitude verbale 1 : orthographe 108
Aptitude verbale 2 : vocabulaire 109
Test d'observation sur un texte 110
Raisonnement logique sous forme de tableau 110
Test de raisonnement logique sur des nombres 112
Feuille-réponse du concours n° 4 114

5. Concours blanc n° 5 115

Sujet 115
Test d'attention 115
Raisonnement logique sur un tableau 116
Raisonnement numérique 1 : arithmétique 117
Raisonnement numérique 2 : problèmes 118
Raisonnement logique : M. Mind 119
Test d'observation 121
Raisonnement logique sur des images 122
Raisonnement numérique 3 : opérations 123
Aptitude verbale 1 : conjugaison 124
Aptitude verbale 2 : vocabulaire 125
Test de raisonnement logique sur des images 126

Raisonnement logique : vues en perspective 128
Test de raisonnement logique sur des nombres 129
Feuille-réponse du concours n° 5 131
Corrigé 132
Test d'attention 132
Raisonnement logique sur un tableau 133
Raisonnement numérique 1 : arithmétique 133
Raisonnement numérique 2 : problèmes 134
Raisonnement logique : M. Mind 135
Test d'observation 136
Raisonnement logique sur des images 136
Raisonnement numérique 3 : opérations 137
Aptitude verbale 1 : conjugaison 138
Aptitude verbale 2 : vocabulaire 139
Test de raisonnement logique sur des images 140
Raisonnement logique : vues en perspective 141
Test de raisonnement logique sur des nombres 142
Feuille-réponse du concours n° 5 144

6. Concours blanc n° 6 145

Sujet 145
Raisonnement logique sur un texte 145
Test d'attention 146
Raisonnement numérique 1 : arithmétique 147
Raisonnement numérique 2 : problèmes 148
Test d'observation sur des images 149
Raisonnement numérique 3 : opérations 151
Raisonnement logique 152
Test d'attention sur des mots 153
Aptitude verbale 1 : orthographe 154
Aptitude verbale 2 : vocabulaire 155
Test d'observation sur un texte 156
Raisonnement logique de proposition 157
Test de raisonnement sur des axes parallèles 158
Feuille-réponse du concours n° 6 160
Corrigé 161
Raisonnement logique sur un texte 161

Test d'attention 161
Raisonnement numérique 1 : arithmétique 162
Raisonnement numérique 2 : problèmes 163
Test d'observation sur des images 165
Raisonnement numérique 3 : opérations 165
Raisonnement logique 165
Test d'attention sur des mots 166
Aptitude verbale 1 : orthographe 167
Aptitude verbale 2 : vocabulaire 168
Test d'observation sur un texte 169
Raisonnement logique de proposition 169
Test de raisonnement sur des axes parallèles 170
Feuille-réponse du concours n° 6 172

7. Concours blanc n° 7 173

Sujet 173
Raisonnement logique 173
Test d'attention 175
Raisonnement logique sur un tableau 176
Raisonnement logique : M. Mind 177
Raisonnement numérique 1 : arithmétique 179
Raisonnement numérique 2 : problèmes 180
Test d'observation sur des images 181
Raisonnement logique sur une suite numérique 182
Aptitude verbale 1 : conjugaison 183
Aptitude verbale 2 : vocabulaire 184
Raisonnement logique sous forme de tableau 185
Raisonnement logique : vues en perspective 186
Test de raisonnement sur un planning 187
Feuille-réponse du concours n° 7 189

Corrigé 190
Raisonnement logique 190
Test d'attention 191
Raisonnement logique sur un tableau 192
Raisonnement logique : M. Mind 192
Raisonnement numérique 1 : arithmétique 192
Raisonnement numérique 2 : problèmes 193
Test d'observation sur des images 195

Raisonnement logique sur une suite numérique 195
Aptitude verbale 1 : conjugaison 195
Aptitude verbale 2 : vocabulaire 196
Raisonnement logique sous forme de tableau 197
Raisonnement logique : vues en perspective 199
Test de raisonnement sur un planning 200
Feuille-réponse du concours n° 7 201

8. Concours blanc n° 8 203

Sujet 203
Raisonnement logique 203
Test d'attention 206
Raisonnement logique sur des images 207
Test d'observation 208
Raisonnement numérique 1 : arithmétique 210
Raisonnement numérique 2 : problèmes 211
Raisonnement logique sur une suite numérique 212
Test d'observation sur des images 213
Test d'attention sur des symboles 215
Aptitude verbale 1 : orthographe 216
Aptitude verbale 2 : vocabulaire 217
Test d'observation sur un texte 218
Test de raisonnement logique sur des images 218
Test de raisonnement sur une suite logique 219
Feuille-réponse du concours n° 8 222

Corrigé 223
Raisonnement logique 223
Test d'attention 225
Raisonnement logique sur des images 226
Test d'observation 226
Raisonnement numérique 1 : arithmétique 226
Raisonnement numérique 2 : problèmes 227
Raisonnement logique sur une suite numérique 228
Test d'observation sur des images 229
Test d'attention sur des symboles 229
Aptitude verbale 1 : orthographe 230
Aptitude verbale 2 : vocabulaire 231
Test d'observation sur un texte 232

Test de raisonnement logique sur des images 232
Test de raisonnement sur une suite logique 233
Feuille-réponse du concours n° 8 236

9. Concours blanc n° 9 237

Sujet 237
Raisonnement logique 237
Raisonnement logique sur un texte 239
Test d'attention 240
Raisonnement logique : M. Mind 241
Raisonnement numérique 1 : arithmétique 242
Raisonnement numérique 2 : problèmes 243
Test d'observation sur des images 244
Test d'observation sur des tableaux 246
Test d'attention sur des mots 250
Aptitude verbale 1 : orthographe 251
Aptitude verbale 2 : vocabulaire 252
Raisonnement logique sous forme de tableau 253
Raisonnement logique : vues en perspective 254
Test de raisonnement sur un déroulement logique 255
Feuille-réponse du concours n° 9 257

Corrigé 258
Raisonnement logique 258
Raisonnement logique sur un texte 260
Test d'attention 260
Raisonnement logique : M. Mind 260
Raisonnement numérique 1 : arithmétique 261
Raisonnement numérique 2 : problèmes 262
Test d'observation sur des images 264
Test d'observation sur des tableaux 264
Test d'attention sur des mots 266
Aptitude verbale 1 : orthographe 266
Aptitude verbale 2 : vocabulaire 267
Raisonnement logique sous forme de tableau 268
Raisonnement logique : vues en perspective 270
Test de raisonnement sur un déroulement logique 271
Feuille-réponse du concours n° 9 272

10. Concours blanc n° 10 — 273

Sujet — 273
- Raisonnement logique — 273
- Raisonnement logique : M. Mind — 275
- Raisonnement numérique 1 : arithmétique — 277
- Raisonnement numérique 2 : problèmes — 278
- Test d'observation sur des images — 279
- Raisonnement logique sur une suite numérique — 282
- Test d'observation sur des tableaux — 283
- Aptitude verbale 1 : orthographe — 287
- Raisonnement logique de proposition — 288
- Aptitude verbale 2 : vocabulaire — 288
- Test de raisonnement logique sur des images 1 — 289
- Test de raisonnement logique sur des images 2 — 291
- Test de raisonnement numérique sur des dosages — 292
- Feuille-réponse du concours n° 10 — 293

Corrigé — 294
- Raisonnement logique — 294
- Raisonnement logique : M. Mind — 296
- Raisonnement numérique 1 : arithmétique — 297
- Raisonnement numérique 2 : problèmes — 297
- Test d'observation sur des images — 299
- Raisonnement logique sur une suite numérique — 299
- Test d'observation sur des tableaux — 300
- Aptitude verbale 1 : orthographe — 302
- Raisonnement logique de proposition — 303
- Aptitude verbale 2 : vocabulaire — 304
- Test de raisonnement logique sur des images 1 — 305
- Test de raisonnement logique sur des images 2 — 306
- Test de raisonnement numérique sur des dosages — 307
- Feuille-réponse du concours n° 10 — 310

Préface

Cet ouvrage est destiné aux candidats préparant les concours d'entrée en formation infirmière.

Selon les textes en vigueur, l'une des deux épreuves d'admissibilité consiste en des tests psychotechniques.

En référence de l'arrêté du 6 septembre 2001, ceux-ci ont pour objet d'évaluer les capacités suivantes :
- observation et attention ;
- aptitude numérique ;
- aptitude verbale ;
- organisation ;
- raisonnement logique.

Les tests qui vous sont proposés vous serviront d'entraînement et vous familiariseront avec ce qui peut vous être demandé le jour du concours. Plus vous vous préparerez à ce type d'épreuve, plus vos chances de réussite à cette dernière seront élevées.

C'est de votre travail que dépendront les résultats.

Alors bon courage et... bonne chance !

Nicole Rouch
Directrice
IFSI du centre hospitalier du Val d'Ariège

Guide d'utilisation

Cet ouvrage se destine initialement à la préparation au concours d'entrée en IFSI. Plus généralement, il guidera tout candidat à un concours où les tests psychotechniques sont présents.

Observation sur l'épreuve de tests psychotechniques

De nombreux candidats éprouvent des difficultés sur les questions d'arithmétique, les problèmes mathématiques et les tests psychotechniques en tout genre.

Prérequis pour traiter convenablement l'épreuve de tests psychotechniques

En mathématiques, les notions d'algèbre de fin de collège et du début du lycée sont suffisantes. Même à ces niveaux-là, les questions posées sont parfois très difficiles.
Pour les tests psychotechniques, il n'y a pas de prérequis spécifiques.
Il n'est pas nécessaire d'avoir suivi une scolarité particulière. Ces tests s'adressent à tous les candidats. Il faut posséder de la logique sous toutes ses formes, de l'observation, de l'attention, etc. mais cela se travaille ! C'est l'objet de cet ouvrage.

Plan de l'ouvrage

Cet ouvrage se compose :
– d'un rappel d'algèbre élémentaire (calculs basiques détaillés) ;
– d'un rappel sur les calculs usuels de pourcentage ;
– de dix sujets de concours blancs de cent questions.
Chaque sujet est suivi d'une correction détaillée.
Les différents types de tests énoncés dans l'arrêté fixant les modalités du concours d'entrée en IFSI sont traités dans ces sujets.
Les dosages sont exposés dans le dernier sujet.

Composition des sujets

On retrouve dans les différents sujets plusieurs fois le même type de test mais avec des questions différentes. Le candidat peut ainsi s'entraîner aux différents tests à plusieurs reprises. Il vérifie ses progrès. Les sujets préparent aux tests d'observation, d'attention, d'aptitude numérique, d'aptitude verbale, d'organisation, de créativité et de raisonnement logique.

Quelques conseils pour se préparer efficacement à cette épreuve

Tout d'abord, il faut réviser les notions d'algèbre élémentaire. Le début de l'ouvrage comporte un ensemble d'exercices corrigés des problèmes les plus fréquents d'algèbre et de pourcentages.
Ensuite, comme à tous les concours, il faut s'entraîner dans les conditions de l'épreuve. C'est très difficile, une progression s'impose pour obtenir rapidement la capacité de travail et la concentration demandées.
Vous disposez dans cet ouvrage de dix sujets de concours. Ils sont tous de difficulté comparable et du niveau des épreuves au concours.

Au début de votre préparation, l'objectif ne doit pas être de terminer l'épreuve dans le temps imposé. Il faut chercher toutes les questions, sans notion de temps, dans le seul but de trouver le maximum de réponses. Dans chaque sujet, plusieurs types de tests se suivent sans aucun lien les uns aux autres. C'est une difficulté supplémentaire dans la concentration. Ce travail doit être conduit sur environ trois ou quatre sujets.

Dans un deuxième temps de votre préparation, l'objectif est de chercher le maximum de questions en une heure et trente minutes (durée du sujet) puis de continuer à travailler pour chercher les autres questions. Notez le temps que vous passez à la recherche complète d'un sujet. Cette information vous donnera une idée de votre progression.

Enfin, dans un troisième temps, pour les derniers sujets, les conditions de l'épreuve s'imposent : trouver le maximum de réponses en une heure et trente minutes.
Bien sûr, il est très profitable de reprendre les sujets déjà cherchés pour améliorer sa mémoire par exemple.

Bonne préparation et bon courage !

Avant-propos

Extraits de l'arrêté du 6 septembre 2001 modifiant l'arrêté du 23 mars 1992 modifié relatif aux conditions d'admission dans les instituts de formation en soins infirmiers préparant au diplôme d'État d'infirmier.
Art. 12. - Les épreuves d'admissibilité comprennent :

1. Une épreuve de culture générale portant prioritairement sur le domaine sanitaire et social comportant cinq questions posées à partir de cinq textes dactylographiés de dix à quinze lignes. Une question est posée sur chacun de ces textes.
Cette épreuve a pour objet d'évaluer les capacités d'analyse et de jugement du candidat par rapport aux grandes questions sanitaires et sociales.
Celle-ci, d'une durée de deux heures, est notée sur vingt points.
Trois points sont attribués à chaque question.
Cinq points sont réservés à l'orthographe, à la syntaxe et au respect des consignes pour l'ensemble de l'épreuve.

La correction est assurée par des membres du jury, visé à l'article 15 du présent arrêté, selon une grille établie avant l'épreuve.

2. Une épreuve de tests psychotechniques
Cette épreuve a pour objet d'évaluer les capacités suivantes du candidat :
– observation et attention ;
– aptitude numérique ;
– aptitude verbale ;
– organisation ;
– raisonnement logique.
Celle-ci, d'une durée d'une heure et trente minutes, est notée sur vingt points.

Les deux épreuves d'admissibilité sont écrites et anonymes.

Une note inférieure à 7 sur 20 à l'une de ces épreuves est éliminatoire.

Pour être admissible, le candidat doit obtenir un total de points au moins égal à 20 sur 40 aux deux épreuves.

Quelques rappels d'algèbre élémentaire

1) Sommes algébriques

a) On groupe les nombres positifs, puis les négatifs.
On ajoute les nombres positifs entre eux ainsi que les nombres négatifs.
Ex. : $-3+4-5+2-1=(+4+2)+(-3-5-1)=6-9=-3$

b) Un signe + devant une parenthèse ne change pas les signes des nombres dans la parenthèse. C'est le contraire si la parenthèse est précédée d'un signe –.
Ex. : $12-(3+4)+(2-3)=12-3-4+2-3=(12+2)+(-3-4-3)=14-10=4$
Ex. : $1-(5-3+2)+(-2+3)=1-5+3-2-2+3=(1+3+3)+(-5-2-2)$
$=7-9=-2$

c) Tout comme une parenthèse, un signe + devant un crochet ne change pas les signes des nombres dans le crochet. C'est le contraire si le crochet est précédé d'un signe –. On commence par enlever les parenthèses puis les crochets. On retrouve alors une suite de nombres comme pour l'exemple 1a.
Ex. : $3+[1-(2-3)]-[-(+2)]=3+(1-2+3)-(-2)=3+1-2+3+2$
$=3+1+3+2-2=7$

Ex. : $2+[-(3-1)+2]-[-(2-4)+3]=2+(-3+1+2)-(-2+4+3)$
$=2-3+1+2+2-4-3=-3$

2) Priorités des opérations

a) La fonction puissance est prioritaire sur la multiplication ou la division.
La multiplication ou la division est prioritaire sur l'addition ou la soustraction.
Ex. : $3\times 2-1\times 5+3\times 4\times 5-1\times 7+3=6-5+60-7+3=57$
Ex. : $5\times 3-4\div 2+5-2\times 3\times 2\div 4+1$
$=(5\times 3)-(4\div 2)+5-(2\times 3\times 2\div 4)+1=15-2+5-3+1=16$

b) *Ex. :* $3^2-1^{10}\times 5+2^3\times 5\div 4=9-(1\times 5)+(8\times 5\div 4)=9-5+10=14$
Ex. : $2^2\times 3+1^5\times 3^2\times 2-2^2\times 3^2\times 1^5+5-2^4$
$=4\times 3+1\times 9\times 2-4\times 9\times 1+5-16=12+18-36+5-16=-17$

3) Décomposition en nombres premiers

Un nombre premier ne peut se diviser exactement que par 1 et par lui-même.
Par exemple : 7 est un nombre premier car 7 ne peut se diviser que par 1 ou par 7.
En revanche, 10 n'est pas un nombre premier car il peut se diviser par 1 ou 2 ou 5 ou 10.
Il peut donc se diviser par d'autres nombres (2 et 5) en plus de 1 et lui-même.
Voici les nombres premiers les plus utilisés : 1 ; 2 ; 3 ; 5 ; 7 ; 11 ; 13 ; 17 ; 19
Ex. : $360 = 2^3 \times 3^2 \times 5$
On procède par divisions successives :

Nb	Diviseur	
360	2	$360 \div 2 = 180$; $180 \div 2 = 90$; $90 \div 2 = 45$.
180	2	
90	2	
45	3	Ce nombre n'est pas divisible par 2. On essaie la division par un autre nombre premier (le suivant dans la listc proposée).
15	3	
5	5	Ce nombre n'est pas divisible par 3. On essaie la division par un autre nombre premier (le suivant dans la liste proposée).
1		À ce stade, la décomposition est terminée.

La décomposition cherchée est le produit de tous les diviseurs premiers.
Ex. : $6\,480 = 2^4 \times 3^4 \times 5$

Quelques caractères de divisibilité
Un nombre est divisible par 2 si il est pair : 0, 2, 4, 6 ou 8.
Ex. : 128 est divisible par 2 car le chiffre des unités est 8.
Ex. : 197 n'est pas divisible par 2 car le chiffre des unités (7) n'est pas pair.

Un nombre est divisible par 3 si la somme de ses chiffres est un multiple de 3.
Ex. : 3 531 est divisible par 3 car : $3 + 5 + 3 + 1 = 12$; $1 + 2 = 3$
Ex. : 425 n'est pas divisible par 3 car : $4 + 2 + 5 = 11$; $1 + 1 = 2$. On n'obtient pas 3, 6 ou 9.

Un nombre est divisible par 5 si le chiffre des unités est 0 ou 5.
Ex. : 635 est divisible par 5 car le chiffre des unités est 5.
Ex. : 126 n'est pas divisible par 5 car le chiffre des unités (6) n'est pas 0 ou 5.

4) Plus petit multiple commun (PPMC)

Pour obtenir le PPMC de plusieurs nombres, il faut au préalable les décomposer en nombres premiers. Le PPMC est obtenu en prenant tous les diviseurs (communs ou non) et en les affectant de la plus grande puissance obtenue pour chacun d'entre eux.
Ex. : PPMC (72 ; 45)
$72 = 2^3 \times 3^2$
$45 = 3^2 \times 5$
$\text{PPMC} = 2^3 \times 3^2 \times 5 = 8 \times 9 \times 5 = 360$

Ex. : PPMC (343 ; 98 ; 28) = 1 372
Ex. : PPMC (21; 56 ; 98 ; 126) = 3 528

5) Plus grand commun diviseur (PGCD)

Pour obtenir le PGCD de plusieurs nombres, il faut au préalable les décomposer en nombres premiers. Le PGCD est obtenu en prenant tous les diviseurs communs et en les affectant de la plus petite puissance obtenue pour chacun d'entre eux.
Ex. : PGCD (72 ; 45)
$72 = 2^3 \times 3^2$
$45 = 3^2 \times 5$
PGCD $= 3^2 = 9$

Ex. : PGCD (72 ; 108 ; 90) = 18
Ex. : PGCD (72 ; 108 ; 144 ; 324) = 36

6) Puissances d'un nombre : règles usuelles pour un nombre a non nul

$a^0 = 1$; $a^1 = a$; $a^4 = a \times a \times a \times a$
$a^2 \times a^3 = a^{2+3} = a^5$; $(a^2)^3 = a^6$; $a^{-3} = \frac{1}{a^3}$; $\sqrt{a^{2 \times n}} = a^n$

Règle des signes
Un nombre positif élevé à une puissance quelconque reste positif.
Ex. : $(+3)^2 = +3^2 = +9$; $(+3)^3 = 27$; $(+3)^{-2} = +\frac{1}{3^2} = \frac{1}{9}$
Un nombre négatif élevé à une puissance paire devient positif; élevé à une puissance impaire, il reste négatif.
Ex. : $(-5)^2 = +5^2 = 25$; $(-5)^3 = -5^3 = -125$

a) Un produit d'un même nombre élevé à différentes puissances est égal à ce nombre élevé à la somme algébrique des puissances.
Ex. : $2^7 \times 2^4 \times 2^{-5} = 2^{7+4-5} = 2^6$

b) Pour élever un nombre plusieurs fois à différentes puissances, on élève ce nombre au produit des puissances.
Ex. : $(2^5)^3 = 2^{5 \times 3} = 2^{15}$
Ex. : $[(2^3)^2]^{-5} = 2^{3 \times 2 \times (-5)} = 2^{-30} = \frac{1}{2^{30}}$
Ex. : $\sqrt{7^4} = 7^2$; $\sqrt{7^{-4}} = \frac{1}{\sqrt{7^4}} = \frac{1}{7^2}$

7) Puissances de 10

Les règles sont identiques aux règles de puissances d'un nombre.
a) *Ex. :* $2{,}45 \times 10^3 = 2\,450$
On déplace la virgule du nombre 2,45 de 3 rangs vers la droite.

b) *Ex.* : $4{,}32 \times 10^{-2} = 0{,}0432$
On déplace la virgule de 4,32 de 2 rangs vers la gauche.

8) Simplifications de fractions

On divise numérateur et dénominateur par un même nombre. Ce nombre est le PGCD du numérateur et du dénominateur.

Ex. : $\frac{180}{252} = \frac{36 \times 5}{36 \times 7} = \frac{5}{7}$

Ex. : $\frac{588}{420} = \frac{2^2 \times 3 \times 7^2}{2^2 \times 3 \times 5 \times 7} = \frac{7}{5}$

9) Multiplications de fractions

On multiplie les numérateurs entre eux et les dénominateurs entre eux. Avant d'effectuer les multiplications, il est préférable de simplifier un nombre du numérateur avec un nombre du dénominateur. On effectue la multiplication quand il n'y a plus de simplification possible.

Ex. : $\frac{12}{7} \times \frac{21}{8} = \frac{12 \times 21}{7 \times 8} = \frac{3 \times 3}{1 \times 2} = \frac{9}{2}$

Ex. : $\frac{270}{468} \times \frac{13}{25} = \frac{(2 \times 3^3 \times 5) \times 13}{(2^2 \times 3^2 \times 13) \times 5^2} = \frac{3}{10}$

Ex. : $\frac{288}{242} \times \frac{363}{432} = \frac{288 \times 363}{242 \times 432} = \frac{(2^5 \times 3^2) \times (3 \times 11^2)}{(2 \times 11^2) \times (2^4 \times 3^3)} = \frac{2^5 \times 3^3 \times 11^2}{2^5 \times 3^3 \times 11^2} = \frac{1}{1} = 1$

10) Divisions de fractions

Pour diviser deux fractions, on multiplie la première par l'inverse de la seconde.

Ex. : $\frac{320}{150} \div \frac{128}{75} = \frac{320}{150} \times \frac{75}{128} = \frac{5}{4}$

Ex. : $\frac{468}{270} \div \frac{13}{75} = \frac{468}{270} \times \frac{75}{13} = \frac{10}{1} = 10$

11) Sommes algébriques de fractions

Toutes les fractions doivent être ramenées à un dénominateur commun. Ce dernier s'obtient en calculant le PPMC des dénominateurs. On simplifie si possible la fraction obtenue.

Ex. : $\frac{3}{7} + \frac{2}{14} = \frac{6}{14} + \frac{2}{14} = \frac{6+2}{14} = \frac{8}{14} = \frac{4}{7}$

Ex. : $\frac{4}{15} - \frac{3}{25} = \frac{20}{75} - \frac{9}{75} = \frac{20-9}{75} = \frac{11}{75}$

Ex. : $2 + \frac{1}{3} + \frac{5}{6} = \frac{12}{6} + \frac{2}{6} + \frac{5}{6} = \frac{19}{6}$

Ex. : $1 - \frac{2}{5} + \frac{1}{3} - \frac{7}{6} = \frac{30}{30} - \frac{12}{30} + \frac{10}{30} - \frac{35}{30} = \frac{30 - 12 + 10 - 35}{30} = \frac{-7}{30}$

12) Opérations sur les fractions

Les priorités sur les fractions sont les mêmes que sur les nombres sans fraction.

Ex. : $\frac{1}{3} + \frac{1}{2} \times \frac{5}{3} - \frac{2}{3} \times \frac{3}{4} = \frac{1}{3} + \left(\frac{1}{2} \times \frac{5}{3}\right) - \left(\frac{2}{3} \times \frac{3}{4}\right) = \frac{1}{3} + \frac{5}{6} - \frac{1}{2} = \frac{2 + 5 - 3}{6} = \frac{4}{6} = \frac{2}{3}$

Ex. : $\frac{12}{15} - \frac{7}{15} \times \frac{25}{21} - \frac{18}{12} \times \frac{-24}{12} \times \frac{-2}{3} = \frac{-79}{45}$

Ex. : $\left(\frac{12}{84}\right)^{-2} = \left(\frac{1}{7}\right)^{-2} = \left(\frac{7}{1}\right)^{2} = \frac{7^2}{1^2} = \frac{49}{1} = 49$

Ex. : $\left(\frac{75}{-30}\right)^{3} = \left(\frac{5}{-2}\right)^{3} = \frac{5^3}{-2^3} = \frac{125}{-8} = -\frac{125}{8}$

13) Résolutions d'équations dans l'ensemble des nombres relatifs

On place les « x » du côté gauche de l'égalité et les nombres sans « x » du côté droit.

Ex. : $3x + 7 - 4x + 2 = 6x - 3$; $3x - 4x - 6x = -7 - 2 - 3$; $-7x = -12$; $x = \frac{-12}{-7} = \frac{12}{7}$

Ex. : $3 \times (2 - 7x) - 5 \times (x + 2) = 2 \times (3x - 5) + 7 \times (8 - x)$;
$6 - 21x - 5x - 10 = 6x - 10 + 56 - 7x$; $x = -2$

14) Résolutions d'inéquations dans l'ensemble des nombres relatifs

On procède comme une équation. De plus, si le coefficient de « x » est positif, le sens est conservé, sinon il est inversé.

a) *Ex.* : $3x + 7 \geq 0$; $3x \geq -7$; $x \geq \frac{-7}{3}$

Ex. : $6x - 2 \leq 3x + 5$; $3x \leq 7$; $x \leq \frac{7}{3}$

b) *Ex.* : $2x + 1 \leq 3x + 5$; $2x - 3x \leq -1 + 5$; $-x \leq 4$; $x \geq -4$

Ex. : $-4x + 2 \leq x + 7$; $-5x \leq 5$; $x \geq \frac{5}{-5} = -1$

15) Développements

a) $3 \times (4x - 7) = 12x - 21$

b) $(2x - 1) \times (3 - x) = 6x - 2x^2 - 3 + x = -2x^2 + 7x - 3$

c) Identités remarquables

$(a + b)^2 = a^2 + 2 \times a \times b + b^2$

Ex. : $(3a + 2)^2 = 9a^2 + 12a + 4$

$(a - b)^2 = a^2 - 2 \times a \times b + b^2$

Ex. : $(3a - 5)^2 = 9a^2 - 30a + 25$

$(a + b) \times (a - b) = a^2 - b^2$

Ex. : $(2a - 3) \times (2a + 3) = 4a^2 - 9$

16) Simplification de racines carrées

On décompose le nombre « sous la racine » en nombres premiers. Tous les diviseurs premiers élevés à une puissance paire sortent de la racine et l'on divise leur puissance par 2.

Ex. : $\sqrt{324} = \sqrt{2^2 \times 3^4} = 2^1 \times 3^2 = 2 \times 9 = 18$

Ex. : $\sqrt{1\,440} = \sqrt{2^5 \times 3^2 \times 5} = \sqrt{2^4 \times 2^1 \times 3^2 \times 5} = 2^2 \times 3^1 \times \sqrt{2 \times 5} = 12 \times \sqrt{10}$

Ex. : $\sqrt{4\,320} = \sqrt{2^5 \times 3^3 \times 5} = \sqrt{2^4 \times 2^1 \times 3^2 \times 3^1 \times 5} = 2^2 \times 3 \times \sqrt{2 \times 3 \times 5} = 12\sqrt{30}$

17) Calculs puis simplifications de racines carrées

Le produit de racines est égal à la racine du produit des nombres.

a) *Ex.* : $\sqrt{21} \times \sqrt{84} = \sqrt{21 \times 84} = \sqrt{(3 \times 7) \times (2^2 \times 3 \times 7)}$

$= \sqrt{2^2 \times 3^2 \times 7^2} = 2 \times 3 \times 7 \times \sqrt{1} = 42$

Ex. : $\sqrt{27} \times \sqrt{216} = \sqrt{27 \times 216} = \sqrt{2^2 \times 2^1 \times 3^6} = 2 \times 3^2 \times \sqrt{2} = 54\sqrt{2}$

b) Pour les sommes algébriques de racines, on simplifie chaque racine dans le but de faire apparaître une racine commune. On factorise par cette dernière.

Ex. : $2\sqrt{54} + 5\sqrt{24} - 2\sqrt{96} = 2 \times (3\sqrt{6}) + 5 \times (2\sqrt{6}) - 2 \times (4\sqrt{6})$

$= 6\sqrt{6} + 10\sqrt{6} - 8\sqrt{6} = 8\sqrt{6}$

Ex. : $5\sqrt{6} - 3\sqrt{24} + 7\sqrt{54} = 20\sqrt{6}$

18) Développements de racines carrées

Comme pour un développement sans racine carrée.

Ex. : $(3 - \sqrt{6}) \times (3 + \sqrt{6}) = 3 \times 3 - 3\sqrt{6} + 3\sqrt{6} - (\sqrt{6})^2 = 9 - 6 = 3$

Ex. : $(3\sqrt{2} - 1) \times (\sqrt{2} + 5) = 3 \times (\sqrt{2})^2 + 3 \times 5\sqrt{2} - \sqrt{2} - 5$

$= 3 \times 2 + 15\sqrt{2} - \sqrt{2} - 5 = 6 - 5 + 15\sqrt{2} - \sqrt{2} = 1 + 14\sqrt{2}$

19) Rendre rationnels les dénominateurs

a) On multiplie numérateur et dénominateur de la fraction par le dénominateur.

Ex. : $\frac{-2}{\sqrt{2}} = \frac{-2\sqrt{2}}{\sqrt{2} \times \sqrt{2}} = \frac{-2\sqrt{2}}{2} = -\sqrt{2}$

b) On multiplie numérateur et dénominateur de la fraction par l'expression conjuguée du dénominateur.

Ex. : $\frac{2}{\sqrt{3}-1} = \frac{2 \times (\sqrt{3}+1)}{(\sqrt{3}-1) \times (\sqrt{3}+1)} = \frac{2 \times (\sqrt{3}+1)}{3-1} = \sqrt{3}+1$

Ex. : $\frac{-1}{(\sqrt{3}-\sqrt{2})} = \frac{-1 \times (\sqrt{3}+\sqrt{2})}{(\sqrt{3}-\sqrt{2}) \times (\sqrt{3}+\sqrt{2})} = \frac{-1 \times (\sqrt{3}+\sqrt{2})}{3-2} = -\sqrt{3}-\sqrt{2}$

20) Approximations sur les racines carrées

$\sqrt{15} \simeq \sqrt{16} = 4$; $\sqrt{17} \simeq \sqrt{16} = 4$; $\sqrt{24} \simeq \sqrt{25} = 5$; $\sqrt{26} \simeq \sqrt{25} = 5$;
$\sqrt{35} \simeq \sqrt{36} = 6$; $\sqrt{37} \simeq \sqrt{36} = 6$; $\sqrt{48} \simeq \sqrt{49} = 7$; $\sqrt{50} \simeq \sqrt{49} = 7$;
$\sqrt{63} \simeq \sqrt{64} = 8$; $\sqrt{65} \simeq \sqrt{64} = 8$; $\sqrt{80} \simeq \sqrt{81} = 9$; $\sqrt{82} \simeq \sqrt{81} = 9$; etc.

Ex. : $3\sqrt{15} - 2\sqrt{50} \simeq 3 \times 4 - 2 \times 7 = 12 - 14 = -2$

Ex. : $2\sqrt{80} + 3\sqrt{48} - \sqrt{17} + 2\sqrt{37} \simeq -2 \times 9 + 3 \times 7 - 4 + 2 \times 6 = 47$

21) Résoudre les systèmes dans l'ensemble des nombres relatifs

Par la méthode de substitution, on extrait une inconnue de la première équation que l'on reporte dans la seconde équation. On résout alors cette dernière. Cela détermine une inconnue. On reporte ce résultat dans la première équation pour déterminer l'autre inconnue.

a) Pour un système à 2 inconnues, par exemple :

$$\begin{Bmatrix} 3x + y = 5 \\ x + 2y = 5 \end{Bmatrix} \Leftrightarrow \begin{Bmatrix} y = 5 - 3x \\ x + 2 \times (5 - 3x) = 5 \end{Bmatrix} \Leftrightarrow \begin{Bmatrix} y = 5 - 3x \\ x + 10 - 6x = 5 \end{Bmatrix} \Leftrightarrow \begin{Bmatrix} y = 5 - 3x \\ -5x + 10 = 5 \end{Bmatrix} \Leftrightarrow$$

$$\begin{Bmatrix} y = 5 - 3x \\ x = 1 \end{Bmatrix} \Leftrightarrow \begin{Bmatrix} y = 5 - 3 \times 1 \\ x = 1 \end{Bmatrix} \Leftrightarrow \begin{Bmatrix} y = 2 \\ x = 1 \end{Bmatrix}$$

Ex. : Par la méthode de combinaison linéaire, on souhaite obtenir des coefficients de y (puis de x) opposés. Ces coefficients sont en valeurs absolues, les PPMC des coefficients de y (respectivement de x). Pour cela, on multiplie chaque équation par un nombre. On additionne alors terme à terme les deux équations. On obtient une nouvelle équation à une seule inconnue que l'on résout. Par exemple :

$$\begin{Bmatrix} 2x + y = 4 \\ 5x - 2y = 1 \end{Bmatrix} \Leftrightarrow \begin{pmatrix} \times 2 \\ \times 1 \end{pmatrix} \begin{Bmatrix} 2x + y = 4 \\ 5x - 2y = 1 \end{Bmatrix} = \begin{Bmatrix} 4x + 2y = 8 \\ \underline{5x - 2y = 1} \\ 9x - 0y = 9 \end{Bmatrix} \Rightarrow x = 1$$

$$\left\{\begin{array}{l}2x+y=4\\5x-2y=1\end{array}\right\}\Leftrightarrow\left(\begin{array}{l}\times\ (-5)\\\times\ 2\end{array}\right)\left\{\begin{array}{l}2x+y=4\\5x-2y=1\end{array}\right\}=\left\{\begin{array}{r}-10x-5y=-20\\\underline{+10x-4y=+2}\\0x-9y=-18\end{array}\right\}\Rightarrow y=2$$

b) Pour un système à 3 inconnues, par exemple :

$$\left\{\begin{array}{l}x+2y+z=1\\-x+y+z=0\\2x+y-z=-1\end{array}\right\}\Leftrightarrow\left\{\begin{array}{l}x=-2y-z+1\\-(-2y-z+1)+y+z=0\\2\times(-2y-z+1)+y-z=-1\end{array}\right\}\Leftrightarrow\left\{\begin{array}{l}x=-2y-z+1\\3y+2z=1\\-3y-3z=-3\end{array}\right\}\Leftrightarrow$$

$$\left\{\begin{array}{l}x=-2y-z+1\\3y+2z=1\\z=-y+1\end{array}\right\}\Leftrightarrow\left\{\begin{array}{l}x=-2y-z+1\\3y+2\times(-y+1)=1\\z=-y+1\end{array}\right\}\Leftrightarrow\left\{\begin{array}{l}x=-2y-z+1\\y=-1\\z=-y+1\end{array}\right\}\Leftrightarrow$$

$$\left\{\begin{array}{l}x=-2y-z+1\\y=-1\\z=-(-1)+1=2\end{array}\right\}\Leftrightarrow\left\{\begin{array}{l}x=-2\times(-1)-2+1\\y=-1\\z=2\end{array}\right\}\Leftrightarrow\left\{\begin{array}{l}x=1\\y=-1\\z=2\end{array}\right\}$$

22) Conversions sexagésimales

a) 1 heure = 60 minutes

1 minute = $\frac{1}{60}$ heure

Ex. : 2 h 30 min = 2 h + 0,5 h = 2,5 h

Ex. : 7 h 50 min = 7 h + $\frac{50}{60}$ h = 7 h + $\frac{5}{6}$ h = $\frac{7 \times 6 + 5}{6}$ h = $\frac{47}{6}$ h

Ex. : 40 min = $\frac{40}{60}$ h = $\frac{2}{3}$ h

Ex. : 3,4 h = 3 h + 0,4 h = 3 h + 0,4 × 60 min = 3 h 24 min
Ex. : 5,30 h = 5 h + 0,3 h = 5 h + 0,3 × 60 min = 5 h 18 min

b) On comptabilise les minutes et les heures séparément.
Ex. : 8 h 45 min + 5 h 40 min = 13 h + 85 min = 14 h 25 min
Ex. : 21 h 05 min – 13 h 45 min = 20 h 65 min – 13 h 45 min = 7 h 20 min

23) Tableau sur les conversions de longueurs

		km	hm	dam	**m**	dm	cm	mm
	1	2,	4	5				
	1	2	4	5	0			

12,45 km = 12 450 m

		km	hm	dam	**m**	dm	cm	mm
				5	6,	7	9	
		0,	0	5	6	7	9	

56,79 m = 0,05679 km

24) Tableau sur les conversions de surfaces

	km^2		hm^2		dam^2		**m^2**		dm^2		cm^2		mm^2
			ha		are		ca						
							1	2,	4	5			
							1	2	4	5			

12,45 a = 1 245 m^2

	km^2		hm^2		dam^2		**m^2**		dm^2		cm^2		mm^2
			ha		are		ca						
					4	5	0	0	0				
					4,	5	0	0	0				

45 000 dm^2 = 4,5 a

25) Tableau sur les conversions de volumes

		m^3			dm^3			cm^3
			hl	dal	l	dl	cl	ml
					3,	2	5	
					3	2	5	0

3,25 l = 3 250 cm^3

		m^3			dm^3			cm^3
			hl	dal	l	dl	cl	ml
			4	3	7,	2		
			4	3	7	2	0	

437,2 dm^3 = 43 720 cl

26) Tableau sur les conversions de masses

t			kg			g	dg	cg	mg
3,	2	5							
3	2	5	0						

3,25 t = 3 250 kg

t			kg			g	dg	cg	mg
					4	7	2	0	0
					4	7,	2		

47 200 mg = 47,2 g

27) Conversions de vitesses

Relation élémentaire : $\text{Vitesse} = \dfrac{\text{Distance}}{\text{Temps}}$

La vitesse s'exprime en km/h si la distance s'exprime en km et le temps en h.
La vitesse s'exprime en m/s si la distance s'exprime en m et le temps en s.

$$1 \text{ km/h} = \frac{1 \text{ km}}{1 \text{ h}} = \frac{1\,000 \text{ m}}{3\,600 \text{ s}} = \frac{1}{3{,}6} \text{ m/s}$$

Ex. : $90 \text{ km/h} = \dfrac{90}{3{,}6} \text{ m/s} = 25 \text{ m/s}$

Ex. : $15 \text{ m/s} = 15 \times 3{,}6 \text{ km/h} = 54 \text{ km/h}$

28) Calculs de vitesse (v), distance (d) et temps (t)

Ex. : Si d = 60 km et t = 40 min, que vaut v ?

$$v = \frac{d}{t} = \frac{60 \text{ km}}{40 \text{ min}} = \frac{60 \text{ km}}{\frac{40}{60} \text{ h}} = \frac{60 \times 60 \text{ km}}{40 \text{ h}} = 90 \text{ km/h}$$

Ex. : Si v = 60 km/h et d = 150 km, que vaut t ?

$$t = \frac{d}{v} = \frac{150}{60} = \frac{5}{2} = 2{,}5 \text{ h} = 2 \text{ h } 30 \text{ min}$$

Ex. : Si v = 90 km/h et t = 2 h 20 min, que vaut d ?

$$t = 2 \text{ h } 20 \text{ min} = 2 \text{ h} + \frac{20}{60} \text{ h} = 2 \text{ h} + \frac{1}{3} \text{ h} = \frac{6+1}{3} \text{ h} = \frac{7}{3} \text{ h}$$

$$d = v \times t = 90 \times \frac{7}{3} = \frac{90 \times 7}{3} = 30 \times 7 = 210 \text{ km}$$

29) Calculs de surfaces (S) et volumes (V) élémentaires :

Remarque : les unités ne sont pas mentionnées.

a) Pour le triangle : base : b ; hauteur : h.

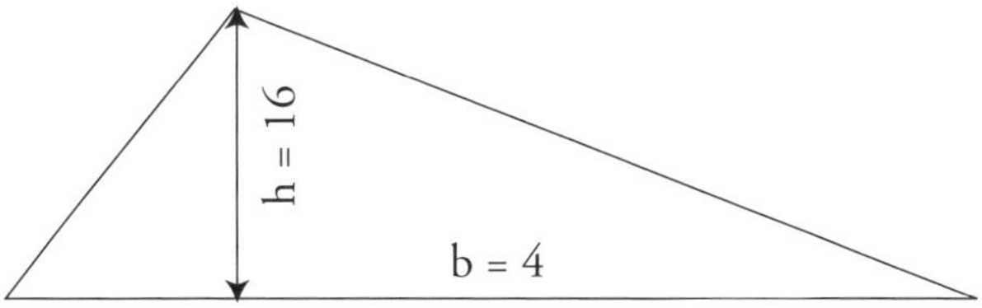

$$S = \frac{b \times h}{2} = \frac{4 \times 16}{2} = 32$$

b) Pour le rectangle : longueur : L ; largeur : l.

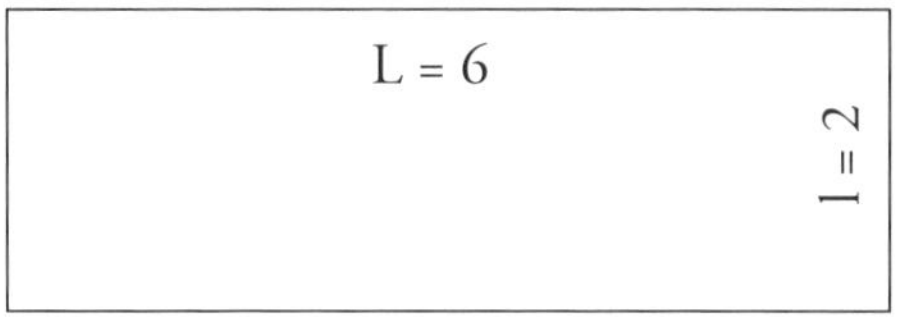

$S = L \times l = 6 \times 2 = 12$
Périmètre : $P = 2 \times (L + l) = 2 \times (6 + 2) = 2 \times 8 = 16$

c) Pour le cercle :
R : rayon

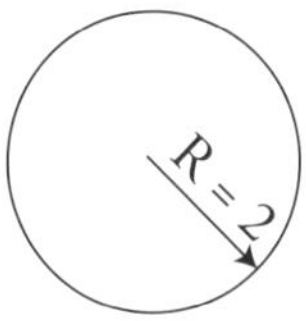

$S = \pi R^2 = \pi \times 4 \approx 12{,}6$
Périmètre $= 2\pi R = 2 \times \pi \times 2 \approx 12{,}6$

d) Pour le trapèze : petite base : b ; grande base : B ; hauteur : h.

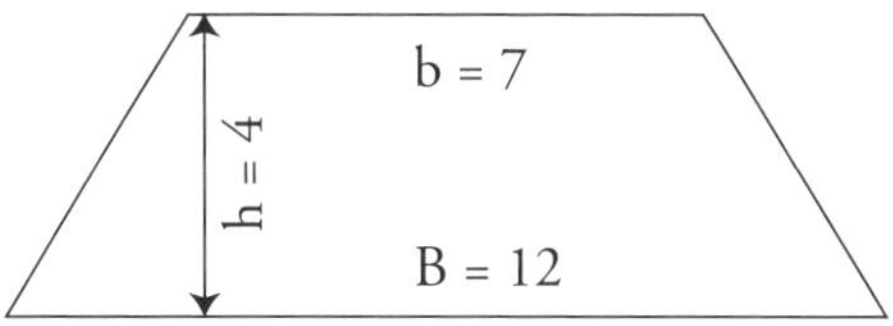

$$S = \frac{(b + B) \times h}{2} = \frac{(7 + 12) \times 4}{2} = 38$$

e) Pour le pavé (parallélépipède rectangle) : longueur : L ; largeur : l ; hauteur : h.

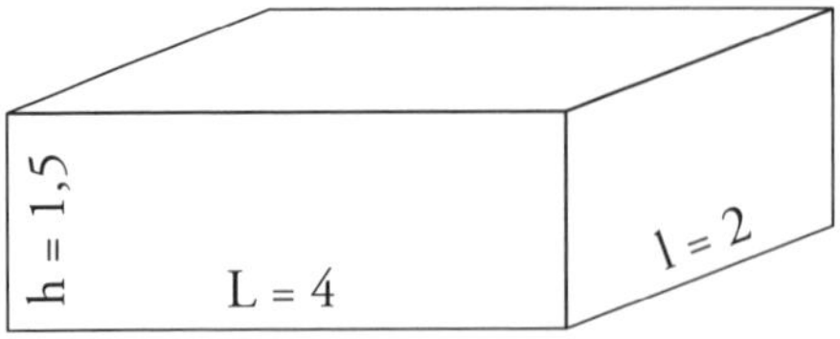

$S = 2 \times [(L \times l) + (L \times h) + (l \times h)] = 2 \times (4 \times 2 + 4 \times 1,5 + 2 \times 1,5) = 34$
$V = L \times l \times h = 4 \times 2 \times 1,5 = 12$

f) Pour le cylindre : rayon : R ; hauteur : h.

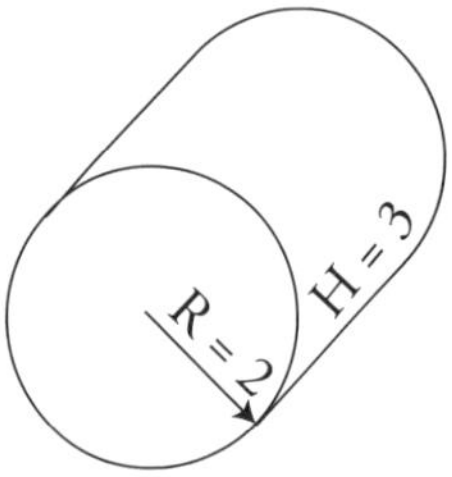

$S = 2\pi R \times (R + h)$; $2 \times 3,14 \times 2 \times (2 + 3) = 62,8$
$V = \pi R^2 h$; $3,14 \times 2^2 \times 3 = 37,68$

g) Pour la sphère (boule) : rayon : R.

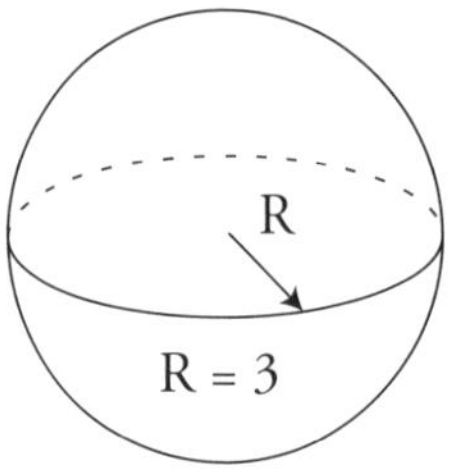

$S = 4\pi R^2$; $4 \times 3,14 \times 3^2 = 113,1$

$V = \frac{4}{3}\pi R^3$; $1,33 \times 3,14 \times 3^3 = 37,7$

30) Exemples de calculs sur les pourcentages

a) Pour réserver l'achat d'un ordinateur de 1 800 €, le vendeur demande 20 % d'arrhes. Quel est le montant des arrhes ?

$\text{Arrhes} = 1\,800 \times \frac{20}{100} = 360$ €

b) Quel est le prix net à payer d'une villa vendue 95 000 € majoré de 6 % pour frais notariés et taxes diverses ?

$$\text{Prix} = 95\ 000 \times \left(1 + \frac{6}{100}\right) = 95\ 000 \times 1{,}06 = 100\ 700\ €$$

c) Pour l'achat au comptant d'un salon de style Louis XV vendu 3 800 €, on bénéficie de 3 % de réduction. Quel sera alors son prix ?

$$\text{Prix} = 3\ 800 \times \left(1 - \frac{3}{100}\right) = 3\ 800 \times 0{,}97 = 3\ 686\ €$$

d) Une infirmière libérale envisage de prendre sa retraite. Elle vend son cabinet et sa clientèle 45 000 €. Dans un an, elle pourra espérer le vendre 54 000 €. Quel est le pourcentage d'augmentation ?

$$\text{Taux} = \frac{54\ 000 - 45\ 000}{45\ 000} \times 100 = 20\ \%$$

e) Un infirmier libéral achète une voiture à usage professionnel. Son prix est de 12 500 €. Il verse 1 875 € d'acompte. Quel pourcentage représente l'acompte ?

$$\text{Acompte} = \frac{1\ 875}{12\ 500} \times 100 = 15\ \%.$$

f) Ce même infirmier remarque qu'un autre modèle de voiture ne demande qu'un acompte de 1 980 €, soit 15 % du prix total. Quel est le prix de cette voiture ?

$$\text{Prix} = \frac{1\ 975}{15} \times 100 = 13\ 200\ €$$

g) Une jolie bague est soldée avec une réduction de 30 %. Elle ne vaut plus que la modique somme de 140 €. Quel était son prix initial ?

$$\text{Prix} = \frac{140}{1 - 30\ \%} = \frac{140}{1 - 0{,}3} = \frac{140}{0{,}7} = 200\ €$$

h) Un voyage au Pays des Merveilles a augmenté de 15 %. Maintenant il est proposé à 2 875 €. Quel était le prix avant l'augmentation ?

$$\text{Prix} = \frac{2\ 875}{1 + 15\ \%} = \frac{2\ 875}{1 + 0{,}15} = \frac{2\ 875}{1{,}15} = 2\ 500\ €$$

1

Concours blanc n° 1

Durée
1 heure 30 minutes

Nombre de questions : 100.
Vous devez reporter vos réponses sur la « feuille réponse ».
Tout instrument de calcul est interdit.
Chaque question, notée sur un point, est suivie
de cinq propositions de réponse dont une seule est exacte.
Vous pouvez utiliser des feuilles de brouillon.

Sujet

Raisonnement logique : M. Mind

Trouver la bonne réponse à partir des chiffres utilisés : 2 3 4 5 6 7.
Reporter les réponses sur la feuille-réponse.

1

4 7 6 5	2 chiffres communs bien placés
3 4 5 2	2 chiffres communs bien placés
4 7 5 3	1 chiffre commun bien placé et 1 chiffre commun mal placé
5 2 6 4	1 chiffre commun bien placé et 1 chiffre commun mal placé
7 5 6 4	1 chiffre commun bien placé et 1 chiffre commun mal placé

A. 3762 B. 2345 C. 2673 D. 4356 E. 5672

2

4 5 2 3	2 chiffres communs bien placés
2 5 3 7	2 chiffres communs bien placés
4 6 3 2	1 chiffre commun bien placé et 1 chiffre commun mal placé
7 5 2 3	1 chiffre commun bien placé et 1 chiffre commun mal placé
6 3 2 7	1 chiffre commun bien placé et 1 chiffre commun mal placé

A. 4576 B. 5476 C. 7654 D. 7645 E. 4567

❸

2 4 6 3	2 chiffres communs bien placés
4 6 7 3	2 chiffres communs mal placés
6 2 5 3	1 chiffre commun bien placé et 1 chiffre commun mal placé
7 6 2 3	2 chiffres communs mal placés
3 6 5 7	2 chiffres communs bien placés

A. 4257 B. 4256 C. 2457 D. 2657 E. 5647

❹

7 4 3 5	2 chiffres communs bien placés
2 6 3 5	2 chiffres communs bien placés et 1 chiffre commun mal placé
3 5 2 6	2 chiffres communs mal placés et 1 chiffre commun bien placé
7 2 6 5	2 chiffres communs mal placés
2 3 4 6	2 chiffres communs mal placés et 2 chiffres communs bien placés

A. 2436 B. 3465 C. 4236 D. 3436 E. 4362

❺

6 2 3 5	2 chiffres communs mal placés
3 6 5 2	2 chiffres communs bien placés
2 5 3 4	1 chiffre commun bien placé et 1 chiffre commun mal placé
6 5 7 2	3 chiffres communs mal placés
2 3 5 4	2 chiffres communs bien placés

A. 7652 B. 7542 C. 6745 D. 2654 E. 7654

❻

2 7 4 5	2 chiffres communs bien placés
6 3 5 4	2 chiffres communs mal placés
5 7 6 4	1 chiffre commun bien placé et 1 chiffre commun mal placé
4 5 3 6	2 chiffres communs bien placés
2 4 3 6	3 chiffres communs bien placés

A. 2736 B. 7236 C. 2734 D. 3627 E. 6723

❼

5 6 4 2	3 chiffres communs mal placés
3 5 6 2	2 chiffres communs bien placés
2 4 7 3	2 chiffres communs mal placés
4 6 3 2	1 chiffre commun bien placé et 1 chiffre commun mal placé
3 5 6 7	3 chiffres communs bien placés

A. 4576 B. 7645 C. 4567 D. 7654 E. 6754

8

6 2 4 7	1 chiffre commun bien placé et 1 chiffre commun mal placé
6 7 3 4	2 chiffres communs mal placés
4 7 6 3	2 chiffres communs bien placés
2 6 3 4	3 chiffres communs mal placés
3 4 2 6	3 chiffres communs mal placés

A. 2563 B. 2635 C. 5263 D. 5236 E. 2536

9

2 3 7 6	2 chiffres communs bien placés
3 4 6 2	2 chiffres communs mal placés
5 6 7 4	3 chiffres communs bien placés
3 7 4 2	3 chiffres communs mal placés
7 6 2 4	1 chiffre commun bien placé et 1 chiffre commun mal placé

A. 4735 B. 7345 C. 3574 D. 5374 E. 7435

10

5 3 7 2	1 chiffre commun bien placé et 1 chiffre commun mal placé
4 3 7 5	2 chiffres communs mal placés
5 7 3 4	2 chiffres communs bien placés
6 3 2 5	3 chiffres communs mal placés
5 2 3 6	2 chiffres communs bien placés et 1 chiffre commun mal placé

A. 2645 B. 6245 C. 5246 D. 5264 E. 2564

11

2 3 5 4 7	2 chiffres communs bien placés et 2 chiffres communs mal placés
7 2 4 5 6	3 chiffres communs bien placés et 1 chiffre commun mal placé
3 2 5 7 6	3 chiffres communs mal placés et 1 chiffre commun bien placé
6 7 4 5 2	2 chiffres communs bien placés et 2 chiffres communs mal placés
2 6 7 5 4	2 chiffres communs bien placés et 2 chiffres communs mal placés

A. 23456 B. 32456 C. 43562 D. 23654 E. 65234

12

2 4 5 7 6	2 chiffres communs bien placés et 2 chiffres communs mal placés
3 4 5 7 2	3 chiffres communs bien placés et 1 chiffre commun mal placé
2 3 4 5 7	3 chiffres communs mal placés et 1 chiffre commun bien placé
2 5 4 6 7	2 chiffres communs bien placés et 2 chiffres communs mal placés
3 4 6 5 2	2 chiffres communs bien placés et 2 chiffres communs mal placés

A. 34567 B. 34576 C. 34765 D. 76543 E. 76345

13

5 4 3 7 2	3 chiffres communs mal placés et 1 chiffre commun bien placé
4 6 2 3 7	3 chiffres communs mal placés et 1 chiffre commun bien placé
6 5 3 4 7	2 chiffres communs bien placés et 2 chiffres communs mal placés
7 5 4 2 3	2 chiffres communs bien placés et 2 chiffres communs mal placés
6 2 3 4 5	4 chiffres communs mal placés et 1 chiffre commun bien placé

A. 62234 B. 56234 C. 65432 D. 23456 E. 65243

14

4 6 5 3 2	3 chiffres communs mal placés et 1 chiffre commun bien placé
3 6 7 2 4	3 chiffres communs mal placés et 1 chiffre commun bien placé
3 5 7 6 4	2 chiffres communs bien placés et 2 chiffres communs mal placés
5 3 6 7 4	2 chiffres communs bien placés et 2 chiffres communs mal placés
5 3 4 7 2	2 chiffres communs bien placés et 2 chiffres communs mal placés

A. 72653 B. 76352 C. 25637 D. 35726 E. 35672

15

2 5 3 7 6	2 chiffres communs bien placés et 2 chiffres communs mal placés
3 5 7 2 6	2 chiffres communs bien placés et 2 chiffres communs mal placés
5 3 2 6 4	3 chiffres communs mal placés et 1 chiffre commun bien placé
6 7 5 3 2	3 chiffres communs mal placés et 1 chiffre commun bien placé
3 5 7 6 4	3 chiffres communs bien placés et 1 chiffre commun mal placé

A. 26347 B. 25347 C. 75234 D. 57342 E. 25734

Test d'observation

Pour chaque question, une seule réponse convient.
Reporter les réponses sur la feuille-réponse.

Prénom	Âge	Pratique de la pêche	Musique écoutée
Patrick	48	à la crevette	tango
Patrice	51	à la carpe	baroque
Pascal	40	à la grenouille	pop
Patrick-Patrice	45	à la carpe	tango
Patrick-Pascal	43	au saumon	pop
Patrick-François	47	carpe, crevette	indifférenciée
François-Patrice	45	à la grenouille	baroque
Patrick	42	saumon, grenouille	tango
Pascal	38	aucune	toutes
Patrick-Pascal	39	à la crevette	baroque
Patrice	50	à la grenouille	pop et tango
Patrick-Pascal	44	indifférenciée	baroque, pop

Prénom	Âge	Pratique de la pêche	Musique écoutée
Pascal	42	à la grenouille	tango
François	43	carpe, saumon	pop et tango
Patrice	49	aucune	aucune
Patrick	49	à la crevette	baroque, pop
Patrice	40	à la carpe	baroque
Pascal	40	à la grenouille	pop
Patrick-Patrice	42	saumon, grenouille	tango, baroque
Patrick-Pascal	39	au saumon	pop
François-Patrice	47	à la grenouille	baroque
Patrick-François	45	indifférenciée	aucune
Patrick	39	toutes	tango, pop
Pascal	39	à la crevette	toutes
Patrick-Pascal	51	à la crevette	baroque, tango
Patrice	43	à la grenouille	pop
Patrick-Pascal	45	crevette, carpe, saumon	baroque, pop
Pascal	39	à la carpe	tango, baroque
François	52	au saumon	pop et tango
Patrice	41	toutes	aucune

⓰ Combien de personnes portent le prénom Patrice (seul) ?

A. 4 **B. 5** **C. 6** **D. 7** **E. autre réponse**

⓱ Combien de personnes pêchent la grenouille ?

A. 3 **B. 5** **C. 7** **D. 9** **E. autre réponse**

⓲ Combien de personnes aiment la musique baroque ?

A. 3 **B. 5** **C. 7** **D. 9** **E. autre réponse**

⓳ Combien de personnes aiment la pêche à la grenouille et le tango ?

A. 3 **B. 5** **C. 7** **D. 9** **E. autre réponse**

⓴ Combien de personnes ont un prénom incluant Patrick et aiment la pêche à la grenouille ou au saumon ?

A. 4 **B. 6** **C. 8** **D. 10** **E. autre réponse**

㉑ Combien de personnes portent les prénoms Patrick ou Patrice (seuls) et aiment la pêche à la carpe ou au saumon ?

A. 3 **B. 5** **C. 7** **D. 9** **E. autre réponse**

㉒ Combien de personnes ont un prénom avec Patrick et/ou François et aiment écouter la musique baroque et populaire ?

A. 3 **B. 4** **C. 5** **D. 6** **E. autre réponse**

23 Combien de personnes aiment la musique baroque ou le tango et pratiquent la pêche ?
A. 3 B. 5 C. 7 D. 9 E. autre réponse

24 Combien de personnes pratiquent la pêche, aiment la musique et se prénomment François ?
A. 0 B. 1 C. 2 D. 3 E. autre réponse

25 Combien de personnes pratiquent la pêche à la grenouille, aiment la musique baroque ou tango ?
A. 8 B. 9 C. 10 D. 11 E. autre réponse

Raisonnement numérique 1 : arithmétique

Pour chaque question, une seule réponse convient.
Reporter les réponses sur la feuille-réponse.

26 Calculer : $1 + \frac{1}{2} + \frac{1}{4}$.

A. $\frac{3}{4}$ B. $\frac{5}{4}$ C. $\frac{3}{2}$ D. $\frac{7}{6}$ E. $\frac{7}{4}$

27 Que vaut x : solution de l'équation : $(3x + 2)^2 = 7x - 6 + 9x^2$?
A. -2 B. -1 C. 1 D. 2 E. $\frac{1}{2}$

28 Calculer en heures et minutes : (2 h 40 min) $\times$ 2,5.
A. 4 h 30 min B. 6 h 40 min C. 7 h 10 min D. 7 h 40 min E. 7 h 50 min

29 Sur un salaire de 7 500 € brut, on perçoit 6 000 € net. Quel est en pourcentage le taux de charge ?
A. 10 % B. 15 % C. 20 % D. 25 % E. 30 %

30 Calculer 200 % de 100.
A. 100 B. 200 C. 1 000 D. 2 000 E. 10 000

31 Trouver le nombre a solution de l'équation : $3{,}45 \times 10^2 \times 10^2 = 0{,}345 \times 10^a$.
A. -5 B. -3 C. -2 D. 2 E. 5

32 Trouver la valeur de x dans le système d'équations où x, y et z sont les inconnues.

$$\begin{Bmatrix} 2x - 3y + 4z = 19 \\ -x + 2y - z = -7 \\ 3x + y + 2z = 11 \end{Bmatrix}$$

A. -2 B. -1 C. 0 D. 1 E. 2

33 Calculer : $-2\sqrt{3} \times 3\sqrt{12}$.
A. $-5\sqrt{15}$ B. $-6\sqrt{15}$ C. $6\sqrt{36}$ D. -36 E. $-12\sqrt{3}$

34 Calculer : $[-2+(-1+3)]\times[1-(2\times3)+5]$.

A. − 3 B. − 2 C. − 1 D. 0 E. 1

35 Calculer le reste de la division entière de 3 817 par 132.

A. 121 B. 211 C. 112 D. 131 E. 122

Raisonnement numérique 2 : problèmes

Pour chaque question, une seule réponse convient.
Reporter les réponses sur la feuille-réponse.

36 Gertrude dit à Cunégonde : « Nous devons nous partager 2 800 € sachant que je prends 1/3 de plus que toi ». Quelle somme prend Gertrude ?

A. 1 200 € B. 1 400 € C. 1 600 € D. 1 800 € E. 2 100 €

37 Tom dit à son père Théodore : « À l'école, j'ai eu quatre notes aux devoirs d'occitan. J'ai 14 de moyenne. Je n'en connais que trois : 12 ; 10 ; 18 ». Quelle est la note manquante ?

A. 10 B. 12 C. 14 D. 16 E. 18

38 Maurice coupe en « trois coups de tronçonneuse » une bûche de 1 mètre de long. Chaque morceau est identique. Quelle est la longueur d'un morceau ?

A. 20 cm B. 25 cm C. 30 cm D. 33 cm E. 35 cm

39 En vélo, Anselme roule à 20 km/h pour aller de Pamiers à Foix, mais roule à 30 km/h pour le retour. Quelle est sa vitesse moyenne ?

A. 21 km/h B. 22 km/h C. 23 km/h D. 24 km/h E. 25 km/h

40 L'inverse d'un nombre *a* non nul est noté $1/a$. Quel est l'inverse de 50 % ?

A. 50 % B. 75 % C. 100 % D. 150 % E. 200 %

41 Une infirmière doit préparer 300 mL d'une solution d'alcool à 60 % à partir d'une fiole de 1 litre d'alcool à 90 % et d'eau distillée. Quel est le volume d'alcool à 90 % à prélever ?

A. 100 cm^3 B. 150 cm^3 C. 200 cm^3 D. 250 cm^3 E. 275 cm^3

42 Marie-Louise et Marie-Madeleine dont infirmières. Elles doivent se rendre au congrès de Bordeaux le 8 mars. Marie-Louise était de repos le 7 mars. Elle se rend le 8 mars à 8 h 35 min à la gare de Foix pour prendre le train de 9 h qui arrive à 9 h 50 min à Toulouse et un peu après midi à Bordeaux (gare Saint-Jean). Marie-Madeleine était de service le 8 mars au matin. Elle quitte son travail pour se rendre en voiture à Bordeaux en partant de Pamiers à 8 h 30 min et en roulant à 60 km/h en moyenne. On donne les distances suivantes : Pamiers-Toulouse = 60 km ; Foix-Pamiers = 15 km ; Toulouse-Bordeaux = presque 250 km. À quelle heure vont-elles se croiser sur leurs trajets ?

A. 9 h 45 min B. 10 h 30 min C. 10 h 45 min D. 11 h E. 11 h 15 min.

43 Un collier de perles du Pacifique est soldé avec une réduction de 30 %. Il ne vaut plus que la modique somme de 2 800 €. Quel était le prix avant les soldes ?

A. 1 960 € B. 3 640 € C. 4 000 € D. 4 760 € E. 6 533,33 €

44 Une infirmière pratiquant les soins à domicile doit baigner un malade. La baignoire de 60 litres se remplit à raison de 10 litres par minute. Remplie au 2/3 la bonde se met à perdre de l'eau à raison de 3 litres toutes les deux minutes. Combien de temps la baignoire met-elle à se remplir (à 5 secondes près) ?

A. 2 min 20 s B. 4 min C. 4 min 20 s D. 6 min E. 6 min 20 s

45 Monsieur Dupont dirige un cabinet de 4 infirmières à Pamiers. Cette société est soumise à l'impôt sur les bénéfices à un taux de 40 %. Monsieur Dupont prend 50 % du bénéfice net (après imposition). Le bénéfice restant est partagé en parts égales sous la forme de primes aux quatre infirmières. Quel pourcentage du bénéfice prend chaque infirmière ?

A. 1,25 % B. 2,5 % C. 5 % D. 7,5 % E. 10 %

Test d'observation sur des images

Pour chaque question, une seule réponse convient.
Reporter les réponses sur la feuille-réponse.

Voici le dessin original : 

46 Quel est le dessin identique ?

A.  B.  C.  D.  E. 

47 Quel est le dessin obtenu par rotation d'un quart de tour ?

A.  B.  C.  D.  E 

48 Quel est le dessin obtenu par symétrie ?

A.  B.  C.  D.  E. 

49 Quel est le dessin obtenu par symétrie ?

A.  B.  C.  D.  E. 

50 Quel est le dessin obtenu par symétrie ?

A.  B.  C.  D.  E. 

Test d'attention

Pour chaque question, une seule réponse convient.
Reporter les réponses sur la feuille-réponse.

Voici un texte :

Allons enfants de la patrie, le jour de gloire est arrivé. Contre nous de la tyrannie, l'Étendard sanglant est levé, l'Étendard sanglant est levé. Entendez-vous dans les campagnes mugir ces féroces soldats. Ils viennent jusque dans vos bras égorger vos fils, vos compagnes.

Aux armes, citoyens ! Formez vos bataillons ! Marchons, marchons, qu'un sang impur abreuve nos sillons.

Nous entrerons dans la carrière quand nos aînés n'y seront plus ; nous y trouverons leur poussière et la trace de leurs vertus. Bien moins jaloux de leur survivre que de partager leur cercueil, nous aurons le sublime orgueil de les venger ou de les suivre !

51 Quel est le nombre de mots ?

A. 98 B. 100 C. 104 D. 105 E. 107

52 Quel est le nombre de lettres a ?

A. 36 B. 37 C. 39 D. 40 E. 41

53 Quel est le nombre de lettres e ?

A. 65 B. 66 C. 67 D. 68 E. 75

54 Quel est le nombre de lettres m ?

A. 8 B. 10 C. 11 D. 13 E. 14

55 Quel est le nombre de lettres u ?

A. 28 B. 30 C. 32 D. 33 E. 35

Raisonnement logique

Pour chaque question, une seule réponse convient.
Reporter les réponses sur la feuille-réponse.
On dispose d'une suite de cinq symboles :

Cette suite se répète indéfiniment.

Remplacer le symbole  par l'un des cinq symboles.

56

A. B. C. D. E.

57

A. B. C. D. E.

58

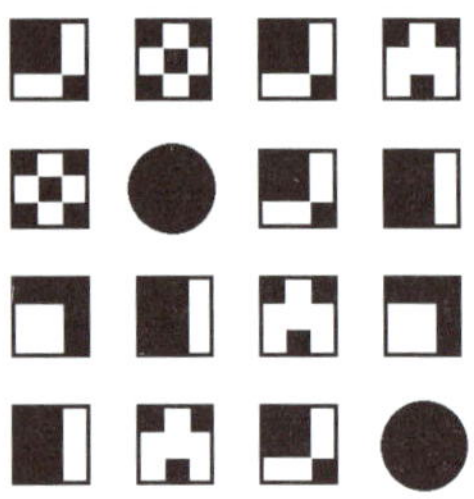

A. B. C. D. E.

59

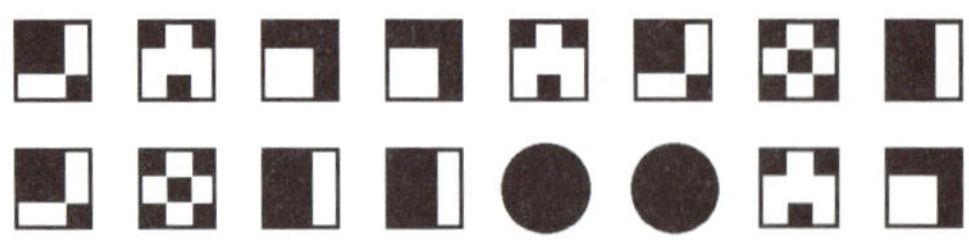

A. B. C. D. E.

60

A. B. C. D. E.

Aptitude verbale 1 : conjugaison

Pour chaque question, une seule réponse convient.
Reporter les réponses sur la feuille réponse.
Voici un mode et un temps donnés pour chaque exercice.
Quel est le verbe **mal** conjugué ou orthographié ?

61 3e personne du singulier du subjonctif présent.

A. Qu'il aît B. Qu'il soit C. Qu'il soit aimé D. Qu'il se méfie E. Qu'il aime.

62 1re personne du singulier du passé simple de l'indicatif.

A. Je plaçai B. Je mangeai C. Je pesai D. Je cédai E. Je jettai

63 2e personne du pluriel du conditionnel passé 1re forme.

A. Vous auriez modelé B. Vous auriez créé C. Vous auriez assiégé
D. Vous auriez payé E. Vous auriez vétu

64 3e personne du pluriel du futur antérieur de l'indicatif.

A. Ils auront couvert B. Ils auront cueuilli C. Ils auront assailli
D. Ils auront failli E. Ils auront dormi

65 1re personne du singulier de l'impératif présent.

A. Saches B. Meus C. Assieds D. Apprécie E. Finis

66 3e personne du singulier du plus-que-parfait du subjonctif.

A. Qu'il eût écrit B. Qu'il eût cuit C. Qu'il eût fait D. Qu'il eût mu E. Qu'il eût fuit

67 Participe présent.

A. Envoyant B. Modellant C. Étant D. Ayant E. Haïssant

68 2e personne du singulier de l'imparfait de l'indicatif.

A. Tu haïssais B. Tu acquerrais C. Tu pourvoyais D. Tu moulais E. Tu cousais

69 3e personne du singulier de l'imparfait du subjonctif.

A. Qu'il pourvût B. Qu'il asseye C. Qu'il échût D. Qu'il cédât E. Qu'il close

70 1re personne du pluriel du passé antérieur de l'indicatif.

A. Nous eûmes pris B. Nous eûmes fait C. Nous reçûmes
D. Nous eûmes acquis E. Nous eûmes eu

Aptitude verbale 2 : orthographe

Pour chaque question, une seule réponse convient.
Reporter les réponses sur la feuille réponse.

Voici un texte de Descartes : *Discours de la méthode IV.*
Chaque phrase est coupée en cinq morceaux. Quel est le morceau qui comporte une faute d'orthographe ?

71 Je ne sais si je dois vous entretenir des premières médittations que j'y ai faites / car elles sont si métaphysiques et si peu communes / qu'elles ne seront peut-être pas au goût de tout le monde : et toutefois, / afin qu'on puisse juger si les fondements / que j'ai pris sont assez fermes, je me trouve en quelque façon contraint d'en parler.

A. ☐ B. ☐ C. ☐ D. ☐ E. ☐

72 J'avais dès longtemps remarqué que pour les mœurs il est besoin quelquefois de suivre des opinions / qu'on sait être fort incertaines, tout de même / quel si elles étaient indubitables, ainsi qu'il a été dit ci-dessus : mais pour ce qu'alors je désirais vaquer seulement à la recherche de la vérité, / je pensai qu'il fallait que je fisse tout le contraire, et que je rejetasse comme absolument faux tout ce en quoi je pourrais imaginer le moindre doute, / affin de voir s'il ne resterait point après cela quelque chose en ma créance qui fût entièrement indubitable.

A. ☐ B. ☐ C. ☐ D. ☐ E. ☐

73 Ainsi, à cause que nos sens nous trompent quelquefois, je voulus supposer qu'il n'y avait aucune chose qui fût telle qu'ils nous la font imaginer ; / et pour ce qu'il y a des hommes qui se méprennent en résonnant, même touchant les plus simples matières de géométrie, / et y font des paralogismes, jugeant que j'étais sujet à faillir autant qu'aucun autre, je rejetai comme fausses toutes les raisons que j'avais prises auparavant pour démonstrations ; / et enfin, considérant que toutes les mêmes pensées que nous avons étant éveillés nous peuvent aussi venir quand nous dormons sans qu'il y en ait aucune pour lors qui soit vraie, / je me résolus de feindre que toutes les choses qui m'étaient jamais entrées en l'esprit n'étaient non plus vraies que les illusions de mes songes.

A. ☐ B. ☐ C. ☐ D. ☐ E. ☐

74 Mais aussitôt après je pris garde que, pendant que je voulais ainsi penser que tout était faux, / il fallait nécessairement que moi, qui le pensais, fusse quelque chose : et remarquant que cette vérité, je pense, donc je suis, était si ferme / et si assurée que toutes les plus extravagantes suppositions des septiques n'étaient pas capables de l'ébranler, / je jugeai que je pouvais la recevoir sans scrupule / pour le premier principe de la philosophie que je cherchais.

A. ☐ B. ☐ C. ☐ D. ☐ E. ☐

75 Puis, examinant avec attention ce que j'étais, et voyant que je pouvais feindre que je n'avais aucun corps et qu'il n'y avait aucun monde ni aucun lieu où je fusse, / mais que je ne pouvais pas feindre pour cela que je n'étais point, et qu'au contraire, de cela même que je pensais à douter de la vérité des autres choses, il suivait très évidemment et très certainement que j'étais, au lieu que si j'eusse seulement cessé de penser, / encore que tout le reste de ce que j'avais jamais imaginé eût été vrai, je n'avais aucune raison de croire que j'eusse été je connus de là que j'étais une substance dont toute l'essence ou la nature n'est que de penser, / et qui pour être n'a besoin d'aucun lieu ni ne dépend d'aucune chose matérielle, en sorte que ce moi, c'est-à-dire l'âme par laquelle je suis ce que je suis, est entièrement distincte du corps, et même qu'elle est plus aisée à connaitre que lui, / et qu'encore qu'il ne fût point, elle ne laisserait pas d'être tout ce qu'elle est.

A. ☐ B. ☐ C. ☐ D. ☐ E. ☐

Raisonnement logique de proposition

Pour chaque question, une seule réponse convient.
Reporter les réponses sur la feuille réponse.

Voici un texte simple. Vous devez répondre aux questions en vous limitant aux données du texte.

« Le code de la route. Sauf indication contraire, la vitesse en ville est limitée à 50 km/h. Hors agglomération, elle est limitée à 90 km/h et, sur autoroute, elle est limitée à 130 km/h. »

76 Jean roule toujours à 130 km/h sur autoroute. Il est dans son bon droit.

A. Vrai B. Faux C. On ne peut pas se prononcer avec certitude.

77 Si je respecte les limitations de vitesse, je diminue mes risques d'accidents.

A. Vrai B. Faux C. On ne peut pas se prononcer avec certitude.

78 Quand on double un véhicule, on roule toujours à une vitesse supérieure au véhicule doublé. Doubler sur autoroute, où la vitesse est limitée à 130 km/h, une voiture roulant à 90 km/h, c'est être dans son bon droit.

A. Vrai B. Faux C. On ne peut pas se prononcer avec certitude.

79 La ceinture de sécurité est obligatoire même si l'on est assis à l'arrière du véhicule.

A. Vrai B. Faux C. On ne peut pas se prononcer avec certitude.

80 Sans restriction particulière, en ville je ne dois pas doubler un véhicule roulant à 50 km/h.

A. Vrai B. Faux C. On ne peut pas se prononcer avec certitude.

Aptitude verbale 3 : vocabulaire

Pour chaque question, une seule réponse convient.
Reporter les réponses sur la feuille réponse.

Dans les phrases suivantes, il faut remplacer @ par l'une des réponses proposées. Pour les cinq exercices suivants, toutes les réponses proposées ne seront utilisées qu'une seule fois.

81 Avec une prodigieuse @ d'un bout à l'autre de Paris, la nouvelle se répand.

A. Instantanéité B. Cyclopéenne C. Touffeur D. Hilarité E. Orée

82 L'@ était irrésistible au point que Marc y cédait.

A. Instantanéité B. Cyclopéenne C. Touffeur D. Hilarité E. Orée

83 La nature n'a su ici qu'entasser les masses brutes de construction @.

A. Instantanéité B. Cyclopéenne C. Touffeur D. Hilarité E. Orée

84 Je voudrais vivre à l'@ d'un bois.

A. Instantanéité B. Cyclopéenne C. Touffeur D. Hilarité E. Orée

85 L'altitude tempérait agréablement la @ du jour.

A. Instantanéité B. Cyclopéenne C. Touffeur D. Hilarité E. Orée

Dans les phrases suivantes, il faut remplacer @ par l'une des réponses proposées. Pour les cinq exercices suivants, toutes les réponses proposées ne seront utilisées qu'une seule fois.

86 On voyait l'ombre blanche et transparente d'un @.

A. Génie B. Troglodyte C. Muezzin D. Sycomore E. Trophée

87 Le montagnard élevait la lampe à bout de bras et l'ombre dansait comme un @ sur les parois de la cave.

A. Génie B. Troglodyte C. Muezzin D. Sycomore E. Trophée

88 Sur tout ce brouhaha se balançait un @ de peau de lapin.

A. Génie B. Troglodyte C. Muezzin D. Sycomore E. Trophée

89 Je regarde la mésange garnir son nid, le @ courir sous le buisson.

A. Génie B. Troglodyte C. Muezzin D. Sycomore E. Trophée

90 Un @ qu'on ne voyait pas se mit à chanter la prière du soir.

A. Génie B. Troglodyte C. Muezzin D. Sycomore E. Trophée

Test de raisonnement logique sur des nombres

Pour chaque question, une seule réponse convient.
Reporter les réponses sur la feuille réponse.

Chaque flèche représente un opérateur simple (+ 2 ou – 3 ou × 2 par exemple).

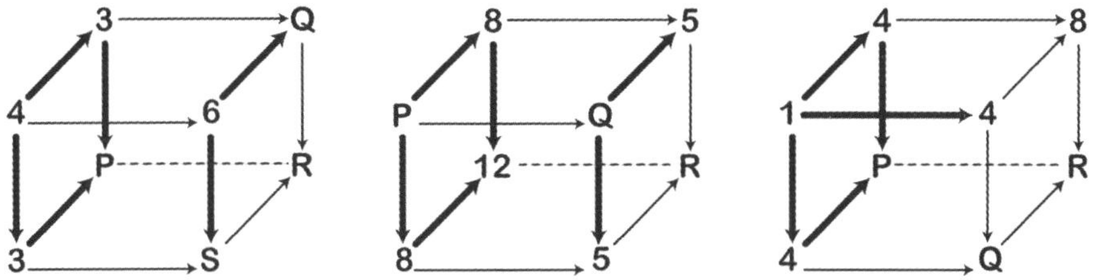

Pour la figure de gauche

91 Quel nombre remplace la lettre P ?

A. 1 **B.** 2 **C.** 3 **D.** 4 **E.** 5

92 Quel nombre remplace la lettre Q ?

A. 1 **B.** 2 **C.** 3 **D.** 4 **E.** 5

93 Quel nombre remplace la lettre R ?

A. 6 **B.** 7 **C.** 8 **D.** 9 **E.** 10

94 Quel nombre remplace la lettre S ?

A. 1 **B.** 2 **C.** 3 **D.** 4 **E.** 5

Pour la figure au centre

95 Quel nombre remplace la lettre P ?

A. 1 **B.** 2 **C.** 3 **D.** 4 **E.** 5

96 Quel nombre remplace la lettre Q ?

A. 1 **B.** 2 **C.** 3 **D.** 4 **E.** 5

97 Quel nombre remplace la lettre R ?

A. 1 **B.** 2 **C.** 3 **D.** 4 **E.** 5

Pour la figure de droite

98 Quel nombre remplace la lettre P ?

A. 7 **B.** 6 **C.** 5 **D.** 4 **E.** 3

99 Quel nombre remplace la lettre Q ?

A. 6 **B.** 7 **C.** 8 **D.** 9 **E.** 10

100 Quel nombre remplace la lettre R ?

A. 8 **B.** 10 **C.** 12 **D.** 14 **E.** 16

Feuille-réponse du concours n° 1

Pour chaque question, cocher la bonne réponse.

	A	B	C	D	E		A	B	C	D	E		A	B	C	D	E		A	B	C	D	E
1						26						51						76					
2						27						52						77					
3						28						53						78					
4						29						54						79					
5						30						55						80					
6						31						56						81					
7						32						57						82					
8						33						58						83					
9						34						59						84					
10						35						60						85					
11						36						61						86					
12						37						62						87					
13						38						63						88					
14						39						64						89					
15						40						65						90					
16						41						66						91					
17						42						67						92					
18						43						68						93					
19						44						69						94					
20						45						70						95					
21						46						71						96					
22						47						72						97					
23						48						73						98					
24						49						74						99					
25						50						75						100					

Nombre total de bonnes réponses r =
Note /20 = r/5 =

Corrigé

Raisonnement logique : M. Mind

Trouver la bonne réponse à partir des chiffres utilisés : 2 3 4 5 6 7

On regarde si chaque réponse proposée vérifie toutes les lignes de l'énoncé.
Par exemple pour la question ❶ :

4 7 6 5	2 chiffres communs bien placés
3 4 5 2	2 chiffres communs bien placés
4 7 5 3	1 chiffre commun bien placé et 1 chiffre commun mal placé
5 2 6 4	1 chiffre commun bien placé et 1 chiffre commun mal placé
7 5 6 4	1 chiffre commun bien placé et 1 chiffre commun mal placé

On vérifie si la première réponse : 3762 vérifie toutes les lignes de l'énoncé.
À la première ligne de l'énoncé, les chiffres 7 et 6 sont bien placés.
À la deuxième ligne, les chiffres 3 et 2 sont bien placés.
À la troisième ligne, le chiffre 7 est bien placé et le chiffre 3 est mal placé.
À la quatrième ligne, le chiffre 6 est bien placé et le chiffre 2 est mal placé.
À la cinquième ligne, le chiffre 6 est bien placé et le chiffre 7 est mal placé.
À chaque ligne, seuls les chiffres indiqués sont communs avec ceux de l'énoncé.
Conclusion : **la première réponse 3762** vérifie toutes les lignes de l'énoncé. C'est donc la réponse à retenir. On peut vérifier que les autres réponses ne sont pas des solutions de toutes les lignes de l'énoncé. Pour les questions 2 à 15, se reporter à la grille de correction page 27.

Test d'observation

Pour les questions 16 à 25, se reporter à la grille de correction page 27.

Raisonnement numérique 1 : arithmétique

㉖ Calculer : $1 + \frac{1}{2} + \frac{1}{4} = \frac{4}{4} + \frac{2}{4} + \frac{1}{4} = \mathbf{\frac{7}{4}}$.

㉗ Que vaut x : solution de l'équation : $(3x + 2)^2 = 7x - 6 + 9x^2$?
$9x^2 + 12x + 4 = 7x - 6 + 9x^2$; $12x - 7x = -4 - 6$; $5x = -10$; $\mathbf{x = -2}$.

㉘ Calculer en heures et minutes : (2 h 40 min) × 2,5.
= 160 min × 2,5 = 400 min = **6 h 40 min**.

29 Sur un salaire de 7 500 € brut, on perçoit 6 000 € net. Quel est en pourcentage le taux de charge ?

$$t = \frac{(7\,500 - 6\,000)}{7\,500} \times 100 = \mathbf{20\ \%}.$$

30 Calculer 200 % de 100.
200 % = 2 ; 2 × 100 = **200**.

31 Trouver le nombre a solution de l'équation : $3{,}45 \times 10^2 \times 10^2 = 0{,}345 \times 10^a$.
$3{,}45 \times 10^4 = 3{,}45 \times 10^{a-1}$; $a - 1 = 4$; $\boldsymbol{a = 5}$.

32 Trouver la valeur de x dans le système d'équations où x, y et z sont les inconnues.

$$\left\{\begin{matrix} 2x - 3y + 4z = 19 \\ -x + 2y - z = -7 \\ 3x + y + 2z = 11 \end{matrix}\right\} = \left\{\begin{matrix} a \\ b \\ c \end{matrix}\right\} \Leftrightarrow \left\{\begin{matrix} a + 2b \\ 3b + c \\ c \end{matrix}\right\} = \left\{\begin{matrix} y + 2z = 5 \\ 7y - z = -10 \\ 3x + y + 2z = 11 \end{matrix}\right\} = \left\{\begin{matrix} a_1 \\ b_1 \\ c_1 \end{matrix}\right\} \Leftrightarrow$$

$$\left\{\begin{matrix} 7a_1 - b_1 \\ b_1 \\ c_1 \end{matrix}\right\} \Leftrightarrow \left\{\begin{matrix} 15z = 45 \\ y = (-10 + z) \div 7 \\ x = (11 - y - 2z) \div 3 \end{matrix}\right\} \Leftrightarrow \left\{\begin{matrix} z = 3 \\ y = -1 \\ x = 2 \end{matrix}\right\}$$

33 Calculer : $-2\sqrt{3} \times 3\sqrt{12} = -2 \times 3 \times \sqrt{3 \times 12} = -6\sqrt{36} = -6 \times 6 = \mathbf{-36}$.

34 Calculer : $[-2 + (-1 + 3)] \times [1 - (2 \times 3) + 5]$.
$= [-2 + 2] \times \ldots = 0 \times \ldots = \mathbf{0}$.

35 Calculer le reste de la division entière de 3 817 par 132.
3 817 = 132 × 28 + 121. Le reste est égal à 121.

Raisonnement numérique 2 : problèmes

36 Gertrude dit à Cunégonde : « Nous devons nous partager 2 800 € sachant que je prends $\frac{1}{3}$ de plus que toi. » Quelle somme prend Gertrude ?

2 800 € = (Part de Gertrude) + (Part de Cunégonde).

(Part de Gertrude) = (Part de Cunégonde) × $(1 + \frac{1}{3})$.

De ces deux relations on obtient :

2 800 € = $\frac{7}{3}$ de la part de Cunégonde ;

Part de Gertrude = $\frac{4}{3}$ de la part de Cunégonde.

Soit : 2 800 € = $\frac{7}{3} \times \frac{3}{4}$ de la part de Gertrude ;

Soit : la part de Gertrude = **1 600 €**.

❸❼ Tom dit à son père Théodore : « À l'école, j'ai eu quatre notes aux devoirs d'occitan. J'ai 14 de moyenne. Je n'en connais que trois : 12 ; 10 ; 18 ». Quelle est la note manquante ?

$\frac{(12 + 10 + 18 + x)}{4} = 14$; soit $\boldsymbol{x = 16}$.

❸❽ Maurice coupe en « trois coups de tronçonneuse » une bûche de 1 mètre de long. Chaque morceau est identique. Quelle est la longueur d'un morceau ?

$\frac{1\ \text{m}}{4} = \mathbf{25\ cm}$.

❸❾ En vélo, Anselme roule à 20 km/h pour aller de Pamiers à Foix, mais roule à 30 km/h pour le retour. Quelle est sa vitesse moyenne ?

$T_{aller} = \frac{d}{20}$.

$T_{retour} = \frac{d}{30}$.

$$V_{moy} = \frac{2d}{\frac{d}{20} + \frac{d}{30}} = \frac{2}{\frac{1}{20} + \frac{1}{30}} = \frac{2}{\frac{5}{60}} = 2 \times \frac{60}{5} = \mathbf{24\ km/h}.$$

❹⓿ L'inverse d'un nombre *a* non nul est noté 1/*a*. Quel est l'inverse de 50 % ?

1/50 % = 1/0,5 = 2.

❹❶ Une infirmière doit préparer 300 mL d'une solution d'alcool à 60 % à partir d'une fiole de 1 litre d'alcool à 90 % et d'eau distillée. Quel est le volume d'alcool à 90 % à prélever ?

Il faut prélever 300 ml d'alcool à $\frac{60}{100}$ soit 180 ml.

180 ml = $\frac{90}{100}$ Volume

Soit : le volume = $180 \times \frac{100}{90} = \mathbf{200\ cm^3}$.

❹❷ Marie-Louise et Marie-Madeleine sont infirmières. Elles doivent se rendre au congrès de Bordeaux le 8 mars. Marie-Louise était de repos le 7 mars. Elle se rend le 8 mars à 8 h 35 min à la gare de Foix pour prendre le train de 9 h qui arrive à 9 h 50 min à Toulouse et un peu après midi à Bordeaux (gare Saint-Jean). Marie-Madeleine était de service le 8 mars au matin. Elle quitte son travail pour se rendre en voiture à Bordeaux en partant de Pamiers à 8 h 30 min et en roulant à 60 km/h en moyenne. On donne les distances suivantes : Pamiers-Toulouse = 60 km ; Foix-Pamiers = 15 km ; Toulouse-Bordeaux = presque 250 km. À quelle heure vont-elles se croiser sur leurs trajets ?

On note *d* la distance parcourue lorsqu'elles vont se croiser.

Marie-Louise effectue 75 km en 50 min. Sa vitesse est de 75/50 = 1,5 km/min.

Marie-Madeleine roule à 1 km/min.

En prenant l'origine des temps *(t)* à 8 h 30 min on obtient :

Pour Marie-Louise : $d = 1{,}5 \times (t - 30\ \text{min})$;

Pour Marie-Madeleine : $d - 15 = 1 \times t$ donc $d = (1 \times t) + 15$.

De ces deux dernières relations on obtient : $t = 120$ min.
L'heure à laquelle elles vont se croiser sera donc 8 h 30 + 120 min = **10 h 30 min.**

43 Un collier de perles du Pacifique est soldé avec une réduction de 30 %. Il ne vaut plus que la modique somme de 2 800 €. Quel était le prix avant les soldes ?

$$\text{Prix} = \frac{2\,800}{(1 - 30\,\%)} = \frac{2\,800}{0{,}7} = \mathbf{4\,000\ €.}$$

44 Une infirmière pratiquant les soins à domicile doit baigner un malade. La baignoire de 60 litres se remplit à raison de 10 litres par minute. Remplie au 2/3 la bonde se met à perdre de l'eau à raison de 3 litres toutes les deux minutes. Combien de temps la baignoire met-elle à se remplir (à 5 secondes près) ?
Vitesse de remplissage = 10 l/min.
Vitesse de perte d'eau = 1,5 l/min.
Il faut remplir 1/3 de la baignoire soit 20 L à la vitesse de 10 L/min – 1,5 L/min soit 8,5 L/min.
Cela prendra $\frac{20}{8{,}5} = 2$ min + 21,2 s.
Le temps total sera de 4 min + 2 min + 21,2 s = **6 min + 21,2 s.**

45 Monsieur Dupont dirige un cabinet de 4 infirmières à Pamiers. Cette société est soumise à l'impôt sur les bénéfices à un taux de 40 %. Monsieur Dupont prend 50 % du bénéfice net (après imposition). Le bénéfice restant est partagé en parts égales sous la forme de primes aux quatre infirmières.
Quel pourcentage du bénéfice prend chaque infirmière ?
Bénéfice = 40 % impôts + 60 % à partager.
30 % sont à partager en 4 parts.
Soit $\frac{30\,\%}{4} = $ **7,5 % la part.**

Test d'observation sur des images

Pour les questions 46 à 50, se reporter à la grille de correction page 27.

Test d'attention

Pour les questions 51 à 55, se reporter à la grille de correction page 27.

Raisonnement logique

On dispose d'une suite de cinq symboles que l'on peut remplacer par des chiffres :

1 2 3 4 5

Cette suite se répète indéfiniment.

56 

Progression des symboles dans l'ordre de l'énoncé. **Réponse A.**

57 

Le premier élément de chaque groupe suit la progression des symboles dans l'énoncé. Le deuxième élément de chaque groupe suit la progression d'un élément sur deux de l'énoncé. **Réponse E.**

58 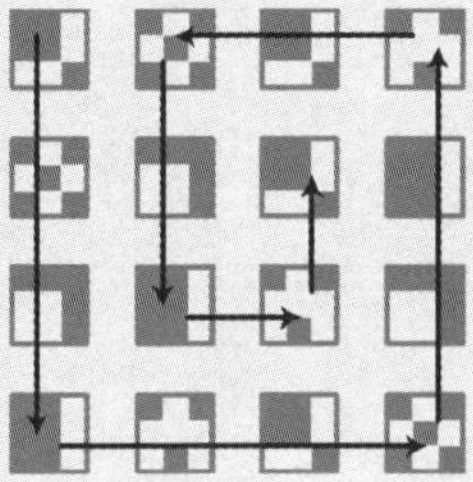

Réponse C.

59 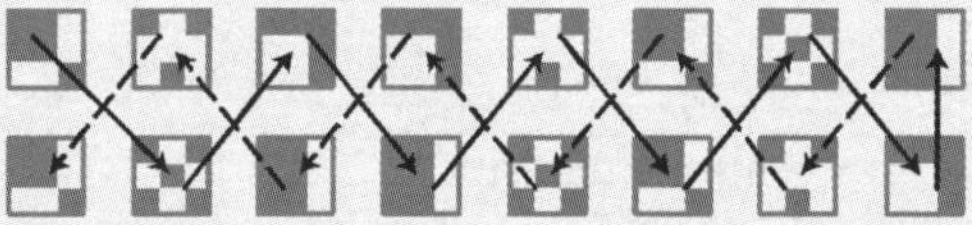

Réponse A.

60 

Le premier élément de chaque groupe suit la progression inverse des symboles dans l'énoncé.
Le deuxième élément de chaque groupe suit la progression d'un élément sur deux dans le sens inverse de l'énoncé.
Le troisième élément de chaque groupe suit la progression d'un élément sur deux de l'énoncé. **Réponse E.**

Aptitude verbale 1 : conjugaison

Voici un mode et un temps donnés pour chaque exercice.
Quel est le verbe mal conjugué ou orthographié ?

61 3e personne du singulier du subjonctif présent.
Réponse A : Qu'il ait

62 1re personne du singulier du passé simple de l'indicatif.
Réponse E : Je jetai

63 2e personne du pluriel du conditionnel passé 1re forme.
Réponse E : Vous auriez vêtu

64 3e personne du pluriel du futur antérieur de l'indicatif.
Réponse B : Ils auront cueilli

65 1re personne du singulier de l'impératif présent.
Réponse A : Sache

66 3e personne du singulier du plus-que-parfait du subjonctif.
Réponse D : Qu'il eût mû

67 Participe présent.
Réponse B : Modelant

68 2e personne du singulier de l'imparfait de l'indicatif.
Réponse B : Tu acquérais

69 3e personne du singulier de l'imparfait du subjonctif.
Réponse E : (n'existe pas !)

70 1re personne du pluriel du passé antérieur de l'indicatif.
Réponse C : (n'est pas la 1re personne du pluriel du passé antérieur de l'indicatif)

Aptitude verbale 2 : orthographe

Voici un texte de Descartes : *Discours de la méthode IV.*
Chaque phrase est coupée en cinq morceaux. Quel est le morceau qui comporte une faute d'orthographe ?

71 Je ne sais si je dois vous entretenir des premières **médittations** (méditations) que j'y ai faites / car elles sont si métaphysiques et si peu communes / qu'elles ne seront peut-être pas au goût de tout le monde : et toutefois, / afin qu'on puisse juger si les fondements / que j'ai pris sont assez fermes, je me trouve en quelque façon contraint d'en parler.
Réponse A

72 J'avais dès longtemps remarqué que pour les mœurs il est besoin quelquefois de suivre des opinions / qu'on sait être fort incertaines, tout de même / quel si elles étaient indubitables, ainsi qu'il a été dit ci-dessus : mais pour ce qu'alors je désirais vaquer seulement à la recherche de la vérité, / je pensai qu'il fallait que je fisse tout le contraire, et que je rejetasse comme absolument faux tout ce en quoi je pourrais imaginer le moindre doute, / **affin** (afin) de voir s'il ne resterait point après cela quelque chose en ma créance qui fût entièrement indubitable.
Réponse E

73 Ainsi, à cause que nos sens nous trompent quelquefois, je voulus supposer qu'il n'y avait aucune chose qui fût telle qu'ils nous la font imaginer ; / et pour ce qu'il y a des hommes qui se méprennent en **résonnant** (raisonnant), même touchant les plus simples matières de géométrie, / et y font des paralogismes, jugeant que j'étais sujet à faillir autant qu'aucun autre, je rejetai comme fausses toutes les raisons que j'avais prises auparavant pour démonstrations ; / et enfin, considérant que toutes les mêmes pensées que nous avons étant éveillés nous peuvent aussi venir quand nous dormons sans qu'il y en ait aucune pour lors qui soit vraie, / je me résolus de feindre que toutes les choses qui m'étaient jamais entrées en l'esprit n'étaient non plus vraies que les illusions de mes songes.
Réponse B

74 Mais aussitôt après je pris garde que, pendant que je voulais ainsi penser que tout était faux, / il fallait nécessairement que moi, qui le pensais, fusse quelque chose : et remarquant que cette vérité, je pense, donc je suis, était si ferme / et si assurée que toutes les plus extravagantes suppositions des **septiques** (sceptiques) n'étaient pas capables de l'ébranler, / je jugeai que je pouvais la recevoir sans scrupule / pour le premier principe de la philosophie que je cherchais.
Réponse C

75 Puis, examinant avec attention ce que j'étais, et voyant que je pouvais feindre que je n'avais aucun corps et qu'il n'y avait aucun monde ni aucun lieu où je fusse, / mais que je ne pouvais pas feindre pour cela que je n'étais point, et qu'au contraire, de cela même que je pensais à douter de la vérité des autres choses, il suivait très évidemment et très certainement que j'étais, au lieu que si j'eusse seulement cessé de penser, / encore que tout le reste de ce que j'avais jamais imaginé eût été vrai, je n'avais aucune raison de croire que j'eusse été je connus de là que j'étais une substance dont toute l'essence ou la nature n'est que de penser, / et qui pour être n'a besoin d'aucun lieu ni ne dépend d'aucune chose matérielle, en sorte que ce moi, c'est-à-dire l'âme par laquelle je suis ce que je suis, est entièrement distincte du corps, et même qu'elle est plus aisée à **connaitre** (connaître) que lui, / et qu'encore qu'il ne fût point, elle ne laisserait pas d'être tout ce qu'elle est.
Réponse D

Raisonnement logique de proposition

Voici un texte simple. Vous devez répondre aux questions en vous limitant aux données du texte.
« Le code de la route. Sauf indication contraire, la vitesse en ville est limitée à 50 km/h. Hors agglomération, elle est limitée à 90 km/h et, sur autoroute, elle est limitée à 130 km/h. »

76 Jean roule toujours à 130 km/h sur autoroute. Il est dans son bon droit.
Réponse B : Faux. Il peut y avoir une limitation de vitesse pour cause de mauvais temps par exemple, cela fait partie des indications contraires

77 Si je respecte les limitations de vitesse, je diminue mes risques d'accidents.

Réponse C : On ne peut pas se prononcer avec certitude. Aucune indication n'est donnée dans l'énoncé à ce sujet, même si cela paraît de bon sens

78 Quand on double un véhicule, on roule toujours à une vitesse supérieure au véhicule doublé. Doubler sur autoroute, où la vitesse est limitée à 130 km/h, une voiture roulant à 90 km/h, c'est être dans son bon droit.

Réponse C : On ne peut pas se prononcer avec certitude. On n'est pas sûr que le véhicule qui double roule à moins de 130 km/h

79 La ceinture de sécurité est obligatoire même lorsqu'on est assis à l'arrière du véhicule.

Réponse C : On ne peut pas se prononcer avec certitude. Rien n'est dit à ce sujet dans l'énoncé

80 Sans restriction particulière, en ville je ne dois pas doubler un véhicule roulant à 50 km/h.

Réponse A : Vrai car il est précisé qu'il n'y a pas de restriction particulière, la vitesse est donc limitée à 50 km/h

Aptitude verbale 3 : vocabulaire

Dans les phrases suivantes, il faut remplacer @ par l'une des réponses proposées. Pour les cinq exercices suivants, toutes les réponses proposées ne seront utilisées qu'une seule fois.

81 Avec une prodigieuse instantanéité d'un bout à l'autre de Paris, la nouvelle se répand.

Réponse A : Instantanéité : qui arrive soudainement et ne dure que très peu de temps

82 L'hilarité était irrésistible au point que Marc y cédait.

Réponse D : Hilarité : gaieté soudaine

83 La nature n'a su ici qu'entasser les masses brutes de construction cyclopéenne.

Réponse B : Cyclopéenne : immense

84 Je voudrais vivre à l'orée d'un bois.

Réponse E : Orée : lisière ou bordure

85 L'altitude tempérait agréablement la touffeur du jour.

Réponse C : Touffeur : atmosphère lourde et chaude

Dans les phrases suivantes, il faut remplacer @ par l'une des réponses proposées. Pour les cinq exercices suivants, toutes les réponses proposées ne seront utilisées qu'une seule fois.

86 On voyait l'ombre blanche et transparente d'un sycomore.

Réponse D : Sycomore : variété d'érable

87 Le montagnard élevait la lampe à bout de bras et l'ombre dansait comme un génie sur les parois de la cave.

Réponse A : Génie : être fantastique

88 Sur tout ce brouhaha se balançait un trophée de peau de lapin.

Réponse E : Trophée : tête naturalisée d'un gibier

89 Je regarde la mésange garnir son nid, le troglodyte courir sous le buisson.

Réponse B : Troglodyte : oiseau de petite taille

90 Un muezzin qu'on ne voyait pas se mit à chanter la prière du soir.

Réponse C : Muezzin : religieux musulman

Test de raisonnement logique sur des nombres

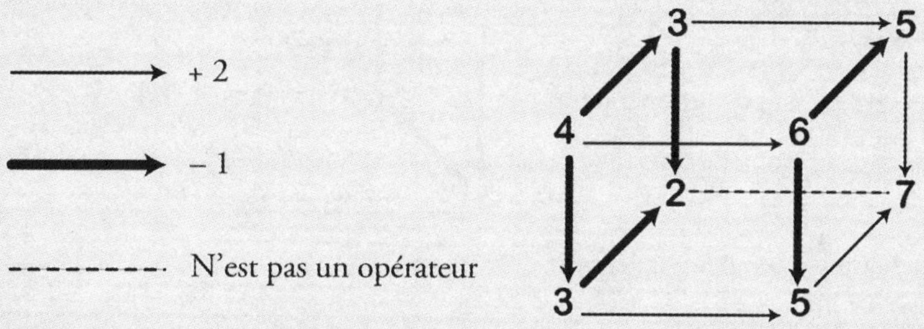

91 Quel nombre remplace la lettre P ?

Réponse B : 2

92 Quel nombre remplace la lettre Q ?

Réponse E : 5

93 Quel nombre remplace la lettre R ?

Réponse B : 7

94 Quel nombre remplace la lettre S ?

Réponse E : 5

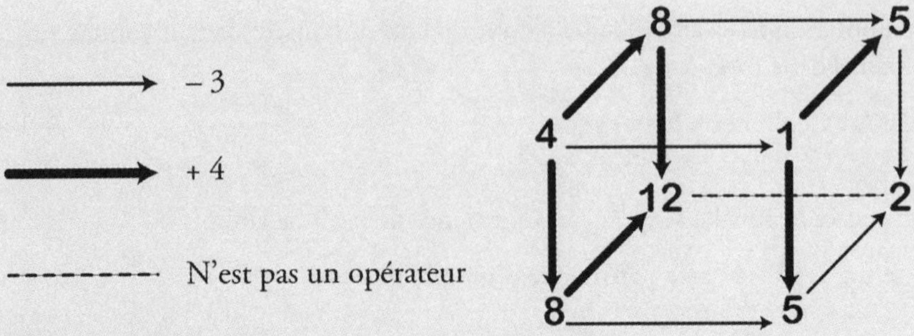

❾❺ Quel nombre remplace la lettre P ?
Réponse D : 4

❾❻ Quel nombre remplace la lettre Q ?
Réponse A : 1

❾❼ Quel nombre remplace la lettre R ?
Réponse C : 2

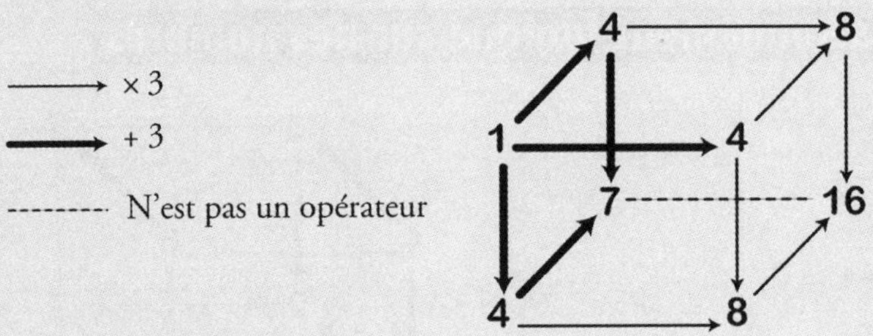

❾❽ Quel nombre remplace la lettre P ?
Réponse A : 7

❾❾ Quel nombre remplace la lettre Q ?
Réponse C : 8

❶⓿⓿ Quel nombre remplace la lettre R ?
Réponse E : 16

Feuille-réponse du concours n° 1

	A	B	C	D	E		A	B	C	D	E		A	B	C	D	E		A	B	C	D	E
1	×					26					×	51					×	76		×			
2					×	27	×					52			×			77			×		
3			×			28		×				53	×					78			×		
4	×					29			×			54		×				79			×		
5					×	30		×				55			×			80	×				
6	×					31					×	56	×					81	×				
7			×			32					×	57					×	82				×	
8			×			33				×		58			×			83		×			
9				×		34				×		59	×					84					×
10				×		35	×					60					×	85			×		
11	×					36			×			61	×					86				×	
12	×					37				×		62					×	87	×				
13			×			38		×				63					×	88					×
14					×	39				×		64		×				89		×			
15					×	40					×	65	×					90			×		
16			×			41			×			66				×		91		×			
17					×	42		×				67		×				92					×
18					×	43			×			68		×				93		×			
19		×				44					×	69					×	94					×
20			×			45				×		70			×			95				×	
21		×				46	×					71	×					96	×				
22	×					47		×				72					×	97			×		
23			×			48			×			73		×				98	×				
24			×			49				×		74			×			99			×		
25	×					50					×	75				×		100					×

2

Concours blanc n° 2

Durée
1 heure 30 minutes

Nombre de questions : 100.
Vous devez reporter vos réponses sur la « feuille réponse ».
Tout instrument de calcul est interdit.
Chaque question, notée sur un point, est suivie de cinq propositions de réponse dont une seule est exacte.
Vous pouvez utiliser des feuilles de brouillon.

Sujet

Raisonnement logique sur des images

Pour chaque question, une seule réponse convient.
Reporter les réponses sur la feuille-réponse.
Chaque bloc de quatre figures possède un « point » commun.
Le retrouver sur l'une des cinq réponses proposées.

1 

A.  B.  C. D.  E.

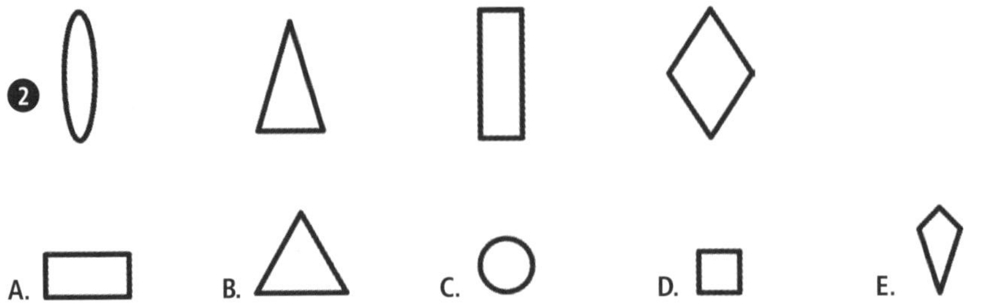

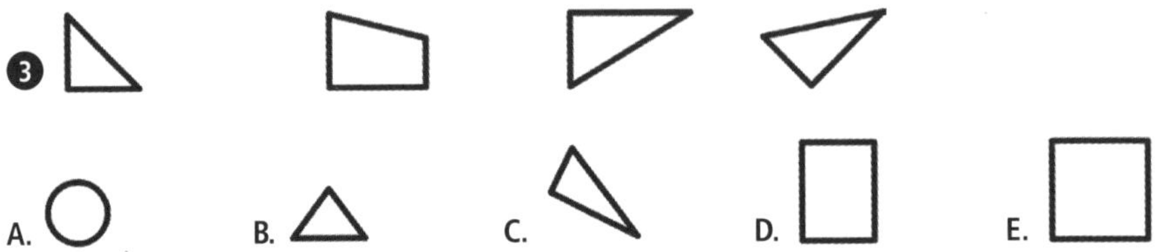

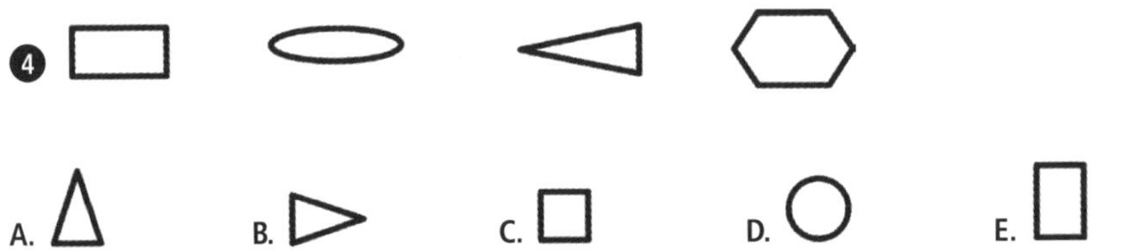

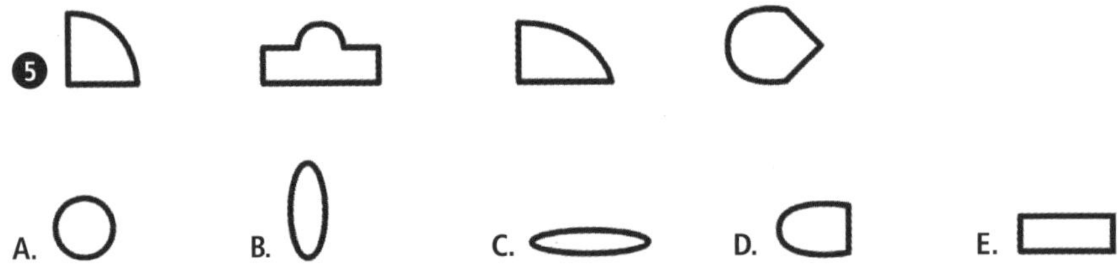

Raisonnement logique : M. Mind

Pour chaque question, une seule réponse convient.
Reporter les réponses sur la feuille-réponse.

Soit un ensemble de 6 motifs :

☞ ✞ ☝ ☼ ☪ ☠

6 **Trouver trois motifs sachant que**

☞ ☝ ☼	**a deux motifs bien placés**
☞ ☼ ☪	**a un motif bien placé**
☝ ☠ ✞	**a deux motifs mal placés**

A. ☞ ☼ ☠ **B.** ☞ ☝ ☠ **C.** ☞ ☠ ☝ **D.** ☝ ☼ ☪ **E.** ☝ ☞ ✞

7 Trouver trois motifs sachant que

☝ ☼ ☪
☠ ☞ ☝
✝ ☪ ☝
☝ ☠ ✝

ont chacun deux motifs communs mal placés

A. ☝ ☪ ☠ B. ☠ ☝ ☪ C. ☠ ☪ ☝ D. ☞ ✝ ☠ E. ☪ ☝ ☠

8 Trouver trois motifs sachant que

☝ ☼ ✝
☼ ✝ ☝
☪ ✝ ☼

ont chacun deux motifs communs mal placés

A. ☪ ☝ ✝ B. ☼ ✝ ☪ C. ✝ ☝ ☪ D. ☝ ✝ ☼ E. ✝ ☪ ☝

9 Trouver trois motifs sachant que

☝ ☼ ☞
☼ ☞ ☝
✝ ☪ ☝
☠ ✝ ☝

ont chacun deux motifs communs mal placés

A. ☠ ☝ ☪ B. ✝ ☝ ☞ C. ☝ ☼ ✝ D. ☞ ☝ ✝ E. ☞ ☝ ☼

10 Trouver quatre motifs sachant que

☼ ☝ ☠ ✝
☞ ✝ ☼ ☪
✝ ☝ ☠ ☼
☞ ☼ ✝ ☪

ont chacun deux motifs communs bien placés

A. ☼ ☝ ☠ ☪ B. ☪ ☞ ☝ ☠ C. ☞ ☝ ☠ ☪ D. ☞ ☝ ☪ ☠ E. ☞ ☼ ☠ ☪

11 Trouver quatre motifs sachant que

☼ ☝ ✝ ☪
✝ ☝ ☠ ☪

ont chacun deux motifs communs bien placés

A. ✝ ☼ ☠ ☪ B. ✝ ☝ ☠ ☪ C. ☼ ☝ ✝ ☪ D. ☼ ☝ ☠ ☪ E. ✝ ☼ ☝ ☪

12 Trouver quatre motifs sachant que

☝ ☠ ☼ ☞ a deux motifs communs mal placés

☠ ☝ ☪ ✝
☪ ✝ ☝ ☠

ont chacun quatre motifs communs mal placés

A. ✝ ☪ ☝ ☠ B. ☝ ☠ ✝ ☪ C. ☪ ✝ ☝ ☠ D. ✝ ☝ ☪ ☠ E. ✝ ☪ ☠ ☝

13 Trouver quatre motifs sachant que

☼ ☝ ☠ ☞ a deux motifs communs bien placés

☠ ☞ ☼ ☝
✞ ☪ ☠ ☞
☠ ☞ ☪ ✞
} ont chacun deux motifs communs mal placés

A. ☼ ☝ ☪ ☠ B. ☠ ☼ ✞ ☪ C. ☞ ✞ ☠ ☪ D. ☼ ☝ ✞ ☪ E. ☼ ☝ ☪ ✞

14 Trouver quatre motifs sachant que

☝ ☼ ☞ ☠
☞ ☝ ☼ ☠
✞ ☠ ☝ ☼
☠ ✞ ☞ ☝
} ont chacun trois motifs communs mal placés

A. ☼ ☞ ✞ ☠ B. ☼ ☞ ☠ ✞ C. ☼ ☠ ✞ ☞ D. ☠ ☞ ✞ ☝ E. ☞ ☝ ✞ ☼

15 Trouver quatre motifs sachant que

☝ ☠ ☼ ☞ a trois motifs communs mal placés
☞ ☝ ✞ ☼ a deux motifs communs mal placés
☼ ☪ ☞ ✞ a deux motifs communs bien placés
☼ ☪ ✞ ☝ a trois motifs communs bien placés

A. ☼ ☪ ✞ ☝ B. ☼ ☠ ✞ ☝ C. ☼ ☪ ✞ ☠ D. ☼ ☪ ☠ ☝ E. ☼ ☠ ☪ ☝

16 Trouver quatre motifs sachant que

✞ ☝ ☼ ☪ a trois motifs communs bien placés
☠ ☝ ☼ ☪ a deux motifs communs bien placés
☠ ☝ ☞ ☪ a trois motifs communs bien placés

A. ☞ ☝ ☞ ☪ B. ✞ ☝ ☼ ☠ C. ✞ ☝ ☼ ☪ D. ✞ ☝ ☞ ☪ E. ☠ ☝ ☪ ☞

17 Trouver quatre motifs sachant que

✞ ☼ ☝ ☪ a deux motifs communs mal placés
☪ ☠ ✞ ☝ a deux motifs communs bien placés
☼ ☞ ☪ ✞ a trois motifs communs mal placés
☪ ☠ ☝ ☼ a trois motifs communs bien placés

A. ☪ ☞ ☠ ☼ B. ☪ ☞ ☝ ☼ C. ☪ ☠ ☝ ☞ D. ☪ ☠ ☝ ☼ E. ☪ ☠ ☞ ☼

18

Trouver quatre motifs sachant que	
☠ ☞ ☝ ☼	a deux motifs communs bien placés
☝ ☪ ☼ ☠	a deux motifs communs mal placés
☪ ✞ ☠ ☝	a trois motifs communs mal placés
☠ ☞ ☼ ☪	a trois motifs communs bien placés

A. ☠ ☞ ✞ ☪ B. ☠ ✞ ☼ ☪ C. ☠ ☞ ☼ ✞ D. ☠ ☞ ☼ ☪ E. ☠ ✞ ☞ ☪

19

Trouver quatre motifs sachant que	
☪ ☠ ☞ ✞	a deux motifs communs bien placés
☠ ☪ ☞ ✞	a deux motifs communs bien placés
☪ ☝ ☞ ✞	a deux motifs communs bien placés et un motif commun mal placé

A. ✞ ☝ ☪ ☞ B. ☝ ☼ ☞ ✞ C. ☪ ☝ ☠ ✞ D. ☠ ☪ ☞ ✞ E. ☝ ☪ ☞ ✞

20

Trouver quatre motifs sachant que	
☝ ☼ ☪ ☠	a deux motifs communs bien placés
☝ ☼ ☠ ☪	a deux motifs communs bien placés
☝ ☼ ☪ ✞	a deux motifs communs bien placés et un motif commun mal placé

A. ☝ ☼ ✞ ☞ B. ☪ ☝ ☼ ✞ C. ☠ ☼ ☪ ✞ D. ☝ ☼ ☠ ☪ E. ☠ ☪ ☝ ☼

Test d'observation

À partir du tableau ci-dessous, répondre aux questions.
Reporter les réponses sur la feuille-réponse.

Prénom	Groupe sanguin	Niveau scolaire	Loisirs	Année de naissance
Marie	O+	III	Flûte	1955
Marguerite	B-	III	Tambour	1963
Marie-Antoine	B+	III	Danse	1964
Marie-Pierre	B+	II	Opéra	1970
Marcelle	A+	IV	Foot	1972
Marielle	A+	IV	Voile	1968
Magalie	A-	IV	Surf	1969
Marthe	B-	IV	Xylophone	1972
Mariot	B+	V	Banjo	1955
Marie-Ange	B+	V	Plongée	1958
Marie-Anne	O+	IV	Piano	1970
Marie-Hélène	O+	V	Tambour	1955
Marie-Christine	A-	V	Foot	1958
Marie-Cécile	A+	II	Gym	1965

Prénom	Groupe sanguin	Niveau scolaire	Loisirs	Année de naissance
Marcelle	A+	II	Sport	1955
Marielle	B-	IV	Musique	1965
Magalie	O+	III	Foot	1974
Marthe	O-	IV	Voile	1964
Mariot	A+	V	Pêche	1970
Marie-Antoine	A-	III	Jazz	1945
Marie-Pierre	A+	II	Piano	1962
Marie-Ange	A-	IV	Foot	1972
Marie-Anne	B+	IV	Judo	1965
Marie-Hélène	B-	IV	Hand-ball	1961
Marie-Christine	B+	IV	Basket	1959
Marie-Cécile	B+	IV	Guitare	1959

21 Combien de personnes sont nées avant 1968 et sont du groupe A (+ ou -) ?

A. 0 **B. 5** **C. 6** **D. 7** **E. 10**

22 Combien de personnes ont un niveau supérieur ou égal à III et du groupe A+ ou B- ?

A. 7 **B. 8** **C. 9** **D. 10** **E. 12**

23 Combien de personnes aiment la guitare ou le piano ou le violon et sont nées entre 1862 et 1970 inclus ?

A. 1 **B. 2** **C. 3** **D. 4** **E. 5**

24 Combien de personnes ont un prénom composé ou non avec Marie, sont du groupe A (+ ou -) ou B+ et d'un niveau inférieur ou égal à II ?

A. 2 **B. 3** **C. 4** **D. 5** **E. 6**

25 Combien de personnes ne sont pas du groupe A (+ ou –), aiment la pêche ou le pipeau ou le banjo et sont nées entre 1959 inclus et 1972 exclu ?

A. 6 **B. 4** **C. 2** **D. 1** **E. 0**

Raisonnement numérique 1 : arithmétique

Pour chaque question, une seule réponse convient.
Reporter les réponses sur la feuille-réponse.

26 Calculer : $\frac{1}{3} - \frac{3}{5} \times 3$.

A. $\frac{-22}{15}$ **B.** -1 **C.** $\frac{-22}{47}$ **D.** $\frac{-21}{46}$ **E.** $\frac{22}{47}$

27 Que vaut x : solution de l'équation : $(-5x+2)^2 = -7x - 9 + 25x^2$?

A. − 1 B. $\frac{1}{2}$ C. 1 D. 1,5 E. 2

28 Calculer en heures et minutes : (3 h 20 min)/2,5.

A. 55 min B. 1 h 15 min C. 1 h 20 min D. 1 h 25 min E. 1 h 55 min

29 Le coût de la vie a augmenté de 1 % l'année dernière et de 1 % cette année. Quel est le taux d'augmentation sur les deux années ?

A. 2,01 % B. 2 % C. 2,1 % D. 2,2 % E. > 2, 2%

30 Un bijou de 2 500 € est soldé avec une réduction de 30 %. Quel est alors son prix en € ?

A. 1 650 € B. 1 750 € C. 18 500 € D. 2 200 € E. 3 250 €

31 Trouver le nombre a solution de l'équation : $3{,}1415 \times 10^2 = a \times 10^3$.

A. 0,31415 B. 3,1415 C. 31,415 D. 314,15 E. 3 141,5

32 Trouver la valeur de y dans le système d'équations où x, y et z sont les inconnues.

$$\left\{ \begin{array}{l} 2x + 3y + 4z = 13 \\ -3x + 2y - 2z = -5 \\ 5x + y + 3z = 12 \end{array} \right\}$$

A. − 2 B. − 1 C. $\frac{1}{2}$ D. 1 E. 3

33 Calculer : $-2\sqrt{3} + 3\sqrt{12} - 5\sqrt{75} + 2\sqrt{147}$.

A. $7\sqrt{3}$ B. $7\sqrt{-3}$ C. $-7\sqrt{3}$ D. $-7\sqrt{-3}$ E. $3\sqrt{7}$

34 Calculer : $[-2 + (+1 - 3) \times (10^0)] \times [10^1 - (2 \times 3) + 5]$.

A. − 36 B. − 26 C. 0 D. 26 E. 36

Raisonnement numérique 2 : problèmes

Pour chaque question, une seule réponse convient.
Reporter les réponses sur la feuille-réponse.

35 Clovis a dépensé le tiers puis le quart de son argent de poche. Il lui reste 80 écus. Combien avait-il ?

A. 50 B. 80 C. 140 D. 160 E. 180

36 Mélissa souhaite partager 46 ananas en deux parties telles que le 1/7 de l'une augmentée du tiers de l'autre égale 10. Combien y a-t-il d'ananas dans chaque partie ?

A. (18 ; 20) B. (28 ; 15) C. (8 ; 28) D. (18 ; 8) E. (18 ; 28)

37 Un marchand a vendu le tiers puis le quart puis le sixième d'une pièce de drap dont il reste encore 15 m. Quelle est la longueur initiale de la pièce de drap en m ?

A. 3,6 m B. 6,25 m C. 18 m D. 36 m E. 62,5 m

38 Marguerite organise un voyage avec ses collègues infirmières pour un prix de 418 € par personne. Une d'entre elles se désiste, le prix de revient passe à 437 €. Quel le nombre initial d'infirmières ?

A. 23 B. 27 C. 28 D. 29 E. 32

39 Pour un groupe de 22 stagiaires de l'école d'infirmières, un voyage d'étude aux Antilles s'élève à 418 € par personne. Des stagiaires s'abstiennent et le prix du séjour passe à 484 € par personne. Combien y a-t-il d'abstentions ?

A. 1 B. 2 C. 3 D. 4 E. 5

40 Deux nombres sont tels que le plus grand est le triple du plus petit. Si on ajoute 6 à chacun d'entre eux, on obtient deux nouveaux nombres tels que le plus grand est le double du plus petit. Quels sont ces nombres ?

A. (– 6 ; 18) B. (7 ; 21) C. (– 3 ; – 9) D. (5 ; 15) E. (6 ; 18)

41 34 billets de 5 € et 10 € constituent une somme de 220 €. Combien y a-t-il de pièces de 5 € ?

A. 8 B. 10 C. 12 D. 24 E. 42

42 Deux infirmières libérales discutent : « Si tu me donnes deux malades, nous en aurons le même nombre ; mais si je t'en donne deux, tu en auras deux fois plus que moi ». Quel est le nombre de malades de la première infirmière ?

A. 8 B. 9 C. 10 D. 12 E. 14

Test d'observation sur des images

Pour chaque question, une seule réponse convient.
Reporter les réponses sur la feuille-réponse.

Voici le dessin original : 

43 Quel est le dessin identique ?

A.  B.  C.  D.  E. 

44 Quel est le dessin obtenu par transformation ?

A. 
B. 
C. 
D. 
E. 

45 Quel est le dessin obtenu par symétrie ?

A. 
B. 
C. 
D. 
E. 

46 Quel est le dessin obtenu par transformation ?

A. 
B. 
C. 
D. 
E. 

47 Quel est le dessin obtenu par transformation ?

A. 
B. 
C. 
D. 
E. 

48 Quel est le dessin obtenu par transformation ?

A. 
B. 
C. 
D. 
E. 

49 Quel est le dessin obtenu par transformation ?

A. 
B. 
C. 
D. 
E. 

50 Quel est le dessin obtenu par transformation ?

A. B. C. D. E.

Test d'attention

Pour chaque question, une seule réponse convient.
Reporter les réponses sur la feuille-réponse.

Voici un texte aux lettres inversées :
« Sonnets pour Hélène » de Ronsard.

Ɔomme une delle ʇleuɹ assise entre les ʇleuɹs,
Mainte herde vous ɔueillez en la saison qlus tendre
ꟼouɹ me les envoyeɹ, et qouɹ soigneuse aqqrendre
⅃euɹs noms et pualités, esqéces et valeuɹs.

Ǝtait-ɔe qoint aʇin be guéɹiɹ mes bouleuɹs,
Ou be ʇaire ma qlaie amouɹeuse ɹeqrendre ?
Ou dien s'il vous qlaisait qaɹ ɔharmes entreqrendre
ᗡ'ensoɹɔeleɹ mon mal, mes ʇlammes et mes qleuɹs ?

Ɔeɹtes je ɔɹois pue non : nulle herde n'est maîtresse
Ɔontre le ɔouq b'Amouɹ envieilli qaɹ le temqs.
Ɔ'était qouɹ m'enseigneɹ pu'il ʇaut bés la jeunesse,

Ɔomme b'un usuʇruit, qrendre son qasse-temqs,
Que qas á qas nous suit l'imqoɹtune vieillesse,
Ǝt pu'Amouɹ et les ʇleuɹs ne burent pu'un ꟼrintemqs.

51 Quel est le nombre de mots du texte ?

A. 100 B. 112 C. 115 D. 118 E. 121

52 Quel est le nombre de lettres a (sans accent) dans le texte ?

A. 28 B. 29 C. 30 D. 35 E. 40

53 Quel est le nombre de lettres e (sans accent) dans le texte ?

A. 95 B. 97 C. 98 D. 100 E. 102

54 Quel est le nombre de lettres m dans le texte ?

A. 23 B. 25 C. 27 D. 32 E. 35

55 **Quel est le nombre de lettres u (sans accent) dans le texte ?**

A. 34 **B. 42** **C. 43** **D. 47** **E. 53**

Raisonnement logique

Pour chaque question, une seule réponse convient.
Reporter les réponses sur la feuille-réponse.

On dispose d'une suite de cinq symboles :

Cette suite se répète indéfiniment.

Remplacer le symbole  par l'un des cinq symboles.

56

57

58

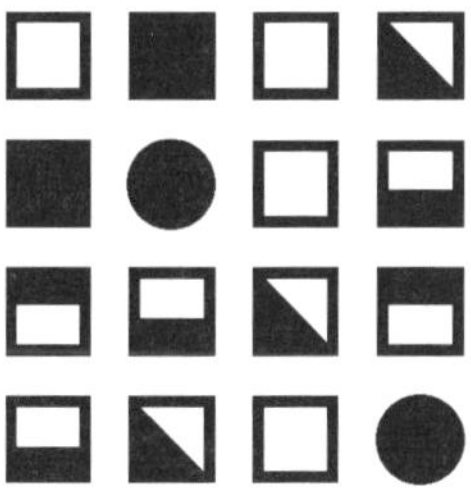

59

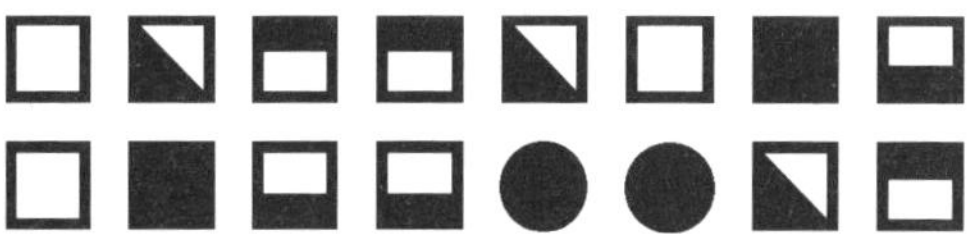

60 

Test d'attention sur des symboles

Pour chaque question, une seule réponse convient.
Reporter les réponses sur la feuille réponse.

Voici six lettres suivies et leurs équivalents sous forme de symboles. L'ensemble est suivi d'un grand nombre de symboles comme un texte.

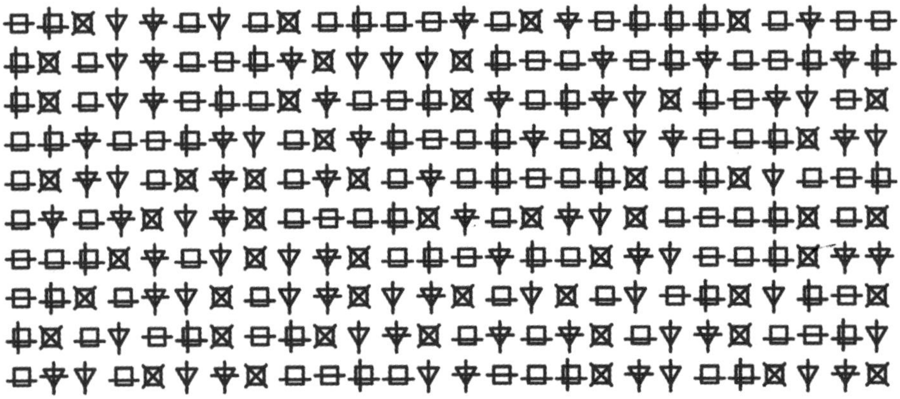

61 **Combien de fois trouve-t-on l'équivalent de la lettre a dans le texte ?**

A. 21 **B. 22** **C. 23** **D. 24** **E. Autre réponse**

62 **Combien de fois trouve-t-on l'équivalent de la lettre e dans le texte ?**

A. 50 **B. 51** **C. 52** **D. 53** **E. Autre réponse**

63 **Combien de fois trouve-t-on l'équivalent de la lettre r dans le texte ?**

A. 31 **B. 32** **C. 33** **D. 34** **E. Autre réponse**

64 **Combien de fois trouve-t-on l'équivalent de la lettre t dans le texte ?**

A. 47 **B. 46** **C. 45** **D. 44** **E. Autre réponse**

65 **Combien de fois trouve-t-on l'équivalent de la lettre y dans le texte ?**

A. 36 **B. 46** **C. 56** **D. 24** **E. Autre réponse**

Aptitude verbale 1 : orthographe

Pour chaque question, une seule réponse convient.
Reporter les réponses sur la feuille réponse.
Voici un texte de Condorcet : *Esquisse d'un tableau historique des progrès de l'esprit humain.*
Quel est le nombre de fautes d'orthographe et de grammaire pour chaque exercice ?

66 **Il ne resterait enfin qu'un dernier tableau à tracer, celui de nos espérences, des progrès qui sont réservés aux générations futures, et que la constance des lois de la nature semble leur assurer.**

A. 0 B. 1 C. 2 D. 3 E. 4

67 **Il faudrait y montrer par quels degrés ce qui nous paraîtrait aujourd'hui un espoir chimérique doit successivement devenir possible et même facile ; pourquoi, malgré les succès passagers des préjugés, et l'appui qu'ils reçoivent de la corruption des gouvernements ou des peuples, la vérité seule doit obtenir un triomphe durable ; par quels liens la nature a indissolublement uni les progrès des lumières et ceux de la liberté, de la vertu, du respect pour les droits naturels de l'homme ; comment ces seuls biens réels, si souvent séparés qu'on les a crus même incompatibles, doivent au contraire devenir inséparables, dès l'instant où les lumières auront atteint un certain terme dans un plus grand nombre de nations à la fois, et qu'elles auront pénétré la masse entière d'un grand peuple, dont la langue serait universellement répandue, dont les relations commerciales embrasseraient toute l'étendue du globe.**

A. 0 B. 1 C. 2 D. 3 E. 4

68 **Cette réunion s'étant déjà opéré dans la classe entière des hommes éclairés, on ne compterait plus dès lors parmis eux que des amis de l'humanité, occupé de concert d'en accélérer le perfectionnement et le bonheur. Nous exposerons l'origine, nous tracerons l'histoire des erreurs générales qui ont plus ou moins retardé ou suspendu la marche de la raison, qui souvent même, autant que les évènements politiques, ont fait rétrograder l'homme vers l'ignorance.**

A. 0 B. 1 C. 2 D. 3 E. 4

69 **Les opérations de l'entendement qui nous conduisent à l'erreur ou qui nous y retiennent, depuis le paralogisme subtil, qui peut surprendre l'homme le plus éclairé, jusqu'aux rêves de la démance, n'apartiennent pas moins que la méthode de résonner juste ou celle de découvrir la vérité, à la théorie du développement de nos facultés individuelles : et, par la même raison, la manière dont les erreurs générales s'introduisent parmi les peuples, s'y propagent, s'y transmettent, s'y perpétuent, fait partie du tableau historique des progrès de l'esprit humain.**

A. 0 B. 1 C. 2 D. 3 E. 4

70 **Comme les vérités qui le perfectionnent et qui l'éclairent, elles sont la suite nécessaire de son activité, de cette disproportion toujours existante entre ce qu'il connaît, ce qu'il a le désir et ce qu'il croit avoir besoin de connaître. On peut même observer que, d'après les lois générales du développement de nos facultées, certains préjugés ont du naître à chaque époque de nos progrès, mais pour étendre bien au-delà leur séduction ou leur empire...**

A. 0 B. 1 C. 2 D. 3 E. 4

Aptitude verbale 2 : vocabulaire

Pour chaque question, une seule réponse convient.
Reporter les réponses sur la feuille réponse.

Dans les phrases suivantes, il faut associer la définition à l'une des réponses proposées. Pour les cinq exercices suivants, les réponses ne seront utilisées qu'une seule fois.

71 Pierre précieuse.

A. Améthyste B. Flamboiement C. Indomptable D. Authenticité E. Ahaner

72 Qu'on ne peut soumettre à aucune autorité.

A. Améthyste B. Flamboiement C. Indomptable D. Authenticité E. Ahaner

73 Peiner.

A. Améthyste B. Flamboiement C. Indomptable D. Authenticité E. Ahaner

74 Caractère de ce qui est réel.

A. Améthyste B. Flamboiement C. Indomptable D. Authenticité E. Ahaner

75 Action de briller avec l'éclat du feu.

A. Améthyste B. Flamboiement C. Indomptable D. Authenticité E. Ahaner

Dans les phrases suivantes, il faut associer la définition à l'une des réponses proposées. Pour les cinq exercices suivants, les réponses ne seront utilisées qu'une seule fois.

76 Apparence de ce qui s'élève en poussière.

A. Prompt B. Damnable C. Chatoiement D. Collusion E. Poudroiement

77 Qui a un comportement impétueux.

A. Prompt B. Damnable C. Chatoiement D. Collusion E. Poudroiement

78 Fait d'avoir des reflets changeants selon la luminosité.

A. Prompt B. Damnable C. Chatoiement D. Collusion E. Poudroiement

79 Entente secrète pour porter préjudice.

A. Prompt B. Damnable C. Chatoiement D. Collusion E. Poudroiement

80 Qui peut être condamné.

A. Prompt B. Damnable C. Chatoiement D. Collusion E. Poudroiement

Test d'observation sur un texte

Pour chaque question, une seule réponse convient.
Reporter les réponses sur la feuille réponse.

Voici un texte de Baudelaire : *Les Phares* (extraits).

« Rubens, fleuve d'oubli, jardin de la paresse,
Oreiller de chair fraîche où l'on ne peut aimer,
Mais où la vie afflue et s'agite sans cesse,
Comme l'air dans le ciel et la mer dans la mer. »

On veut classer tous les mots de ce texte dans l'ordre alphabétique.
Les mots identiques se classent les uns à la suite des autres.

81 Quel est le rang de classement du mot « fleuve » ?
A. 16 B. 17 C. 18 D. 20 E. 25

82 Quel est le rang de classement du mot « Oreiller » ?
A. 27 B. 28 C. 29 D. 31 E. 32

83 Quel est le rang de classement du mot « aimer » ?
A. 12 B. 10 C. 8 D. 6 E. 3

84 Quel est le rang de classement du mot « chair » ?
A. 6 B. 8 C. 10 D. 12 E. 14

85 Quel est le rang de classement du mot « Comme » ?
A. 8 B. 9 C. 10 D. 11 E. 12

Raisonnement logique : vues en perspective

Pour chaque question, une seule réponse convient.
Reporter les réponses sur la feuille réponse.

La première image de chaque exercice représente le modèle éclaté ou plan des trois faces visibles d'un cube en perspective. Cette image est suivie de cinq cubes vus en perspective. Lequel de ces cinq cubes a une vue éclatée identique à la première image ?

86

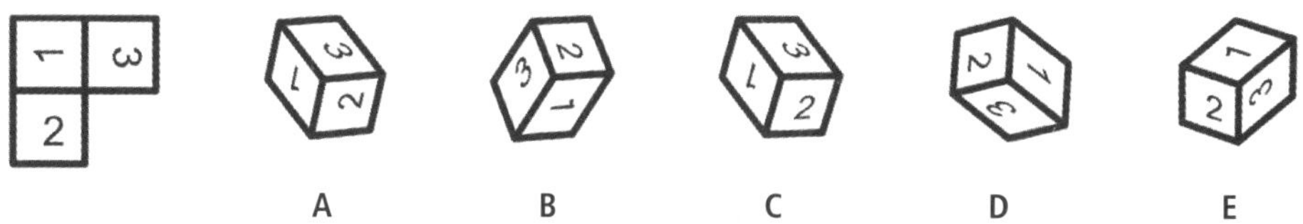

87

A B C D E

88

A B C D E

89

A B C D E

90

A B C D E

Test de raisonnement logique sur des nombres

Pour chaque question, une seule réponse convient.
Reporter les réponses sur la feuille réponse.

Chaque figure géométrique (carré, cercle, etc.) représente un opérateur simple (+ 2 ou – 3 ou × 2 par exemple). L'opérateur agit sur le nombre placé à l'intérieur de la figure géométrique. Le résultat est le nombre placé à l'intérieur de la figure géométrique suivante.

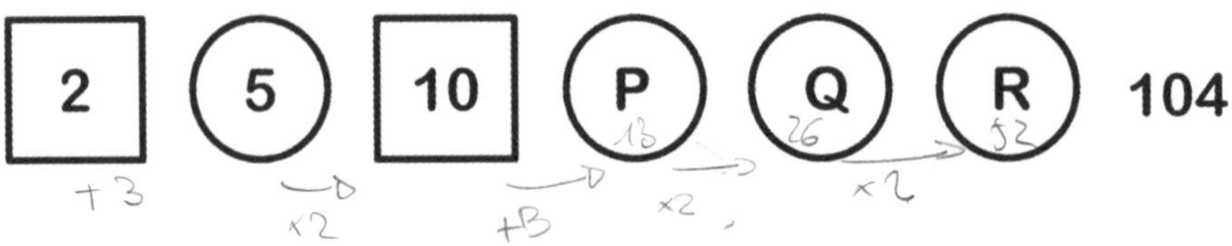

91 Quel nombre remplace la lettre P ?

A. 10 B. 2 C. 12 D. 13 E. 14

92 Quel nombre remplace la lettre Q ?

A. 26 B. 27 C. 29 D. 32 E. 34

93 Quel nombre remplace la lettre R ?

A. 22 B. 32 C. 42 D. 52 E. 62

94 Quel nombre remplace la lettre P ?

A. 1 B. 2 C. 3 D. 4 E. 5

95 Quel nombre remplace la lettre Q ?

A. 1 B. 2 C. 3 D. 6 E. 9

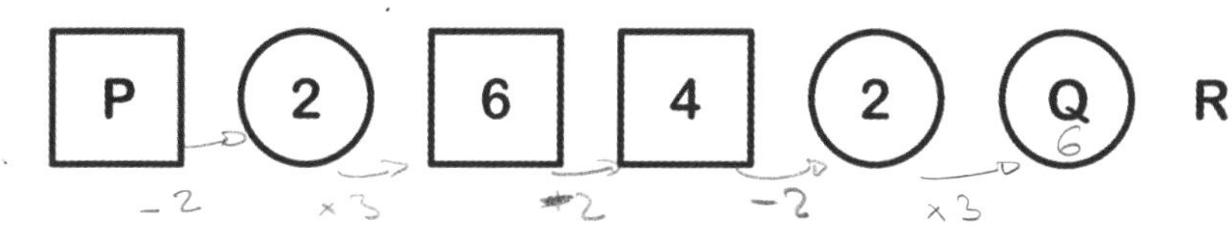

96 Quel nombre remplace la lettre P ?

A. 7 B. 6 C. 5 D. 4 E. 3

97 Quel nombre remplace la lettre Q ?

A. 6 B. 7 C. 8 D. 9 E. 10

98 Quel nombre remplace la lettre R ?

A. 8 B. 10 C. 12 D. 14 E. 18

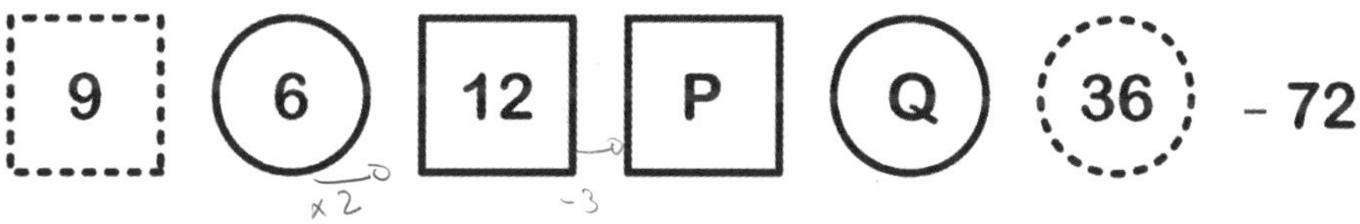

99 Quel nombre remplace la lettre P ?

A. 17 B. 16 C. 15 D. 14 E. 13

100 Quel nombre remplace la lettre R ?

A. 16 B. 17 C. 18 D. 19 E. 20

Feuille-réponse du concours n° 2

Pour chaque question, cocher la bonne réponse.

	A	B	C	D	E		A	B	C	D	E		A	B	C	D	E		A	B	C	D	E
1						26						51						76					
2						27						52						77					
3						28						53						78					
4						29						54						79					
5						30						55						80					
6						31						56						81					
7						32						57						82					
8						33						58						83					
9						34						59						84					
10						35						60						85					
11						36						61						86					
12						37						62						87					
13						38						63						88					
14						39						64						89					
15						40						65						90					
16						41						66						91					
17						42						67						92					
18						43						68						93					
19						44						69						94					
20						45						70						95					
21						46						71						96					
22						47						72						97					
23						48						73						98					
24						49						74						99					
25						50						75						100					

Nombre total de bonnes réponses r =
Note /20 = r/5 =

Corrigé

Raisonnement logique sur des images

❶ Point commun : le rond.
Réponse A.

❷ Point commun : le rectangle circonscrit à la figure est « vertical ».
Réponse E.

❸ Point commun : un seul angle droit.
Réponse C.

❹ Point commun : axe de symétrie horizontal.
Réponse B.

❺ Point commun : un côté non rectiligne et au moins un autre côté rectiligne.
Réponse D.

Raisonnement logique : M. Mind

Soit un ensemble de 6 motifs que l'on peut remplacer par des chiffres :

☞	✞	☝	☼	☪	☠
1	2	3	4	5	6

On regarde si chaque réponse proposée vérifie toutes les lignes de l'énoncé.

❻ Trouver trois motifs sachant que

☞ ☝ ☼	a deux motifs bien placés
☞ ☼ ☪	a un motif bien placé
☝ ☠ ✞	a deux motifs mal placés

A. ☞ ☼ ☠ B. ☞ ☝ ☠ C. ☞ ☠ ☝ D. ☝ ☼ ☪ E. ☝ ☞ ✞

La bonne réponse est B. ☞ ☝ ☠ ; en voici le détail.
À la première ligne de l'énoncé, les deux motifs bien placés sont : ☞ ☝.
À la deuxième ligne, le motif bien placé est : ☞.
À la troisième ligne, les motifs mal placés sont : ☝ ☠.
Seule cette réponse vérifie toutes les lignes de l'énoncé.
Pour les questions 7 à 20, se reporter à la grille de correction page 58.

Test d'observation

Pour les questions 21 à 25, se reporter à la grille de correction page 58.

Raisonnement numérique 1 : arithmétique

26 Calculer : $\frac{1}{3} - \frac{3}{5} \times 3 = \frac{1}{3} - \frac{9}{5} = \frac{-22}{15}$.

27 Que vaut x : solution de l'équation : $(-5x + 2)^2 = -7x - 9 + 25x^2$.
$25x^2 - 20x + 4 = -7x - 9 + 25x^2$
Soit : $\boldsymbol{x = 1}$.

28 Calculer en heures et minutes : (3 h 20 min) ÷ 2,5.
= 200 min ÷ 2,5 = 80 min = **1 h 20 min.**

29 Le coût de la vie a augmenté de 1 % l'année dernière et de 1 % cette année. Quel est le taux d'augmentation sur les deux années ?
(1 + 1 %) × (1 + 1 %) = 1,01 × 1,01 = 1,0201, soit **2,01 %** d'augmentation.

30 Un bijou de 2 500 € est soldé avec une réduction de 30 %. Quel est alors son prix ?
2 500 × (1 – 30 %) = 2 500 × 0,7 = **1 750 €.**

31 Trouver le nombre a solution de l'équation : $3{,}1415 \times 10^2 = a \times 10^3$.
$a = 3{,}1415 \times 10^2 \div 10^3 = \mathbf{0{,}31415}$.

32 Trouver la valeur de y dans le système d'équations où x, y et z sont les inconnues.

$$\left\{\begin{array}{l} 2x + 3y + 4z = 13 \\ -3x + 2y - 2z = -5 \\ 5x + y + 3z = 12 \end{array}\right\} = \left\{\begin{array}{c} a \\ b \\ c \end{array}\right\} ; (-a + b + c) \Rightarrow -3z = -6 ; z = 2 ;$$

$$\left\{\begin{array}{c} b_1 \\ c_1 \end{array}\right\} = \left\{\begin{array}{l} -3x + 2y = -1 \\ 5x + y = 6 \end{array}\right\} \Leftrightarrow \left\{\begin{array}{l} b_1 - 2c_1 = -1 \\ c_1 \end{array}\right\} = \left\{\begin{array}{l} -3x + 2y = -1 \\ 5x + y = 6 \end{array}\right\} \Leftrightarrow \left\{\begin{array}{l} x = 1 \\ y = 1 \end{array}\right\}$$

Les solutions sont : $\boldsymbol{x = 1 ; y = 1 ; z = 2}$.

33 Calculer : $-2\sqrt{3} + 3\sqrt{12} - 5\sqrt{75} + 2\sqrt{147}$.
$= -2\sqrt{3} + 6\sqrt{3} - 25\sqrt{3} + 14\sqrt{3} = -7\sqrt{3}$.

34 Calculer : $[-2 + (+1 - 3) \times (10^0)] \times [10^1 - (2 \times 3) + 5] = \mathbf{-36}$.
(*Rappel* : $10^0 = 1$ et $10^1 = 10$.)

Raisonnement numérique 2 : problèmes

35 Clovis a dépensé le tiers puis le quart de son argent de poche. Il lui reste 80 écus. Combien avait-il ?

Somme $\times \frac{2}{3} \times \frac{3}{4} = 80$; somme = **160.**

36 Mélissa souhaite partager 46 ananas en deux parties telles que le 1/7 de l'une augmentée du tiers de l'autre égale 10. Combien y a-t-il d'ananas dans chaque partie ?

A et B sont les deux parties.

$A + B = 46$; $\frac{1}{7} A + \frac{1}{3} = 10$; soit : A = 28 et B = 18.

Cette solution vérifie bien A + B = 46.

37 Un marchand a vendu le tiers puis le quart puis le sixième d'une pièce de drap dont il reste encore 15 m. Quelle est la longueur initiale de la pièce de drap ?

Longueur initiale $\times \frac{2}{3} \times \frac{3}{4} \times \frac{5}{6} = 15$ m ; longueur initiale $= 12 \times \frac{15}{5} =$ **36 m.**

38 Marguerite organise un voyage avec ses collègues infirmières pour un prix de 418 € par personne. Une d'entre elles se désiste, le prix de revient passe à 437 €. Quel le nombre initial d'infirmières ?

On pose n : le nombre d'infirmières et S : le prix total du voyage.

$S = 418 \times n$

$S = 437 \times (n - 1)$

De ces deux dernières relations, on obtient : **n = 23.**

39 Pour un groupe de 22 stagiaires de l'école d'infirmières, un voyage d'étude aux Antilles s'élève à 418 € par personne. Des stagiaires s'abstiennent et le prix du séjour passe à 484 € par personne. Combien y a-t-il d'abstentions ?

On pose : n : le nombre d'abstentions et S : le prix total du voyage.

$S= 418 \times 22$.

$S = 484 \times (22 - n)$.

Soit **n = 3.**

40 Deux nombres sont tels que le plus grand est le triple du plus petit. Si on ajoute 6 à chacun d'entre eux, on obtient deux nouveaux nombres tels que le plus grand est le double du plus petit. Quels sont ces nombres ?

A et B sont les deux nombres tels que $A > B$.

$A = 3B$.

$A + 6 = 2 \times (B + 6)$.

De ces deux dernières relations, on obtient : **A = 18** et **B = 6.**

41 34 billets de 5 € et 10 € constituent une somme de 220 €. Combien y a-t-il de billets de 5 € ?
A : nombre de billets de 5 €.
B : nombre de billets de 10 €.
$A + B = 34$.
$5 \times A + 10 \times B = 220$.
De ces deux dernières relations, on obtient : **A = 24** et B = 10.

42 Deux infirmières libérales discutent : « Si tu me donnes deux malades, nous en aurons le même nombre ; mais si je t'en donne deux, tu en auras deux fois plus que moi ». Quel est le nombre de malades de la première infirmière ?
A est le nombre de malades de la première infirmière.
B est le nombre de malades de la seconde infirmière.
$A + 2 = B - 2$.
$B + 2 = 2 \times (A - 2)$.
De ces deux dernières relations, on obtient : **A = 10** et B = 14.

Test d'observation sur des images

Pour les questions 43 à 50, se reporter à la grille de correction page 58.

Test d'attention

Questions n°51 à 55 ; Voici le texte de Ronsard pour vous permettre de recompter :

Comme une belle fleur assise entre les fleurs,
Mainte herbe vous cueillez en la saison plus tendre
Pour me les envoyer, et pour soigneuse apprendre
Leurs noms et qualités, espèces et valeurs.

Était-ce point afin de guérir mes douleurs,
Ou de faire ma plaie amoureuse reprendre ?
Ou bien s'il vous plaisait par charmes entreprendre
D'ensorceler mon mal, mes flammes et mes pleurs ?

Certes je crois que non : nulle herbe n'est maîtresse
Contre le coup d'Amour envieilli par le temps.
C'était pour m'enseigner qu'il faut dès la jeunesse,

Comme d'un usufruit, prendre son passe-temps,
Que pas à pas nous suit l'importune vieillesse,
Et qu'Amour et les fleurs ne durent qu'un Printemps.

Raisonnement logique

On dispose d'une suite de cinq symboles que l'on peut remplacer par des chiffres :

1 2 3 4 5

Cette suite se répète indéfiniment.

56

Progression des symboles dans l'ordre de l'énoncé.

Réponse E.

57

Le premier élément de chaque groupe suit la progression des symboles dans l'énoncé.

Le deuxième élément de chaque groupe suit la progression d'un élément sur deux de l'énoncé.

Réponse D.

58

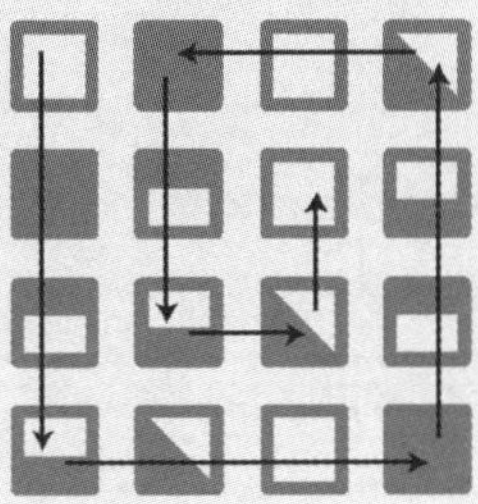

Réponse E.

59

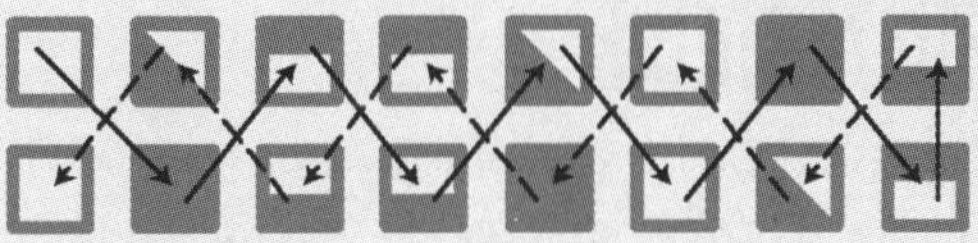

Réponse A.

60

Le premier élément de chaque groupe suit la progression inverse des symboles dans l'énoncé.

Le deuxième élément de chaque groupe suit la progression d'un élément sur deux dans le sens inverse de l'énoncé.

Le troisième élément de chaque groupe suit la progression d'un élément sur deux de l'énoncé.

Réponse E.

Test d'attention sur des symboles

a z e r t y r y e y z y a t y e t a z z z e y t a a
z e y r t y a z t e r r r e z a y t a z t y a z t z
z e y r t a z y e t y a z e t y z t r e z a t r a e
y z t y a z t r y e t z a y z t y e r t a y z e t r
y e t r y e t e y t e y t y z a y z e y z e r y a z
y t y t e r t e y a y z e t y e t r e y a y z e y e
a y z e t y r e r t e y z a t z y e t r a y z e t t
a z e y t r e y r t e r t e y r e y r a z e r z a e
z e y r a z e a z e r t e y t y t e y r t e y a z r
y t r y e r t e y a z y r t a y z e t r y z e r t e

61 Combien de fois trouve-t-on l'équivalent de la lettre a dans le texte ?
Réponse E : autre réponse = 31

62 Combien de fois trouve-t-on l'équivalent de la lettre e dans le texte ?
Réponse B : 51

63 Combien de fois trouve-t-on l'équivalent de la lettre r dans le texte ?
Réponse D : 34

64 Combien de fois trouve-t-on l'équivalent de la lettre t dans le texte ?
Réponse A : 47

65 Combien de fois trouve-t-on l'équivalent de la lettre y dans le texte ?
Réponse C : 56

Aptitude verbale 1 : orthographe

Voici un texte de Condorcet : *Esquisse d'un tableau historique des progrès de l'esprit humain.* Quel est le nombre de fautes d'orthographe et de grammaire pour chaque exercice ?

66 Il ne resterait enfin qu'un dernier tableau à tracer, celui de nos **espérences** (espérances), des progrès qui sont réservés aux générations futures, et que la constance des lois de la nature semble leur assurer.
Réponse B : 1

67 Il faudrait y montrer par quels degrés ce qui nous paraîtrait aujourd'hui un espoir chimérique doit successivement devenir possible et même facile ; pourquoi, malgré les succès passagers des préjugés, et l'appui qu'ils reçoivent de la corruption des gouvernements ou

des peuples, la vérité seule doit obtenir un triomphe durable ; par quels liens la nature a indissolublement uni les progrès des lumières et ceux de la liberté, de la vertu, du respect pour les droits naturels de l'homme ; comment ces seuls biens réels, si souvent séparés qu'on les a crus même incompatibles, doivent au contraire devenir inséparables, dès l'instant où les lumières auront atteint un certain terme dans un plus grand nombre de nations à la fois, et qu'elles auront pénétré la masse entière d'un grand peuple, dont la langue serait universellement répandue, dont les relations commerciales embrasseraient toute l'étendue du globe.
Réponse A : 0

68 Cette réunion s'étant déjà **opéré** (opérée) dans la classe entière des hommes éclairés, on ne compterait plus dès lors **parmis** (parmi) eux que des amis de l'humanité, **occupé** (occupés) de concert d'en accélérer le perfectionnement et le bonheur. Nous exposerons l'origine, nous tracerons l'histoire des erreurs générales qui ont plus ou moins retardé ou suspendu la marche de la raison, qui souvent même, autant que les **évènements** (événements) politiques, ont fait rétrograder l'homme vers l'ignorance.
Réponse E : 4

69 Les opérations de l'entendement qui nous conduisent à l'erreur ou qui nous y retiennent, depuis le paralogisme subtil, qui peut surprendre l'homme le plus éclairé, jusqu'aux rêves de la **démance** (démence), n'**apartiennent** (appartiennent) pas moins que la méthode de **résonner** (raisonner) juste ou celle de découvrir la vérité, à la théorie du développement de nos facultés individuelles : et, par la même raison, la manière dont les erreurs générales s'introduisent parmi les peuples, s'y propagent, s'y transmettent, s'y perpétuent, fait partie du tableau historique des progrès de l'esprit humain.
Réponse D : 3

70 Comme les vérités qui le perfectionnent et qui l'éclairent, elles sont la suite nécessaire de son activité, de cette disproportion toujours existante entre ce qu'il connaît, ce qu'il a le désir et ce qu'il croit avoir besoin de connaître. On peut même observer que, d'après les lois générales du développement de nos **facultées** (facultés), certains préjugés ont **du** (dû) naître à chaque époque de nos progrès, mais pour étendre bien au-delà leur séduction ou leur empire...
Réponse C = 2

Aptitude verbale 2 : vocabulaire

Dans les phrases suivantes, il faut associer la définition à l'une des réponses proposées. Pour les cinq exercices suivants, les réponses ne seront utilisées qu'une seule fois.

71 Pierre précieuse.
Réponse A : Améthyste

72 Qu'on ne peut soumettre à aucune autorité.
Réponse C : Indomptable

73 Peiner.
Réponse E : Ahaner

74 Caractère de ce qui est réel.
Réponse D : Authenticité

75 Action de briller avec l'éclat du feu.
Réponse B : Flamboiement

Dans les phrases suivantes, il faut associer la définition à l'une des réponses proposées. Pour les cinq exercices suivants, les réponses ne seront utilisées qu'une seule fois.

76 Apparence de ce qui s'élève en poussière.
Réponse E : Poudroiement

77 Qui a un comportement impétueux.
Réponse A : Prompt

78 Fait d'avoir des reflets changeants selon la luminosité.
Réponse C : Chatoiement

79 Entente secrète pour porter préjudice.
Réponse D : Collusion

80 Qui peut être condamné.
Réponse B : Damnable

Test d'observation sur un texte

Dans le tableau ci-dessous, les mots sont classés dans l'ordre alphabétique.

afflue	agite	aimer	air	cesse	chair	ciel	Comme
D	dans	dans	de	de	et	et	fleuve
fraîche	jardin	l	l	la	la	la	la
Le	Mais	mer	mer	ne	on	Oreiller	où
Où	oubli	paresse	peut	Rubens	s	sans	vie

81 Quel est le rang de classement du mot « fleuve » ?
Réponse A : 16

82 Quel est le rang de classement du mot « Oreiller » ?
Réponse D : 31

83 Quel est le rang de classement du mot « aimer » ?
Réponse E : 3

84 Quel est le rang de classement du mot « chair » ?
Réponse A : 6

85 Quel est le rang de classement du mot « Comme » ?
Réponse A : 8

Raisonnement logique : vues en perspective

La première image de chaque exercice représente le modèle éclaté ou plan des trois faces visibles d'un cube en perspective. Cette image est suivie de cinq cubes vus en perspective. Lequel de ces cinq cubes a une vue éclatée identique à la première image ?

86 **Réponse A**

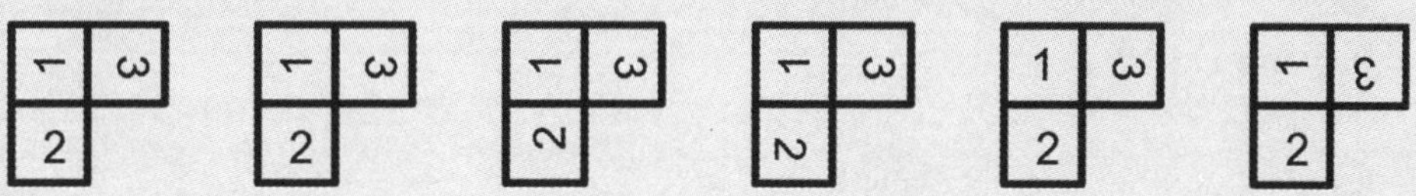

A

87 **Réponse E**

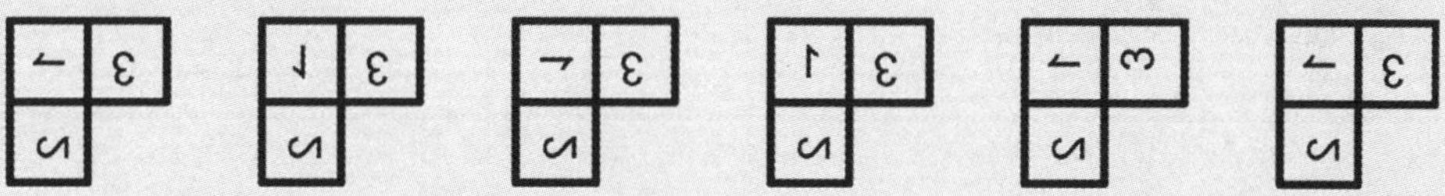

E

88 **Réponse B**

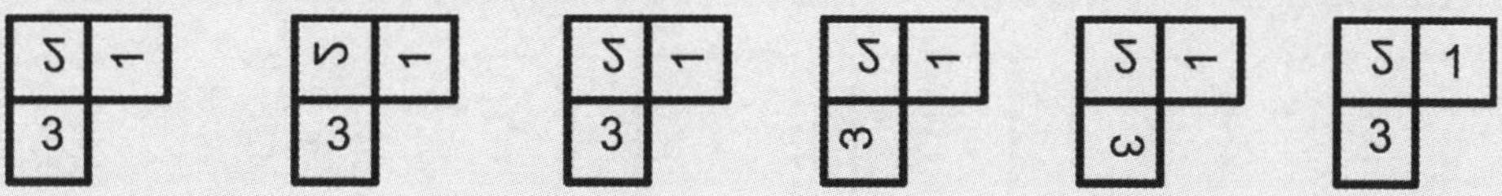

B

89 **Réponse D**

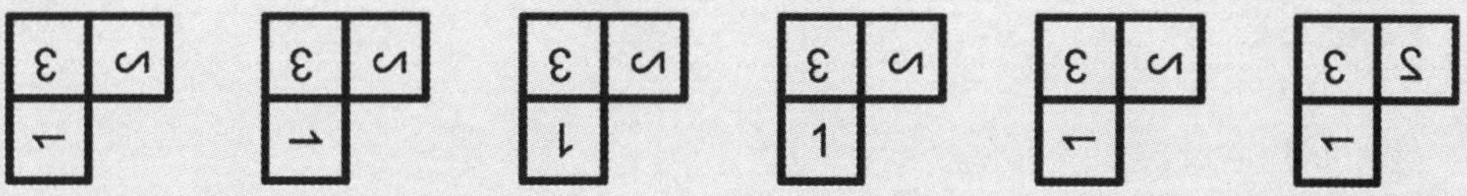

D

❾⓿ Réponse C

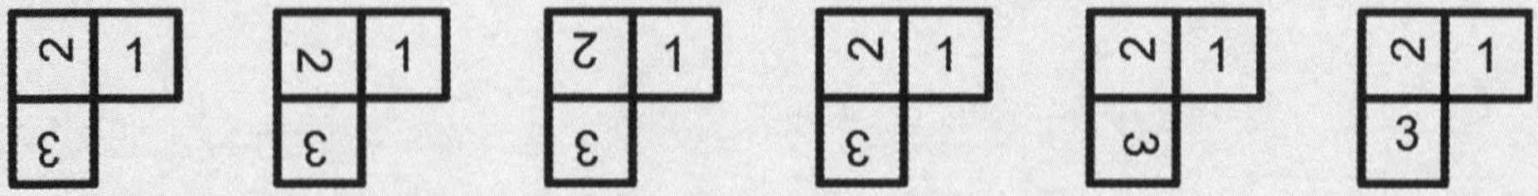

C

Test de raisonnement logique sur des nombres

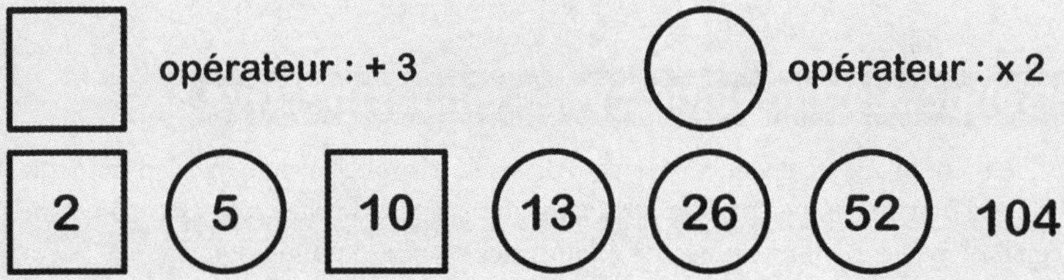

❾❶ Quel nombre remplace la lettre P ?

Réponse D : 13

❾❷ Quel nombre remplace la lettre Q ?

Réponse A : 26

❾❸ Quel nombre remplace la lettre R ?

Réponse E : 52

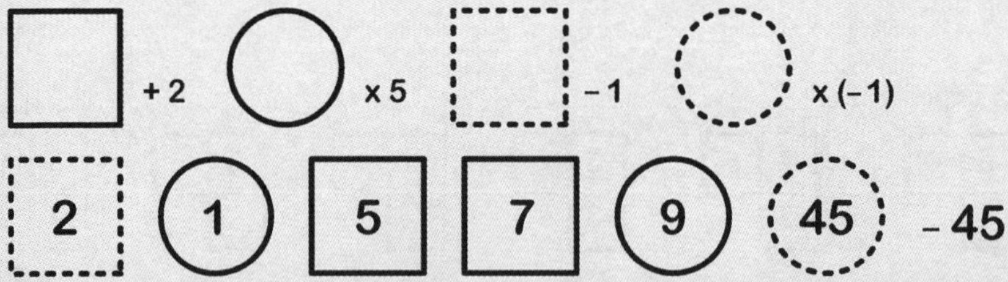

❾❹ Quel nombre remplace la lettre P ?

Réponse C : 3

❾❺ Quel nombre remplace la lettre Q ?

Réponse E : 9

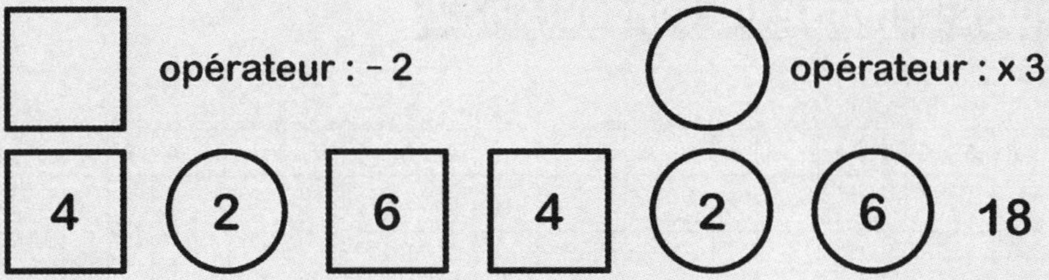

❾❻ Quel nombre remplace la lettre P ?
Réponse D : 4

❾❼ Quel nombre remplace la lettre Q ?
Réponse A : 6

❾❽ Quel nombre remplace la lettre R ?
Réponse E : 18

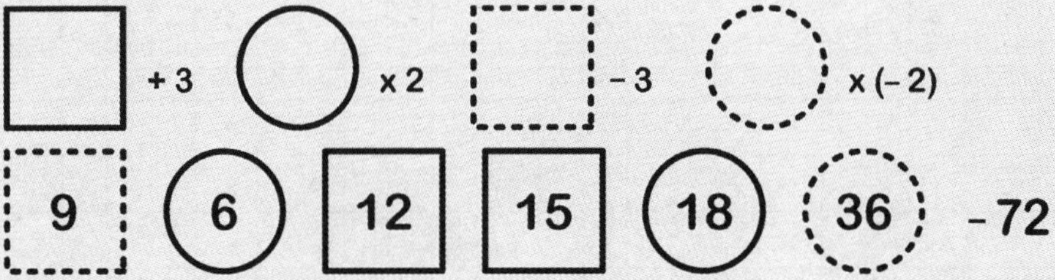

❾❾ Quel nombre remplace la lettre P ?
Réponse C : 15

❶⓪⓪ Quel nombre remplace la lettre Q ?
Réponse C : 18

Feuille-réponse du concours n° 2

	A	B	C	D	E		A	B	C	D	E		A	B	C	D	E		A	B	C	D	E
1	×					26	×					51			×			76					×
2					×	27			×			52		×				77	×				
3			×			28			×			53			×			78			×		
4		×				29	×					54		×				79				×	
5				×		30		×				55			×			80		×			
6		×				31	×					56					×	81	×				
7					×	32				×		57				×		82				×	
8			×			33			×			58					×	83					×
9				×		34	×					59	×					84	×				
10			×			35				×		60					×	85	×				
11				×		36					×	61					×	86	×				
12					×	37				×		62		×				87					×
13				×		38	×					63				×		88		×			
14		×				39			×			64	×					89				×	
15				×		40					×	65			×			90			×		
16				×		41				×		66		×				91				×	
17					×	42			×			67	×					92	×				
18	×					43	×					68					×	93					×
19		×				44		×				69				×		94			×		
20	×					45			×			70			×			95					×
21		×				46				×		71	×					96				×	
22	×					47					×	72			×			97	×				
23				×		48	×					73					×	98					×
24		×				49		×				74				×		99			×		
25				×		50			×			75		×				100			×		

3

Concours blanc n° 3

Durée
1 heure 30 minutes

Nombre de questions : 100.
Vous devez reporter vos réponses sur la « feuille réponse ».
Tout instrument de calcul est interdit.
Chaque question, notée sur un point, est suivie de cinq propositions de réponse dont une seule est exacte.
Vous pouvez utiliser des feuilles de brouillon.

Sujet

Raisonnement logique sur un tableau

Pour chaque question, une seule réponse convient.
Reporter les réponses sur la feuille-réponse.

Voici la répartition du personnel soignant du centre hospitalier (le CHIVA) :
– le corps des médecins ;
– le corps des infirmières ;
– le corps des aides-soignants.
Chaque corps se compose généralement d'hommes et de femmes.

❶ Les femmes représentent 70 % du personnel. Quel est le pourcentage d'hommes au CHIVA ?

A. 10 % **B. 20 %** **C. 30 %** **D. 70 %** **E. 80 %**

❷ De plus, les infirmières représentent la moitié du personnel féminin. Quel est le pourcentage minimum de femmes médecins ?

A. 0 % **B. 10 %** **C. 20 %** **D. 30 %** **E. 35 %**

❸ De plus, le corps des infirmières représente la moitié du personnel. Quel est le pourcentage d'infirmiers ?

A. 5 % B. 15 % C. 25 % D. 35 % E. 45 %

❹ Quel est alors le pourcentage maximum de médecins hommes ?

A. 0 % B. 5 % C. 10 % D. 15 % E. 20 %

❺ De plus, 1/6 du personnel masculin constitue le corps des aides-soignants hommes. Quel est le pourcentage maximum de médecins (hommes et femmes) ?

A. 15 % B. 20 % C. 30 % D. 40 % E. 45 %

❻ Quel est alors le pourcentage de médecins hommes ?

A. 5 % B. 10 % C. 15 % D. 20 % E. 25 %

❼ De plus, on sait que 30 % du personnel forme le corps des aides-soignants. Quel est le pourcentage des aides-soignantes ?

A. 10 % B. 15 % C. 20 % D. 25 % E. 30 %

❽ Quel est alors le pourcentage des femmes médecins ?

A. 0 % B. 5 % C. 10 % D. 15 % E. 20 %

❾ Quel est le pourcentage de médecins (hommes et femmes) ?

A. 20 % B. 25 % C. 30 % D. 35 % E. 45 %

❿ Quel pourcentage représentent les médecins hommes et femmes par rapport au corps de infirmiers ?

A. 10 % B. 20 % C. 30 % D. 40 % E. 50 %

Raisonnement logique sur un schéma

Pour chaque question, une seule réponse convient.
Reporter les réponses sur la feuille-réponse.

On considère un tableau électrique d'une maison. Voici le descriptif des interrupteurs :

Nom de l'interrupteur	Pièces éclairées
A	Toutes
B	Les deux chambres
C	La chambre 1
D	La chambre 2
E	La cuisine
F	La salle de bains

Quand un interrupteur est fermé, la pièce est éclairée.
Quand un interrupteur est ouvert, la pièce est éteinte.
Pour chaque exercice, quelle est la proposition exacte.

11 Tous les interrupteurs sont fermés sauf **E** et **F**.
A. La cuisine est éclairée.
B. La salle de bains est éclairée.
C. Tout est éclairé.
D. Seule la chambre 1 est éclairée.
E. Les chambres sont éclairées.

12 L' interrupteur **A** est ouvert, tous les autres sont fermés.
A. Toutes les pièces sont éclairées.
B. Rien ne peut être éclairé.
C. La cuisine et la salle de bains sont éclairées.
D. Seules les chambres sont éclairées.
E. Seules les chambres sont éteintes.

13 Tous les interrupteurs sauf **B** sont ouverts.
A. Seules les chambres sont éclairées.
B. Seules les chambres sont éteintes.
C. La salle de bains est la seule pièce éclairée.
D. Tout est éteint.
E. La salle de bains et la cuisine sont éclairées.

14 Tous les interrupteurs sauf **B** sont fermés.
A. Seules les chambres sont éteintes.
B. Toutes les pièces sont éclairées.
C. La cuisine et la salle de bains sont éteintes.
D. Seule la cuisine est éclairée.
E. La chambre 1 est éteinte si on ouvre l'interrupteur C.

15 Tous les interrupteurs sauf **C** et **E** sont fermés.
A. La cuisine est éclairée.
B. Seule la salle de bains est éclairée.
C. La chambre 1 est éteinte.
D. Toutes les chambres sont éclairées.
E. Toutes les pièces sauf la cuisine sont éclairées.

Raisonnement logique sur une suite numérique 1

Pour chaque question, une seule réponse convient.
Reporter les réponses sur la feuille-réponse.

À partir du premier nombre, on obtient le deuxième par un opérateur simple. On obtient le troisième par un autre opérateur simple. On reprend le même procédé pour trouver les autres nombres. Déterminer le sixième nombre remplacé par une étoile.

16

2	5	10	13	26	★

A. 52 B. 29 C. 10 D. 5 E. 13

17

4	– 12	– 7	21	26	★

A. 23 B. – 17 C. 52 D. – 78 E. – 31

18

– 2	2	5	– 5	– 2	★

A. 2 B. – 2 C. – 5 D. 5 E. – 6

19

1	– 2	3	– 6	– 1	★

A. – 2 B. – 3 C. 6 D. – 6 E. 2

20

5	1	2	– 2	– 4	★

A. 8 B. – 8 C. 5 D. – 3 E. 6

21

– 3	0	0	3	– 6	★

A. – 3 B. 0 C. 3 D. 6 E. – 6

22

9	4	12	7	21	★

A. – 16 B. – 12 C. 16 D. – 21 E. 9

23

– 1	– 3	– 8	– 24	– 29	★

A. 85 B. – 87 C. – 27 D. – 24 E. 24

24

8	2	– 6	– 12	36	★

A. – 15 B. 18 C. 30 D. – 24 E. – 33

25

– 2	– 4	8	6	– 12	★

A. – 14 B. 28 C. 26 D. 14 E. 12

Raisonnement logique sur une suite numérique 2

Pour chaque question, une seule réponse convient.
Reporter les réponses sur la feuille-réponse.

Pour engendrer une telle suite, on multiplie le premier nombre par un nombre entier positif ou négatif puis on ajoute au résultat obtenu un nombre positif ou négatif.
On recommence avec le nombre obtenu pour engendrer toute la suite.
Déterminer le nombre remplacé par une étoile.

26

12	1	12	★	12

A. 5 B. 1 C. – 5 D. – 1 E. 4

27 [3] [− 2] [★] [− 12] [− 17]

A. − 7 B. 7 C. 5 D. 4 E. 8

28 [4] [★] [1] [− 3] [− 11]

A. − 3 B. − 2 C. 3 D. 5 E. 7

29 [★] [1] [2] [1] [2]

A. − 2 A. − 1 C. 0 D. 1 E. 2

30 [− 5] [− 2] [1] [4] [★]

A. 3 B. 4 C. 5 D. 6 E. 7

31 [2] [− 1,5] [★] [− 1,5] [2]

A. 1 B. 2 C. 3 D. 4 E. − 2

32 [★] [3,5] [2] [0,5] [− 1]

A. 5 B. 4 C. 3 D. 3,5 E. − 1

33 [− 3] [7,5] [★] [28,5] [− 55,5]

A. − 10 B. 6 C. 8 D. − 13,5 E. 12

34 [6] [★] [1] [− 1,5] [− 4]

A. 1,5 B. 2,5 C. 3,5 D. 4,5 E. − 5

35 [3] [− 5] [11] [★] [43]

A. − 7 B. − 5 C. 7 D. 12 E. − 21

Raisonnement numérique 1 : arithmétique

Pour chaque question, une seule réponse convient.
Reporter les réponses sur la feuille-réponse.

36 **Calculer : $10^2 + 5 \times 2 \times 10^1$.**

A. 0,2 B. 2 C. 200 D. 10×10^1 E. 10^3

37 **Calculer : $1 + \frac{1}{2} + \frac{1}{4}$.**

A. 3/5 B. 8/5 C. 5/6 D. 3/6 E. 7/4

38 **Calculer 10 % de 40 %.**

A. 0,04 B. 0,4 C. 4 D. 40 E. 400

39 Calculer le 3e chiffre après la virgule du quotient de 123 par 42.

A. 3 B. 5 C. 6 D. 7 E. 8

40 Quel est le nombre de diviseurs de 12 ?

A. 2 B. 4 C. 6 D. 8 E. 12

41 Simplifier : $-2\sqrt{148}$.

A. $-4\sqrt{37}$ B. $-2\sqrt{37}$ C. $2\sqrt{37}$ D. $4\sqrt{37}$ E. $4\sqrt{-37}$

42 Quel est le plus petit multiple commun à 24 et 36 ?

A. 12 B. 24 C. 36 D. 72 E. 864

43 Quel est le plus grand commun diviseur à 36, 48 et 81 ?

A. 1 B. 2 C. 3 D. 6 E. 12

44 Calculer : 2 ha + 3 a en m^2.

A. 203 B. 2 030 C. 20 300 D. 203 000 E. 2 030 000

45 Quel temps met-on pour parcourir 12 km à 60 km/h ?

A. 12 min B. 36 min C. 48 min D. 2 h E. 5 h

Raisonnement numérique 2 : problèmes

Pour chaque question, une seule réponse convient.
Reporter les réponses sur la feuille-réponse.

46 Trouver le premier nombre d'une suite de 5 nombres impairs consécutifs tels que leur somme soit égale à 25.

A. 1 B. 2 C. 3 D. 4 E. 5

47 Une somme d'argent est placée à 6,5 % (l'an) pendant 18 mois. Si elle était placée à 9 % (l'an) pendant un an, elle rapporterait 330 € de moins. Quelle est cette somme ?

A. 12 000 € B. 25 000 € C. 44 000 € D. 55 000 € E. 74 000 €

48 Quel est le nombre entier non nul dont le carré et le triple sont égaux ?

A. – 3 B. – 2 C. 1 D. 2 E. 3

49 Un nombre est composé de trois chiffres, dont la somme est 17. Le chiffre des centaines est le double de celui des dizaines. Si on retranche 297 au nombre cherché, on obtient ce nombre lu de droite à gauche. Quel est ce nombre ?

A. 458 B. 548 C. 645 D. 745 E. 845

50 Une somme de 6 500 € est composée de 79 billets de 100 € ou 50 €. Quel est le nombre de billets de 100 € ?

A. 28 B. 35 C. 51 D. 65 E. 73

51 En roulant en voiture à 60 km/h, je mets 2 h 20 min pour me retrouver au bord de la mer. En roulant 56 minutes de moins, à la même vitesse, quel pourcentage du trajet ai-je effectué ?

A. 40 % B. 50 % C. 60 % D. 70 % E. 80 %

52 Une montre est soldée avec une remise de 20 %. Elle vaut maintenant 680 €. Quel était le prix avant réduction ?

A. 350 € B. 450 € C. 550 € D. 750 € E. 850 €

53 En prenant le train express Toulouse-Bordeaux, on met 50 % de temps de moins qu'en train rapide pour effectuer Marseille-Lyon où le trajet est 10 % supérieur. Sachant qu'entre Toulouse et Bordeaux il y a environ 250 km et que le train rapide roule à 68,75 km/h de moyenne pour effectuer Marseille-Lyon, quelle est la vitesse moyenne du train express en km/h ?

A. 60 km/h B. 90 km/h C. 100 km/h D. 125 km/h E. 160 km/h

54 Quel est le prix en € d'un voyage, sachant qu'en payant 1 760 $ l'agence me rend 400 DM ? On donne : 1 200 $ = 3 000 DM et 350 DM = 175 €.

A. 1 800 B. 2 000 C. 2 200 D. 2 400 E. 2 600

55 Sur un million d'élèves en France, on compte 55 % de filles, parmi lesquelles 20 % étudient l'espagnol et 15 % d'entre elles le latin. Quel est le pourcentage de filles étudiant l'espagnol et le latin ?

A. 1,65 % B. 15 % C. 26,5 % D. 35 % E. 36,5 %

Test d'observation sur des images

Pour chaque question, une seule réponse convient.

Reporter les réponses sur la feuille-réponse.

Voici une image de référence : 

56 Quelle est l'image modifiée ?

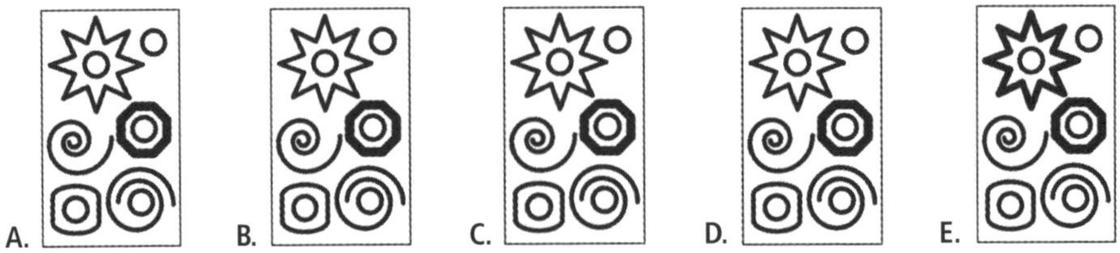

57 Quelle est l'image modifiée après transformation ?

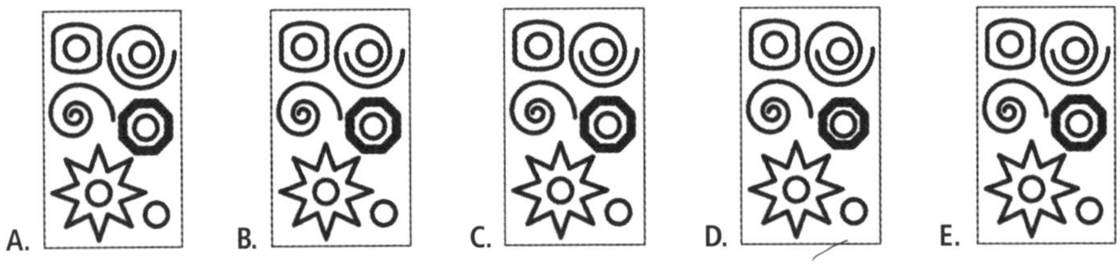

58 Quelle est l'image modifiée après transformation ?

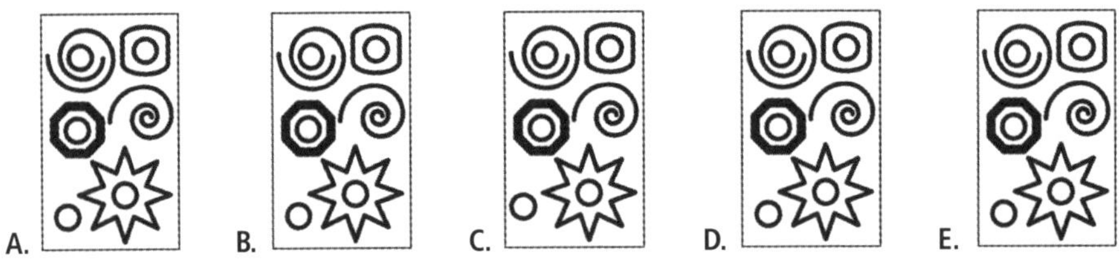

59 Quelle est l'image modifiée après transformation ?

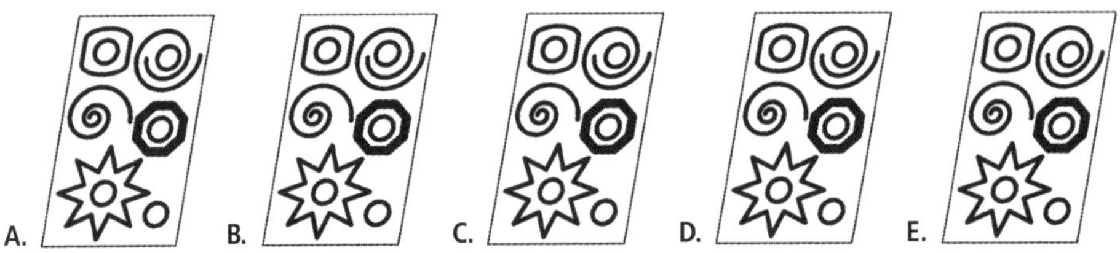

60 Quelle est l'image modifiée après transformation ?

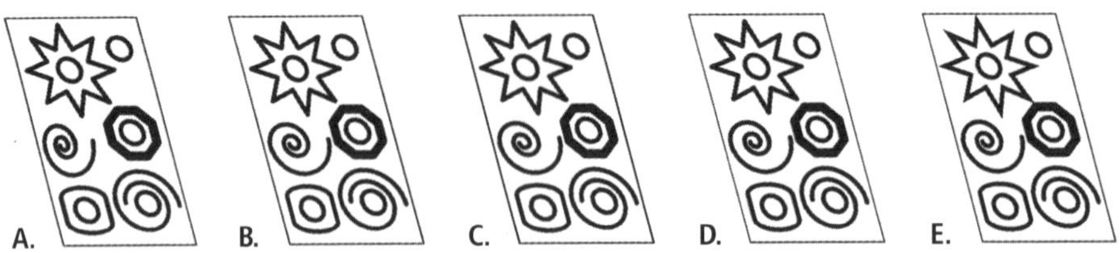

Aptitude verbale 1 : conjugaison

Pour chaque question, une seule réponse convient.
Reporter les réponses sur la feuille réponse.

Voici un mode et un temps donnés pour chaque exercice.
Quel est le verbe **bien** conjugué ou orthographié ?

61 Subjonctif présent.

A. Qu'il ait B. Qu'il fût C. Qu'il se méfiât
D. Qu'il cédât E. Qu'il aquière

62 Passé simple de l'indicatif.

A. Je plaçais B. Je mangerai C. Je pesaîs
D. Je cêdai E. Je jetai

63 Conditionnel passé 1re forme.

A. Vous aurez modelé B. Vous créiez C. Vous assiégerez
D. Tu payais E. Vous auriez vêtu

64 3e personne du pluriel du futur antérieur de l'indicatif.

A. Ils auront couverts B. Ils auront cueilli C. Ils auront assaillit
D. Ils auront faillit E. Ils auront dormis

65 1re personne du singulier de l'impératif présent.

A. Saches B. Meûs C. Assieds
D. Apprécies E. Fini

66 3e personne du singulier du plus-que-parfait du subjonctif.

A. Qu'il ait écrit B. Qu'il aît cuit C. Qu'il fût fait
D. Qu'il eût mû E. Qu'il eût fuit

67 Participe passé.

A. Envoyant B. Modelé C. Étant
D. Ayant E. Haïssant

68 2e personne du singulier de l'imparfait de l'indicatif.

A. Tu haîssais B. Tu acquèrais C. Tu pourvoyais
D. Tu moudrais E. Tu cousai

69 3e personne du singulier de l'imparfait du subjonctif.

A. Qu'il pourvût B. Qu'il assieye C. Qu'il échut
D. Qu'il cèdât E. Qu'il cousût

70 **1re personne du pluriel du passé antérieur de l'indicatif.**

A. Eumes pris B. Eumes faits C. Reçûmes
D. Eûmes acquis E. Eûmes eût

Aptitude verbale 2 : vocabulaire

Pour chaque question, une seule réponse convient.
Reporter les réponses sur la feuille réponse.

Dans les phrases suivantes, il faut remplacer @ par l'une des réponses proposées. Pour les cinq exercices suivants, toutes les réponses proposées ne seront utilisées qu'une seule fois.

71 **On voyait à travers de @ épaisseurs l'ombre figée des grands arbres.**

A. Jougs B. Effervescentes C. Vanneaux D. Liteaux E. Mystérieuses

72 **J'aimais cette petite rue. On y voyait un jardin comblé de verdures @.**

A. Jougs B. Effervescentes C. Vanneaux D. Liteaux E. Mystérieuses

73 **Des peupliers s'échappent des vols de @.**

A. Jougs B. Effervescentes C. Vanneaux D. Liteaux E. Mystérieuses

74 **Tout cela était beau : le paysage, l'homme, l'enfant, les taureaux sous les @.**

A. Jougs B. Effervescentes C. Vanneaux D. Liteaux E. Mystérieuses

75 **La servante couvrait la table d'une nappe à @ rouges.**

A. Jougs B. Effervescentes C. Vanneaux D. Liteaux E. Mystérieuses

Dans les phrases suivantes, il faut remplacer @ par l'une des réponses proposées. Pour les cinq exercices suivants, toutes les réponses proposées ne seront utilisées qu'une seule fois.

76 **Elle était toujours vêtue de la même façon, avec une robe noire et un @ noir.**

A. Déboire B. Holocauste C. Caraco D. Faix E. Facétie

77 **Jamais les moteurs n'avaient donné de @.**

A. Déboire B. Holocauste C. Caraco D. Faix E. Facétie

78 **Observez l'@ et redoutez l'ennui qu'un repos uniforme attache auprès de lui.**

A. Déboire B. Holocauste C. Caraco D. Faix E. Facétie

79 **Voici un recueil nouveau de divertissements de société, de @.**

A. Déboire B. Holocauste C. Caraco D. Faix E. Facétie

80 **Les branches du sapin ploient sous le @.**

A. Déboire B. Holocauste C. Caraco D. Faix E. Facétie

Aptitude verbale 3 : orthographe

Pour chaque question, une seule réponse convient.
Reporter les réponses sur la feuille réponse.

Voici un texte de Jean de Meung : *Le Roman de la Rose.*
Chaque partie est coupée en cinq morceaux. Quel est le morceau qui comporte une faute d'orthographe ?

81 **Aux propriétés alors ils s'atachèrent ; / ils partagèrent la terre même et, ce faisant, y mirent des bornes. / Quand ils plantaient leurs bornes, maintes fois entre eux ils se battirent et ils se ravirent alors ce qu'ils purent, les plus forts eurent les plus grandes parts. / Et quand certains partaient en quête, les paresseux, qui restaient sur place, / entraient dans leurs cavernes et leur dérobaient leur épargne.**

A. ☐ B. ☐ C. ☐ D. ☐ E. ☐

82 **Il fallut alors que l'on désignât quelqu'un qui gardât les logis, / qui arrêtât les malfaiteurs et aux plaignants rendit justice sans que nul osât contester ses sentences. / Alors ils s'assemblèrent pour le choisir. Parmi eux ils élurent un grand vilain, / le mieux charpenté de tous tant qu'ils étaient, le plus corpulent et le plus grand / et ils le nommèrent prince et seigneur.**

A. ☐ B. ☐ C. ☐ D. ☐ E. ☐

83 **Il jura qu'il ferait régner la justice et qu'il défendrait leurs logis / si chacun pour sa part lui donnait sur ses biens de quoi lui permettre de vivre. / d'un commun accord ils l'admirent, / ainsi que l'autre l'avez exposé et dit. / Ce prince tint longtemps son office.**

A. ☐ B. ☐ C. ☐ D. ☐ E. ☐

84 **Les voleurs, pleins de malice, / s'assemblèrent quand seul ils le virent et maintes fois le battirent, / lorsqu'ils venaient d'autrui prendre les biens. Il fallut alors de nouveau / que le peuple s'assemblât et que chacun s'imposât / une taille pour donné au prince une garde.**

A. ☐ B. ☐ C. ☐ D. ☐ E. ☐

85 **Ils firent alors une commune contribution / ils lui remirent tributs et rentes / et lui donnèrent de grands domainnes / telle fut l'origine des rois, / des princes terriens.**

A. ☐ B. ☐ C. ☐ D. ☐ E. ☐

Raisonnement logique de proposition

Pour chaque question, une seule réponse convient.
Reporter les réponses sur la feuille réponse.

Voici un texte simple. Vous devez répondre aux questions en vous limitant aux données du texte.

« La chasse de certaines espèces animales est autorisée sous conditions. Le mercredi, la chasse est interdite. Le lundi, on ne peut pas chasser le sanglier. Le vendredi, on peut chasser le lapin. Le samedi et le dimanche, il n'y a pas de restriction de chasse. »

86 Jean, le mardi, prépare son matériel pour chasser le sanglier dès le lendemain. Il est dans son bon droit.

A. Vrai B. Faux C. On ne peut pas se prononcer avec certitude

87 Jacques chasse le sanglier cinq jours par semaine, en période de chasse. Il est dans son bon droit.

A. Vrai B. Faux C. On ne peut pas se prononcer avec certitude

88 Jules chasse tous les gibiers le dimanche. Il est dans son bon droit.

A. Vrai B. Faux C. On ne peut pas se prononcer avec certitude

89 José est un chasseur de cervidés mais il ne chasse jamais le cerf le mercredi. Il est dans son bon droit.

A. Vrai B. Faux C. On ne peut pas se prononcer avec certitude

90 Joseph n'est pas chasseur. Il peut se promener le mercredi sans risque d'être victime d'un accident.

A. Vrai B. Faux C. On ne peut pas se prononcer avec certitude

Test de raisonnement logique sur des nombres

Pour chaque question, une seule réponse convient.
Reporter les réponses sur la feuille réponse.

Chaque figure géométrique (lettre ou lettre inversée) représente un opérateur simple (+ 2 ou – 3 ou × 2 par exemple). Les opérateurs sont opposés pour des lettres inversées. Les opérateurs sont identiques pour ces quatre exercices.

Exemple : 5 **A** 7 car : 5 (+ 2) = 7

3 **A** 5 **F** 10 **∀** 8 **Ⅎ** 3 **A** 5 **Ⅎ** a **∀** –2 **A** b **A** c

91 Quel nombre remplace la lettre a ?

A. 3 B. 2 C. 1 D. 0 E. – 1

92 Quel nombre remplace la lettre b ?

A. 0 B. 1 C. 2 D. 3 E. 4

93 Quel nombre remplace la lettre c ?

A. 6 B. 5 C. 4 D. 3 E. 2

2 A 4 F a ∀ 7 Ⅎ b G 4 Ⅎ −1 ∀ −3 ⅁ c A 8

94 Quel nombre remplace la lettre a ?

A. 11 B. 10 C. 9 D. 8 E. 7

95 Quel nombre remplace la lettre b ?

A. 6 B. 5 C. 4 D. 3 E. 2

96 Quel nombre remplace la lettre c ?

A. 5 B. 6 C. 7 D. 8 E. 9

−1 ɾ 3 F 8 ⅁ a ɾ 48 ⅁ − 96 Ⅎ −101 A − 99 F − 94 ∀ b

97 Quel nombre remplace la lettre a ?

A. − 16 B. − 96 C. 128 D. 98 E. 10

98 Quel nombre remplace la lettre b ?

A. − 16 B. − 96 C. 28 D. 78 E. 66

6 Ⅎ 1 ∀ −1 ⅁ 2 J 6 ⅁ a A −10 ɾ b F 35 A 37

99 Quel nombre remplace la lettre a ?

A. 5 B. 0 C. − 12 D. 12 E. 24

100 Quel nombre remplace la lettre b ?

A. 30 B. 17 C. 41 D. 62 E. 94

Feuille-réponse du concours n° 3

Pour chaque question, cocher la bonne réponse.

	A	B	C	D	E		A	B	C	D	E		A	B	C	D	E		A	B	C	D	E
1						26						51						76					
2						27						52						77					
3						28						53						78					
4						29						54						79					
5						30						55						80					
6						31						56						81					
7						32						57						82					
8						33						58						83					
9						34						59						84					
10						35						60						85					
11						36						61						86					
12						37						62						87					
13						38						63						88					
14						39						64						89					
15						40						65						90					
16						41						66						91					
17						42						67						92					
18						43						68						93					
19						44						69						94					
20						45						70						95					
21						46						71						96					
22						47						72						97					
23						48						73						98					
24						49						74						99					
25						50						75						100					

Nombre total de bonnes réponses r =
Note /20 = r/5 =

Corrigé

Raisonnement logique sur un tableau

Pour les questions 1 à 10, se reporter à la grille de correction page 82.

	Médecins	Infirmiers	Aides soignants	*Totaux*
Hommes	10 %	15 %	5 %	*30 %*
Femmes	10 %	35 %	25 %	*70 %*
Totaux	*20 %*	*50 %*	*30 %*	

Raisonnement logique sur un schéma

Pour les questions 11 à 15, se reporter à la grille de correction page 82.

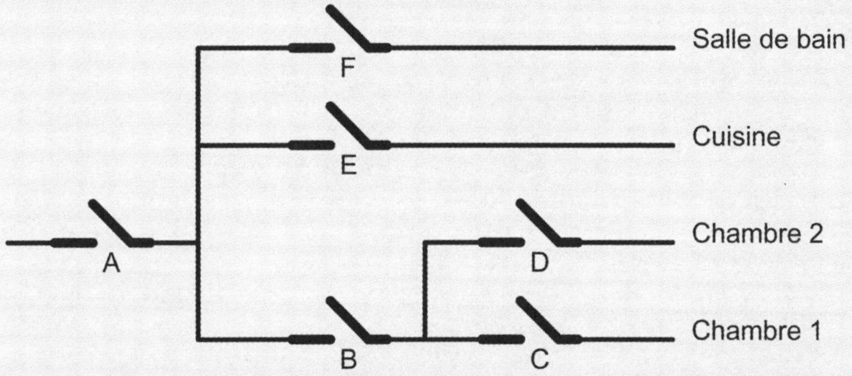

Raisonnement logique sur une suite numérique 1

À partir du premier nombre, on obtient le deuxième par un opérateur simple. On obtient le troisième par un autre opérateur simple. On reprend le même procédé pour trouver les autres nombres.

16. Les deux opérateurs sont : + 3 et × 2

17. Les deux opérateurs sont : × (– 3) et + 5

18. Les deux opérateurs sont : × (– 1) et + 3

19. Les deux opérateurs sont : × (– 2) et + 5

❷⓿ Les deux opérateurs sont : -4 et $\times 2$

㉑ Les deux opérateurs sont : $+3$ et $\times(-2)$

㉒ Les deux opérateurs sont : -5 et $\times 3$

㉓ Les deux opérateurs sont : $\times 3$ et -5

㉔ Les deux opérateurs sont : -6 et $\times(-3)$

㉕ Les deux opérateurs sont : -2 et $\times(-2)$

Raisonnement logique sur une suite numérique 2

Pour générer une telle suite, on multiplie le premier nombre par un nombre entier positif ou négatif puis on ajoute au résultat obtenu un nombre positif ou négatif.
On recommence avec le nombre obtenu pour générer toute la suite.

㉖ La relation est : $-x+13$

㉗ La relation est : $x-5$

㉘ La relation est : $2x-5$

㉙ La relation est : $-x+3$

㉚ La relation est : $x+3$

㉛ La relation est : $-x+0{,}5$

㉜ La relation est : $x-1{,}5$

㉝ La relation est : $-2x+1{,}5$

㉞ La relation est : $x-2{,}5$

㉟ La relation est : $-2x+1$

Raisonnement numérique 1 : arithmétique

㊱ Calculer : $10^2 + 5 \times 2 \times 10^1 = 100 + 10 \times 10 =$ **200**.

㊲ Calculer : $1 + \frac{1}{2} + \frac{1}{4} = \frac{4+2+1}{4} = \frac{7}{4}$.

㊳ Calculer 10 % de 40 % = 0,1 × 0,4 = **0,04**.

❸❾ Calculer le 3e chiffre après la virgule du quotient de 123 par 42 = **8**.

❹⓪ Quel est le nombre de diviseurs de 12 ?
Les diviseurs sont : 1, 2, 3, 4, 6 et 12. Ils sont **au nombre de 6**.

❹❶ Simplifier : $-2\sqrt{148} = -2\sqrt{4 \times 37} = -2 \times 2\sqrt{37} = -4\sqrt{37}$.

❹❷ Quel est le plus petit multiple commun à 24 et 36 ? C'est 72 car :
$24 = 2^3 \times 3$;
$36 = 2^2 \times 3^2$.
PPMC = $2^3 \times 3^2 = 8 \times 9 =$ **72**.

❹❸ Quel est le plus grand commun diviseur à 36, 48 et 81 ? C'est 3 car :
$36 = 2^2 \times 3^2$;
$48 = 2^4 \times 3$.
$81 = 3^4$.
PGCD = **3**.

❹❹ Calculer : 2 ha + 3 a en m^2 = $2 \times 10\,000\ m^2 + 3 \times 100\ m^2$ = **20 300 m^2**.

❹❺ Quel temps met-on pour parcourir 12 km à 60 km/h ?
60 km/h = 1 km/min. Pour parcourir 12 km, il faut donc **12 minutes**.

Raisonnement numérique 2 : problèmes

❹❻ Trouver le premier nombre d'une suite de 5 nombres impairs consécutifs tels que leur somme soit égale à 25.
Si x est le premier nombre, on a : $x + (x + 2) + (x + 4) + (x + 6) + (x + 8) = 25$; $5x = 5$; $\boldsymbol{x = 1}$.

❹❼ Une somme d'argent est placée à 6,5 % (l'an) pendant 18 mois. Si elle était placée à 9 % (l'an) pendant un an, elle rapporterait 330 € de moins. Quelle est cette somme ?
Les intérêts = somme $\times (6{,}5 \div 100) \times 1{,}5$; les intérêts $- 330$ = somme $\times \dfrac{9}{100}$.
De ces deux relations, on obtient : somme = **44 000 €**.

❹❽ Quel est le nombre entier non nul dont le carré et le triple sont égaux ?
Si x est ce nombre, $x^2 = 3x$ admet $\boldsymbol{x = 3}$ comme solution non nulle.

❹❾ Un nombre est composé de trois chiffres dont la somme est 17. Le chiffre des centaines est le double de celui des dizaines. Si on retranche 297 au nombre cherché, on obtient ce nombre lu de droite à gauche. Quel est ce nombre ?

On note ABC ce nombre.
A + B + C = 17 ;
A = 2B ;
$100 \times A + 10 \times B + C - 297 = 100 \times C + 10 \times B + A$.
De ces trois relations, on obtient : **A = 8 ; B = 4 ; C = 5.**

50 Une somme de 6 500 € est composée de 79 billets de 100 € ou 50 €. Quel est le nombre de billets de 100 € ?
On note x le nombre de billets de 50 € et y celui de 100 €.

$$\left\{\begin{array}{l} x + y = 79 \\ 50x + 100y = 6\,500 \end{array}\right\} \Leftrightarrow \left\{\begin{array}{l} x + y = 79 \\ x + 2y = 130 \end{array}\right\} \Leftrightarrow \left\{\begin{array}{l} x = 28 \\ y = 51 \end{array}\right\}$$

51 En roulant en voiture à 60 km/h, je mets 2 h 20 min pour me retrouver au bord de la mer. En roulant 56 minutes de moins, à la même vitesse, quel pourcentage du trajet ai-je effectué ?
La première distance = $60 \times \left(2 + \frac{1}{3}\right) = 140$ km ;
2 h 20 min – 56 min = 1,4 h ;
La deuxième distance = $60 \times 1,4 = 84$ km ;
Le rapport est : $84/140 \times 100 =$ **60 %.**

52 Une montre est soldée avec une remise de 20 %. Elle vaut maintenant 680 €. Quel était le prix avant réduction ?
$680 \div \left(1 - \frac{20}{100}\right) =$ **850 €.**

53 En prenant le train express Toulouse-Bordeaux, on met 50 % de temps de moins qu'en train rapide pour effectuer Marseille-Lyon où le trajet est 10 % supérieur. Sachant qu'entre Toulouse et Bordeaux il y a environ 250 km et que le train rapide roule à 68,75 km/h de moyenne pour effectuer Marseille-Lyon, quelle est la vitesse moyenne du train express en km/h ?
Bordeaux-Toulouse = 250 km ;
Marseille-Lyon = $250 \times 1,1 = 275$ km ;
Temps pour aller de Marseille à Lyon = $275 \div 68,75 = 4$ h ;
Temps pour aller de Bordeaux à Toulouse = $1 \div 2 \times 4$ h = 2 h ;
La vitesse moyenne = $250 \div 2 =$ **125 km/h.**

54 Quel est le prix en € d'un voyage, sachant qu'en payant 1 760 $ l'agence me rend 400 DM ?
On donne : 1 200 $ = 3 000 DM et 350 DM = 175 €.
Donc : 1 € = 2 DM ;
Et 1 200 $ = 3 000 DM = 1 500 € ;
Soit 1 $ = 1,25 € ;
1 760 $ = 1 760 × 1,25 = 2 200 € et 400 DM = 200 € ;

Soit le prix du voyage = 2 200 – 200 = **2 000 €.**

⑤⑤ Sur un million d'élèves en France, on compte 55 % de filles, parmi lesquelles 20 % étudient l'espagnol et 15 % d'entre elles le latin. Quel est le pourcentage de filles étudiant l'espagnol et le latin ?
1 000 000 élèves ; 550 000 filles ; 110 000 étudient l'espagnol : 16 500 étudient l'espagnol et le latin.
Soit un pourcentage de : 16 500 × 100 ÷ 1 000 000 = **1,65 %.**

Test d'observation sur des images

Pour les questions 56 à 60, se reporter à la grille de correction page 82.

Aptitude verbale 1 : conjugaison

Voici un mode et un temps donnés pour chaque exercice.
Quel est le verbe bien conjugué ou orthographié ?

⑥① Subjonctif présent.
A : Qu'il ait

⑥② Passé simple de l'indicatif.
E : Je jetai

⑥③ Conditionnel passé 1re forme.
E : Vous auriez vêtu

⑥④ 3e personne du pluriel du futur antérieur de l'indicatif.
B : Ils auront cueilli

⑥⑤ 1re personne du singulier de l'impératif présent.
C : Assieds

⑥⑥ 3e personne du singulier du plus-que-parfait du subjonctif.
D : Qu'il eût mû

⑥⑦ Participe passé.
B : Modelé

⑥⑧ 2e personne du singulier de l'imparfait de l'indicatif.
C : Tu pourvoyais

69 3e personne du singulier de l'imparfait du subjonctif.
A : **Qu'il pourvût**

70 1re personne du pluriel du passé antérieur de l'indicatif.
D : **Eûmes acquis**

Aptitude verbale 2 : vocabulaire

Dans les phrases suivantes, il faut remplacer @ par l'une des réponses proposées. Pour les cinq exercices suivants, toutes les réponses proposées ne seront utilisées qu'une seule fois.

71 On voyait à travers de mystérieuses épaisseurs l'ombre figée des grands arbres.
E : **Mystérieuses : cachées, secrètes**

72 J'aimais cette petite rue. On y voyait un jardin comblé de verdures effervescentes.
B : **Effervescentes : agitées**

73 Des peupliers s'échappent des vols de vanneaux.
C : **Vanneaux : oiseaux d'Europe**

74 Tout cela était beau : le paysage, l'homme, l'enfant, les taureaux sous les jougs.
A : **Jougs : pièces de bois utilisées pour atteler des bœufs**

75 La servante couvrait la table d'une nappe à liteaux rouges.
D : **Liteaux : raies colorées traversant des nappes**

Dans les phrases suivantes, il faut remplacer @ par l'une des réponses proposées. Pour les cinq exercices suivants, toutes les réponses proposées ne seront utilisées qu'une seule fois.

76 Elle était toujours vêtue de la même façon, avec une robe noire et un caraco noir.
C : **Caraco : bustier de lingerie féminine**

77 Jamais les moteurs n'avaient donné de déboire.
A : **Déboire : déception**

78 Observez l'holocauste et redoutez l'ennui qu'un repos uniforme attache auprès de lui.
B : **Holocauste : sacrifice**

79 Voici un recueil nouveau de divertissements de société, de facétie.
E : **Facétie : farce, plaisanterie**

80 Les branches du sapin ploient sous le faix.
D : **Faix : charge lourde**

Aptitude verbale 3 : orthographe

Voici un texte de Jean de Meung : *Le Roman de la Rose.*
Chaque partie est coupée en cinq morceaux.
Quel morceau comporte une faute d'orthographe ?

81 Aux propriétés alors ils s'**atachèrent** (attachèrent) ; / ils partagèrent la terre même et, ce faisant, y mirent des bornes. / Quand ils plantaient leurs bornes, maintes fois entre eux ils se battirent et ils se ravirent alors ce qu'ils purent, les plus forts eurent les plus grandes parts. / Et quand certains partaient en quête, les paresseux, qui restaient sur place, / entraient dans leurs cavernes et leur dérobaient leur épargne.
Réponse A

82 Il fallut alors que l'on désignât quelqu'un qui gardât les logis, / qui arrêtât les malfaiteurs et aux plaignants **rendit** (rendît) justice sans que nul osât contester ses sentences. / Alors ils s'assemblèrent pour le choisir. Parmi eux ils élurent un grand vilain, / le mieux charpenté de tous tant qu'ils étaient, le plus corpulent et le plus grand / et ils le nommèrent prince et seigneur.
Réponse B

83 Il jura qu'il ferait régner la justice et qu'il défendrait leurs logis / si chacun pour sa part lui donnait sur ses biens de quoi lui permettre de vivre. / D'un commun accord ils l'admirent, / ainsi que l'autre l'**avez** (avait) exposé et dit. / Ce prince tint longtemps son office.
Réponse D

84 Les voleurs, pleins de malice, / s'assemblèrent quand seul ils le virent et maintes fois le battirent, / lorsqu'ils venaient d'autrui prendre les biens. Il fallut alors de nouveau / que le peuple s'assemblât et que chacun s'imposât / une taille pour **donné** (donner) au prince une garde.
Réponse E

85 Ils firent alors une commune contribution / ils lui remirent tributs et rentes / et lui donnèrent de grands **domainnes** (domaines) / telle fut l'origine des rois, / des princes terriens.
Réponse C

Raisonnement logique de proposition

Voici un texte simple. Vous devez répondre aux questions en vous limitant aux données du texte.
« La chasse de certaines espèces animales est autorisée sous conditions. Le mercredi, la chasse est interdite. Le lundi, on ne peut pas chasser le sanglier. Le vendredi, on peut chasser le lapin. Le samedi et le dimanche, il n'y a pas de restriction de chasse. »

86 Jean, le mardi, prépare son matériel pour chasser le sanglier dès le lendemain. Il est dans son bon droit.

A : Vrai. Préparer son matériel le mardi ne certifie pas chasser le mercredi

87 Jacques chasse le sanglier cinq jours par semaine, en période de chasse. Il est dans son bon droit.

C : On ne sait pas si, parmi les cinq jours, il y a interdiction de chasser

88 Jules chasse tous les gibiers le dimanche. Il est dans son bon droit.

C : On ne sait pas si tous les gibiers sont autorisés à la chasse

89 José est un chasseur de cervidés, mais il ne chasse jamais le cerf le mercredi. Il est dans son bon droit.

A : Vrai car on ne dit pas qu'il chasse d'autres espèces le mercredi

90 Joseph n'est pas chasseur. Il peut se promener le mercredi sans risque d'être victime d'un accident.

B : Faux. Même si la chasse est fermée le mercredi et qu'il n'y a pas de chasseur, il peut être victime d'un autre type d'accident (route, santé, etc.)

Test de raisonnement logique sur des nombres

Chaque figure géométrique (lettre ou lettre inversée) représente un opérateur simple (+ 2 ou – 3 ou × 2 par exemple). Les opérateurs sont opposés pour des lettres inversées. Les opérateurs sont identiques pour ces dix exercices.

A : + 2	**F** : + 5	**G** : x 2	**J** : x 3
∀ : – 2	**Ⅎ** : – 5	**⅁** : x (– 2)	**ſ** : x (– 3)

3 **A** 5 **F** 10 **∀** 8 **Ⅎ** 3 **A** 5 **Ⅎ** 0 **∀** – 2 **A** 0 **A** 2

91 Quel nombre remplace la lettre a ?

Réponse D : 0

92 Quel nombre remplace la lettre b ?

Réponse A : 0

93 Quel nombre remplace la lettre c ?

Réponse E : 2

❾❹ Quel nombre remplace la lettre a ?
Réponse C : 9

❾❺ Quel nombre remplace la lettre b ?
Réponse E : 2

❾❻ Quel nombre remplace la lettre c ?
Réponse B : 6

❾❼ Quel nombre remplace la lettre a ?
Réponse A : – 16

❾❽ Quel nombre remplace la lettre b ?
Réponse B : – 96

❾❾ Quel nombre remplace la lettre a ?
Réponse C : – 12

❶⓿⓿ Quel nombre remplace la lettre b ?
Réponse A : 30

Feuille-réponse du concours n° 3

	A	B	C	D	E		A	B	C	D	E		A	B	C	D	E		A	B	C	D	E
1			×			26		×				51			×			76			×		
2	×					27	×					52					×	77	×				
3		×				28			×			53				×		78		×			
4				×		29					×	54		×				79					×
5					×	30					×	55	×					80				×	
6		×				31					×	56					×	81	×				
7				×		32	×					57				×		82		×			
8			×			33	×					58			×			83				×	
9	×					34			×			59		×				84					×
10				×		35					×	60	×					85			×		
11					×	36			×			61	×					86	×				
12		×				37					×	62					×	87			×		
13				×		38	×					63					×	88			×		
14	×					39					×	64		×				89	×				
15			×			40			×			65			×			90		×			
16		×				41	×					66				×		91				×	
17				×		42				×		67		×				92	×				
18	×					43			×			68			×			93					×
19					×	44			×			69	×					94			×		
20		×				45	×					70				×		95					×
21	×					46	×					71					×	96		×			
22			×			47			×			72		×				97	×				
23		×				48					×	73			×			98		×			
24			×			49					×	74	×					99			×		
25	×					50			×			75				×		100	×				

4

Concours blanc n° 4

Durée
1 heure 30 minutes

Nombre de questions : 100.
Vous devez reporter vos réponses sur la « feuille réponse ».
Tout instrument de calcul est interdit.
Chaque question, notée sur un point, est suivie de cinq propositions de réponse dont une seule est exacte.
Vous pouvez utiliser des feuilles de brouillon.

Sujet

Test d'observation sur des images

Pour chaque question, une seule réponse convient.
Reporter les réponses sur la feuille-réponse.

1 Combien y a-t-il de différences entre les deux images ?

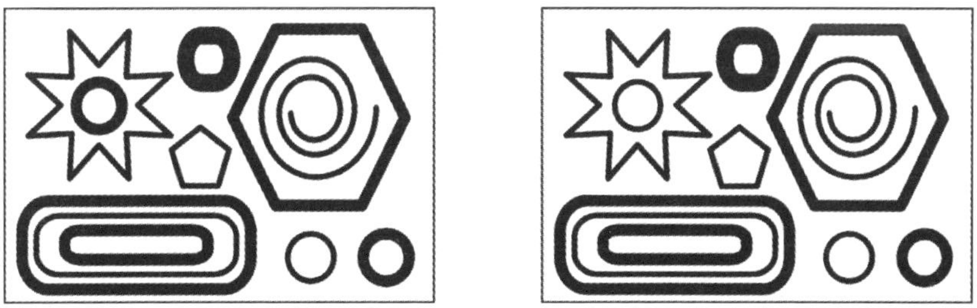

A. 1 B. 2 C. 3 D. 4 E. 5

❷ Combien y a-t-il de différences entre les deux images obtenues par symétries ?

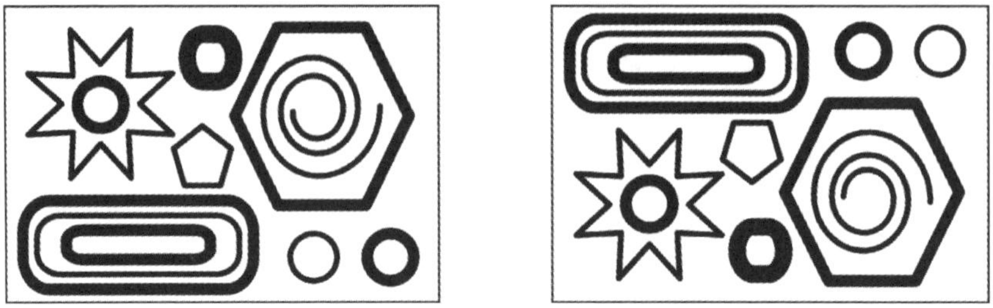

A. 1 B. 2 C. 3 D. 4 E. 5

❸ Combien y a-t-il de différences entre les deux images obtenues par symétries ?

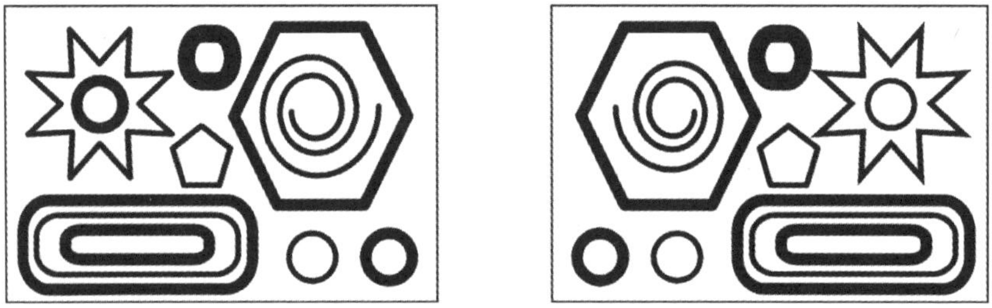

A. 1 B. 2 C. 3 D. 4 E. 5

❹ Combien y a-t-il de différences entre les deux images obtenues par symétries ?

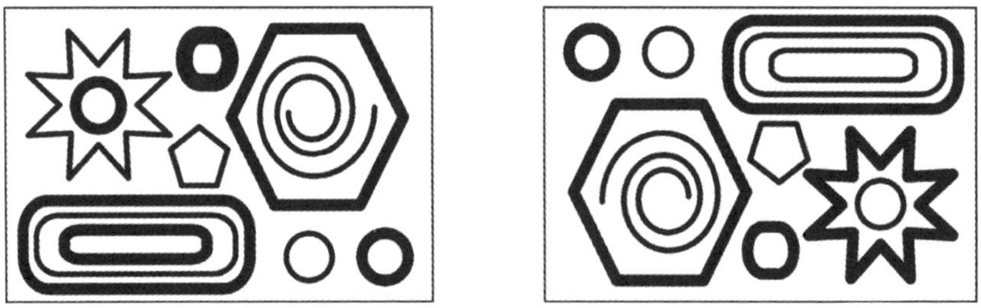

A. 1 B. 2 C. 3 D. 4 E. 5

❺ Combien y a-t-il de différences entre les deux images obtenues par symétries ?

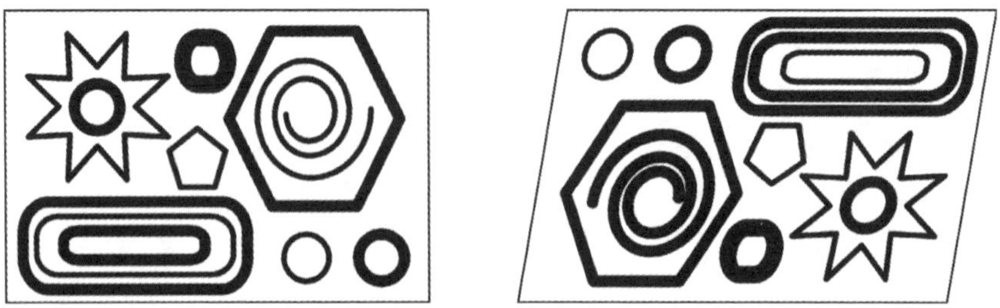

A. 1 B. 2 C. 3 D. 4 E. 5

Test d'attention

Pour chaque question, une seule réponse convient.
Reporter les réponses sur la feuille-réponse.

Voici un texte inversé : « La montagne qui accouche » fable de La Fontaine :

Une Montagne en mal d'enfant Jetait une clameur si haute, Que chacun, au bruit accourant, Crut qu'elle accoucherait sans faute D'une cité plus grosse que Paris : Elle accoucha d'une Souris. Quand je songe à cette fable, Dont le récit est menteur Et le sens est véritable, Je me figure un auteur Qui dit : « Je chanterai la guerre Que firent les Titans au maître du tonnerre. » C'est promettre beaucoup : Mais qu'en sort il souvent ? Du vent.

6 Combien de mots comporte cette fable ?

A. 81 **B.** 82 **C.** 83 **D.** 84 **E.** 85

7 Combien de fois trouve-t-on la lettre a ?

A. 26 **B.** 27 **C.** 28 **D.** 29 **E.** 30

8 Combien de fois trouve-t-on la lettre e ?

A. 50 **B.** 51 **C.** 52 **D.** 53 **E.** 54

9 Combien de fois trouve-t-on la lettre n ?

A. 26 **B.** 27 **C.** 28 **D.** 29 **E.** 30

10 Combien de fois trouve-t-on la lettre o ?

A. 13 **B.** 14 **C.** 15 **D.** 16 **E.** 17

Raisonnement logique sur un schéma

Pour chaque question, une seule réponse convient.
Reporter les réponses sur la feuille-réponse.

On considère un tableau de distribution de l'eau d'une maison.
Voici le descriptif des robinets :

Nom du robinet	Pièces desservies
A	toutes
B	les trois chambres
C	la cuisine
D	sanitaire : salle de bains et WC
E	chambre 1
F	chambre 2
G	chambre 3
H	salle de bains
I	WC

Quand un robinet est ouvert, l'eau peut couler. Quand un robinet est fermé, l'eau ne coule pas.
Pour chaque exercice, quelle est la proposition exacte ?

⑪ B est ouvert, l'eau coule dans la chambre 1.

A. L'eau coule dans les chambres.

B. Si l'eau coule dans la chambre 1, il en est de même dans les autres chambres.

C. Si l'eau coule dans la chambre 1, alors A est ouvert.

D. L'eau coule dans la cuisine.

E. L'eau ne coule pas dans les WC.

⑫ A est ouvert, B, C et D sont fermés.

A. L'eau coule dans la cuisine.

B. L'eau coule dans les chambres 1 et 2 mais pas dans les WC.

C. L'eau coule dans la salle de bains mais pas dans les WC.

D. L'eau coule dans toutes les chambres.

E. L'eau ne coule pas.

⑬ A, B, C et D sont fermés.

A. L'eau ne coule pas dans la cuisine.

B. L'eau coule dans les chambres.

C. L'eau coule dans la salle de bains mais pas dans la cuisine.

D. L'eau coule dans les WC.

E. L'eau coule dans toutes les pièces.

⓮ **L'eau coule dans la cuisine.**

A. **A** est fermé.
B. Uniquement **C** est fermé.
C. **A**, **B**, **C** et **D** sont fermés.
D. **A** et **C** sont fermés, **B** et **D** sont ouverts.
E. **C** est ouvert.

⓯ **L'eau coule dans toutes les chambres mais pas dans la salle de bains.**

A. **E**, **F**, **G** et **H** sont fermés.
B. **A**, **B** et **E** sont ouverts.
C. **A** est fermé et **C** est ouvert.
D. Uniquement le robinet **D** est ouvert.
E. **B** et **I** sont fermés.

Raisonnement numérique 1 : arithmétique

Pour chaque question, une seule réponse convient.
Reporter les réponses sur la feuille-réponse.

⓰ **À quelle vitesse en km/h doit-on rouler pendant 2 h 45 min pour effectuer 245 km ? Arrondir le résultat.**

A. 89 | B. 25,7 m/s | C. 98 | D. 52 | E. autre réponse

⓱ **Soit le polynôme $-3x^2 + 7x - 1$. Que vaut ce polynôme pour $x = -2$?**

A. 27 | B. 3 | C. -1 | D. -27 | E. autre réponse

⓲ **Donner la valeur de x solution du système :** $\left\{\begin{array}{l} 3x - 4y = -11 \\ 5x + 3y = 1 \end{array}\right\}$

A. 1 | B. -1 | C. 2 | D. -2 | E. autre réponse

⓳ **Calculer $3 - \frac{5}{3} + \frac{1}{4}$.**

A. $-\frac{1}{7}$ | B. $-\frac{1}{12}$ | C. $\frac{13}{12}$ | D. $\frac{19}{12}$ | E. autre réponse

⓴ **Quel est le reste de la division entière de 1 273 par 279 ?**

A. 153 | B. 157 | C. 147 | D. 143 | E. autre réponse

㉑ **Quel est le 2e chiffre après la virgule de la division de 1 836,2 par 1,73 ?**

A. 0 | B. 2 | C. 4 | D. 6 | E. autre réponse

㉒ **Un équipement pour infirmière baisse de 20 %. Actuellement son prix est de 150 €. Quel était le prix avant réduction ?**

A. 180 € | B. 165 € | C. 135 € | D. 120 € | E. autre réponse

23 Au concours des IFSI, 200 candidats se présentent. 40 % sont admissibles puis 40 % des admissibles sont admis. Quel est le taux de réussite de ce concours ?

A. 10 % B. 14 % C. 16 % D. 20 % E. autre réponse

24 Calculer : $3\sqrt{5} \times (-5\sqrt{3}) \times \sqrt{15}$.

A. $-15\sqrt{15}$ B. $15\sqrt{15}$ C. $-8\sqrt{23}$ D. $8\sqrt{225}$ E. autre réponse

25 Calculer 3 litres + 12 décilitres − 45 centilitres en cm^3.

A. 3,75 B. 37,50 C. 375 D. 3 750 E. autre réponse

Raisonnement numérique 2 : problèmes

Pour chaque question, une seule réponse convient.
Reporter les réponses sur la feuille-réponse.

26 En voiture, si je roule à 60 km/h j'arrive à 13 h. Mais si je roule à 80 km/h, j'arrive à 11 h. À quelle heure suis-je parti ?

A. 3 h B. 4 h C. 5 h D. 6 h E. 7 h

27 Dans un sac se trouvent 10 billes de couleur rouge ou bleue. Si on ajoute dans le sac 3 billes bleues et 2 billes rouges, il y aura deux fois plus de billes bleues que de rouges. Combien y avait-il initialement de billes bleues ?

A. 5 B. 6 C. 7 D. 8 E. 9

28 « J'ai trois fois l'âge que vous aviez quand j'avais l'âge que vous avez. Quand vous aurez l'âge que j'ai, la somme de nos âges sera égale à 98 années. » Quel est l'âge de la personne qui parle ?

A. 40 B. 42 C. 44 D. 46 E. 48

29 Deux horloges (A et B) sont distantes (en ligne droite) de 2 km. La seconde horloge sonne deux secondes après la première. Déterminer en quel point de la droite passant par les deux horloges, par rapport à l'horloge A, un observateur entend les cloches sonner simultanément. La vitesse du son est de 330 m/s.

A. 1,33 km B. 2 km C. 3,33 km D. 3,66 km E. 4 km

30 Une personne place une somme de 27 000 € en deux parties. La première est placée à 10 %, la deuxième à 8 %. Quel est le montant de la première partie si l'intérêt global au bout d'un an est de 2 610 € ?

A. 22 500 € B. 4 500 € C. 2 250 € D. 450 € E. 225 €

31 Un enfant possède des soldats de plomb qu'il veut ranger en carré. S'il forme un certain nombre de rangées du même nombre de soldats, il lui en reste 10. Pour mettre deux soldats de plus par rangée pour reformer un nouveau carré, il lui manque 10 soldats. Quel est le nombre initial de soldats ?

A. 4 B. 8 C. 16 D. 24 E. 26

32 Trois frères ont respectivement 32, 20 et 6 ans. Dans combien d'années, l'âge de l'aîné sera-t-il égal à la somme des âges des deux autres ?

A. 1 B. 3 C. 6 D. 9 E. 12

33 Quel nombre entier naturel faut-il ajouter au numérateur et au dénominateur de 3/7 pour en obtenir le double ?

A. 12 B. 15 C. 18 D. 21 E. 23

34 Trouver un nombre tel que son tiers augmenté de son quart donne 84 ?

A. 14 B. 41 C. 144 D. 414 E. 441

35 De combien de façons possibles peut-on former des codes de 5 lettres différentes choisies parmi : A N D R E ?

A. 10 B. 25 C. 50 D. 120 E. 10^5

Raisonnement logique sur un tableau

Pour chaque question, une seule réponse convient.
Reporter les réponses sur la feuille-réponse.

Dans un grand hôpital, le personnel infirmier est divisé en trois tranches d'âge. Les personnels de moins de 30 ans, ceux de 30 à 40 ans, ceux de plus de 40 ans. Le personnel infirmier se compose d'hommes et (ou) de femmes.

36 Il y a trois fois plus de femmes que d'hommes. Quel est le pourcentage d'hommes ?

A. 15 % B. 20 % C. 25 % D. 33 % E. 40 %

37 De plus, parmi les femmes, 1/3 ont moins de 30 ans. Quel est le pourcentage maximal de femmes de 30 à 40 ans ?

A. 30 % B. 50 % C. 60 % D. 70 % E. 75 %

38 De plus, parmi les hommes, 5 % ont plus de 40 ans. Quel est le pourcentage maximal d'hommes de moins de 30 ans ?

A. 5 % B. 10 % C. 15 % D. 20 % E. 55 %

39 Quel est le pourcentage maximal de personnel de 30 à 40 ans ?

A. 10 % B. 25 % C. 40 % D. 50 % E. 60 %

40 De plus, on sait qu'il y a 25 % de personnes de plus de 40 ans. Quel est le pourcentage de femmes de plus de 40 ans ?

A. 5 % B. 10 % C. 20 % D. 40 % E. 60 %

Raisonnement logique : M. Mind

Trouver la bonne réponse à partir des symboles utilisés : ✌ 👌 👍 ☜ ☞ ☝
Reporter les réponses sur la feuille-réponse.

41

☝	👍	👌	☜	2 symboles communs bien placés
✌	☞	👌	☜	2 symboles communs bien placés et 1 symbole commun mal placé
👌	☜	✌	☞	2 symboles communs mal placés et 1 symbole commun bien placé
☝	✌	☞	☜	2 symboles communs mal placés
✌	👌	👍	☞	2 symboles communs mal placés et 2 symboles communs bien placés

A. ✌👍☜☞ B. 👌👍☞☜ C. 👍✌👌☞ D. ✌👍👌☞ E. 👍👌☞✌

42

👍	☜	✌	👌	2 symboles communs bien placés
✌	☜	👌	☝	2 symboles communs bien placés
👍	☞	👌	✌	1 symbole commun bien placé et 1 symbole commun mal placé
☝	☜	✌	👌	1 symbole commun bien placé et 1 symbole commun mal placé
☞	👌	✌	☝	1 symbole commun bien placé et 1 symbole commun mal placé

A. 👍☜☝☞ B. ☜👍☝☞ C. ☝☞☜👍 D. ☝☞👍☜ E. 👍☜☞☝

43

✌	👍	☞	👌	2 symboles communs bien placés
👍	☞	☝	👌	2 symboles communs mal placés
☞	✌	☜	👌	1 symbole commun bien placé et 1 symbole commun mal placé
☝	☞	✌	👌	2 symboles communs mal placés
👌	☞	☜	☝	2 symboles communs bien placés

A. 👍✌☜☝ B. 👍✌☜☞ C. ✌👍☜☝ D. ✌☞☜☝ E. ☜☞👍☝

44

👍	☝	☞	☜	2 symboles communs bien placés
👌	👍	☜	✌	2 symboles communs bien placés
👍	☝	☜	👌	1 symbole commun bien placé et 1 symbole commun mal placé
☜	✌	☞	👍	1 symbole commun bien placé et 1 symbole commun mal placé
☝	☜	☞	👍	1 symbole commun bien placé et 1 symbole commun mal placé

A. 👌☝☞✌ B. ✌👌👍☜ C. ✌☞☝👌 D. 👍👌☜☞ E. ☜☞☝✌

45

☞	✌	👌	☜	2 symboles communs mal placés
👌	☞	☜	✌	2 symboles communs bien placés
✌	☜	👌	👍	1 symbole commun bien placé et 1 symbole commun mal placé
☞	☜	☝	✌	3 symboles communs mal placés
✌	👌	☜	👍	2 symboles communs bien placés

A. ☝☞☜✌ B. ☝☜👍✌ C. ☞☝👍☜ D. ✌☞☜👍 E. ☝☞☜👍

46

☜ ☞ 👍 ✌	3 symboles communs mal placés
👌 ☜ ☞ ✌	2 symboles communs bien placés
✌ 👍 ☝ 👌	2 symboles communs mal placés
👍 ☞ 👌 ✌	1 symbole commun bien placé et 1 symbole commun mal placé
👌 ☜ ☞ ☝	3 symboles communs bien placés

A. 👍☜☝☞ B. ☝☞👍☜ C. 👍☜☞☝ D. ☝☞☜👍 E. ☞☝☜👍

47

✌ ☝ 👍 ☜	2 symboles communs bien placés
☞ 👌 ☜ 👍	2 symboles communs mal placés
☜ ☝ ☞ 👍	1 symbole commun bien placé et 1 symbole commun mal placé
👍 ☜ 👌 ☞	2 symboles communs bien placés
✌ 👍 👌 ☞	3 symboles communs bien placés

A. ✌☝👌☞ B. ☝✌👌☞ C. ✌☝👌👍 D. 👌☞✌☝ E. ☞☝✌👌

48

☞ ✌ 👍 ☝	1 symbole commun bien placé et 1 symbole commun mal placé
☞ ☝ 👌 👍	2 symboles communs mal placés
👍 ☝ 👌 ☞	2 symboles communs bien placés
✌ ☞ 👌 👍	3 symboles communs mal placés
👌 👍 ✌ ☞	3 symboles communs mal placés

A. ✌☜☞👌 B. ✌☞👌☜ C. ☜✌☞👌 D. ☜✌👌☞ E. ✌☜👌☞

49

☜ 👌 ☝ ✌	1 symbole commun bien placé et 1 symbole commun mal placé
👍 👌 ☝ ☜	2 symboles communs mal placés
☜ ☝ 👌 👍	2 symboles communs bien placés
✌ ☞ 👌 ☜	3 symboles communs mal placés
☜ ✌ 👌 ☞	2 symboles communs bien placés et 1 symbole commun mal placé

A. ✌☞👍☜ B. ☞✌👍☜ C. ☜✌👍☞ D. ☜✌☞👍 E. ✌☜☞👍

50

✌ 👌 ☝ ☞	2 symboles communs bien placés
👌 👍 ☞ ✌	2 symboles communs mal placés
☜ ☞ ☝ 👍	3 symboles communs bien placés
👌 ☝ 👍 ✌	3 symboles communs mal placés
☝ ☞ ✌ 👍	1 symbole commun bien placé et 1 symbole commun mal placé

A. 👍☝👌☜ B. ☝👌👍☜ C. 👌☜☝👍 D. ☜👌☝👍 E. ☝👍👌☜

51

2 symboles communs bien placés et 2 symboles communs mal placés
3 symboles communs bien placés et 1 symbole commun mal placé
3 symboles communs mal placés et 1 symbole commun bien placé
2 symboles communs bien placés et 2 symboles communs mal placés
2 symboles communs bien placés et 2 symboles communs mal placés

A.  B.  C.  D.  E. 

52

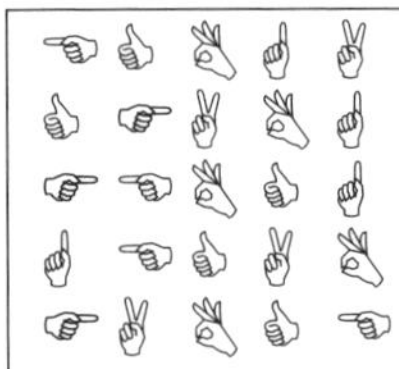

3 symboles communs mal placés et 1 symbole commun bien placé
3 symboles communs mal placés et 1 symbole commun bien placé
2 symboles communs bien placés et 2 symboles communs mal placés
2 symboles communs bien placés et 2 symboles communs mal placés
4 symboles communs mal placés et 1 symbole commun bien placé

A.  B.  C.  D.  E. 

53

2 symboles communs bien placés et 2 symboles communs mal placés
3 symboles communs bien placés et 1 symbole commun mal placé
3 symboles communs mal placés et 1 symbole commun bien placé
2 symboles communs bien placés et 2 symboles communs mal placés
2 symboles communs bien placés et 2 symboles communs mal placés

A.  B.  C.  D.  E. 

54

2 symboles communs bien placés et 2 symboles communs mal placés
2 symboles communs bien placés et 2 symboles communs mal placés
3 symboles communs mal placés et 1 symbole commun bien placé
3 symboles communs mal placés et 1 symbole commun bien placé
3 symboles communs bien placés et 1 symbole commun mal placé

A.  B.  C.  D.  E. 

55

3 symboles communs mal placés et 1 symbole commun bien placé
3 symboles communs mal placés et 1 symbole commun bien placé
2 symboles communs bien placés et 2 symboles communs mal placés
2 symboles communs bien placés et 2 symboles communs mal placés
2 symboles communs bien placés et 2 symboles communs mal placés

A.  B.  C.  D.  E. 

Raisonnement numérique 3 : opérations

Pour chaque division, une seule réponse convient.
Reporter les réponses sur la feuille-réponse. Quel chiffre est remplacé par le symbole ★ ?

56

1	5	8	9				4 5 8
1	5	8					
	2	1	5				
		3	1	8			
			4	3	2		
				1	★	8	

A. 5 B. 6 C. 7 D. 8 E. 9

57

4	6	5	9				7 8 5
4	6	5					
	7	3	4				
		2	7	5			
			3	9	5		
				0	★	5	

A. 0 B. 1 C. 2 D. 3 E. 4

58

1	5	8	9				7 1 3
1	5	8					
	1	6	3				
		2	0	4			
			6	1	4		
				4	★	6	

A. 0 B. 1 C. 2 D. 3 E. 4

59

4	6	5	2				8 5 2
4	6	5					
	3	9	2				
		5	1	2			
			0	0	★		
				0	8	0	

A. 5 B. 6 C. 7 D. 8 E. 9

60

6	5	8	9				6 8 9
6	5	8					
	3	8	8				
		4	3	5			
			2	1	6		
				0	★	3	

A. 5 B. 6 C. 7 D. 8 E. 9

Test d'attention sur des symboles

Pour chaque question, une seule réponse convient.
Reporter les réponses sur la feuille réponse.

Voici cinq lettres suivies et leurs équivalents sous forme de symboles. L'ensemble est suivi d'un grand nombre de symboles comme un texte.

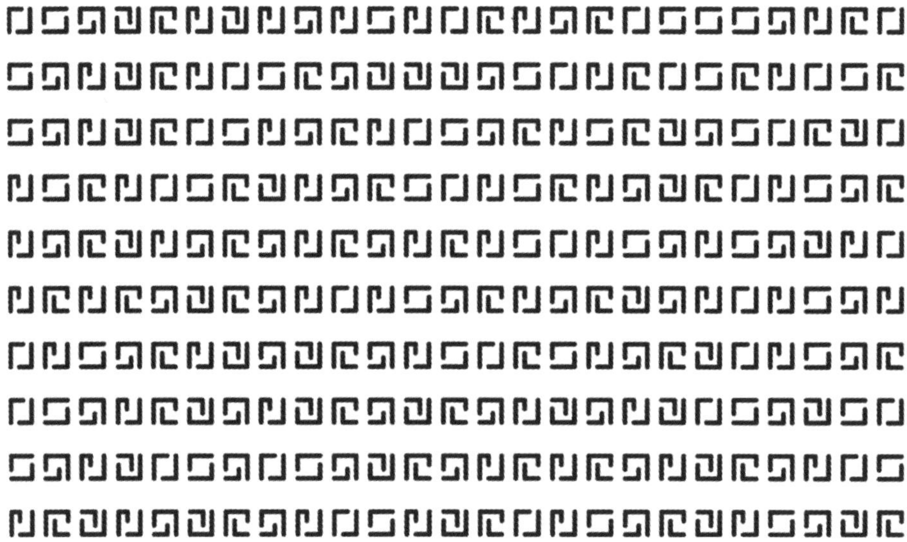

61 Combien de fois trouve-t-on l'équivalent de la lettre b dans le texte ?

A. 34 B. 36 C. 38 D. 40 E. Autre réponse

62 Combien de fois trouve-t-on l'équivalent de la lettre c dans le texte ?

A. 32 B. 30 C. 33 D. 31 E. Autre réponse

63 Combien de fois trouve-t-on l'équivalent de la lettre d dans le texte ?

A. 43 B. 44 C. 45 D. 46 E. Autre réponse

64 Combien de fois trouve-t-on l'équivalent de la lettre e dans le texte ?

A. 46 B. 47 C. 48 D. 49 E. Autre réponse

65 Combien de fois trouve-t-on l'équivalent de la lettre f dans le texte ?

A. 54 B. 55 C. 56 D. 57 E. Autre réponse

Aptitude verbale 1 : orthographe

Pour chaque question, une seule réponse convient.
Reporter les réponses sur la feuille réponse.

Voici un texte de Diderot : *Le Rêve de d'Alembert.*
Quel est le nombre de fautes d'orthographe et de grammaire pour chaque exercice ?

66 **Ensuite il s'est mis à marmotter je ne sais quoi de graines, de lambeaux de chair mis en macération dans de l'eau, de différentes races d'animaux successifs qu'il voyait naître et passer.**

A. 0 B. 1 C. 2 D. 3 E. 4

67 **Il avait imité avec sa main droite le tube d'un microscope, et avec sa gauche, je crois, l'orifice d'un vase. Il regardait dans le vase par ce tube, et il disait : « Le Voltaire en plaisanterat tant qu'il voudra, mais l'Anguillard a raison ; j'en crois mes yeux ; je les vois : combien il y en a ! Comme ils vont ! Comme ils viennent ! Comme ils frétillent !... » Le vase où il appercevait tant de générations momentannées, il le comparait à l'univers ; il voyait dans une goutte d'eau l'histoire du monde.**

A. 0 B. 1 C. 2 D. 3 E. 4

68 **Cette idée lui parraissait grand ; il la trouvait tout à fait conforme à la bonne philosophie qui étudie les grands corps dans les petits. Il disait : « Dans la goutte d'eau de Needham, tout s'exécute et se passe en un clin d'œil. Dans le monde, le même phénomène dure un peu davantage ; mais qu'est-ce que notre durée en comparaison de l'éternité des temps ? Moins que la goutte que j'ai prise avec la pointe d'une aiguille, en comparaison de l'espace illimité qui m'environne.**

A. 0 B. 1 C. 2 D. 3 E. 4

69 **Suite indéfini d'animalcules dans l'atome qui fermente, même suite indéfini d'animalcules dans l'autre atome qu'on appelle la Terre. Qui sait les races d'animaux qui nous ont précédé ? Qui sait les races d'animaux qui succéderont aux notres ? Tout change, tout passe, il n'y a que le tout qui reste. Le monde commence et finit sans cesse ; il est à chaque instant à son commencement et à sa fin ; il n'en a jamais eu d'autre, et n'en aura jamais d'autre.**

A. 0 B. 1 C. 2 D. 3 E. 4

70 **Dans cet immence océan de matière, pas une molécule qui ressemble à une molécule, pas une molécule qui se ressemble à elle-même un instant : *Rerum novus nascitur ordo*, voilà son inscription éternelle...**

Remarque : l'inscription latine *Rerum novus nascitur ordo* ne comporte pas de faute.

A. 0 B. 1 C. 2 D. 3 E. 4

Aptitude verbale 2 : vocabulaire

Pour chaque question, une seule réponse convient.
Reporter les réponses sur la feuille réponse.

Dans les phrases suivantes, il faut associer la définition à l'une des réponses proposées. Pour les cinq exercices suivants, les réponses ne seront utilisées qu'une seule fois.

71 Estimer probable.
A. Conjecturer B. Ennoblir C. Coasser D. Anoblir E. Croasser

72 Médire.
A. Conjecturer B. Ennoblir C. Coasser D. Anoblir E. Croasser

73 Crier.
A. Conjecturer B. Ennoblir C. Coasser D. Anoblir E. Croasser

74 Donner un titre de noblesse à une personne.
A. Conjecturer B. Ennoblir C. Coasser D. Anoblir E. Croasser

75 Améliorer les qualités de quelque chose.
A. Conjecturer B. Ennoblir C. Coasser D. Anoblir E. Croasser

Dans les phrases suivantes, il faut associer la définition à l'une des réponses proposées. Pour les cinq exercices suivants, les réponses ne seront utilisées qu'une seule fois.

76 Sabre à lame courbe.
A. Gradation B. Proscription C. Inclination D. Acquit E. Cimeterre

77 Progression par degrés.
A. Gradation B. Proscription C. Inclination D. Acquit E. Cimeterre

78 Goût pour une chose.
A. Gradation B. Proscription C. Inclination D. Acquit E. Cimeterre

79 Reconnaissance écrite d'un règlement.
A. Gradation B. Proscription C. Inclination D. Acquit E. Cimeterre

80 Bannissement.
A. Gradation B. Proscription C. Inclination D. Acquit E. Cimeterre

Test d'observation sur un texte

Pour chaque question, une seule réponse convient.
Reporter les réponses sur la feuille réponse.

Voici un texte de Rousseau : *Du contrat social* (extraits)

> Puisque aucun homme n'a une autorité naturelle sur son semblable, et puisque la force ne produit aucun droit, restent donc les conventions pour base de toute autorité légitime parmi les hommes.

On veut classer tous les mots de ce texte **dans l'ordre alphabétique inversé.**
Les mots identiques se classent les uns à la suite des autres.

81 Quel est le rang de classement du mot : force ?

A. 16 B. 17 C. 18 D. 21 E. 25

82 Quel est le rang de classement du mot : homme ?

A. 16 B. 17 C. 18 D. 20 E. 21

83 Quel est le rang de classement du mot : aucun ?

A. 33 B. 32 C. 31 D. 28 E. 27

84 Quel est le rang de classement du mot : sur ?

A. 01 B. 02 C. 03 D. 04 E. 05

85 Quel est le rang de classement du mot : et ?

A. 18 B. 19 C. 20 D. 21 E. 22

Raisonnement logique sous forme de tableau

Pour chaque question, une seule réponse convient.
Reporter les réponses sur la feuille réponse.

Six lettres : A B C D E F

Les six lettres représentent une suite qui se répète indéfiniment.
Quelle lettre remplace @ ? Les réponses s'écrivent dans le sens de la lecture habituelle : de gauche vers la droite et du haut vers le bas. La lecture du tableau commence toujours par la première case de la première ligne.

Voici un exemple :

A	B	C	D
A	B	C	D
A	B	@	D
A	B	C	@

Sur chaque ligne, les lettres décrivent la suite. La réponse est donc : C D.

86

A	B	C	D
F	@	B	E
E	D	C	F
D	C	B	@

A. AA B. AB C. DE D. CF E. BE

87

A	B	C	D
B	@	D	E
C	D	@	F
D	E	F	A

A. AB B. EC C. CE D. DF E. AF

88

A	B	C	D
B	A	@	E
C	@	E	F
D	C	B	A

A. CE B. FD C. BA D. AF E. AE

89

A	B	C	D
B	@	D	C
C	F	E	B
D	E	F	@

A. BE B. FE C. DC D. AC E. AA

90

A	F	E	D
@	A	D	C
C	B	C	B
D	E	@	A

A. AE B. DE C. DF D. BF E. CD

Test de raisonnement logique sur des nombres

Pour chaque question, une seule réponse convient.
Reporter les réponses sur la feuille réponse.

Chaque figure géométrique (lettre ou lettre inversée) représente un opérateur simple (+ 2 ou – 3 ou × 2 par exemple). Les opérateurs sont opposés pour des lettres inversées. Les opérateurs sont identiques pour ces dix exercices. Les autres symboles désignent des chiffres.

91 Quel nombre remplace le symbole « ?1 » ?

A. 3 B. 2 C. 1 D. 0 E. Autre chiffre

92 Quel nombre remplace le symbole « ?2 » ?

A. 3 B. 2 C. 1 D. 0 E. Autre chiffre

93 Quel nombre remplace le symbole « ?1 » ?

A. 3 B. 2 C. 1 D. 0 E. Autre chiffre

94 Quel nombre remplace le symbole « ?2 » ?

A. 3 B. 2 C. 1 D. 0 E. Autre chiffre

95 Quel nombre remplace le symbole « ?1 » ?

A. 6 B. 7 C. 8 D. 9 E. Autre chiffre

96 Quel nombre remplace le symbole « ?2 » ?

A. 6 B. 7 C. 8 D. 9 E. Autre chiffre

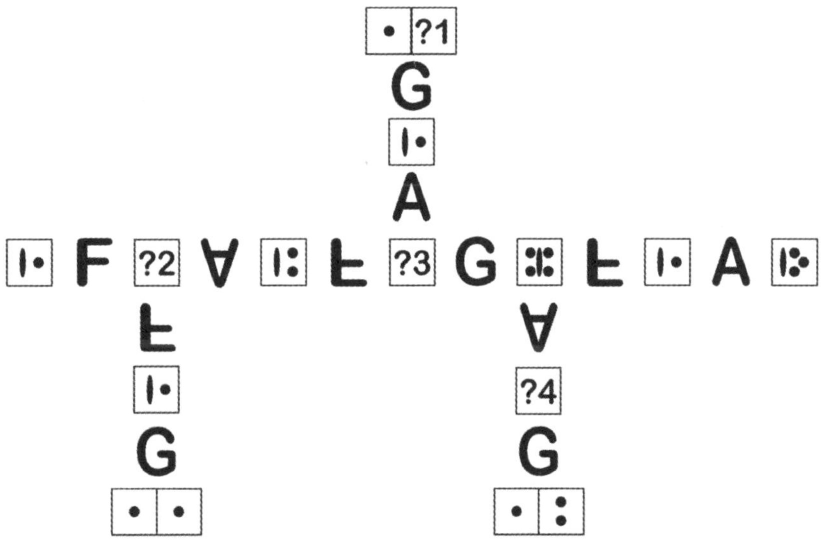

97 Quel nombre remplace le symbole « ?1 » ?

A. 3 B. 2 C. 1 D. 0 E. Autre chiffre

98 Quel nombre remplace le symbole « ?2 » ?

A. 6 B. 7 C. 8 D. 9 E. 0

99 Quel nombre remplace le symbole « ?3 » ?

A. 5 B. 4 C. 3 D. 2 E. 1

100 Quel nombre remplace le symbole « ?4 » ?

A. 3 B. 2 C. 1 D. 0 E. Autre chiffre

Feuille-réponse du concours n° 4

Pour chaque question, cocher la bonne réponse.

	A	B	C	D	E		A	B	C	D	E		A	B	C	D	E		A	B	C	D	E
1						26						51						76					
2						27						52						77					
3						28						53						78					
4						29						54						79					
5						30						55						80					
6						31						56						81					
7						32						57						82					
8						33						58						83					
9						34						59						84					
10						35						60						85					
11						36						61						86					
12						37						62						87					
13						38						63						88					
14						39						64						89					
15						40						65						90					
16						41						66						91					
17						42						67						92					
18						43						68						93					
19						44						69						94					
20						45						70						95					
21						46						71						96					
22						47						72						97					
23						48						73						98					
24						49						74						99					
25						50						75						100					

Nombre total de bonnes réponses r =
Note /20 = r/5 =

Corrigé

Test d'observation sur des images

Pour les questions 1 à 5, se reporter à la grille de correction page 114.

Test d'attention

« La montagne qui accouche » fable de La Fontaine :

Une Montagne en mal d'enfant
Jetait une clameur si haute,
Que chacun, au bruit accourant,
Crut qu'elle accoucherait sans faute
D'une cité plus grosse que Paris :
Elle accoucha d'une Souris.
Quand je songe à cette fable,
Dont le récit est menteur
Et le sens est véritable,
Je me figure un auteur
Qui dit : " Je chanterai la guerre
Que firent les Titans au maître du tonnerre. "
C'est promettre beaucoup :
Mais qu'en sort-il souvent ?
Du vent.

❻ Combien de mots comporte cette fable ?
A = 81

❼ Combien de fois trouve-t-on la lettre a ?
D = 29

❽ Combien de fois trouve-t-on la lettre e ?
E = 54

❾ Combien de fois trouve-t-on la lettre n ?
A = 26

❿ Combien de fois trouve-t-on la lettre o ?
A = 13

Raisonnement logique sur un schéma

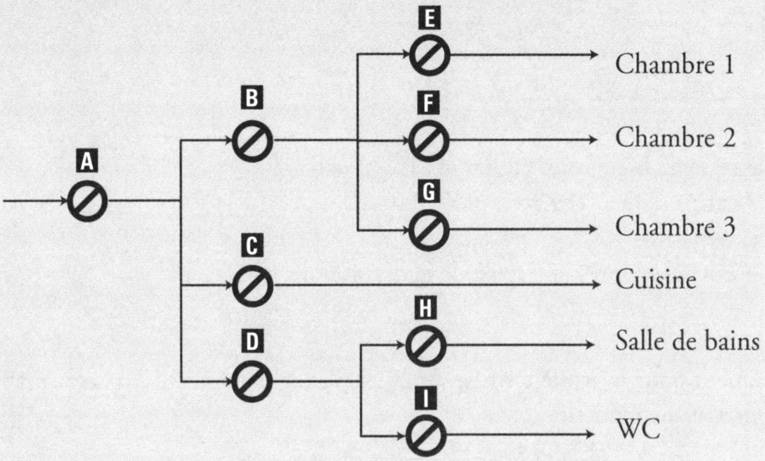

Quand un robinet est ouvert, l'eau peut couler. Quand un robinet est fermé, l'eau ne coule pas.

⓫ **B** est ouvert, l'eau coule dans la chambre 1.
C. **Si l'eau coule dans la chambre 1, alors A est ouvert.**

⓬ **A** est ouvert, **B**, **C** et **D** sont fermés.
E. **L'eau ne coule pas.**

⓭ **A**, **B**, **C** et **D** sont fermés.
A. **L'eau ne coule pas dans la cuisine.**

⓮ L'eau coule dans la cuisine.
E. **C est ouvert.**

⓯ L'eau coule dans toutes les chambres mais pas dans la salle de bains.
B. **A, B et E sont ouverts.**

Raisonnement numérique 1 : arithmétique

⓰ À quelle vitesse en km/h doit-on rouler pendant 2 h 45 min pour effectuer 245 km ? Arrondir le résultat.

Vitesse = $\frac{245 \text{ km}}{2{,}75 \text{ h}}$ = **89,09 km/h.**

⓱ Soit le polynôme $-3x^2 + 7x - 1$. Que vaut ce polynôme pour $x = -2$?
Le polynôme vaut : $-3 \times (-2)^2 + 7 \times (-2) - 1 = \mathbf{-27}$.

⓲ Donner la valeur de x solution du système :

$$\left\{\begin{array}{l} 3x - 4y = -11 \\ 5x + 3y = 1 \end{array}\right\} \Rightarrow \mathbf{x = -1.}$$

⓳ Calculer $3 - \frac{5}{3} + \frac{1}{4} = \frac{36 - 20 + 3}{12} = \mathbf{\frac{19}{12}}$.

⓴ Quel est le reste de la division entière de 1 273 par 279 ?
Le reste = **157** car : 1 273 = 279 × 4 + 157.

㉑ Quel est le 2e chiffre après la virgule de la division de 1 836,2 par 1,73 ?
C'est 8.

㉒ Un équipement pour infirmière baisse de 20 %. Actuellement son prix est de 150 €.
Quel était le prix avant réduction ?
Prix = $150 \div \left(1 - \frac{20}{100}\right)$ = **187,50 €.**

㉓ Au concours des IFSI, 200 candidats se présentent. 40 % sont admissibles puis 40 % des admissibles sont admis. Quel est le taux de réussite de ce concours ?
200 × 0,4 × 0,4 = 32.
Pour 100 candidats cela fait 32 ÷ 2 = **16 %.**

㉔ Calculer : $3\sqrt{5} \times (-5\sqrt{3}) \times \sqrt{15}$
$-3 \times 5 \times \sqrt{5} \times \sqrt{3} \times \sqrt{15} = -15 \times \sqrt{225} = -15 \times 15 = \mathbf{-225}$.

㉕ Calculer 3 litres + 12 décilitres – 45 centilitres en cm^3.
3 000 + 1 200 – 450 = **3 750 cm^3**.

Raisonnement numérique 2 : problèmes

㉖ En voiture, si je roule à 60 km/h j'arrive à 13 h. Mais si je roule à 80 km/h j'arrive à 11 h. À quelle heure suis-je parti ?
Soit t : le temps du trajet le plus long et d : la distance.
$t = \frac{d}{60}$; $t - 2 = \frac{d}{80}$; soit : $d = \frac{480}{60} = 8$ h. Départ = 13 – 8 = **5 h.**

㉗ Dans un sac se trouvent 10 billes de couleur rouge ou bleue. Si on ajoute dans le sac 3 billes bleues et 2 billes rouges, il y aura deux fois plus de billes bleues que de rouges. Combien y avait-il initialement de billes bleues ?
Si X est le nombre de billes rouges et Y celui des billes bleues :

$$\left\{\begin{array}{l} x + y = 10 \\ y + 3 = 2(x + 2) \end{array}\right\} \Leftrightarrow \left\{\begin{array}{l} x + y = 10 \\ 2x - y = -1 \end{array}\right\} \Leftrightarrow \left\{\begin{array}{l} x + y = 10 \\ 3x = 9 \end{array}\right\} \Leftrightarrow \left\{\begin{array}{l} 3 + y = 10 \\ x = 3 \end{array}\right\} \Leftrightarrow \left\{\begin{array}{l} y = 7 \\ x = 3 \end{array}\right\}$$

❷❽ « J'ai trois fois l'âge que vous aviez quand j'avais l'âge que vous avez. Quand vous aurez l'âge que j'ai, la somme de nos âges sera égale à 98 années. »
Quel est l'âge de la personne qui parle ?
La personne qui parle a X années.
La personne à qui elle parle a Y années.
$X = 3 \times [Y - (X - Y)]$ soit $2X = 3Y$
$X + (X - Y) = 2X - Y$
La somme des âges = $2X - Y + X = 98$
De ces relations, on obtient : **X = 42** et **Y = 28.**

❷❾ Deux horloges (A et B) sont distantes (en ligne droite) de 2 km. La seconde horloge sonne deux secondes après la première. Déterminer en quel point (en km) de la droite passant par les deux horloges, par rapport à l'horloge A, un observateur entend les cloches sonner simultanément. La vitesse du son est de 330 m/s.
Deux secondes à 330 m/s = 660 m ;
2 km + 660 m = 2 660 m.
En se plaçant au milieu de cette distance, on entend les deux cloches sonner simultanément ; soit 1 330 m = **1,33 km**.

❸⓿ Une personne place une somme de 27 000 € en deux parties. La première est placée à 10 %, la deuxième à 8 %. Quel est le montant de la première partie si l'intérêt global au bout d'un an est de 2 610 € ?
Si X est la première partie et Y l'autre partie :

$$\left\{ \begin{array}{l} X + Y = 27\,000\text{ €} \\ \dfrac{10}{100}X + \dfrac{8}{100}Y = 2\,610\text{ €} \end{array} \right\} \Leftrightarrow \left\{ \begin{array}{l} X + Y = 27\,000 \\ 5X + 4Y = 130\,500 \end{array} \right\}$$

$$\Leftrightarrow \left\{ \begin{array}{l} 4X + 4Y = 108\,000 \\ 5X + 4Y = 130\,500 \end{array} \right\} \Leftrightarrow \left\{ \begin{array}{l} X = 22\,500 \\ Y = 4\,500 \end{array} \right\}$$

❸❶ Un enfant possède des soldats de plomb qu'il veut ranger en carré. S'il forme un certain nombre de rangées du même nombre de soldats, il lui en reste 10. Pour mettre deux soldats de plus par rangée pour reformer un nouveau carré, il lui manque 10 soldats. Quel est le nombre initial de soldats ?
Si X est le nombre de lignes et N le nombre de soldats :
$X^2 + 10 = N$;
$(X + 2)^2 - 10 = N$.
On obtient : X = 4 et **N = 26.**

❸❷ Trois frères ont respectivement 32, 20 et 6 ans. Dans combien d'années, l'âge de l'aîné sera-t-il égal à la somme des âges des deux autres ?
Dans X années : $32 + X = (20 + X) + (6 + X)$; soit **X = 6**.

33 Quel nombre entier naturel faut-il ajouter au numérateur et au dénominateur de 3/7 pour en obtenir le double ?
Si X est ce nombre : (3 + X)/(7 + X) = 6/7 ; soit **X = 21**.

34 Trouver un nombre tel que son tiers augmenté de son quart donne 84.
Si X est ce nombre : X/3 + X/4 = 84 ; soit **X = 144**.

35 De combien de façons possibles peut-on former des codes de 5 lettres différentes choisies parmi : A N D R E ?
Ce nombre est 1 × 2 × 3 × 4 × 5 = **120**.

Raisonnement logique sur un tableau

Pour les questions 36 à 40, se reporter à la grille de correction page 114.

	Mons de 30 ans	De 30 à 40 ans	Plus de 40 ans	*Totaux*
Hommes	X	Y	5 %	*25 %*
Femmes	25 %	30 %	20 %	*75 %*
Totaux			*25 %*	

X + Y = 20 %

Raisonnement logique M. Mind

Trouver la bonne réponse à partir des symboles utilisés :
On peut remplacer ces symboles par les chiffres :

1	2	3	4	5	6
✌	👌	👍	☜	☞	☝

On regarde si chaque réponse proposée vérifie toutes les lignes de l'énoncé.
Voici le détail du corrigé pour la question 41 :

☝ 👍 👌 ☜	2 symboles communs bien placés
✌ ☞ 👌 ☜	2 symboles communs bien placés et 1 symbole commun mal placé
👌 ☜ ✌ ☞	2 symboles communs mal placés et 1 symbole commun bien placé
☝ ✌ ☞ ☜	2 symboles communs mal placés
✌ 👌 👍 ☞	2 symboles communs mal placés et 2 symboles communs bien placés

A. ✌👍☜☞ B. 👌👍☞☜ C. 👍✌👌☞ D. ✌👍👌☞ E. 👍👌☞✌

La bonne réponse est D : ✌👍👌☞.
À la première ligne de l'énoncé, les deux symboles communs bien placés sont : 👍👌.

À la deuxième ligne de l'énoncé, les deux symboles communs bien placés sont : ✌👌 ; le symbole commun mal placé est : ✌.
À la troisième ligne de l'énoncé, les deux symboles communs mal placés sont : ✌👌 ; le symbole commun bien placé est : ☞.
À la quatrième ligne, les deux symboles communs mal placés sont : ✌☞.
À la cinquième ligne de l'énoncé, les deux symboles communs mal placés sont : 👍👌 ; les deux symboles communs bien placés sont : ✌☞.
On peut vérifier que la réponse : ✌👍👌☞ vérifie toutes les lignes de l'énoncé, c'est donc la réponse à retenir.

Pour les questions 42 à 55, se reporter à la grille de correction page 114.

Raisonnement numérique 3 : opérations

Pour les questions 56 à 60, se reporter à la grille de correction page 114.

Test d'attention sur des symboles

a b e c d f c f e f b f a d f e d a b b b e f d a
b e f c d f a b d e c c c e b a f d a b d f a b d
b e f c d a b f e d f a b e d F b d c e b a d c a
f b d f a b d c f e d b a f b d f e c d a f b e d
f e d c f e d e f d e f d f b a f b e f b e c f a
f d f d e c d e f a f b e d f e d c e f a f b e f
a f b e d f c e c d e f b a d b f e d c a f b e d
a b e f d c e f c d e c d e f c e f c a b e c b a
b e f c a b e a b e c d e f d F d e f c d e f a b
f d c f e c d e f a b f c d a F b e d c f b e c d

❻❶ Combien de fois trouve-t-on l'équivalent de la lettre b dans le texte ?
Réponse E : Autre réponse = 39

❻❷ Combien de fois trouve-t-on l'équivalent de la lettre c dans le texte ?
Réponse A : 32

❻❸ Combien de fois trouve-t-on l'équivalent de la lettre d dans le texte ?
Réponse D : 46

❻❹ Combien de fois trouve-t-on l'équivalent de la lettre e dans le texte ?
Réponse B : 47

❻❺ Combien de fois trouve-t-on l'équivalent de la lettre f dans le texte ?
Réponse C : 56

Aptitude verbale 1 : orthographe

Voici un texte de Diderot : *Le Rêve de d'Alembert.*

Quel est le nombre de fautes d'orthographe et de grammaire pour chaque exercice ?

66 Ensuite il s'est mis à marmotter je ne sais quoi de graines, de lambeaux de chair mis en macération dans de l'eau, de différentes races d'animaux successifs qu'il voyait naître et passer.

Réponse A : 0

67 Il avait imité avec sa main droite le tube d'un microscope et, avec sa gauche, je crois, l'orifice d'un vase. Il regardait dans le vase par ce tube, et il disait : « Le Voltaire en **plaisanterat** (plaisantera) tant qu'il voudra, mais l'Anguillard a raison ; j'en crois mes yeux ; je les vois : combien il y en a ! Comme ils vont ! Comme ils viennent ! Comme ils frétillent !... » Le vase où il **appercevait** (apercevait) tant de générations **momentannées** (momentanées), il le comparait à l'univers ; il voyait dans une goutte d'eau l'histoire du monde.

Réponse D : 3

68 Cette idée lui **parraissait** (paraissait) **grand** (grande) ; il la trouvait tout à fait conforme à la bonne philosophie qui étudie les grands corps dans les petits. Il disait : « Dans la goutte d'eau de Needham, tout s'exécute et se passe en un clin d'œil. Dans le monde, le même phénomène dure un peu davantage ; mais qu'est-ce que notre durée en comparaison de l'éternité des temps ? Moins que la goutte que j'ai prise avec la pointe d'une aiguille, en comparaison de l'espace illimité qui m'environne.

Réponse C : 2

69 Suite **indéfini** (indéfinie) d'animalcules dans l'atome qui fermente, même suite **indéfini** (indéfinie) d'animalcules dans l'autre atome qu'on appelle la Terre. Qui sait les races d'animaux qui nous ont **précédé** (précédés) ? Qui sait les races d'animaux qui succéderont aux **notres** (nôtres) ? Tout change, tout passe, il n'y a que le tout qui reste. Le monde commence et finit sans cesse ; il est à chaque instant à son commencement et à sa fin ; il n'en a jamais eu d'autre et n'en aura jamais d'autre.

Réponse E : 4

70 Dans cet **immence** (immense) océan de matière, pas une molécule qui ressemble à une molécule, pas une molécule qui se ressemble à elle-même un instant : *Rerum novus nascitur ordo,* voilà son inscription éternelle...

Réponse B : 1

Aptitude verbale 2 : vocabulaire

Dans les phrases suivantes, il faut associer la définition à l'une des réponses proposées. Pour les cinq exercices suivants, les réponses ne seront utilisées qu'une seule fois.

71 Estimer probable.

Réponse A : Conjecturer

72 Médire.

Réponse C : Coasser

73 Crier.

Réponse E : Croasser

74 Donner un titre de noblesse à une personne.

Réponse D : Anoblir

75 Améliorer les qualités de quelque chose.

Réponse B : Ennoblir

Dans les phrases suivantes, il faut associer la définition à l'une des réponses proposées. Pour les cinq exercices suivants, les réponses ne seront utilisées qu'une seule fois.

76 Sabre à lame courbe.

Réponse E : Cimeterre

77 Progression par degrés.

Réponse A : Gradation

78 Goût pour une chose.

Réponse C : Inclination

79 Reconnaissance écrite d'un règlement.

Réponse D : Acquit

80 Bannissement.

Réponse B : Proscription

Test d'observation sur un texte

Voici un texte de Rousseau : *Du contrat social* (extraits) où les mots sont classés **dans l'ordre alphabétique inversé.**

une	toute	sur	Son	semblable	restent
puisque	puisque	produit	Pour	parmi	ne
naturelle	n'	les	Les	légitime	la
hommes	homme	force	Et	droit	donc
de	conventions	base	autorité	autorité	aucun
aucun	a				

81 Quel est le rang de classement du mot : force ?
Réponse D : 21

82 Quel est le rang de classement du mot : homme ?
Réponse D : 20

83 Quel est le rang de classement du mot : aucun ?
Réponse C : 30 ou 31

84 Quel est le rang de classement du mot : sur ?
Réponse C : 03

85 Quel est le rang de classement du mot : et ?
Réponse E : 22

Raisonnement logique sous forme de tableau

Six lettres : A B C D E F
Les six lettres représentent une suite qui se répète indéfiniment.
Quelle lettre remplace @ ? Les réponses s'écrivent dans le sens de la lecture habituelle : de gauche vers la droite et du haut vers le bas. La lecture du tableau commence toujours par la première case de la première ligne.
+ 1 (progression dans le sens de la suite) ⟶
– 1 (progression dans le sens inverse de la suite) - - - - - ->

86 **Réponse A : AA**

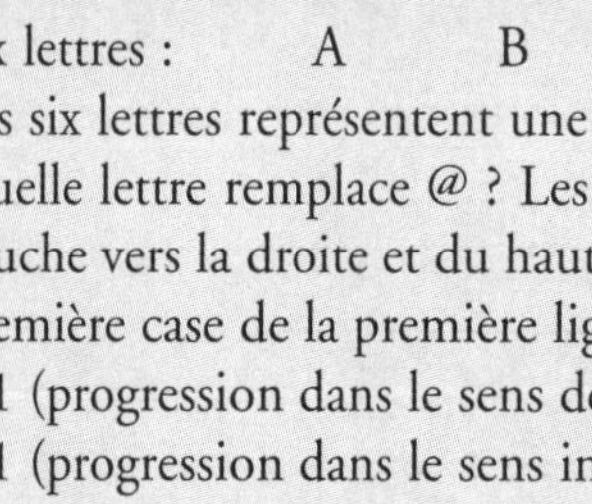

87 Réponse C : CE

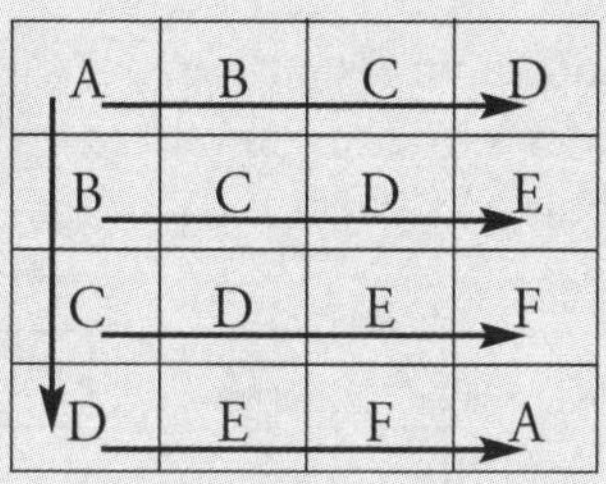

88 Réponse B : FD

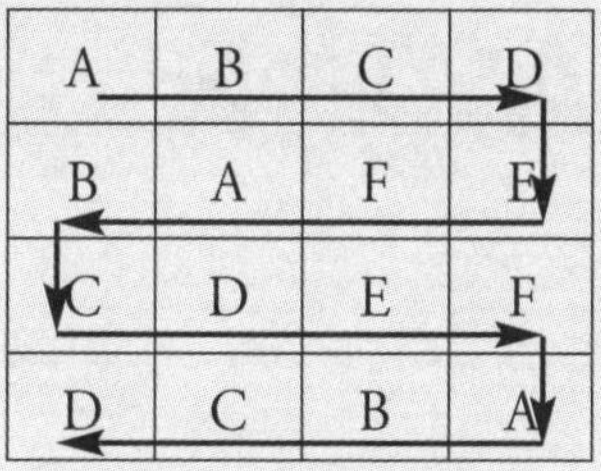

89 Réponse E : AA

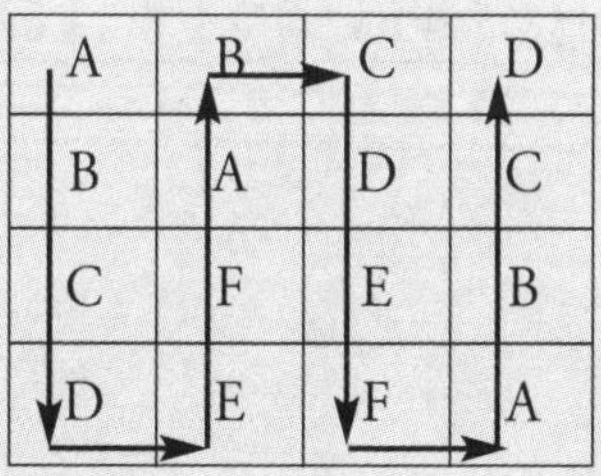

90 Réponse D : BF

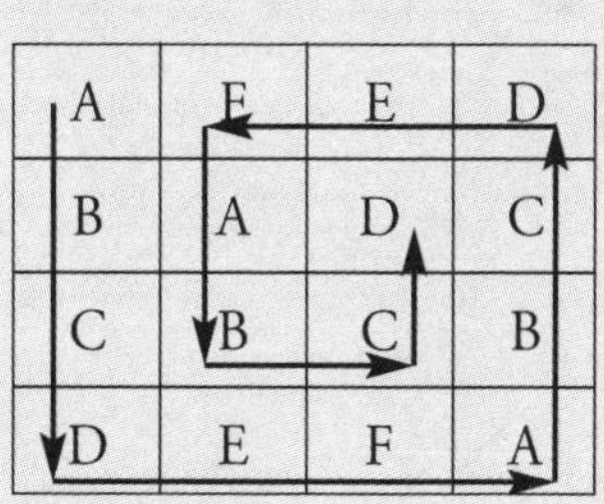

Test de raisonnement logique sur des nombres

Chaque figure géométrique (lettre ou lettre inversée) représente un opérateur simple (+ 2 ou – 3 ou × 2 par exemple). Les opérateurs sont opposés pour des lettres inversées. Les opérateurs sont identiques pour ces dix exercices. Les autres symboles désignent des chiffres.

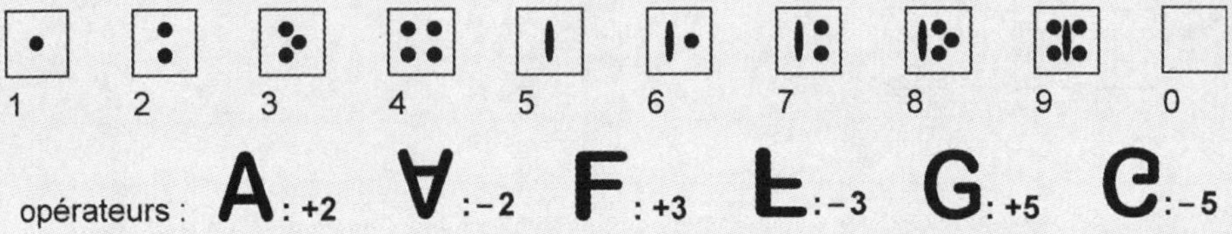

❾❶ Quel nombre remplace le symbole « ?1 » ?

Réponse A : 3

❾❷ Quel nombre remplace le symbole « ?2 » ?

Réponse B : 2

❾❸ Quel nombre remplace le symbole « ?1 » ?

Réponse E : 4

❾❹ Quel nombre remplace le symbole « ?2 » ?

Réponse E : 4

❾❺ Quel nombre remplace le symbole « ?1 » ?

Réponse D : 9

❾❻ Quel nombre remplace le symbole « ?2 » ?

Réponse A : 6

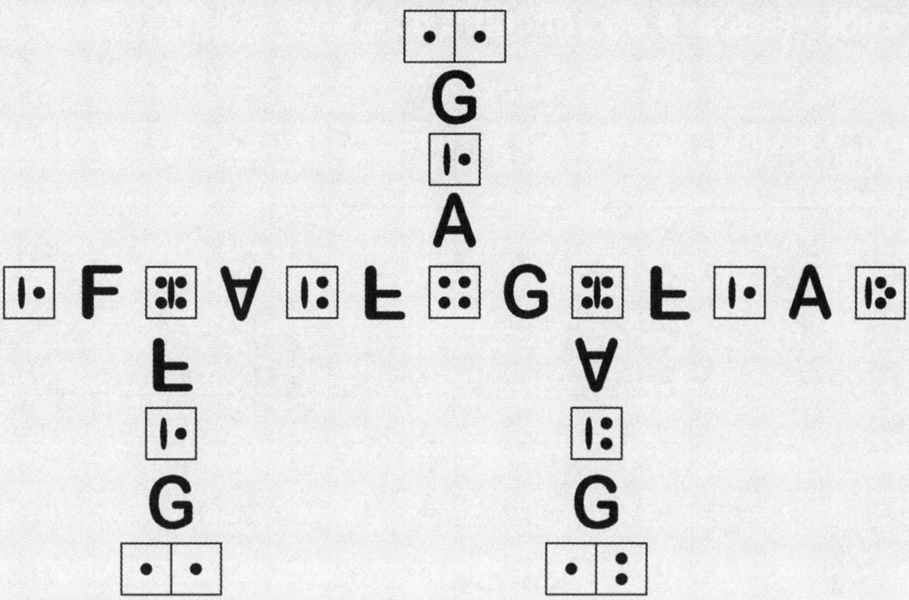

❾❼ Quel nombre remplace le symbole « ?1 » ?
Réponse C : 1

❾❽ Quel nombre remplace le symbole « ?2 » ?
Réponse D : 9

❾❾ Quel nombre remplace le symbole « ?3 » ?
Réponse B : 4

❶⓪⓪ Quel nombre remplace le symbole « ?4 » ?
Réponse E : 7

Feuille-réponse du concours n° 4

	A	B	C	D	E		A	B	C	D	E		A	B	C	D	E		A	B	C	D	E
1	×					26			×			51	×					76					×
2		×				27			×			52			×			77	×				
3			×			28		×				53	×					78			×		
4				×		29	×					54					×	79				×	
5					×	30	×					55					×	80		×			
6	×					31					×	56					×	81				×	
7				×		32			×			57			×			82				×	
8					×	33				×		58				×		83			×		
9	×					34			×			59				×		84			×		
10	×					35				×		60					×	85					×
11			×			36			×			61					×	86	×				
12					×	37		×				62	×					87			×		
13	×					38				×		63				×		88		×			
14					×	39					×	64		×				89					×
15		×				40			×			65			×			90				×	
16	×					41				×		66	×					91	×				
17				×		42					×	67				×		92		×			
18		×				43			×			68			×			93					×
19				×		44	×					69					×	94					×
20		×				45					×	70		×				95				×	
21					×	46			×			71	×					96	×				
22					×	47	×					72			×			97			×		
23			×			48			×			73					×	98				×	
24					×	49				×		74				×		99		×			
25				×		50				×		75		×				100					×

5

Concours blanc n° 5

Durée
1 heure 30 minutes

Nombre de questions : 100.
Vous devez reporter vos réponses sur la « feuille réponse ».
Tout instrument de calcul est interdit.
Chaque question, notée sur un point, est suivie de cinq propositions de réponse dont une seule est exacte.
Vous pouvez utiliser des feuilles de brouillon.

Sujet

Test d'attention

Pour chaque question, une seule réponse convient.
Reporter les réponses sur la feuille-réponse.

Voici un texte inversé : « Le corbeau et le renard » fable de La Fontaine :

Maître Corbeau, sur un arbre perché,
Tenait en son bec un fromage.
Maître Renard, par l'odeur alléché,
Lui tint à peu près ce langage :
« Hé ! bonjour, Monsieur du Corbeau.
Que vous êtes joli ! que vous me semblez beau !
Sans mentir, si votre ramage
Se rapporte à votre plumage,
Vous êtes le phénix des hôtes de ces bois. »
A ces mots le Corbeau ne se sent pas de joie ;
Et pour montrer sa belle voix,
Il ouvre un large bec, laisse tomber sa proie.
Le Renard s'en saisit, et dit : « Mon bon Monsieur,
Apprenez que tout flatteur
Vit aux dépens de celui qui l'ècoute
Cette leçon vaut bien un fromage, sans doute. »
Le Corbeau, honteux et confus,
Jura mais un peu tard, qu'on ne l'y prendrait plus.

❶ **Combien de mots comporte cette fable ?**

A. 131 B. 132 C. 133 D. 134 E. 135

❷ **Combien de fois trouve-t-on la lettre a ?**

A. 35 B. 36 C. 37 D. 38 E. 39

❸ **Combien de fois trouve-t-on la lettre e sans accent ?**

A. 70 B. 72 C. 75 D. 78 E. 80

❹ **Combien de fois trouve-t-on la lettre r ?**

A. 41 B. 42 C. 45 D. 48 E. 40

❺ **Combien de fois trouve-t-on la lettre l ?**

A. 21 B. 22 C. 23 D. 24 E. 25

Raisonnement logique sur un tableau

Pour chaque question, une seule réponse convient.
Reporter les réponses sur la feuille-réponse.
Répartition des malades dans quatre services suivant la durée d'hospitalisation.

❻ **70 % des malades restent moins d'une semaine. Quel est le pourcentage de malades dont la durée d'hospitalisation excède une semaine ?**

A. 10 % B. 20 % C. 30 % D. 50 % E. 70 %

❼ **De plus, parmi les malades hospitalisés plus d'une semaine, 50 % le sont en chirurgie. Quel est le pourcentage de malades hospitalisés plus d'une semaine en chirurgie ?**

A. 15 % B. 25 % C. 50 % D. 75 % E. 90 %

❽ **Quel est alors le pourcentage maximum de malades hospitalisés plus d'une semaine en pneumologie ?**

A. 5 % B. 15 % C. 30 % D. 50 % E. 65 %

❾ **De plus, on sait qu'il y a autant de malades hospitalisés plus d'une semaine en pneumologie, cardiologie ou ORL. Quel est le pourcentage de malades hospitalisés plus d'une semaine en ORL ?**

A. 5 % B. 20 % C. 35 % D. 50 % E. 90 %

❿ **De plus, en cardiologie, les malades qui séjournent moins d'une semaine sont trois fois plus nombreux que ceux qui séjournent plus d'une semaine. Quel est le pourcentage de malades en cardiologie qui séjournent moins d'une semaine ?**

A. 5 % B. 10 % C. 15 % D. 25 % E. 35 %

11 Quel est le pourcentage maximum de malades en chirurgie ?

A. 10 % B. 20 % C. 30 % D. 50 % E. 70 %

12 Quel est le pourcentage minimum de malades en ORL ?

A. 0 % B. 2 % C. 5 % D. 10 % E. 15 %

13 En ORL, les malades sont équitablement répartis dans les deux « classes » de séjour. Quel est le pourcentage de malades en ORL pour un séjour de moins d'une semaine ?

A. 5 % B. 20 % C. 45 % D. 65 % E. 90 %

14 Quel est le pourcentage maximum de malades en pneumologie ?

A. 35 % B. 40 % C. 45 % D. 50 % E. 55 %

15 De plus, on sait que 45 % de malades sont en chirurgie. Quel est le pourcentage de malades en chirurgie dont le séjour n'excède pas une semaine ?

A. 10 % B. 30 % C. 50 % D. 70 % E. 90 %

Raisonnement numérique 1 : arithmétique

Pour chaque question, une seule réponse convient.
Reporter les réponses sur la feuille-réponse.

16 Simplifier la fraction : $-\frac{144}{240}$.

A. $-\frac{3}{5}$ B. $\frac{3}{2}$ C. $-\frac{3}{2}$ D. $-\frac{5}{3}$ E. autre réponse

17 Calculer : $1 - \frac{1}{3} \times 4 + \frac{3}{5}$.

A. $\frac{3}{5}$ B. $-\frac{5}{12}$ C. $\frac{7}{60}$ D. $\frac{3}{8}$ E. autre réponse

18 Simplifier : $4^3 \times 2^{-5} \times 8^{-4} \div 16^{-3}$.

A. $\frac{1}{2}$ B. 2 C. 4 D. 8 E. autre réponse

19 Simplifier : $[10^4 \times (10^{-3})^2]^{-2}$.

A. 0,01 B. 1 C. 100 D. 10 000 E. autre réponse

20 Calculer 20 % de 40 % de 80 % de 10^3.

A. 0,64 B. 6,4 C. 64 D. 640 E. autre réponse

21 Calculer en litres : 3 L + 2 dm^3 − 200 dL + 25 cL + 5 300 cm^3.

A. − 9,45 B. − 6,48 C. 9,45 D. 94,5 E. autre réponse

22 Convertir en cm^3 : 3 L − 15 dL + 2 dm^3.

A. 3,5 B. 35 C. 350 D. 3 500 E. autre réponse

23 Quelle est la valeur positive de x solution du système : $\begin{Bmatrix} 3x^2 + 2y^2 = 5 \\ x + y = 0 \end{Bmatrix}$

A. 1 B. 2 C. 3 D. 4 E. autre réponse

24 Calculer : $(-3\sqrt{2} + 1)^2$.

A. $-4\sqrt{2}$ B. $10 + 6\sqrt{2}$ C. $-9 + 3\sqrt{2}$ D. $-9 - 3\sqrt{2}$ E. autre réponse

25 On rappelle que $\pi \approx \frac{22}{7}$. Quel est environ le volume en dm^3 d'une sphère de 7 cm de rayon ?

A. 0,14 B. 1,4 C. 14 D. 140 E. autre réponse

Raisonnement numérique 2 : problèmes

Pour chaque question, une seule réponse convient.
Reporter les réponses sur la feuille-réponse.

26 Cinq dames héritent de 15 000 €. La première dame prend le tiers de la somme. Les 2e et 5e dames prennent chacune la moitié de la somme prise par la 1re dame. La 3e dame prend 1 000 € de plus que la 2e dame. La 4e dame prend 1 000 € de moins que la 2e dame. Quel est le rapport des sommes prises par les 2e et 4e dames ?

A. 5/3 B. 3/5 C. 2/3 D. 3/2 E. autre réponse

27 15 000 € empruntés à un taux de 10 % annuel (intérêts simples) sont remboursés sur 3 ans. Quel est le montant des remboursements mensuels (arrondi à l'€ supérieur) ?

A. 512 € B. 520 € C. 470 € D. 740 € E. autre réponse

28 Un digne citoyen doit acquitter son impôt à trois serviteurs de l'État de la façon suivante : au premier fonctionnaire, il donne la moitié de son pécule plus deux écus. Au deuxième fonctionnaire, il donne la moitié de ce qui lui reste plus deux écus ; de même au troisième fonctionnaire. À l'issue de ce geste, le citoyen n'a plus qu'un seul écu dans son escarcelle. Quel était le nombre d'écus dans la bourse du citoyen avant imposition ?

A. 10 B. 15 C. 28 D. 36 E. autre réponse

29 Gertrude dit à Cunégonde : « Prends un nombre x ; ajoute-lui 4 ; divise le résultat par 5 ; multiplie par 2 le résultat obtenu ; puis retranche 1. Tu obtiens un nombre y. » Donner l'équation donnant y en fonction de x.

A. $x + \frac{3}{5}$ B. $\frac{(2x + 3)}{5}$ C. $2x + \frac{3}{5}$ D. $\frac{(x + 4)}{5}$ E. autre réponse

30 Le prix d'une place de spectacle vaut 25 € pour un adulte et 15 € pour un enfant. 60 personnes ont vu un film et ont payé au total 1 320 €. Combien y a-t-il d'enfants ?

A. 6 B. 10 C. 14 D. 18 E. autre réponse

31 Quel est le prix d'un cahier en €, sachant qu'il manque 4 € pour en acheter 4 et qu'il reste 3,25 € en achetant 3 cahiers ?

A. 2,5 B. 7,25 C. 8,75 D. 9,5 E. autre réponse

32 Une entreprise propose deux contrats : soit un salaire horaire de 50 € ; soit une prime de 800 € et 25 € par heure. Quel nombre d'heures rapporte le même salaire ?

A. 32 B. 35 C. 39 D. 40 E. autre réponse

33 Un lot de 18 caisses pèse 196 kg. Certaines caisses pèsent 17 kg, d'autres 6 kg. Combien y a-t-il de caisses de 6 kg ?

A. 2 B. 5 C. 7 D. 10 E. autre réponse

34 Une classe de 30 élèves effectue un voyage d'un coût total de 19 000 €. Le financement s'effectue ainsi : une subvention allouée par la mairie ; une participation des parents égale à 4 fois la part de la mairie ; un apport de la coopérative scolaire égal au tiers de celle des parents. Quel montant en € les parents doivent-ils donner pour chaque enfant ?

A. 250 B. 300 C. 325 D. 450 E. autre réponse

35 Anselme dépense 150 € en achetant 3 disques et 2 albums. Hyacinthe achète 4 disques et un album avec 120 €. Quel est le prix d'un album en € ?

A. 18 B. 28 C. 38 D. 48 E. autre réponse

Raisonnement logique : M. Mind

Pour chaque question, une seule réponse convient.
Reporter les réponses sur la feuille-réponse.

Soit un ensemble de 6 motifs :

✌ 👌 👍 👎 ☜ ☞

36 Trouver deux motifs sachant que :

👎 ☜	a un motif commun mal placé
☞ 👍	a un motif commun mal placé
☜ 👍	a un motif commun mal placé

A. 👎 👍 B. ☞ 👎 C. ☞ 👍 D. 👍 ☞ E. 👍 👎

37 Trouver trois motifs sachant que :

✌ 👍 👎	a deux motifs bien placés
✌ 👎 ☜	a un motif bien placé
👍 ☞ 👌	a deux motifs mal placés

A. ✌ 👎 ☞ B. 👍 👎 ☜ C. ✌ ☞ 👍 D. ✌ 👍 ☞ E. 👍 ✌ 👌

38 Trouver trois motifs sachant que :

👍 👎 ✌ a deux motifs communs mal placés
👎 ✌ 👍 a deux motifs communs mal placés
👌 ☜ 👍 a deux motifs communs mal placés
☞ 👌 👍 a deux motifs communs mal placés

A. ☞ 👍 ☜ B. 👌 👍 ✌ C. 👍 👎 👌 D. ✌ 👍 👎 E. ✌ 👍 👌

39 Trouver trois motifs sachant que :

👍 👎 👌 a deux motifs communs mal placés
👎 👌 👍 a deux motifs communs mal placés
☜ 👌 👎 a deux motifs communs mal placés

A. ☜ 👍 👌 B. 👎 👌 ☜ C. 👌 👍 ☜ D. 👍 👌 👎 E. 👌 ☜ 👍

40 Trouver quatre motifs sachant que :

👎 👍 ☞ 👌 a deux motifs communs bien placés
✌ 👌 👎 ☜ a deux motifs communs bien placés
👌 👍 ☞ 👎 a deux motifs communs bien placés
✌ 👎 👌 ☜ a deux motifs communs bien placés

A. 👎 👍 ☞ ☜ B. ☜ ✌ 👍 ☞ C. ✌ 👍 ☞ ☜ D. ✌ 👍 ☜ ☞ E. ✌ 👎 ☞ ☜

41 Trouver quatre motifs sachant que :

👎 👍 👌 ☜ a trois motifs communs bien placés
👌 👍 ☞ ☜ a trois motifs communs bien placés

A. 👌 👎 ☞ ☜ B. 👌 👍 ☞ ☜ C. 👎 👍 👌 ☜ D. 👎 👍 ☞ ☜ E. 👌 👎 👍 ☜

42 Trouver quatre motifs sachant que :

👍 👎 ✌ ☞ a trois motifs communs mal placés
✌ 👍 👎 ☞ a trois motifs communs mal placés
👌 ☞ 👍 👎 a trois motifs communs mal placés
☞ 👌 ✌ 👍 a trois motifs communs mal placés

A. 👎 ✌ 👌 ☞ B. 👎 ✌ ☞ 👌 C. 👎 ☞ 👌 ✌ D. ☞ ✌ 👌 👍 E. ✌ 👍 👌 👎

43 Trouver quatre motifs sachant que :

✌ 👍 ☜ 👌 a deux motifs communs bien placés et un motif commun mal placé
✌ 👍 ☜ ☞ a trois motifs communs bien placés
✌ 👍 👌 ☜ a trois motifs communs bien placés

A. ✌ 👍 ☜ 👌 B. 👌 👍 ☜ ☞ C. ✌ 👌 👍 ☞ D. ✌ 👍 ☞ 👌 E. ✌ 👍 👌 ☞

44

Trouver quatre motifs sachant que :

a trois motifs communs bien placés
a deux motifs communs bien placés
a trois motifs communs bien placés

A.  **B.**  **C.**  **D.**  **E.** 

45

Trouver quatre motifs sachant que :

a trois motifs communs mal placés
a deux motifs communs mal placés
a deux motifs communs bien placés
a trois motifs communs bien placés

A.  **B.**  **C.**  **D.** 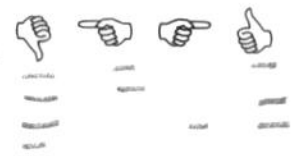 **E.** 

Test d'observation

Pour chaque question, une seule réponse convient.
Reporter les réponses sur la feuille-réponse.

Répondre aux questions à partir du tableau suivant :

Prénom	Âge	Pratique de la pêche	Musique écoutée
Jean	28	à la morue	rock
Pierre	31	à la sardine	classique
Paul	20	à la truite	jazz
Jean-Pierre	25	à la sardine	rock
Jean-Paul	23	au thon	jazz
Jean-François	27	sardine, morue	indifférenciée
François-Pierre	25	à la truite	classique
Jean	22	thon, truite	rock
Paul	18	aucune	toutes
Jean-Paul	19	à la morue	classique
Pierre	20	à la truite	jazz et rock
Jean-Paul	24	indifférenciée	classique, jazz
Paul	22	à la truite	rock
François	23	sardine, thon	jazz et rock
Pierre	29	aucune	aucune
Jean	29	à la morue	classique, jazz
Pierre	30	à la sardine	classique
Paul	30	à la truite	jazz
Jean-Pierre	22	thon, truite	rock, classique
Jean-Paul	19	au thon	jazz

Prénom	Âge	Pratique de la pêche	Musique écoutée
Jean-François	25	indifférenciée	aucune
François-Pierre	27	à la truite	classique
Jean	19	toutes	rock, jazz
Paul	19	à la morue	toutes
Jean-Paul	31	à la morue	classique, rock
Pierre	23	à la truite	jazz
Jean-Paul	25	morue, sardine, thon	classique, jazz
Paul	19	à la sardine	rock, classique
François	32	au thon	jazz et rock
Pierre	21	toutes	aucune

46 Combien de personnes portent le prénom Pierre (seul) ?

A. 2 **B. 4** **C. 6** **D. 8** **E. autre réponse**

47 Combien de personnes pêchent la truite ?

A. 13 **B. 15** **C. 19** **D. 21** **E. autre réponse**

48 Combien de personnes aiment la musique classique ?

A. 10 **B. 11** **C. 12** **D. 13** **E. autre réponse**

49 Combien de personnes aiment la pêche à la truite et le rock ?

A. 2 **B. 3** **C. 4** **D. 5** **E. autre réponse**

50 Combien de personnes ont un prénom incluant Jean et aiment la pêche à la truite ou au thon ?

A. 8 **B. 9** **C. 10** **D. 11** **E. autre réponse**

Raisonnement logique sur des images

Pour chaque question, une seule réponse convient.
Reporter les réponses sur la feuille-réponse.

Chaque bloc de quatre figures possède un « point » commun.
Le retrouver sur l'une des cinq réponses proposées.

51 

A.  **B.**  **C.**  **D.**  **E.** 

52
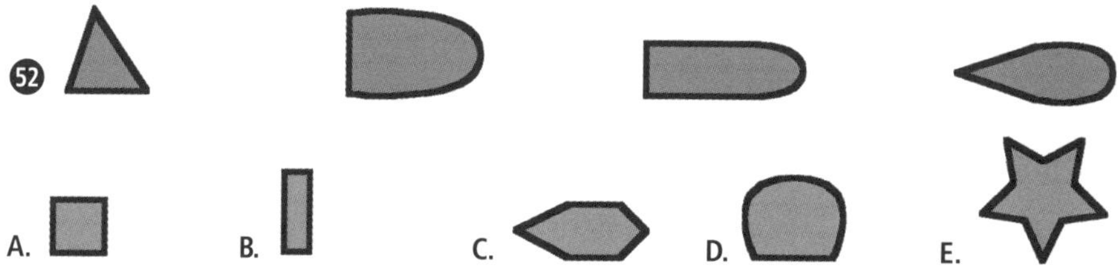

53
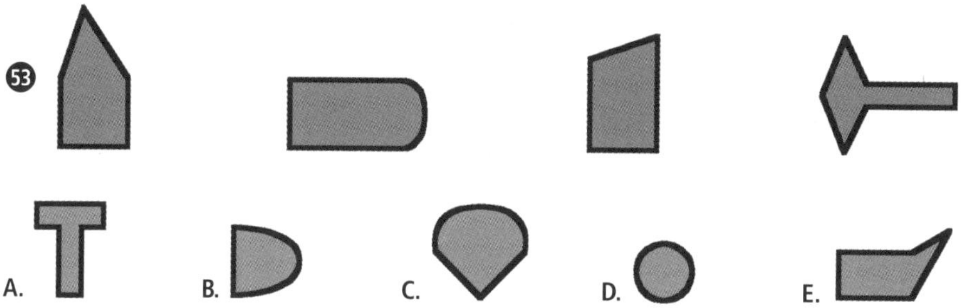

54
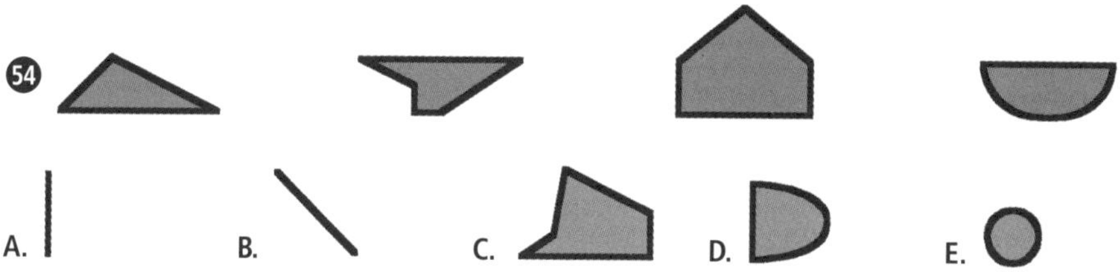

55
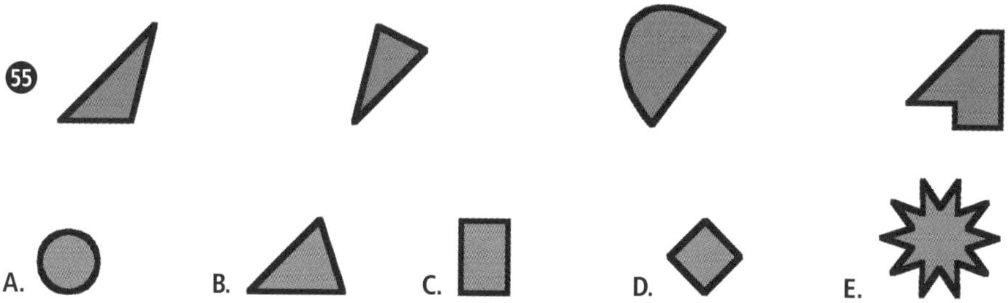

Raisonnement numérique 3 : opérations

Pour chaque division, une seule réponse convient.
Reporter les réponses sur la feuille-réponse.

Indiquer la ligne des calculs intermédiaires où figure une erreur.
Les dividendes et diviseurs sont exacts.

56

```
1 5 8 9        | 4 8 5
               |------
1 5 8          |
  1 3 4        |
    3 6 0      |
      3 0 5    |
        1 4 0  |
```

A. 1 B. 2 C. 3 D. 4 E. 5

57

```
4 6 5 9        | 7 5 8
               |------
4 6 5          |
  1 1 1        |
    3 5 2      |
      4 8 8    |
        3 4 2  |
```

A. 1 B. 2 C. 3 D. 4 E. 5

58

```
1 5 8 9        | 7 3 1
               |------
1 5 8          |
  1 3 7        |
    5 3 9      |
      2 7 3    |
        5 3 7  |
```

A. 1 B. 2 C. 3 D. 4 E. 5

59

```
4 6 5 2        | 8 2 5
               |------
4 6 5          |
  5 2 7        |
    3 2 0      |
      7 2 5    |
        6 2 0  |
```

A. 1 B. 2 C. 3 D. 4 E. 5

60

```
6 5 8 9        | 6 9 8
               |------
5 8 9          |
  3 0 7        |
    2 7 8      |
      6 8 6    |
        5 7 8  |
```

A. 1 B. 2 C. 3 D. 4 E. 5

Aptitude verbale 1 : conjugaison

Pour chaque question, une seule réponse convient.
Reporter les réponses sur la feuille réponse.

Voici un mode et un temps donnés pour chaque exercice. Quel est le verbe **mal** conjugué ou orthographié ?

61 Passé composé de l'indicatif.

A. Nous avons pesés
B. Vous êtes allés
C. J'ai vêtu
D. Ils ont fui
E. Tu as servi

62 Passé première forme du conditionnel.
A. Il aurait pourvu
B. J'aurais eu
C. Ils auraient jeté
D. Vous auriez haïs
E. Il serait mort

63 Présent du subjonctif.
A. Que vous couriez
B. Que vous connaissiez
C. Que tu haïsses
D. Qu'ils écrivaient
E. Qu'il finisse

64 Futur simple de l'indicatif.
A. Il jettera
B. Il enverra
C. Nous irons
D. Vous fuirez
E. Il messièra

65 Présent de l'impératif.
A. Assieds
B. Sursois
C. Rend
D. Jette
E. Aie

66 Plus-que-parfait du subjonctif.
A. Qu'il eût été
B. Qu'ils eussent assiégé
C. Qu'il eût failli
D. Que vous eussiez pourvu
E. Que j'eusse mu

67 Imparfait de l'indicatif.
A. Il jetait
B. Il modelait
C. Vous aimez
D. Vous aviez
E. J'étais

68 Présent du conditionnel.
A. Tu trairais
B. Nous ferrions
C. Il paîtrait
D. Vous cuiriez
E. Ils écriraient

69 Imparfait du subjonctif.
A. Qu'il rît
B. Que tu cousisses
C. Qu'il close
D. Qu'il bût
E. Que je susse

70 Passé simple de l'indicatif.
A. Je conclu
B. Il absoulut
C. Vous vécûtes
D. Tu écrivis
E. Nous cuisîmes

Aptitude verbale 2 : vocabulaire

Pour chaque question, une seule réponse convient.
Reporter les réponses sur la feuille réponse.

Dans les phrases suivantes, il faut remplacer @ par l'une des réponses proposées. Pour les cinq exercices suivants, toutes les réponses proposées ne seront utilisées qu'une seule fois.

71 **Les drapeaux se dressaient fièrement sur leurs @.**
A. Achillées B. Péripéties C. Phosphorescentes D. Opacités E. Hampes

72 **Quand Louis est fatigué de combiner des @ de siège, il pense à sa pèlerine.**
A. Achillées B. Péripéties C. Phosphorescentes D. Opacités E. Hampes

73 **Trois fleurs @ luisaient au bord d'un pré.**
A. Achillées B. Péripéties C. Phosphorescentes D. Opacités E. Hampes

74 **Les nuages se dissipent, ne projettent plus sous nous que des @ rares.**
A. Achillées B. Péripéties C. Phosphorescentes D. Opacités E. Hampes

75 **Toute une bohème de papillons s'abattait dans les @.**
A. Achillées B. Péripéties C. Phosphorescentes D. Opacités E. Hampes

Dans les phrases suivantes, il faut remplacer @ par l'une des réponses proposées. Pour les cinq exercices suivants, toutes les réponses proposées ne seront utilisées qu'une seule fois.

76 **Quel @ peut-on écrire pour cette magnifique histoire d'amour ?**
A. Épilogue B. Colophane C. Épissure D. Porphyre E. Épinette

77 **Devant la porte de la bâtisse, trois grandes colonnes de @ gisaient.**
A. Épilogue B. Colophane C. Épissure D. Porphyre E. Épinette

78 **Sur son @ il composait ses plus belles œuvres.**
A. Épilogue B. Colophane C. Épissure D. Porphyre E. Épinette

79 **Sur les crins de l'archet de son violon, il passait un peu de @.**
A. Épilogue B. Colophane C. Épissure D. Porphyre E. Épinette

80 **Dans l'@, le technicien repère une mauvaise connexion.**
A. Épilogue B. Colophane C. Épissure D. Porphyre E. Épinette

Test de raisonnement logique sur des images

Pour chaque question, une seule réponse convient.
Reporter les réponses sur la feuille réponse.

Les trois premières images constituent une progression logique. Cette même progression logique est appliquée aux deux dernières images.
Quelle image est la suite logique de ces deux dernières ?
La seconde ligne d'images constitue les cinq réponses proposées.

81 

A.  B.  C.  D.  E. 

82 

A.  B.  C.  D.  E. 

83 

A.  B.  C.  D.  E. 

84 

A.  B.  C.  D.  E. 

85 

A.  B.  C.  D.  E. 

Raisonnement logique : vues en perspective

Pour chaque question, une seule réponse convient.
Reporter les réponses sur la feuille réponse.

La première image de chaque exercice représente le modèle éclaté ou plan des trois faces visibles d'un cube en perspective. Cette image est suivie de cinq cubes vus en perspective. Lequel de ces cinq cubes a une vue éclatée identique à la première image ?

86

A B C D E

87

A B C D E

88

A B C D E

89

A B C D E

90

A B C D E

Test de raisonnement logique sur des nombres

Pour chaque question, une seule réponse convient.
Reporter les réponses sur la feuille réponse.

L'objet de ces exercices est d'obtenir les mêmes nombres de lettres de part et d'autre du signe égal. Voici deux exemples pour comprendre comment fonctionnent ces égalités :

Exemple 1 : $2\ AB_3 = 2\ (A + 3\ B) = 2\ A + 6\ B$

Exemple 2 : $3\ AB_2(A_3C)_2 = 3\ [\ A + 2\ B + 2\ (3\ A + C)\ ] =$
$3\ (A + 2\ B + 6\ A + 2\ C) = 3\ (\ 7\ A + 2\ B + 2\ C) = 21\ A + 6\ B + 6\ C$

Exercices :

$$a\ AB_4 + b\ C_2 = 1\ AC_2 + 2\ B_2C$$

91 **Quel nombre remplace le symbole « a » ?**

A. 3 B. 2 C. 1 D. 0 E. Autre chiffre

92 **Quel nombre remplace le symbole « b » ?**

A. 3 B. 2 C. 1 D. 0 E. Autre chiffre

$$a\ AB_3 + 2\ AC = 2\ A_2B_3 + b\ C_2$$

93 **Quel nombre remplace le symbole « a » ?**

A. 3 B. 2 C. 1 D. 0 E. Autre chiffre

94 **Quel nombre remplace le symbole « b » ?**

A. 3 B. 2 C. 1 D. 0 E. Autre chiffre

$$A_2BC_4 + a\ DCA = 2\ A_2C + D_2BC_b$$

95 **Quel nombre remplace le symbole « a » ?**

A. 3 B. 2 C. 1 D. 0 E. Autre chiffre

96 **Quel nombre remplace le symbole « b » ?**

A. 3 B. 2 C. 1 D. 0 E. Autre chiffre

$$2\ AB_2C_a + 2\ D(C_2A)_2 + b\ AE = 2\ (ABC_3)_2 + 2\ A_2C + 2\ DE$$

97 **Quel nombre remplace le symbole « a » ?**

A. 3 B. 2 C. 1 D. 0 E. Autre chiffre

98 Quel nombre remplace le symbole « b » ?

A. 3 B. 2 C. 1 D. 0 E. Autre chiffre

$$AB_3(AB_2)_3AB_3 + a\,C_2 = b\,AC_2 + 6\,B_2C$$

99 Quel nombre remplace le symbole « a » ?

A. 3 B. 2 C. 1 D. 0 E. Autre chiffre

100 Quel nombre remplace le symbole « b » ?

A. 3 B. 2 C. 1 D. 0 E. Autre chiffre

Feuille-réponse du concours n° 5

Pour chaque question, cocher la bonne réponse.

	A	B	C	D	E		A	B	C	D	E		A	B	C	D	E		A	B	C	D	E
1						26						51						76					
2						27						52						77					
3						28						53						78					
4						29						54						79					
5						30						55						80					
6						31						56						81					
7						32						57						82					
8						33						58						83					
9						34						59						84					
10						35						60						85					
11						36						61						86					
12						37						62						87					
13						38						63						88					
14						39						64						89					
15						40						65						90					
16						41						66						91					
17						42						67						92					
18						43						68						93					
19						44						69						94					
20						45						70						95					
21						46						71						96					
22						47						72						97					
23						48						73						98					
24						49						74						99					
25						50						75						100					

Nombre total de bonnes réponses r =
Note /20 = r/5 =

Corrigé

Test d'attention

« Le corbeau et le renard » fable de La Fontaine :

Maître Corbeau, sur un arbre perché,
Tenait en son bec un fromage.
Maître Renard, par l'odeur alléché,
Lui tint à peu près ce langage :
« Hé ! bonjour, Monsieur du Corbeau.
Que vous êtes joli ! que vous me semblez beau !
Sans mentir, si votre ramage
Se rapporte à votre plumage,
Vous êtes le phénix des hôtes de ces bois. »
A ces mots le Corbeau ne se sent pas de joie ;
Et pour montrer sa belle voix,
Il ouvre un large bec, laisse tomber sa proie.
Le Renard s'en saisit, et dit : « Mon bon Monsieur,
Apprenez que tout flatteur
Vit aux dépens de celui qui l'écoute
Cette leçon vaut bien un fromage, sans doute. »
Le Corbeau, honteux et confus,
Jura mais un peu tard, qu'on ne l'y prendrait plus.

❶ Combien de mots comporte cette fable ?
A = 131

❷ Combien de fois trouve-t-on la lettre a (majuscule ou minuscule, sans accent) ?
B = 36

❸ Combien de fois trouve-t-on la lettre e sans accent ?
E = 80

❹ Combien de fois trouve-t-on la lettre r ?
A = 41

❺ Combien de fois trouve-t-on la lettre l ?
C = 23

Raisonnement logique sur un tableau

Pour les questions 6 à 15, se reporter à la grille de correction page 142.

	Chirurgie	Pneumologie	Cardiologie	O.R.L.	*Totaux*
Moins d'une semaine	**30 %**	**20 %**	**15 %**	**5 %**	*70 %*
Plus d'une semaine	**15 %**	5 %	5 %	5 %	*30 %*
Totaux		*X*	*Y*	*Z*	

X + Y + Z = 15 %

Raisonnement numérique 1 : arithmétique

⓰ Simplifier la fraction : $-\dfrac{144}{240} = \dfrac{(-3 \times 48)}{(5 \times 48)} = -\dfrac{3}{5}$.

⓱ Calculer : $1 - \dfrac{1}{3} \times 4 + \dfrac{3}{5} = 1 - \dfrac{4}{3} + \dfrac{3}{5} = \dfrac{15 - 20 + 9}{15} = \mathbf{\dfrac{4}{15}}$.

⓲ Simplifier : $4^3 \times 2^{-5} \times 8^{-4} \div 16^{-3} = 2^6 \times 2^{-5} \times 2^{-12} \times 2^{12} = 2^1 = \mathbf{2}$.

⓳ Simplifier : $[10^4 \times (10^{-3})^2]^{-2} = [10^4 \times 10^{-6}]^{-2} = (10^{-2})^{-2} = 10^4 = \mathbf{10\ 000}$.

⓴ Calculer 20 % de 40 % de 80 % de 10^3 = 0,2 × 0,4 × 0,8 × 1 000 = **64**.

㉑ Calculer en litres : 3 L + 2 dm^3 – 200 dL + 25 cL + 5 300 cm^3 =
3 + 2 – 20 + 0,25 + 5,3 = **– 9,45.**

㉒ Convertir en cm^3 : 3 L – 15 dL + 2 dm^3 = 3 000 – 1 500 + 2 000 = **3 500.**

㉓ Quelle est la valeur positive de x solution du système :

$$\left\{\begin{array}{l} 3x^2 + 2y^2 = 5 \\ x + y = 0 \end{array}\right\} \Leftrightarrow \left\{\begin{array}{l} 3x^2 + 2(-x)^2 = 5 \\ y = -x \end{array}\right\} \Rightarrow 5x^2 = 5 \Leftrightarrow x^2 = 1 \Rightarrow \mathbf{x = 1}$$

㉔ Calculer : $(-3\sqrt{2} + 1)^2 = 18 - 6\sqrt{2} + 1 = \mathbf{19 - 6\sqrt{2}}$.

㉕ On rappelle que $\pi \approx \dfrac{22}{7}$. Quel est environ le volume en dm^3 d'une sphère de 7 cm de rayon ?

$V = \dfrac{4}{3} \times \pi \times R^3$, soit $\dfrac{4}{3} \times \dfrac{22}{7} \times 0{,}73$ soit **1,44.**

Raisonnement numérique 2 : problèmes

❻ Cinq dames héritent de 15 000 €. La première dame prend le tiers de la somme. Les 2e et 5e dames prennent chacune la moitié de la somme prise par la 1re dame. La 3e dame prend 1 000 € de plus que la 2e dame. La 4e dame prend 1 000 € de moins que la 2e dame. Quel est le rapport des sommes prises par les 2e et 4e dames ?

Les cinq parts sont notées A, B, C, D, E.

$A = \frac{1}{3} \times 15\,000 = 5\,000$; $B = E = \frac{1}{2} \times A = 2\,500$; $C = B + 1\,000 = 3\,500$.

$D = B - 1\,000 = 1\,500$. $\frac{B}{D} = \frac{2\,500}{1\,500} = \frac{5}{3}$.

❼ 15 000 € empruntés à un taux de 10 % annuel (intérêts simples) sont remboursés sur 3 ans. Quel est le montant des remboursements mensuels (arrondi à l'€ supérieur) ?

1 500 € d'intérêts par an, soit par mois : $\frac{15\,000 + 3 \times 1\,500}{3 \times 12} = \mathbf{542}$ **€.**

❽ Un digne citoyen doit acquitter son impôt à trois serviteurs de l'État de la façon suivante : Au premier fonctionnaire, il donne la moitié de son pécule plus deux écus. Au deuxième fonctionnaire, il donne la moitié de ce qui lui reste plus deux écus ; de même au troisième fonctionnaire. À l'issue de ce geste, le citoyen n'a plus qu'un seul écu dans son escarcelle. Quel était le nombre d'écus dans la bourse du citoyen avant imposition ?

S est le nombre d'écus au départ.

Premier don = $\frac{1}{2}S + 2$; reste : $\frac{1}{2}S - 2$; reste du 2e don = $\frac{\left(\frac{1}{2}S - 2\right)}{2} - 2$

Reste du 3e = $\frac{\frac{1}{4}S - 3}{2} - 2 = \frac{1}{8}S - \frac{7}{2} = 1$; soit **S = 36.**

❾ Gertrude dit à Cunégonde : « Prends un nombre x ; ajoute lui 4 ; divise le résultat par 5 ; multiplie par 2 le résultat obtenu ; puis retranche 1. Tu obtiens un nombre y. » Donner l'équation donnant y en fonction de x.

$y = \frac{2(x+4)}{5} - 1 = \frac{2x + 8 - 5}{5} = \frac{2x - 3}{5}$

❿ Le prix d'une place de spectacle vaut 25 € pour un adulte et 15 € pour un enfant. 60 personnes ont vu un film et ont payé au total 1 320 €. Combien y a-t-il d'enfants ?

On note respectivement x et y les nombres d'enfants et d'adultes.

$$\begin{Bmatrix} x + y = 60 \\ 15x + 25y = 1\,320 \end{Bmatrix} \Leftrightarrow \begin{Bmatrix} x + y = 60 \\ 3x + 5y = 264 \end{Bmatrix} \Leftrightarrow \begin{Bmatrix} 3x + 3y = 180 \\ 3x + 5y = 264 \end{Bmatrix} \Leftrightarrow \begin{Bmatrix} x = 18 \\ y = 42 \end{Bmatrix}$$

31 Quel est le prix d'un cahier en €, sachant qu'il manque 4 € pour en acheter 4 et qu'il reste 3,25 € en achetant 3 cahiers ?

P est le prix d'un cahier et S la somme d'argent.

$$\left\{\begin{matrix} S + 4 = 4 \times P \\ S - 3{,}25 = 3 \times P \end{matrix}\right\} \Rightarrow \mathbf{P = 7{,}25\ €}$$

32 Une entreprise propose deux contrats : soit un salaire horaire de 50 € ; soit une prime de 800 € et 25 € par heure. Quel nombre d'heures rapporte le même salaire ?

N est le nombre d'heures et S le salaire :

$50 \times S = 800 + 25 \times S$; soit S = 32 h.

33 Un lot de 18 caisses pèse 196 kg. Certaines caisses pèsent 17 kg, d'autres 6 kg. Combien y a-t-il de caisses de 6 kg ?

x est le nombre de caisses de 17 kg, *y* celui des caisses de 6 kg.

$$\left\{\begin{matrix} x + y = 18 \\ 17x + 6y = 196 \end{matrix}\right\} \Leftrightarrow \left\{\begin{matrix} 17x + 17y = 306 \\ 17x + 6y = 196 \end{matrix}\right\} \Leftrightarrow \left\{\begin{matrix} x + y = 18 \\ 11y = 110 \end{matrix}\right\} \Leftrightarrow \left\{\begin{matrix} x = 8 \\ y = 10 \end{matrix}\right\}$$

34 Une classe de 30 élèves effectue un voyage d'un coût total de 19 000 €. Le financement s'effectue ainsi : une subvention allouée par la mairie, une participation des parents égale à 4 fois la part de la mairie, un apport de la coopérative scolaire égal au tiers de celle des parents. Quel montant en € les parents doivent-ils donner pour chaque enfant ?

P est la part d'un élève.

La somme des parts : mairie + parents + coopérative = 19 000 €.

$$\frac{30}{4} \times P + 30 \times P + \frac{30}{3} \times P = 19\,000 \text{ ; soit : } \mathbf{P = 400\ €}.$$

35 Anselme dépense 150 € en achetant 3 disques et 2 albums.

Hyacinthe achète 4 disques et un album avec 120 €. Quel est le prix d'un album en € ?

D est le prix d'un disque, A celui d'un album.

$$\left\{\begin{matrix} 4D + 2A = 150 \\ 4D + A = 120 \end{matrix}\right\} \Leftrightarrow \left\{\begin{matrix} D = 18 \\ A = 48 \end{matrix}\right\}$$

Raisonnement logique : M. Mind

Soit un ensemble de 6 motifs que l'on peut remplacer par des chiffres :

1	2	3	4	5	6

On regarde si chaque réponse proposée vérifie toutes les lignes de l'énoncé.

Voici le détail pour la question **36** :

Trouver deux motifs sachant que :
👎 ☜
☞ 👍 } ont chacun un motif commun mal placé
☜ 👍

A. 👎 👍 B. ☞ 👎 C. ☞ 👍 D. 👍 ☞ E. 👍 👎

La bonne réponse est E : 👍 👎.

À la première ligne de l'énoncé, le motif commun mal placé est : 👎.
À la deuxième ligne de l'énoncé, le motif commun mal placé est : 👍.
À la troisième ligne de l'énoncé, le motif commun mal placé est : 👍.
Seule la réponse « E » vérifie toutes les lignes de l'énoncé. C'est donc la réponse à retenir.

Pour les question 36 à 45, se reporter à la grille de correction page 144.

Test d'observation

Pour les questions 46 à 50, se reporter à la grille de correction page 144.

Raisonnement logique sur des images

51

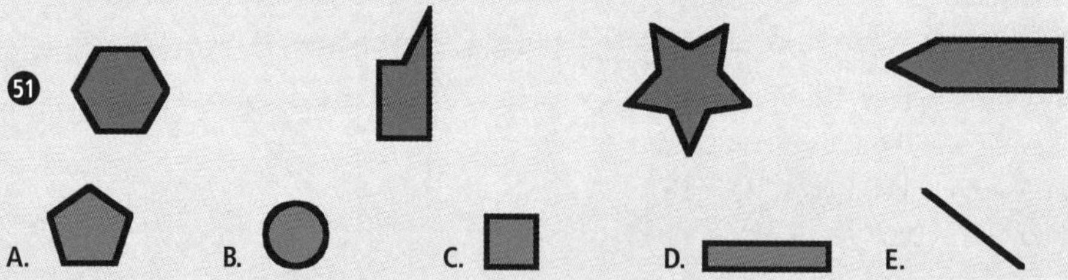

Plus de 4 côtés, réponse : A.

52

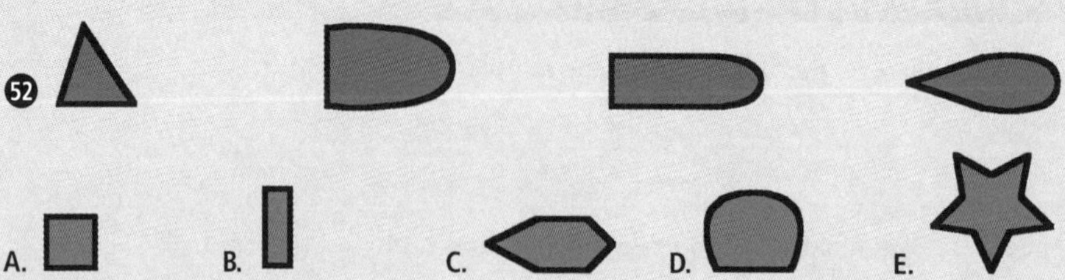

Moins de 4 côtés rectilignes, réponse : D.

53

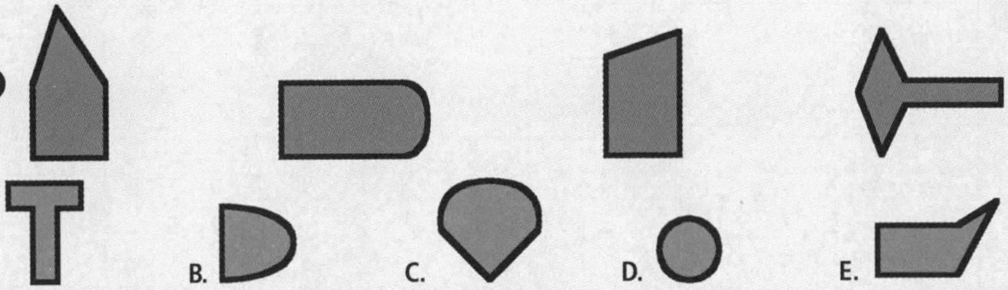

Deux angles droits seulement, réponse : E.

54

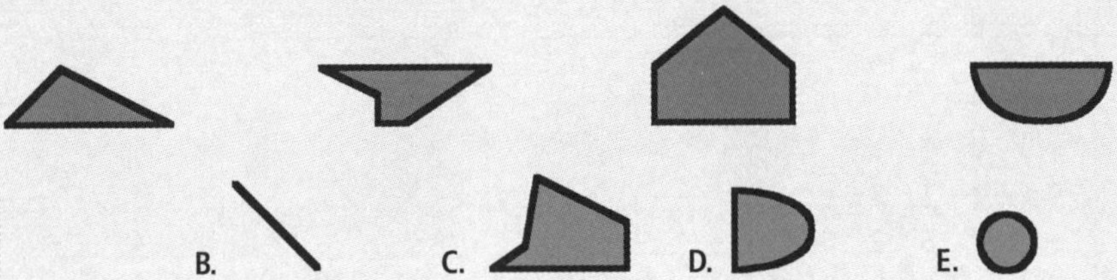

Une base horizontale, réponse : C.

55

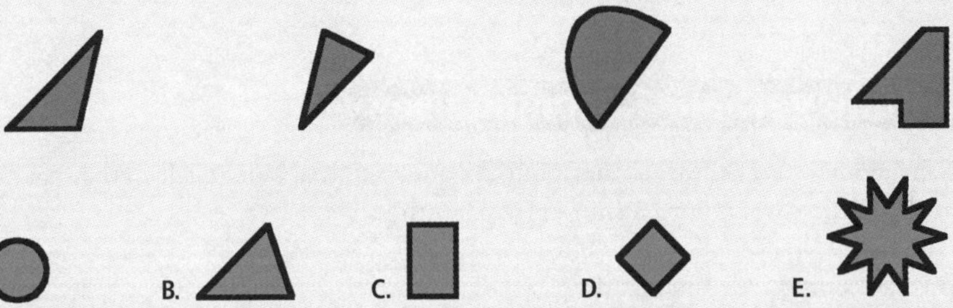

Un seul côté oblique à – 45° par rapport à l'horizontale, réponse : B.

Raisonnement numérique 3 : opérations

56

1 5 8 9	4 8 5
1 5 8	
1 3 4	
3 7 0	
3 0 5	
1 4 0	

Réponse C : 3

57

4 6 5 9	7 5 8
4 6 5	
1 1 1	
3 5 2	
4 8 8	
3 3 2	

Réponse E : 5

58

1	5	8	9				7 3 1
1	5	8					
	1	2	7				
		5	3	9			
			2	7	3		
				5	3	7	

Réponse B : 2

59

4	6	5	2				8 2 5
4	6	5					
	5	2	7				
		3	2	0			
			7	2	5		
				6	5	0	

Réponse E : 5

60

6	5	8	9				6 9 8
6	5	8					
	3	0	7				
		2	7	8			
			6	8	6		
				5	7	8	

Réponse A : 1

Aptitude verbale 1 : conjugaison

Voici un mode et un temps donnés pour chaque exercice. Quel est le verbe mal conjugué ou orthographié ? Les réponses sont entre parenthèses.

61 Passé composé de l'indicatif.
Réponse A : Nous avons pesés (pesé)

62 Passé première forme du conditionnel.
Réponse D : Vous auriez haïs (haï)

63 Présent du subjonctif.
Réponse D : Qu'ils écrivaient (écrivent)

64 Futur simple de l'indicatif.
Réponse E : Il messièra (messiéra)

65 Présent de l'impératif.
Réponse C : Rend (rends)

66 Plus-que-parfait du subjonctif.
Réponse E : Que j'eusse mu (mû)

67 Imparfait de l'indicatif.
Réponse C : Vous aimez (aimiez)

68 Présent du conditionnel.
Réponse B : Nous ferrions (ferions)

69 Imparfait du subjonctif.
Réponse C : Qu'il close (n'existe pas)

70 Passé simple de l'indicatif.
Réponse B : Il absoulut (n'existe pas)

Aptitude verbale 2 : vocabulaire

Dans les phrases suivantes, il faut remplacer @ par l'une des réponses proposées. Pour les cinq exercices suivants, toutes les réponses proposées ne seront utilisées qu'une seule fois.

71 Les drapeaux se dressaient fièrement sur leurs hampes.
Réponse E : Hampes : manches des drapeaux

72 Quand Louis est fatigué de combiner des péripéties de siège, il pense à sa pèlerine.
Réponse B : Péripéties : événements imprévus

73 Trois fleurs phosphorescentes luisaient au bord d'un pré.
Réponse C : Phosphorescentes : lumineuses

74 Les nuages se dissipent, ne projettent plus sous nous que des opacités rares.
Réponse D : Opacités : ombres très épaisses

75 Toute une bohème de papillons s'abattait dans les achillées.
Réponse A : Achillées : plantes de type mille-feuille

Dans les phrases suivantes, il faut remplacer @ par l'une des réponses proposées. Pour les cinq exercices suivants, toutes les réponses proposées ne seront utilisées qu'une seule fois.

76 Quel épilogue peut-on écrire pour cette magnifique histoire d'amour ?
Réponse A : Épilogue : conclusion d'une œuvre littéraire

77 Devant la porte de la bâtisse, trois grandes colonnes de porphyre gisaient.
Réponse D : Porphyre : roche magmatique

78 Sur son épinette il composait ses plus belles œuvres.
Réponse E : Épinette : ancêtre du piano

79 Sur les crins de l'archet de son violon, il passait un peu de colophane.

Réponse B : Colophane : résine solide utilisée sur les archets des instruments à cordes frottées

80 Dans l'épissure, le technicien repère une mauvaise connexion.

Réponse C : Épissure : réunion de deux torons de fils

Test de raisonnement logique sur des images

Les trois premières images constituent une progression logique. Cette même progression logique est appliquée aux deux dernières images.

Quelle image est la suite logique de ces deux dernières ?

La seconde ligne d'images constitue les cinq réponses proposées.

81 **Réponse E : Progression du nombre d'angles droits**

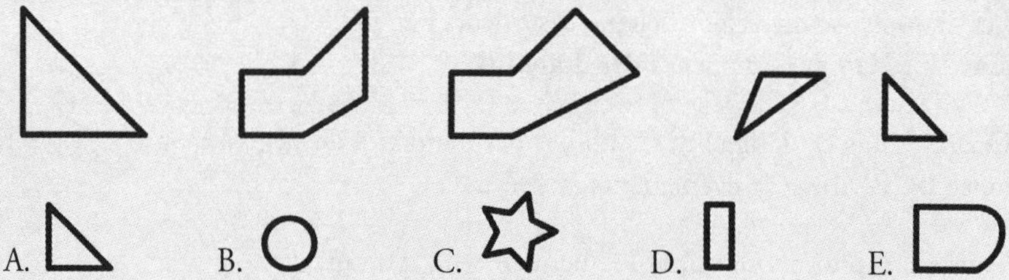

82 **Réponse A : Progression du nombre de côtés rectilignes**

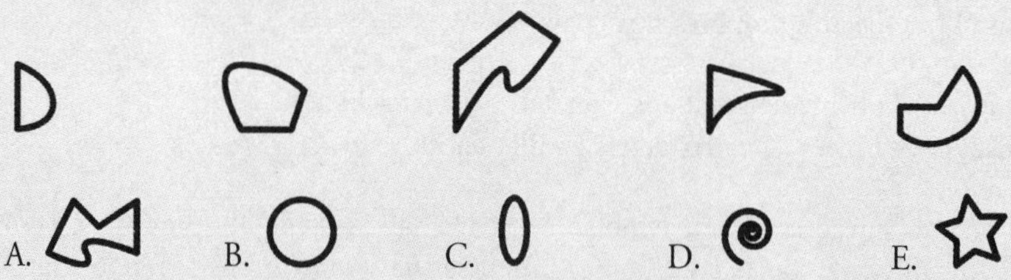

83 **Réponse B : Progression du nombre d'arcs de cercle ou côtés non rectilignes**

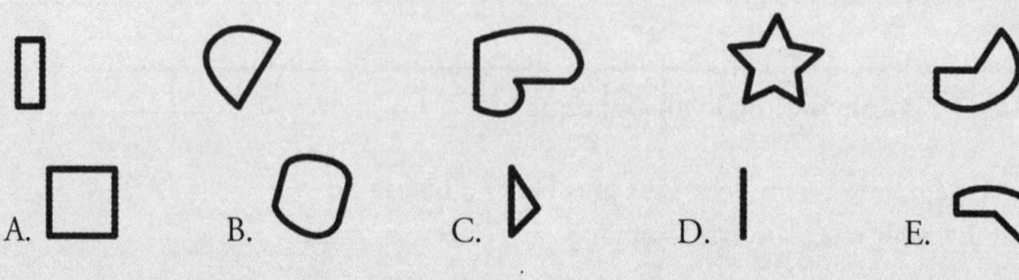

84 Réponse A : Progression du nombre de cercles

85 Réponse B : Progression du nombre de triangles

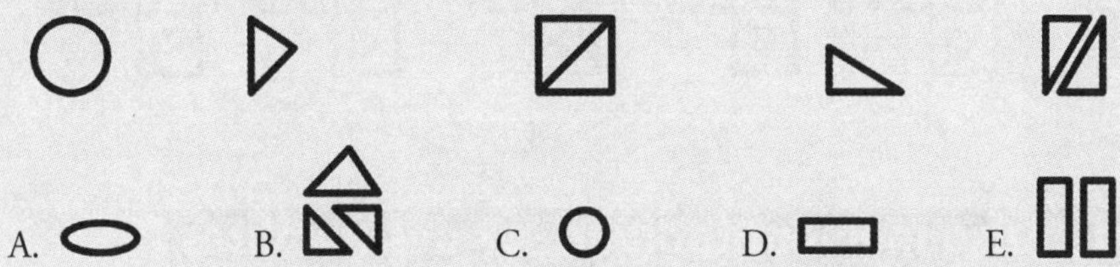

Raisonnement logique : vues en perspective

La première image de chaque exercice représente le modèle éclaté ou plan des trois faces visibles d'un cube en perspective. Cette image est suivie de cinq cubes vus en perspective. Lequel de ces cinq cubes a une vue éclatée identique à la première image ?

86 Réponse : C

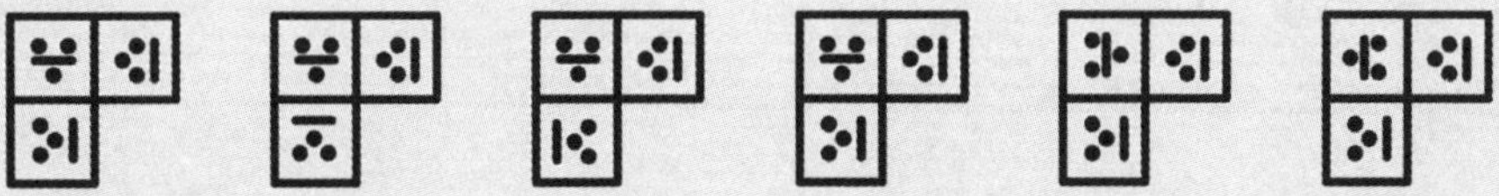

C

87 Réponse : D

D

88 Réponse : B

B

89 Réponse : E

E

90 Réponse : A

A

Test de raisonnement logique sur des nombres

Voici deux exemples de développements de calculs :

Exemple 1 : $2\ AB_3 = 2\ (A + 3\ B) = 2\ A + 6\ B$

Exemple 2 : $3\ AB_2(A_3C)_2 = 3\ [\ A + 2\ B + 2\ (3\ A + C)\ ] =$
$3\ (A + 2\ B + 6\ A + 2\ C) = 3\ (\ 7\ A + 2\ B + 2\ C) = 21\ A + 6\ B + 6\ C$

Corrections des exercices :

$1\ AB_4 + 2\ C_2 = 1\ AC_2 + 2\ B_2C$
$a\ AB_4 + b\ C_2 = 1\ AC_2 + 2\ B_2C$

91 Quel nombre remplace le symbole « **a** » ?
Réponse C : 1

92 Quel nombre remplace le symbole « **b** » ?
Réponse B : 2

$2\ AB_3 + 2\ AC = 2\ A_2B_3 + 1\ C_2$
$a\ AB_3 + 2\ AC = 2\ A_2B_3 + b\ C_2$

93 Quel nombre remplace le symbole « **a** » ?
Réponse B : 2

94 Quel nombre remplace le symbole « **b** » ?
Réponse C : 1

$$A_2BC_4 + 2\ DCA = 2\ A_2C + D_2BC_4$$

$$A_2BC_4 + a\ DCA = 2\ A_2C + D_2BC_b$$

❾❺ Quel nombre remplace le symbole « **a** » ?
Réponse B : 2

❾❻ Quel nombre remplace le symbole « **b** » ?
Réponse E : 4

$$2\ AB_2C_3 + 2\ D(C_2A)_2 + 2\ AE = 2\ (ABC_3)_2 + 2\ A_2C + 2\ DE$$

$$2\ AB_2C_a + 2\ D(C_2A)_2 + b\ AE = 2\ (ABC_3)_2 + 2\ A_2C + 2\ DE$$

❾❼ Quel nombre remplace le symbole « **a** » ?
Réponse A : 3

❾❽ Quel nombre remplace le symbole « **b** » ?
Réponse B : 2

$$AB_3(AB_2)_3AB_3 + 8\ C_2 = 5\ AC_2 + 6\ B_2C$$

$$AB_3(AB_2)_3AB_3 + a\ C_2 = b\ AC_2 + 6\ B_2C$$

❾❾ Quel nombre remplace le symbole « **a** » ?
Réponse E : 8

100 Quel nombre remplace le symbole « **b** » ?
Réponse E : 5

Feuille-réponse du concours n° 5

	A	B	C	D	E		A	B	C	D	E		A	B	C	D	E		A	B	C	D	E
1	X					26	X					51	X					76	X				
2				X		27					X	52				X		77				X	
3					X	28				X		53					X	78					X
4	X					29		X				54			X			79		X			
5			X			30				X		55		X				80			X		
6			X			31		X				56			X			81					X
7	X					32	X					57					X	82	X				
8		X				33				X		58		X				83		X			
9	X					34					X	59					X	84	X				
10			X			35				X		60	X					85		X			
11					X	36					X	61	X					86			X		
12			X			37				X		62				X		87				X	
13	X					38					X	63				X		88		X			
14					X	39			X			64					X	89					X
15		X				40			X			65			X			90	X				
16	X					41				X		66					X	91			X		
17					X	42		X				67			X			92		X			
18		X				43					X	68		X				93		X			
19				X		44				X		69			X			94			X		
20			X			45				X		70		X				95		X			
21	X					46			X			71					X	96					X
22				X		47	X					72		X				97	X				
23	X					48					X	73			X			98		X			
24					X	49				X		74				X		99					X
25		X				50	X					75	X					100					X

6

Concours blanc n° 6

Durée
1 heure 30 minutes

Nombre de questions : 100.
Vous devez reporter vos réponses sur la « feuille réponse ».
Tout instrument de calcul est interdit.
Chaque question, notée sur un point, est suivie
de cinq propositions de réponse dont une seule est exacte.
Vous pouvez utiliser des feuilles de brouillon.

Sujet

Raisonnement logique sur un texte

Pour chaque question, une seule réponse convient.
Reporter les réponses sur la feuille-réponse.

Voici une recette de cuisine où les propositions sont dans le désordre.
Cette recette comporte dix propositions.
Pour chaque question, quel est le bon numéro de la proposition ?

1 Le lendemain, ramassez dans un torchon tous les fruits écrasés et tordez-le au dessus d'une casserole.

A. 2 **B. 3** **C. 4** **D. 5** **E. autre réponse**

2 Toujours en écumant, ajouter le sucre (1 kg pour 1,5 kg de fruits). Laisser bouillir doucement pendant 20 minutes.

A. 1 **B. 3** **C. 4** **D. 5** **E. autre réponse**

3 Refermer les pots et les étiqueter.

A. 10 **B. 9** **C. 8** **D. 7** **E. autre réponse**

4 **Laver les fruits à l'eau claire.**

A. 1 B. 3 C. 4 D. 5 E. autre réponse

5 **Poser la casserole sur le feu.**

A. 1 B. 2 C. 3 D. 4 E. autre réponse

6 **Mettre les fruits dans une terrine, les écraser à la main pour en faire sortir le jus.**

A. 1 B. 2 C. 3 D. 4 E. autre réponse

7 **Attendre au moins deux mois avant de consommer.**

A. 7 B. 8 C. 9 D. 10 E. autre réponse

8 **Couvrir le récipient et laisser reposer dans un endroit frais.**

A. 2 B. 3 C. 6 D. 8 E. autre réponse

9 **Faire cuire vingt minutes en écumant continuellement pour obtenir un jus épais.**

A. 4 B. 5 C. 6 D. 7 E. autre réponse

10 **Verser la préparation dans les pots.**

A. 2 B. 3 C. 5 D. 8 E. autre réponse

Test d'attention

Pour chaque question, une seule réponse convient.
Reporter les réponses sur la feuille-réponse.

Voici un texte inversé : « La cigale et la fourmi » fable de La Fontaine :

La Cigale, ayant chanté
Tout l'été,
Se trouva fort dépourvue
Quand la bise fut venue
Pas un seul petit morceau
De mouche ou de vermisseau.
Elle alla crier famine
Chez la Fourmi sa voisine,
La priant de lui prêter
Quelque grain pour subsister
Jusqu'à la saison nouvelle.
« Je vous paierai, lui dit-elle,
Avant l'août, foi d'animal,
Intérêt et principal. »
La Fourmi n'est pas prêteuse
C'est là son moindre défaut.
« Que faisiez vous au temps chaud ?
Dit-elle à cette emprunteuse.
- Nuit et jour à tout venant
Je chantais, ne vous déplaise.
- Vous chantiez ? j'en suis fort aise
Eh bien ! dansez maintenant. »

⓫ Combien de fois trouve-t-on la lettre a ?

A. 21 B. 22 C. 23 D. 24 E. autre réponse

⓬ Combien de fois trouve-t-on la lettre e ?

A. 59 B. 60 C. 61 D. 62 E. autre réponse

⓭ Combien de fois trouve-t-on la lettre o ?

A. 21 B. 22 C. 23 D. 24 E. autre réponse

⓮ Combien de fois trouve-t-on la lettre t ?

A. 37 B. 38 C. 39 D. 40 E. autre réponse

⓯ Combien de fois trouve-t-on la lettre m ?

A. 21 B. 22 C. 23 D. 24 E. autre réponse

⓰ Combien de fois trouve-t-on la lettre n ?

A. 31 B. 32 C. 33 D. 34 E. autre réponse

⓱ Combien de fois trouve-t-on la lettre u ?

A. 33 B. 35 C. 37 D. 39 E. autre réponse

⓲ Combien de fois trouve-t-on la lettre v ?

A. 8 B. 12 C. 16 D. 18 E. autre réponse

⓳ Combien de fois trouve-t-on la lettre i ?

A. 34 B. 35 C. 36 D. 37 E. autre réponse

⓴ Combien de fois trouve-t-on la lettre l ?

A. 21 B. 22 C. 23 D. 24 E. autre réponse

Raisonnement numérique 1 : arithmétique

Pour chaque question, une seule réponse convient.
Reporter les réponses sur la feuille-réponse.

㉑ Calculer : $2 + [-(3-1) + 2] - [-(2-4) + 3]$.

A. -3 B. 3 C. 2 D. -5 E. autre réponse

㉒ Calculer le plus petit multiple commun à 36 et 45.

A. 36 B. 45 C. 81 D. 1 620 E. autre réponse

㉓ Calculer : $4^3 \times 8^{-2} \times 2^4$.

A. 4^5 B. 2^4 C. 4^{-24} D. 8 E. autre réponse

24 Quelle est la valeur de « a » dans l'équation : $3{,}14 \times 10^5 = a \times 10^7$.

A. 314 B. 0,314 C. 31,4 D. 0,0314 E. autre réponse

25 Calculer $\frac{288}{242} \times \frac{363}{432}$.

A. $\frac{651}{674}$ B. $\frac{651}{42}$ C. 1 D. $\frac{674}{651}$ E. autre réponse

26 Calculer en heures et minutes : 21 h 05 min − 13 h 45 min.

A. 7 h 20 B. 6 h 50 C. 8 h 40 D. 6 h 40 E. autre réponse

27 Quelle réponse est solution partielle de : $4 \times (3 - 2a) < 7 \times (9 - 6a)$?

A. $a > 51$ B. $a > 34$ C. $a > -51$ D. $a < 1$ E. autre réponse

28 Quelle est la valeur de y solution du système : $\begin{cases} -3x + 2y = 0 \\ 7x + 5y = -29 \end{cases}$?

A. − 3 B. 3 C. 2 D. − 2 E. autre réponse

29 Simplifier : $\sqrt{1\,440}$.

A. $10\sqrt{2}$ B. $10 + \sqrt{12}$ C. $12 + \sqrt{10}$ D. $12 - \sqrt{10}$ E. autre réponse

30 On rappelle que $\pi \approx 3{,}14$. Quelle est environ la surface totale en cm^2 d'un cylindre de 3 cm de haut et 2 cm de rayon ?

A. 37,7 B. 62,8 C. 36,8 D. 56,5 E. autre réponse

Raisonnement numérique 2 : problèmes

Pour chaque question, une seule réponse convient.
Reporter les réponses sur la feuille-réponse.

31 Quel est le taux de taxe d'un objet coûtant 1 250 € dont le montant de taxe est 312,50 € ?

A. 25 % B. 30 % C. 35 % D. 40 % E. autre réponse

32 Pour acheter un ensemble de meubles à 8 700 € à crédit, il faut verser 20 % d'acompte. Quel est le montant de l'acompte en € ?

A. 1 520 € B. 1 540 € C. 1 620 € D. 1 750 € E. autre réponse

33 Pour l'embauche d'une personne, une société fait passer des entretiens à des demandeurs d'emplois. Les entretiens sous forme de tests ont des taux de succès de 50 %, 20 % et 80 % respectivement. À l'issue des tests l'entreprise retient 8 candidatures. Quel est le nombre initial de personnes ?

A. 1 000 B. 250 C. 200 D. 100 E. autre réponse

34 Pour l'achat d'un bateau de 115 000 €, une personne emprunte à un taux annuel de 20 % sur 5 ans en intérêts simples 80 % du prix du bateau. Quelle est la somme à rembourser ?

A. 92 000 € B. 184 000 € C. 207 000 € D. 230 000 € E. autre réponse

35 Les frais d'inscription dans un établissement privé passent de 8 000 € à 9 200 €. Quel est le pourcentage d'augmentation ?

A. 6 % B. 10 % C. 14 % D. 15 % E. autre réponse

36 L'étiquette du prix d'une machine à calculer est notée : – 20 %. Elle vaut maintenant 312,50 €. Quel était le prix avant la remise ?

A. 250,00 € B. 390,625 € C. 375 € D. 320 € E. autre réponse

37 Un objet vaut 3 200 € en sortie d'usine. Les frais de port sont de 5 % du prix d'usine. Le bénéfice du revendeur est de 30 % du prix d'usine. Il faut ajouter une taxe de 25 % calculée sur le prix d'usine majoré des frais de port. Quel est le pourcentage d'augmentation entre le prix en sortie d'usine et le prix de vente ?

A. 61,25 % B. 60 % C. 50 % D. 40 % E. autre réponse

38 Une montre à 850 € est soldée avec une réduction de 10 %. Quel est son nouveau prix ?

A. 85 € B. 785 € C. 935 € D. 765 € E. autre réponse

39 En sortie d'atelier, un produit vaut 3 500 €. Les frais de port sont de 10 % du prix d'atelier ; le bénéfice du revendeur est de 50 % du prix d'atelier port inclus. Si le prix usine augmente de 20 %, de combien augmente, en pourcentage, le prix de vente ?

A. 5 % B. 10 % C. 15 % D. 25 % E. autre réponse

40 En sortie d'usine, un objet vaut 2 000 €. Les frais de port sont de 10 % du prix d'atelier, le bénéfice du revendeur est de 50 % du prix d'usine port inclus. Si le prix d'usine, les frais de port, le bénéfice augmentent de 10 %, de combien augmente le prix de vente ?

A. 5 % B. 10 % C. 12 % D. 14,7 % E. autre réponse

Test d'observation sur des images

Pour chaque question, une seule réponse convient.

Reporter les réponses sur la feuille-réponse.

Retrouver le montage permettant de reconstituer le dessin agrandi.

41

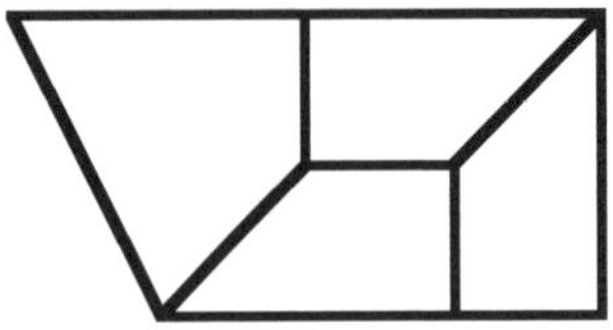

A.  B.  C.  D.  E. 

42

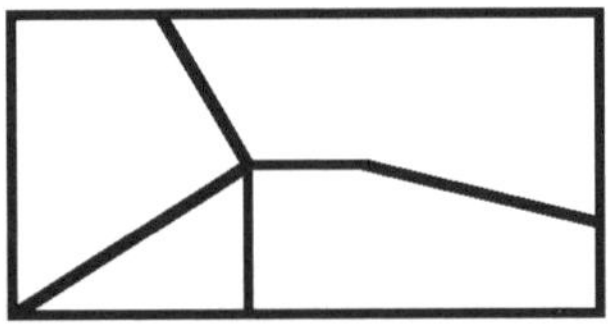

A.  B.  C.  D.  E. 

43

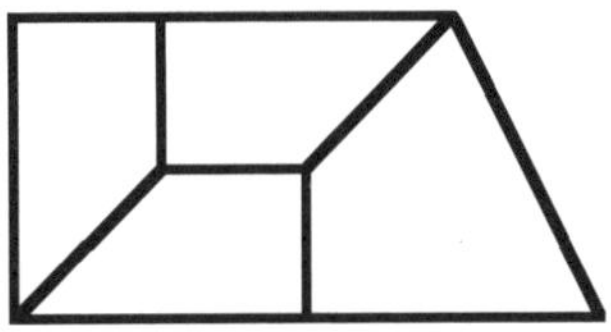

A.  B.  C.  D.  E. 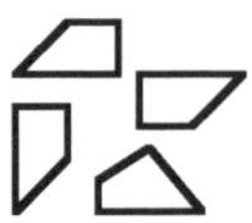

44

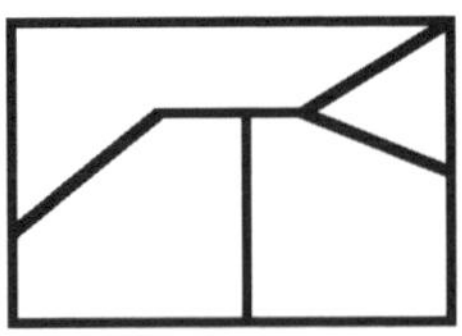

A.  B.  C.  D.  E. 

45

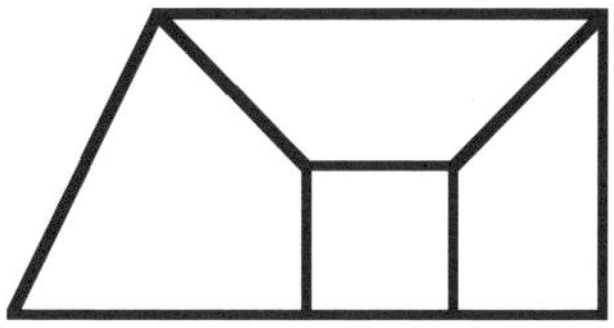

A.  B.  C. 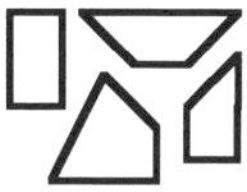 D. 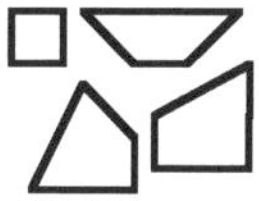 E. 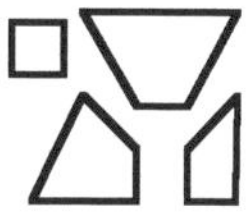

Raisonnement numérique 3 : opérations

Pour chaque opération, une seule réponse convient.
Reporter les réponses sur la feuille-réponse.

Quel chiffre remplace le symbole ★ ?

46

3	2	5	6				7	5	2
3	2	5							
	2	4	8						
		2	2	4					
			7	3	6				
				5	★	2			

A. 5 B. 6 C. 7 D. 8 E. 9

47

7	6	5	9				9	8	5
7	6	5							
	7	6	4						
		7	4	5					
			5	5	5				
				6	★	5			

A. 0 B. 1 C. 2 D. 3 E. 4

48

5	5	7	9				3	1	3
2	4	4							
	2	5	8						
		0	7	6					
			1	3	4				
				0	★	8			

A. 5 B. 6 C. 7 D. 8 E. 9

49

7	7	1	2				5	5	2
2	1	9							
	5	3	6						
		3	9	2					
			0	5	★				
				0	0	8			

A. 5 B. 6 C. 7 D. 8 E. 9

50

```
7 5 7 9       | 1 1 3
              |------
0 7 9         |
  0 0 8       |
    0 8 0     |
      0 ★     |
        0 9 0 |
```

A. 9 B. 0 C. 1 D. 2 E. 3

51

```
              7 4 2 5
×             2 3 5 6
      ---------------
            4 4 5 5 0
          3 7 1 2 5
        2 2 2 7 ★
      1 4 8 5 0
      ---------------
      1 7 4 9 3 3 0 0
```

A. 5 B. 6 C. 7 D. 8 E. 9

52

```
              7 8 9 5 6
×               1 4 5 2
  ---------------------
            1 5 7 9 1 2
          3 9 4 7 8 0
        3 1 5 8 2 4
        7 8 9 5 6
  ---------------------
  1 1 4 ★ 4 4 1 1 2
```

A. 5 B. 6 C. 7 D. 8 E. 9

53

```
            4 5 9 7 1
×             1 4 7 1
      ---------------
            4 5 9 7 1
        3 2 1 7 9 7
      1 8 3 8 8 4
      4 ★ 9 7 1
      ---------------
      6 7 6 2 3 3 4 1
```

A. 1 B. 2 C. 3 D. 4 E. 5

54

```
              2 9 2 6 3
×               9 5 2 1
  ---------------------
              2 9 2 6 3
          5 9 1 2 6
      1 4 7 8 1 5
  2 6 6 0 6 7
  ---------------------
  2 ★ 1 4 6 9 0 2 3
```

A. 5 B. 6 C. 7 D. 8 E. 9

55

```
              1 9 8 6 5
×               9 5 8 6
  ---------------------
            1 1 9 1 9 0
          1 5 8 9 2 0
          9 9 ★ 2 5
      1 7 8 7 8 5
  ---------------------
  1 9 0 4 2 5 8 9 0
```

A. 0 B. 2 C. 3 D. 5 E. 7

Raisonnement logique

Pour chaque question, une seule réponse convient.
Reporter les réponses sur la feuille-réponse.

Cinq symboles :

Les cinq symboles représentent une suite qui se répète indéfiniment.

Quel symbole remplace [?] ?

Les réponses s'écrivent dans le sens de la lecture habituelle : de gauche vers la droite et du haut vers le bas.

56
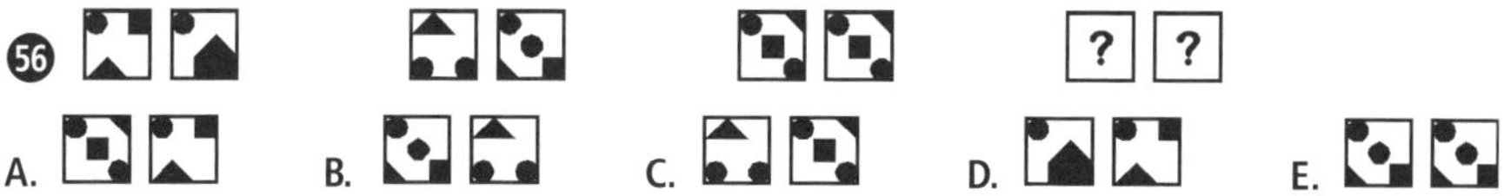

57
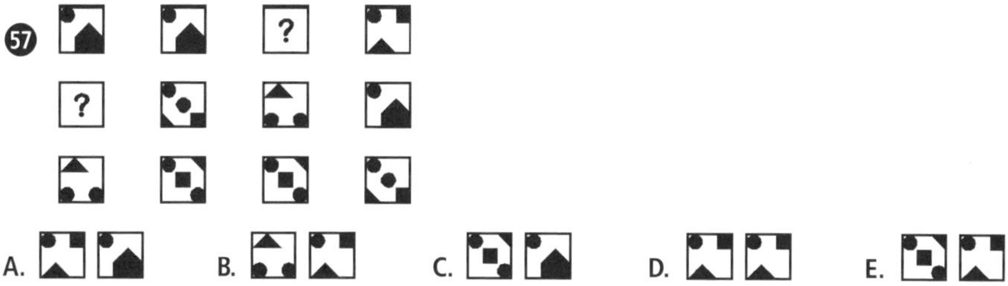

58
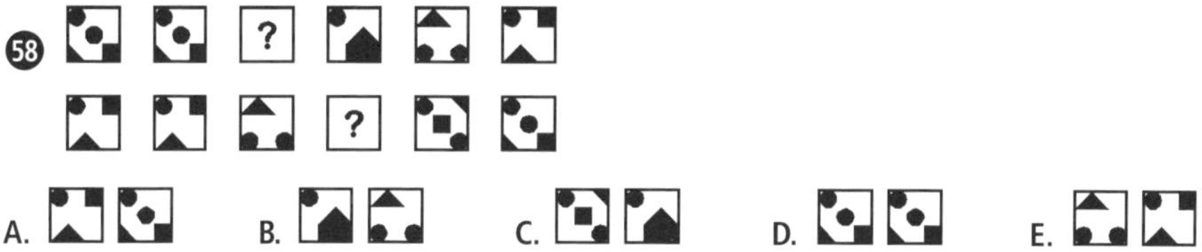

59
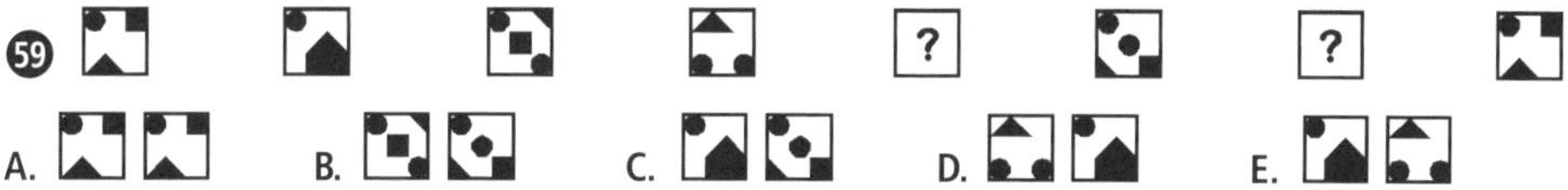

60
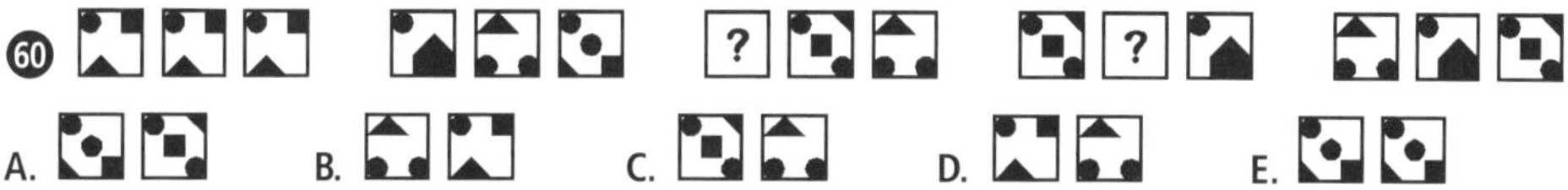

Test d'attention sur des mots

Pour chaque question, une seule réponse convient.
Reporter les réponses sur la feuille réponse.

Voici les lettres de l'alphabet et leurs équivalents sous forme de symboles.

Voici une liste de mots où les lettres sont remplacées par leurs symboles.

61 Combien de fois trouve-t-on le mot « masse » dans le texte ?

A. 1 **B. 2** **C. 3** **D. 4** **E. Autre réponse**

62 Combien de fois trouve-t-on le mot « mange » dans le texte ?

A. 5 **B. 6** **C. 7** **D. 8** **E. Autre réponse**

63 Combien de fois trouve-t-on le mot « fugue » dans le texte ?

A. 0 **B. 1** **C. 2** **D. 3** **E. Autre réponse**

64 Combien de fois trouve-t-on le mot « album » dans le texte ?

A. 2 **B. 3** **C. 4** **D. 5** **E. Autre réponse**

65 Combien de fois trouve-t-on le mot « frise » dans le texte ?

A. 2 **B. 3** **C. 4** **D. 5** **E. Autre réponse**

Aptitude verbale 1 : orthographe

Pour chaque question, une seule réponse convient.
Reporter les réponses sur la feuille réponse.

Voici un texte d'Aristote : *Éthique à Nicomaque*, Livre III.
Quel est le nombre de fautes d'orthographe et de grammaire pour chaque exercice ?

66 On punit l'acte commis par ignorence, lorsqu'il est évident que le coupable est responsable de son ignorence. C'est ainsi que les gens en état d'ivresse se voient infliger un double châtiment, la cause de la faute étant en eux, car il dépendait d'eux de ne pas s'enivrer, et d'autre part l'ivresse était la cause de leur état d'inconscience.

A. 0 **B. 1** **C. 2** **D. 3** **E. 4**

67 De plus, on punit aussi ceux qui ignorent quelques dispositions de la loi, que nul n'est censé ignorer, surtout quand c'est facile. Il en va de même dans tous les autres cas où l'agent semble être dans l'ignorence du fait de sa négligence, attendu qu'il ne dépendait que de lui d'éviter cette ignorence et que rien ne l'empéchait d'y parer. Mais peut-être un homme dans ce cas n'était-il pas en état d'y remédier ?

A. 0 **B. 1** **C. 2** **D. 3** **E. 4**

68 Eh bien ! Nous affirmons que, pour ceux qui se trouvent être la cause de cette situation, leur responsabilité est établie parce qu'ils vivent dans le désordre, et ils sont injustes et intempérants, les uns par leur mauvaise conduite habituelle, les autres par leur vie passée dans les beuveries et autres débauches. Car l'activité déployée en différents domaines détermine notre caractère. Cette influence est bien claire, à en juger par ceux qui s'entraînent pour quelque exercice de gymnastique ou pour quelque autre action : jamais leur effort n'est interrompu.

A. 0 B. 1 C. 2 D. 3 E. 4

69 Maiconnaître que les dispositions résultent de cet exercice continu de l'activité est le fait d'un esprit complètement stupide. Il est absurde aussi de ne pas admettre que l'homme injuste veut pratiquer l'injustice et le débauché la débauche. Si donc, en toute connaissance de cause, on commet des actes qui rendent injuste, on peut passer avec raison pour être injuste de son plein gré. C'est qu'en effet, malgrès notre volonté, nous ne cesserons pas d'être injuste pour devenir justes.

A. 0 B. 1 C. 2 D. 3 E. 4

70 Le malade, lui non plus, ne recouvrera pas la santé, et il peut arriver qu'il soit malade par sa faute en menant une vie de désordres et en n'obéissant pas aux médecins. C'est autrefois qu'il lui était possible d'éviter la maladie ; mais, une fois qu'il s'est laissé aller, il est trop tard. De même, qui lance une pierre ne peut plus la ratrapper. Toutefois, il était en son pouvoir de la jeter ou de la laisser tomber, car cela dépendait de lui. Il en va de même pour les hommes qui pouvaient, dès le début, éviter de devenir injustes et débauchés ; aussi le sont-ils volontairement ; mais une fois qu'ils le sont devenus, ils ne peuvent plus ne pas l'être.

A. 0 B. 1 C. 2 D. 3 E. 4

Aptitude verbale 2 : vocabulaire

Pour chaque question, une seule réponse convient.
Reporter les réponses sur la feuille réponse.

Dans les phrases suivantes, il faut associer la définition à l'une des réponses proposées. Pour les cinq exercices suivants, les réponses ne seront utilisées qu'une seule fois.

71 Conforme à une doctrine.

A. Orthodoxe B. Immixtion C. Exemption D. Paroxysme E. Apoplexie

72 Dispense d'une charge.

A. Orthodoxe B. Immixtion C. Exemption D. Paroxysme E. Apoplexie

73 Perte de connaissance.

A. Orthodoxe B. Immixtion C. Exemption D. Paroxysme E. Apoplexie

74 Plus haut degré d'un sentiment.

A. Orthodoxe B. Immixtion C. Exemption D. Paroxysme E. Apoplexie

75 Fait de s'immiscer.

A. Orthodoxe B. Immixtion C. Exemption D. Paroxysme E. Apoplexie

Dans les phrases suivantes, il faut associer la définition à l'une des réponses proposées. Pour les cinq exercices suivants, les réponses ne seront utilisées qu'une seule fois.

76 Prononcer certaines lettres d'une certaine façon.

A. Soudoyer B. Soutacher C. Surir D. Schlitter E. Zézayer

77 Payer une solde.

A. Soudoyer B. Soutacher C. Surir D. Schlitter E. Zézayer

78 Devenir aigre.

A. Soudoyer B. Soutacher C. Surir D. Schlitter E. Zézayer

79 Descendre des bois abattus.

A. Soudoyer B. Soutacher C. Surir D. Schlitter E. Zézayer

80 Garnir d'une tresse.

A. Soudoyer B. Soutacher C. Surir D. Schlitter E. Zézayer

Test d'observation sur un texte

Pour chaque question, une seule réponse convient.
Reporter les réponses sur la feuille réponse.

Voici un texte de Rousseau : *Du contrat social* (extraits)

> « Si un particulier, dit Grotius peut aliéner sa liberté et se rendre esclave d'un maître, pourquoi tout un peuple ne pourrait-il pas aliéner la sienne et se rendre sujet d'un roi ? »

On veut classer tous les mots de ce texte dans l'ordre alphabétique.
Les mots identiques se classent les uns à la suite des autres.

81 Quel est le rang de classement du mot « Si » ?

A. 23 B. 24 C. 25 D. 26 E. 27

82 Quel est le rang de classement du mot « dit » ?

A. 3 B. 4 C. 5 D. 6 E. 7

83 Quel est le rang de classement du mot « esclave » ?

A. 6 B. 7 C. 8 D. 9 E. 10

84 Quel est le rang de classement du mot « pourquoi » ?

A. 18 B. 19 C. 20 D. 21 E. Autre réponse

85 Quel est le rang de classement du mot « tout » ?

A. 27 B. 28 C. 29 D. 30 E. 31

Raisonnement logique de proposition

Pour chaque question, une seule réponse convient.
Reporter les réponses sur la feuille réponse.

Voici un texte simple. Vous devez répondre aux questions en vous limitant aux données du texte.

> « Les chiens et les chats ne s'aiment pas. Le chat souhaite manger le poisson. Le chien souhaite manger le lapin. Quatre personnes : Jean, Jacques, Jules et José possèdent chacun un des quatre animaux suivants : un chien, un chat, un poisson et un lapin. Les quatre personnes se promènent toujours avec leurs animaux de compagnie. »

86 On sait que Jean possède un chien et Jacques ne possède pas de chat. Ces deux personnes peuvent se rencontrer sans conflit.

A. Vrai B. Faux C. On ne peut pas se prononcer avec certitude

87 De plus, on sait que Jules ne possède pas de lapin. Jean et Jules peuvent se rencontrer sans conflit.

A. Vrai B. Faux C. On ne peut pas se prononcer avec certitude

88 Jacques ou José possède le lapin.

A. Vrai B. Faux C. On ne peut pas se prononcer avec certitude

89 Jules et José ne possèdent pas le chat.

A. Vrai B. Faux C. On ne peut pas se prononcer avec certitude

90 De plus, on sait que Jacques possède le poisson. Jules possède le chat.

A. Vrai B. Faux C. On ne peut pas se prononcer avec certitude

Test de raisonnement sur des axes parallèles

Pour chaque question, une seule réponse convient.
Reporter les réponses sur la feuille réponse.

Par un raisonnement de géométrie simple, il faut déterminer les longueurs des segments notés a, b, c et d.

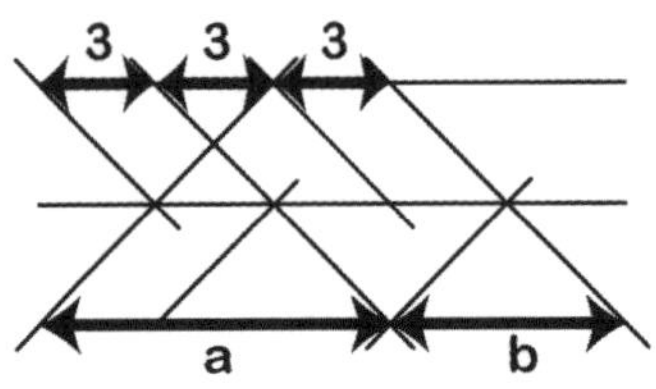

91 Quelle longueur égale la distance a ?

A. 3 **B. 4** **C. 5** **D. 6** **E. Autre réponse**

92 Quelle longueur égale la distance b ?

A. 3 **B. 4** **C. 5** **D. 6** **E. Autre réponse**

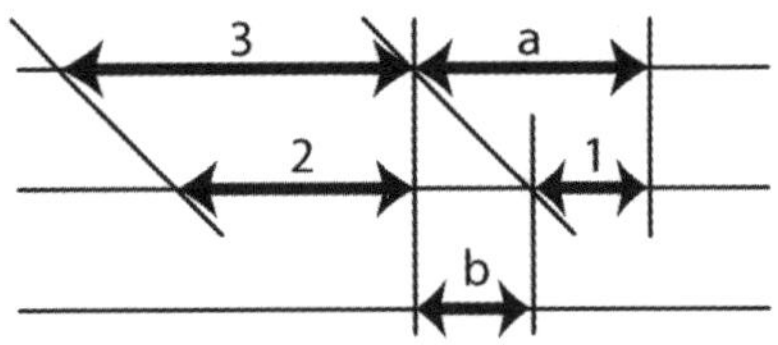

93 Quelle longueur égale la distance a ?

A. 1 **B. 2** **C. 3** **D. 4** **E. 5**

94 Quelle longueur égale la distance b ?

A. 1 **B. 2** **C. 3** **D. 4** **E. 5**

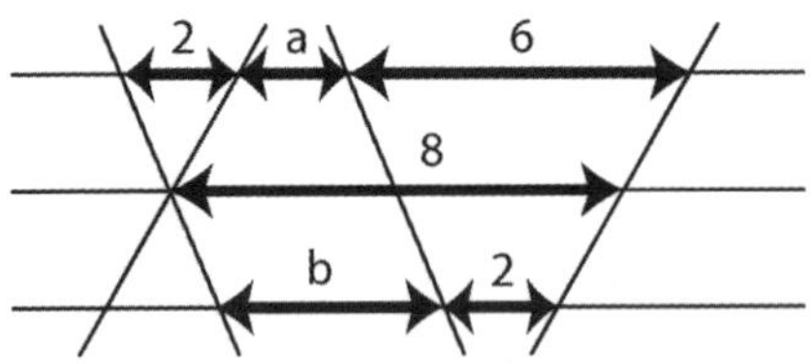

95 Quelle longueur égale la distance a ?

A. 1 **B. 2** **C. 3** **D. 4** **E. 5**

96 Quelle longueur égale la distance b ?

A. 1 **B. 2** **C. 3** **D. 4** **E. 5**

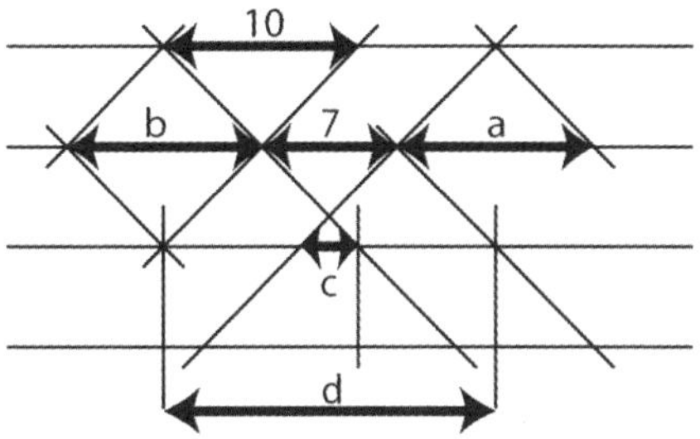

97 Quelle longueur égale la distance a ?

A. 17 B. 7 C. 3 D. 1 E. Autre réponse

98 Quelle longueur égale la distance b ?

A. 17 B. 7 C. 3 D. 1 E. Autre réponse

99 Quelle longueur égale la distance c ?

A. 17 B. 7 C. 3 D. 1 E. Autre réponse

100 Quelle longueur égale la distance d ?

A. 17 B. 7 C. 3 D. 1 E. Autre réponse

Feuille-réponse du concours n° 6

Pour chaque question, cocher la bonne réponse.

	A	B	C	D	E		A	B	C	D	E		A	B	C	D	E		A	B	C	D	E
1						26						51						76					
2						27						52						77					
3						28						53						78					
4						29						54						79					
5						30						55						80					
6						31						56						81					
7						32						57						82					
8						33						58						83					
9						34						59						84					
10						35						60						85					
11						36						61						86					
12						37						62						87					
13						38						63						88					
14						39						64						89					
15						40						65						90					
16						41						66						91					
17						42						67						92					
18						43						68						93					
19						44						69						94					
20						45						70						95					
21						46						71						96					
22						47						72						97					
23						48						73						98					
24						49						74						99					
25						50						75						100					

Nombre total de bonnes réponses r =
Note /20 = r/5 =

Corrigé

Raisonnement logique sur un texte

Pour les questions 1 à 10, se reporter à la grille de correction page 172.

Test d'attention

« La cigale et la fourmi » fable de La Fontaine :

La Cigale, ayant chanté
Tout l'été,
Se trouva fort dépourvue
Quand la bise fut venue
Pas un seul petit morceau
De mouche ou de vermisseau.
Elle alla crier famine
Chez la Fourmi sa voisine,
La priant de lui prêter
Quelque grain pour subsister
Jusqu'à la saison nouvelle.
« Je vous paierai, lui dit-elle,
Avant l'août, foi d'animal,
Intérêt et principal. »
La Fourmi n'est pas prêteuse
C'est là son moindre défaut.
« Que faisiez-vous au temps chaud ?
Dit-elle à cette emprunteuse.
– Nuit et jour à tout venant
Je chantais, ne vous déplaise.
– Vous chantiez ? J'en suis fort aise
Eh bien ! Dansez maintenant. »

⓫ Combien de fois trouve-t-on la lettre a :
E = 44

⓬ Combien de fois trouve-t-on la lettre e :
A = 59

⓭ Combien de fois trouve-t-on la lettre o :
D = 24

⓮ Combien de fois trouve-t-on la lettre t :
C = 39

⓯ Combien de fois trouve-t-on la lettre m :
E = 11

⓰ Combien de fois trouve-t-on la lettre n :
A = 31

⓱ Combien de fois trouve-t-on la lettre u :
D = 39

⓲ Combien de fois trouve-t-on la lettre v :
B = 12

⓳ Combien de fois trouve-t-on la lettre i :
C = 36

⓴ Combien de fois trouve-t-on la lettre l :
E = 27

Raisonnement numérique 1 : arithmétique

㉑ Calculer : $2 + [-(3 - 1) + 2] - [-(2 - 4) + 3]$.
$= 2 + [-2 + 2] - [2 + 3] = 2 + 0 - 5 = \mathbf{-3}$.

㉒ Calculer le plus petit multiple commun à 36 et 45.
$36 = 2^2 \times 3^2$; $45 = 3^2 \times 5$; PPMC $= 2^2 \times 3^2 \times 5 = \mathbf{180}$.

㉓ Calculer : $4^3 \times 8^{-2} \times 2^4 = 2^6 \times 2^{-6} \times 2^4 = \mathbf{2^4}$.

㉔ Compléter : $3{,}14 \times 10^5 = 3{,}14 \times 10^{-2} \times 10^7 = \mathbf{0{,}0314} \times 10^7$.

㉕ Calculer $\frac{288}{242} \times \frac{363}{432} = \frac{144}{121} \times \frac{121}{144} = \mathbf{1}$.

㉖ Calculer en heures et minutes : 21 h 05 min – 13 h 45 min.
20 h 65 min – 13 h 45 min = **7 h 20 min.**

㉗ Quelle réponse est solution partielle de :
$4 \times (3 - 2a) < 7 \times (9 - 6a)$

$12 - 8a < 63 - 42a$; $-8a + 42a < -12 + 63$; $34a < 51$; $a < \frac{51}{34} = 1{,}5$.
Donc : a < 1 est solution partielle.

28 Quelle est la valeur de y solution du système :

$$\begin{Bmatrix} a \\ b \end{Bmatrix} \Leftrightarrow \begin{Bmatrix} -3x+2y=0 \\ 7x+5y=-29 \end{Bmatrix} \Leftrightarrow \begin{Bmatrix} 7a+b \\ 5a-2b \end{Bmatrix} = \begin{Bmatrix} 14y+15y=-29\times 3 \\ -15x-14x=29\times 2 \end{Bmatrix}$$

$$\begin{Bmatrix} 29y=-29\times 3 \\ -29x=29\times 2 \end{Bmatrix} \Leftrightarrow \begin{Bmatrix} y=-3 \\ x=-2 \end{Bmatrix}$$

La valeur de y est égale à -3.

29 Simplifier : $\sqrt{1\,440} = \sqrt{10 \times 144} = \sqrt{144} \times \sqrt{10} = \mathbf{12\sqrt{10}}$.

30 On rappelle que $\pi \approx 3{,}14$. Quelle est environ la surface totale en cm^2 d'un cylindre de 3 cm de haut et 2 cm de rayon ?

$S = 2\pi Rh + 2\pi R^2 = 2\pi R(h + R)$ soit : $2 \times 3{,}14 \times 2 \times (3 + 2) = \mathbf{62{,}8}$.

Raisonnement numérique 2 : problèmes

31 Quel est le taux de taxe d'un objet coûtant 1 250 € dont le montant de taxe est 312,50 € ?

Taux $= \dfrac{312{,}50}{1\,250} \times 100 = \mathbf{25\ \%}$.

32 Pour acheter un ensemble de meubles à 8 700 € à crédit, il faut verser 20 % d'acompte. Quel est le montant de l'acompte ?

Acompte = 8 700 × 20 % = **1 740 €.**

33 Pour l'embauche d'une personne, une société fait passer des entretiens à des demandeurs d'emplois. Les entretiens sous forme de tests ont des taux de succès de 50 %, 20 % et 80 % respectivement. À l'issue des tests l'entreprise retient 8 candidatures. Quel est le nombre initial de personnes ?

N est ce nombre ; $N \times \dfrac{50}{100} \times \dfrac{20}{100} \times \dfrac{80}{100} = 8$; $N = 8 \times \dfrac{100 \times 100 \times 100}{50 \times 20 \times 80} = 100$.

34 Pour l'achat d'un bateau de 115 000 €, une personne emprunte à un taux annuel de 20 % sur 5 ans en intérêts simples 80 % du prix du bateau. Quelle est la somme à rembourser ?

Emprunt = 115 000 × 80 % = 92 000 €.

Intérêts = 20 % × 5 × 92 000 = 92 000 €.

Somme à rembourser = emprunt + intérêts = **184 000 €.**

35 Les frais d'inscription dans un établissement privé passent de 8 000 € à 9 200 €. Quel est le pourcentage d'augmentation ?

Taux $= \dfrac{(9\,200 - 8\,000)}{8\,000} \times 100 = \mathbf{15\ \%}$.

36 L'étiquette du prix d'une machine à calculer est notée : – 20 %. Elle vaut maintenant 312,50 €. Quel était le prix avant la remise ?

$$\text{Prix} = \frac{312{,}50}{1 - \frac{20}{100}} = \frac{312{,}50}{0{,}8} = \mathbf{390{,}625\ €.}$$

37 Un objet vaut 3 200 € en sortie d'usine. Les frais de port sont de 5 % du prix d'usine. Le bénéfice du revendeur est de 30 % du prix d'usine. Il faut ajouter une taxe de 25 % calculée sur le prix d'usine majoré des frais de port. Quel est le pourcentage d'augmentation entre le prix en sortie d'usine et le prix de vente ?

Port = 5 % × 3 200 = 160 €.

Bénéfice = 30 % × 3 200 = 960 €.

Taxe = (3 200 + 160) × 25 % = 840 €.

Le prix de vente = 160 + 960 + 840 + 3 200 = 5 160 €.

$$\text{Le taux} = \frac{5\,160 - 3\,200}{3\,200} \times 100 = \mathbf{61{,}25\ \%.}$$

38 Une montre à 850 € est soldée avec une réduction de 10 %. Quel est son nouveau prix ?

$$\text{Prix} = 850 \times \left(1 - \frac{10}{100}\right) = \mathbf{765\ €.}$$

39 En sortie d'atelier, un produit vaut 3 500 €. Les frais de port sont de 10 % du prix d'atelier ; le bénéfice du revendeur est de 50 % du prix d'atelier port inclus. Si le prix usine augmente de 20 %, de combien augmente, en pourcentage, le prix de vente ?

- *Avant l'augmentation de 20 % :*

Port = 3 500 × 10 % = 350 €.

Bénéfice = (3 500 + 350) × 50 % = 1 925 €.

Cela fait un prix de vente de 3 500 + 350 + 1 925 = 5 775 €.

- *Après l'augmentation de 20 % :*

Port = (3 500 + 700) × 10 % = 420 €.

Bénéfice = (3 500 + 700 + 420) × 50 % = 2 310 €.

Cela fait un prix de vente de 3 500 + 700 + 420 + 2 310 = 6 930 €.

$$\text{Soit un taux} = \frac{6\,930 - 5\,775}{5\,775} \times 100 = \mathbf{20\ \%.}$$

40 En sortie d'usine, un objet vaut 2 000 €. Les frais de port sont de 10 % du prix d'atelier, le bénéfice du revendeur est de 50 % du prix d'usine port inclus. Si le prix d'usine, les frais de port, le bénéfice augmentent de 10 %, de combien augmente le prix de vente ?

- *Avant l'augmentation de 10 % :*

Port = 2 000 × 10 % = 200 €.

Bénéfice = (2 000 + 200) × 50 % = 1 100 €.

Cela fait un prix de vente de 2 000 + 200 + 1 100 = 3 300 €.

- *Après l'augmentation de 10 % :*

Prix = 2 000 × (1 + 10 %) = 2 200 €.

Port = (2 200 × 10 %) × (1 + 10 %) = 242 €.

Bénéfice = [(2 200 + 242) × 50 %] × (1 + 10 %) = 1 343,10 €.

Cela fait un prix de vente de 2 200 + 242 + 1 343,10 = 3 785,10 €.

Soit un taux = (3 785,10 – 3 300)/3 300 × 100 = **14,7 %**.

Test d'observation sur des images

Pour les questions 41 à 45, se reporter à la grille de correction page 172.

Raisonnement numérique 3 : opérations

Pour les questions 46 à 55, se reporter à la grille de correction page 172.

Raisonnement logique

Cinq symboles que l'on peut remplacer par des chiffres :

1 2 3 4 5

Les cinq symboles représentent une suite qui se répète indéfiniment.

56 

Le premier symbole de chaque binôme décrit la suite en sens inverse.

Le second symbole de chaque binôme décrit la suite dans le sens normal.

Réponse : B

57 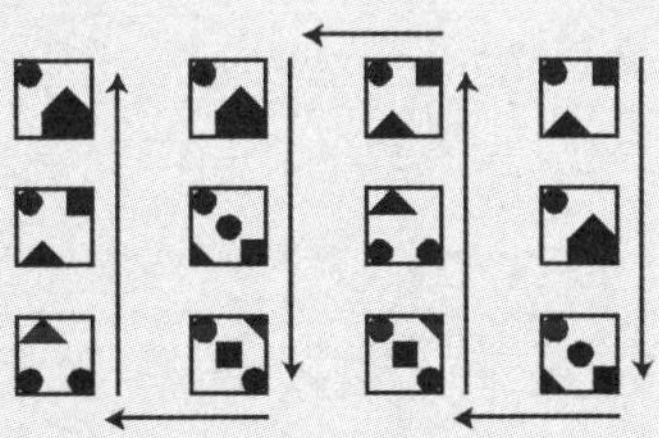

Réponse : D.

58 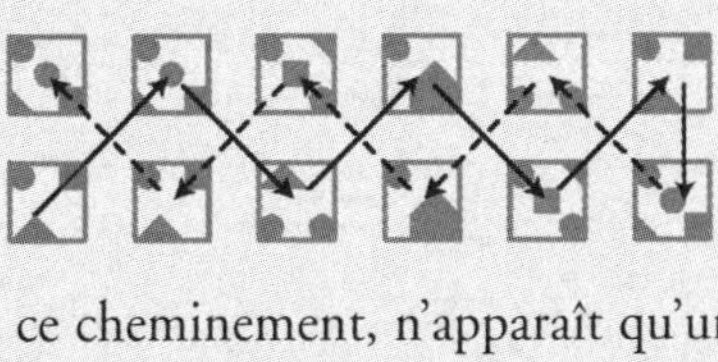

Dans ce cheminement, n'apparaît qu'un symbole sur deux. **Réponse : C.**

59 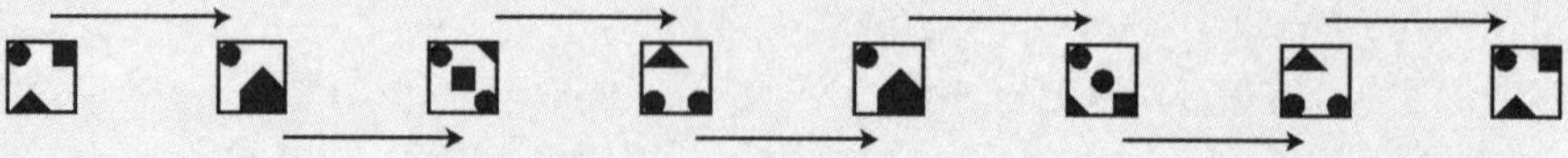

Pour les flèches supérieures, les symboles sont déclinés dans l'ordre croissant.

Pour les flèches inférieures, les symboles sont déclinés dans l'ordre croissant en n'en retenant qu'un sur deux. **Réponse : E.**

60 

Le premier symbole de chaque trinôme décrit la suite dans le sens croissant.

Le second symbole de chaque trinôme décrit la suite dans le sens inverse.

Le troisième symbole de chaque trinôme décrit la suite dans le sens croissant en ne retenant qu'un symbole sur deux. **Réponse : E.**

Test d'attention sur des mots

masse	merci	mange	arbre	album	ainsi
frise	fugue	fumer	leste	lever	livre
mange	fugue	fumer	mange	ainsi	frise
mange	fugue	fumer	mange	arbre	frise
fugue	fumer	mange	album	mange	ainsi
frise	arbre	album	fugue	fumer	mange

61 Combien de fois trouve-t-on le mot « masse » dans le texte ?
Réponse A : 1

62 Combien de fois trouve-t-on le mot « mange » dans le texte ?
Réponse D : 8

63 Combien de fois trouve-t-on le mot « fugue » dans le texte ?
Réponse E : 5

64 Combien de fois trouve-t-on le mot « album » dans le texte ?
Réponse B : 3

65 Combien de fois trouve-t-on le mot « frise » dans le texte ?
Réponse C : 4

Aptitude verbale 1 : orthographe

Voici un texte d'Aristote : *Éthique à Nicomaque*, Livre III.
Quel est le nombre de fautes d'orthographe et de grammaire pour chaque exercice ?

66 On punit l'acte commis par **ignorence** (ignorance), lorsqu'il est évident que le coupable est responsable de son **ignorence** (ignorance). C'est ainsi que les gens en état d'ivresse se voient infliger un double châtiment, la cause de la faute étant en eux, car il dépendait d'eux de ne pas s'enivrer, et d'autre part l'ivresse était la cause de leur état d'inconscience.
Réponse C : 2

67 De plus, on punit aussi ceux qui ignorent quelques dispositions de la loi, que nul n'est censé ignorer, surtout quand c'est facile. Il en va de même dans tous les autres cas où l'agent semble être dans l'**ignorence** (ignorance) du fait de sa négligence, attendu qu'il ne dépendait que de lui d'éviter cette **ignorence** (ignorance) et que rien ne l'**empéchait** (empêchait) d'y parer. Mais peut-être un homme dans ce cas n'était-il pas en état d'y **remèdier** (remédier) ?
Réponse E : 4

68 Eh bien ! Nous affirmons que, pour ceux qui se trouvent être la cause de cette situation, leur responsabilité est établie parce qu'ils vivent dans le désordre, et ils sont injustes et intempérants, les uns par leur mauvaise conduite habituelle, les autres par leur vie passée dans les beuveries et autres débauches. Car l'activité déployée en différents domaines détermine notre caractère. Cette influence est bien claire, à en juger par ceux qui s'entraînent pour quelque exercice de gymnastique ou pour quelque autre action : jamais leur effort n'est interrompu.
Réponse A : 0

69 **Maiconnaître** (Méconnaître) que les dispositions résultent de cet exercice continu de l'activité est le fait d'un esprit complètement stupide. Il est absurde aussi de ne pas admettre que l'homme injuste veut pratiquer l'injustice et le débauché la débauche. Si donc, en toute connaissance de cause, on commet des actes qui rendent injuste, on peut passer avec raison pour être injuste de son plein gré. C'est qu'en effet, **malgrès** (malgré) notre volonté, nous ne cesserons pas d'être **injuste** (injustes) pour devenir justes.
Réponse D : 3

70 Le malade, lui non plus, ne recouvrera pas la santé, et il peut arriver qu'il soit malade par sa faute en menant une vie de désordres et en n'obéissant pas aux médecins. C'est autrefois qu'il lui était possible d'éviter la maladie ; mais, une fois qu'il s'est laissé aller, il est trop tard. De même, qui lance une pierre ne peut plus la **ratrapper** (rattraper). Toutefois, il était en son pouvoir de la jeter ou de la laisser tomber, car cela dépendait de lui. Il en va de même pour les hommes qui pouvaient, dès le début, éviter de devenir injustes et débauchés ; aussi le sont-ils volontairement ; mais une fois qu'ils le sont devenus, ils ne peuvent plus ne pas l'être.
Réponse B : 1

Aptitude verbale 2 : vocabulaire

Dans les phrases suivantes, il faut associer la définition à l'une des réponses proposées. Pour les cinq exercices suivants, les réponses ne seront utilisées qu'une seule fois.

71 Conforme à une doctrine.

Réponse A : Orthodoxe

72 Dispense d'une charge.

Réponse C : Exemption

73 Perte de connaissance.

Réponse E : Apoplexie

74 Plus haut degré d'un sentiment.

Réponse D : Paroxysme

75 Fait de s'immiscer.

Réponse B : Immixtion

Dans les phrases suivantes, il faut associer la définition à l'une des réponses proposées. Pour les cinq exercices suivants, les réponses ne seront utilisées qu'une seule fois.

76 Prononcer certaines lettres d'une certaine façon.

Réponse E : Zézayer

77 Payer une solde.

Réponse A : Soudoyer

78 Devenir aigre.

Réponse C : Surir

79 Descendre des bois abattus.

Réponse D : Schlitter

80 Garnir d'une tresse.

Réponse B : Soutacher

Test d'observation sur un texte

Voici la suite des mots du texte rangés dans l'ordre alphabétique :

aliéner	aliéner	d'	d'	dit	esclave	et	et
Grotius	Il	la	liberté	maître	ne	particulier	pas
peuple	Peut	pourquoi	pourrait	rendre	rendre	roi	sa
se	Se	Si	sienne	sujet	tout	un	un
un	Un						

81 Quel est le rang de classement du mot « Si » ?
Réponse E : 27

82 Quel est le rang de classement du mot « dit » ?
Réponse C : 5

83 Quel est le rang de classement du mot « esclave » ?
Réponse A : 6

84 Quel est le rang de classement du mot « pourquoi » ?
Réponse B : 19

85 Quel est le rang de classement du mot « tout » ?
Réponse D : 30

Raisonnement logique de proposition

Voici un texte simple. Vous devez répondre aux questions en vous limitant aux données du texte.

> « Les chiens et les chats ne s'aiment pas. Le chat souhaite manger le poisson. Le chien souhaite manger le lapin. Quatre personnes : Jean, Jacques, Jules et José possèdent chacun un des quatre animaux suivants : un chien, un chat, un poisson et un lapin. Les quatre personnes se promènent toujours avec leurs animaux de compagnie. »

86 On sait que Jean possède un chien et que Jacques ne possède pas de chat. Ces deux personnes peuvent se rencontrer sans conflit.
Réponse B : Faux. Si Jacques possède le lapin, le chien de Jean voudra le manger

87 De plus, on sait que Jules ne possède pas de lapin. Jean et Jules peuvent se rencontrer sans conflit.
Réponse B : Faux. Si Jules possède le chat, il y aura un conflit

88 Jacques ou José possède le lapin.

Réponse A : Vrai

89 Jules et José ne possèdent pas le chat.
Réponse B : Faux

90 De plus, on sait que Jacques possède le poisson. Jules possède le chat.
Réponse A : Vrai

Test de raisonnement sur des axes parallèles

Par un raisonnement de géométrie simple, il faut déterminer les longueurs des segments notés a ; b ; c et d. Voici un exemple pour comprendre le raisonnement logique. Les axes parallèles obliques permettent de conserver les distances sur les droites axes horizontales.

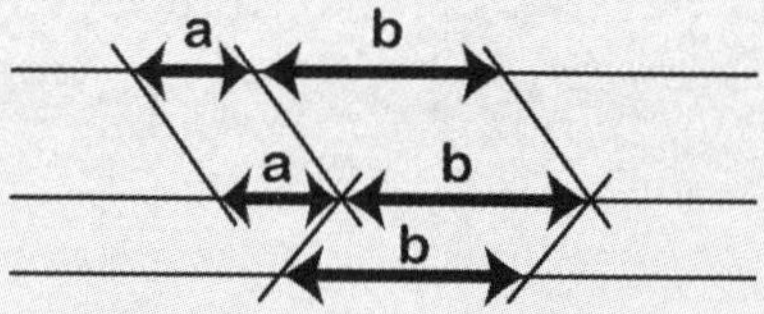

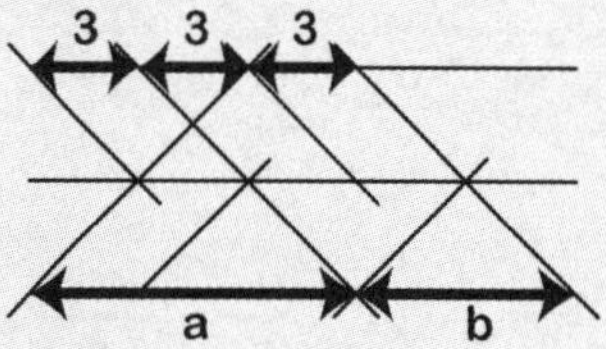

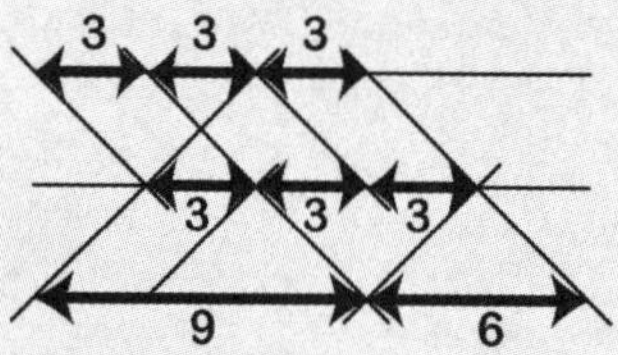

91 Quelle longueur égale la distance a ?
Réponse E : 9

92 Quelle longueur égale la distance b ?
Réponse D : 6

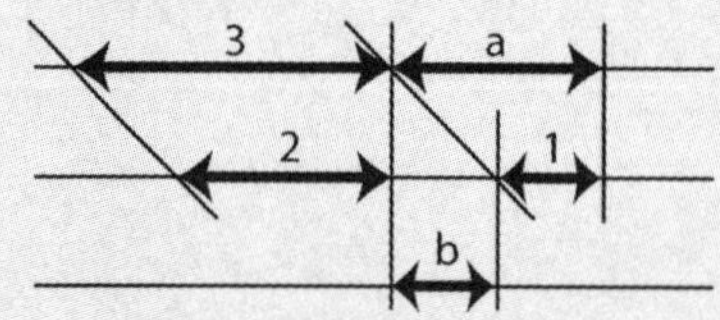

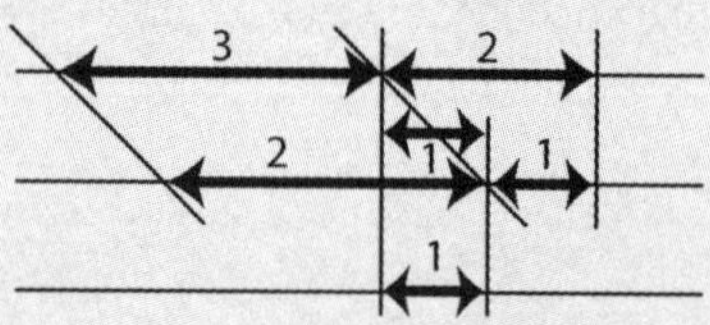

93 Quelle longueur égale la distance a ?
Réponse B : 2

94 Quelle longueur égale la distance b ?
Réponse A : 1

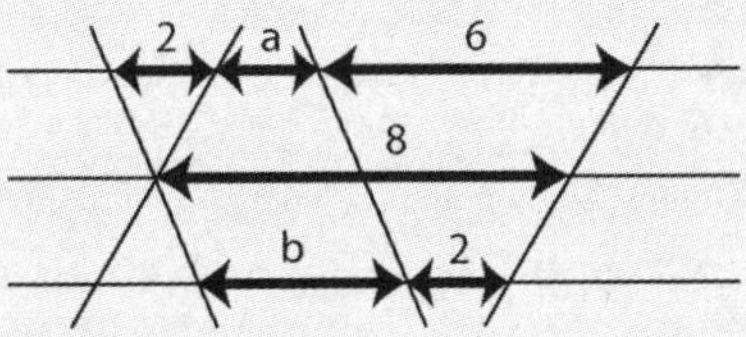

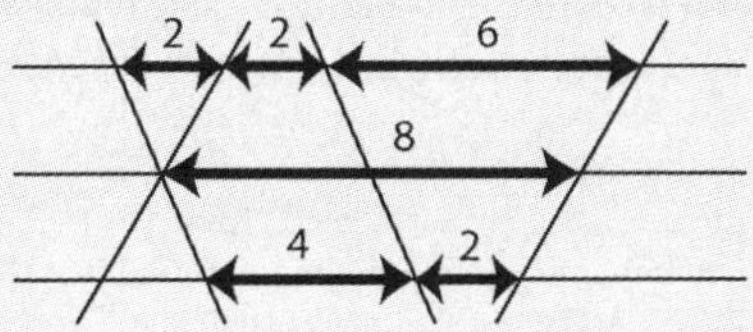

❾❺ Quelle longueur égale la distance a ?
Réponse B : 2

❾❻ Quelle longueur égale la distance b ?
Réponse D : 4

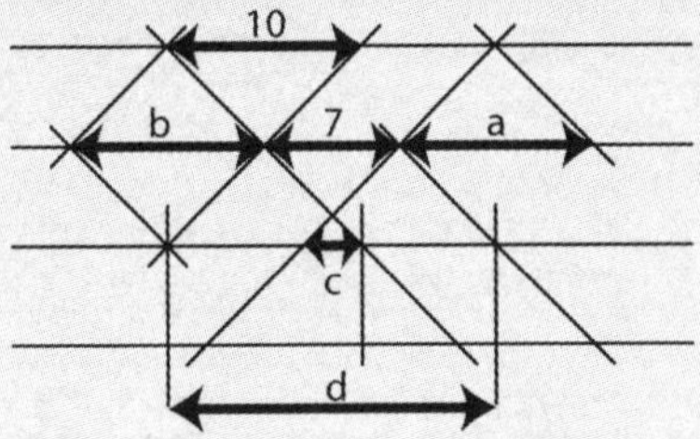

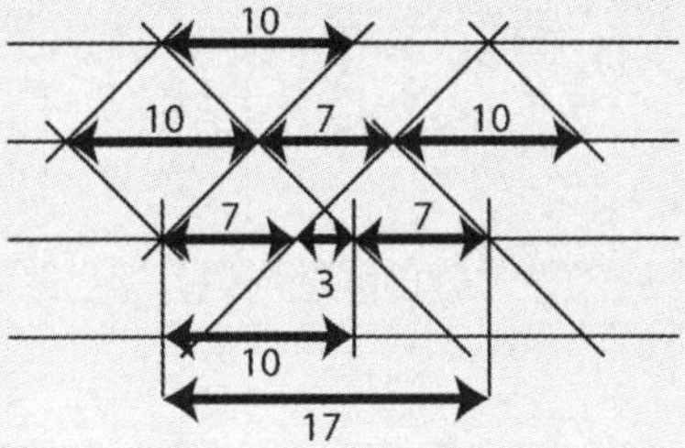

❾❼ Quelle longueur égale la distance a ?
Réponse E : 10

❾❽ Quelle longueur égale la distance b ?
Réponse E : 10

❾❾ Quelle longueur égale la distance c ?
Réponse C : 3

❶⓿⓿ Quelle longueur égale la distance d ?
Réponse A : 17

Feuille-réponse du concours n° 6

	A	B	C	D	E		A	B	C	D	E		A	B	C	D	E		A	B	C	D	E
1			×			26	×					51	×					76					×
2					×	27				×		52		×				77	×				
3		×				28	×					53					×	78			×		
4	×					29					×	54				×		79				×	
5					×	30		×				55			×			80		×			
6		×				31	×					56		×				81					×
7				×		32					×	57				×		82			×		
8		×				33				×		58			×			83	×				
9			×			34		×				59					×	84		×			
10				×		35				×		60					×	85				×	
11					×	36		×				61	×					86		×			
12	×					37	×					62				×		87		×			
13				×		38				×		63					×	88	×				
14			×			39					×	64		×				89		×			
15					×	40				×		65			×			90	×				
16	×					41					×	66			×			91					×
17				×		42		×				67					×	92				×	
18		×				43				×		68	×					93		×			
19			×			44			×			69				×		94	×				
20					×	45	×					70		×				95		×			
21	×					46					×	71	×					96				×	
22					×	47			×			72			×			97					×
23		×				48				×		73					×	98					×
24				×		49		×				74				×		99			×		
25			×			50	×					75		×				100	×				

7

Concours blanc n° 7

Durée
1 heure 30 minutes

Nombre de questions : 100.
Vous devez reporter vos réponses sur la « feuille réponse ».
Tout instrument de calcul est interdit.
Chaque question, notée sur un point, est suivie de cinq propositions de réponse dont une seule est exacte.
Vous pouvez utiliser des feuilles de brouillon.

Sujet

Raisonnement logique

Pour chaque question, une seule réponse convient.
Reporter les réponses sur la feuille-réponse.

Cinq symboles :

Les cinq symboles représentent une suite qui se répète indéfiniment.

Quel symbole remplace [?] ? Les réponses s'écrivent dans le sens de la lecture habituelle : de gauche vers la droite et du haut vers le bas.

1 

A.  B.  C.  D.  E. 

2

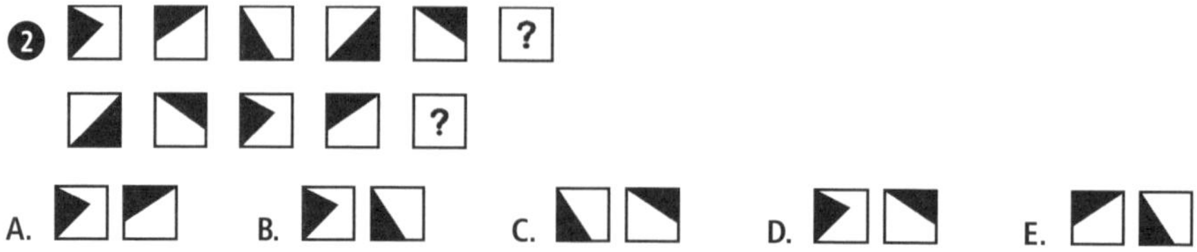

3

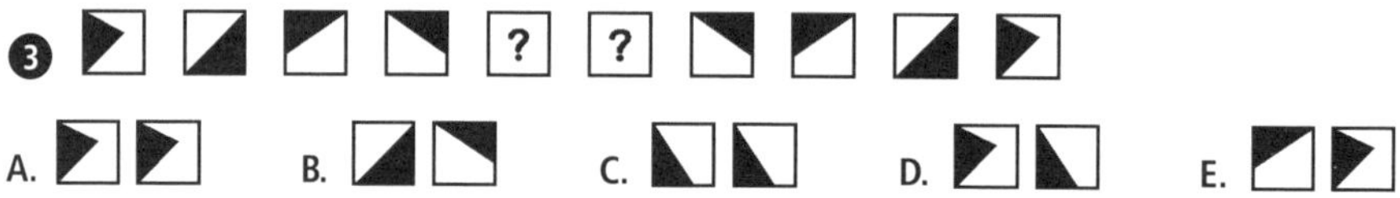

4

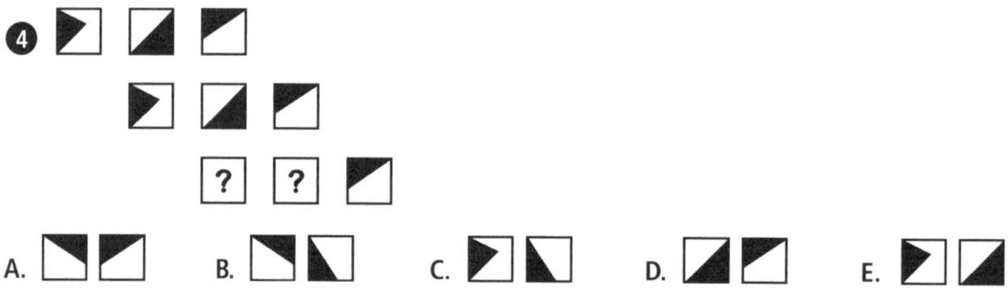

5

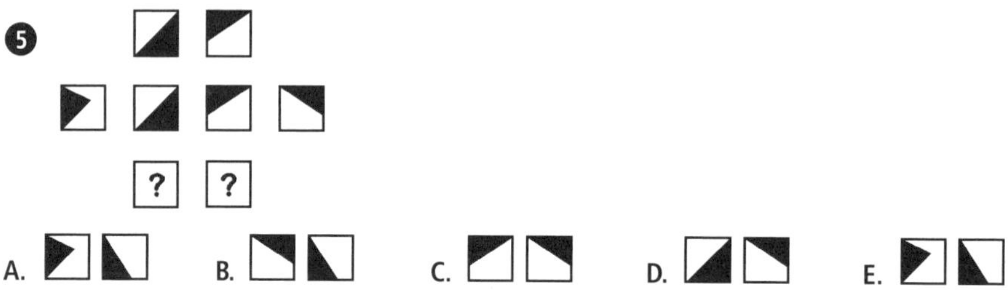

6

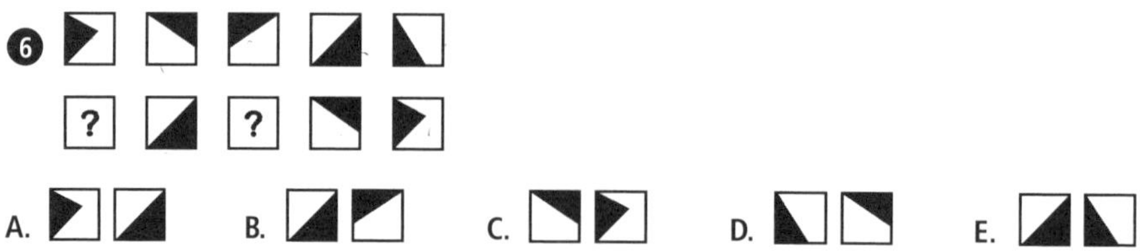

7

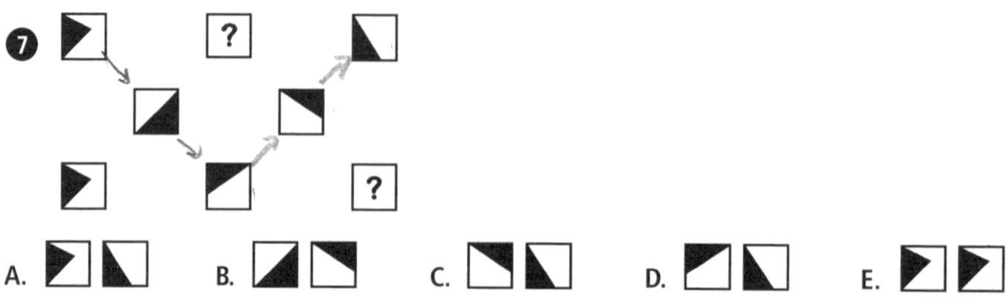

8
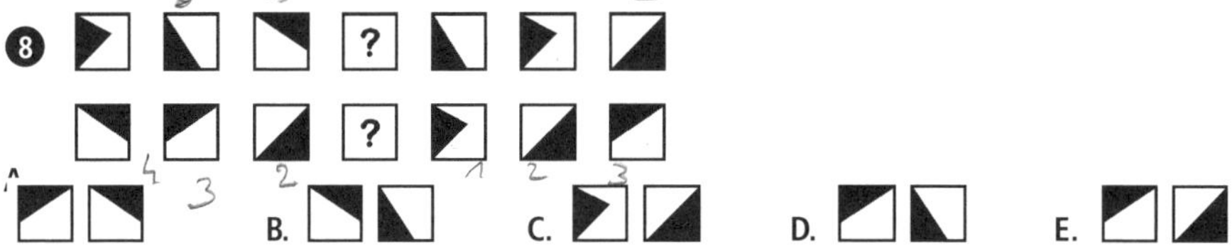

9
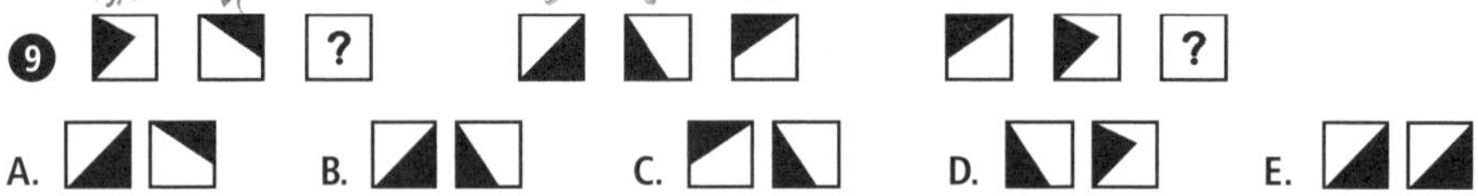

10
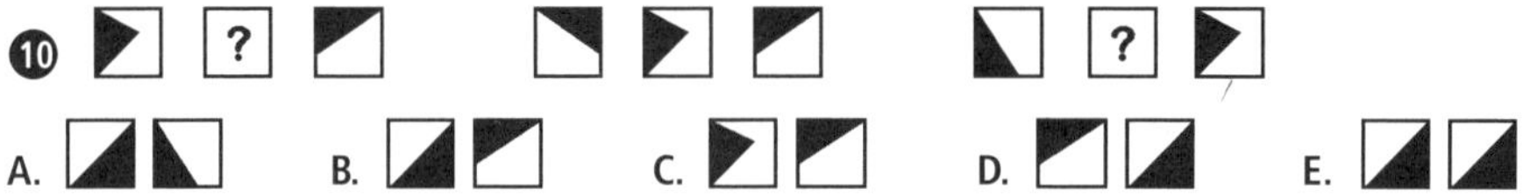

Test d'attention

Pour chaque question, une seule réponse convient.
Reporter les réponses sur la feuille-réponse.

Voici un texte : « L'âne portant des reliques » fable de La Fontaine :

Un Baudet chargé de reliques
S'imagina qu'on l'adorait.
Dans ce penser il se carrait,
Recevant comme siens
l'encens et les cantiques.
Quelqu'un vit l'erreur, et lui dit :
Maître Baudet, ôtez-vous de l'esprit
Une vanité si folle.
Ce n'est pas vous, c'est l'idole,
A qui cet honneur se rend,
Et que la gloire en est due.
D'un magistrat ignorant
C'est la robe qu'on salue.

11 Combien de mots comporte cette fable ?

A. 67 **B.** 69 **C.** 71 **D.** 73 **E.** 75

⓬ **Combien de fois trouve-t-on la lettre a ?**

A. 18 B. 19 C. 21 D. 22 E. 23

⓭ **Combien de fois trouve-t-on la lettre e ?**

A. 41 B. 42 C. 43 D. 44 E. 45

⓮ **Combien de fois trouve-t-on la lettre n ?**

A. 22 B. 24 C. 26 D. 28 E. 30

⓯ **Combien de fois trouve-t-on la lettre o ?**

A. 12 B. 13 C. 14 D. 15 E. 16

Raisonnement logique sur un tableau

Pour chaque question, une seule réponse convient.
Reporter les réponses sur la feuille-réponse.

Dans un centre hospitalier, pendant la période des congés d'été, les infirmières sont amenées à modifier leurs services. Certaines conservent leurs postes, d'autres sont déplacées. L'hôpital fait même appel à des infirmières intérimaires. Les postes sont de deux types : le poste matin ou nuit et le poste en journée.

⓰ **On sait que 55 % des infirmières travaillent le matin ou la nuit. Quel pourcentage d'infirmières travaillent en journée ?**

A. 15 % B. 25 % C. 35 % D. 45 % E. 55 %

⓱ **Parmi les infirmières travaillant en journée ; 1/3 sont des intérimaires. Quel est le pourcentage d'intérimaires ?**

A. 15 % B. 25 % C. 33 % D. 45 % E. 50 %

⓲ **Quel est alors le pourcentage maximum d'infirmières en poste ou déplacées travaillant en journée ?**

A. 0 % B. 10 % C. 30 % D. 45 % E. 50 %

⓳ **On sait qu'il y a deux fois plus d'infirmières travaillant en journée qui sont déplacées que d'infirmières restées en poste. Quel est alors le pourcentage d'infirmières en poste travaillant la journée ?**

A. 0 % B. 10 % C. 20 % D. 30 % E. 33 %

⓴ **Il y a autant d'infirmières en poste travaillant la journée que d'infirmières déplacées travaillant matin ou nuit. Quel est le pourcentage d'infirmières déplacées travaillant matin ou nuit ?**

A. 0 % B. 2,5 % C. 5 % D. 7,5 % E. 10 %

Raisonnement logique : M. Mind

Pour chaque question, une seule réponse convient.

Reporter les réponses sur la feuille-réponse.

Trouver la bonne réponse à partir des symboles utilisés :

☪ ✡ ✠ ⊕ ✝ †

21

✠	†	✝	⊕	2 symboles communs bien placés
✡	✠	⊕	☪	2 symboles communs bien placés
✠	†	⊕	✡	1 symbole commun bien placé et 1 symbole commun mal placé
⊕	☪	✝	✠	1 symbole commun bien placé et 1 symbole commun mal placé
†	⊕	✝	✠	1 symbole commun bien placé et 1 symbole commun mal placé

A. ✡ † ✝ ☪ B. ☪ ✡ ✠ ⊕ C. ☪ ✝ † ✡ D. ✠ ✡ ⊕ ✝ E. ⊕ ✝ † ☪

22

✠	⊕	☪	✡	2 symboles communs bien placés
☪	⊕	✡	†	2 symboles communs bien placés
✠	✝	✡	☪	1 symbole commun bien placé et 1 symbole commun mal placé
†	⊕	☪	✡	1 symbole commun bien placé et 1 symbole commun mal placé
✝	✡	☪	†	1 symbole commun bien placé et 1 symbole commun mal placé

A. ✠ ⊕ † ✝ B. ⊕ ✠ † ✝ C. † ✝ ⊕ ✠ D. † ✝ ✠ ⊕ E. ✠ ⊕ ✝ †

23

☪	✠	✝	✡	2 symboles communs bien placés
✠	✝	†	✡	2 symboles communs mal placés
✝	☪	⊕	✡	1 symbole commun bien placé et 1 symbole commun mal placé
†	✝	☪	✡	2 symboles communs mal placés
✡	✝	⊕	†	2 symboles communs bien placés

A. ✠ ☪ ⊕ † B. ✠ ☪ ⊕ ✝ C. ☪ ✠ ⊕ † D. ☪ ✝ ⊕ † E. ⊕ ✝ ✠ †

24

†	✠	✡	⊕	2 symboles communs bien placés
☪	✝	✡	⊕	2 symboles communs bien placés et 1 symbole commun mal placé
✡	⊕	☪	✝	2 symboles communs mal placés et 1 symbole commun bien placé
†	☪	✝	⊕	2 symboles communs mal placés
☪	✡	✠	✝	2 symboles communs mal placés et 2 symboles communs bien placés

A. ☪ ✠ ✡ ✝ B. ✡ ✠ ✝ ⊕ C. ✠ ☪ ✡ ✝ D. ✡ ✠ ✡ ✝ E. ✠ ✡ ✝ ☪

25

✞	☪	✡	⊕	2 symboles communs mal placés
✡	✞	⊕	☪	2 symboles communs bien placés
☪	⊕	✡	✠	1 symbole commun bien placé et 1 symbole commun mal placé
✞	⊕	✝	☪	3 symboles communs mal placés
☪	✡	⊕	✠	2 symboles communs bien placés

A. ✝✞⊕☪ B. ✝⊕✠☪ C. ✞✝✠⊕ D. ☪✞⊕✠ E. ✝✞⊕✠

26

☪	✝	✠	⊕	2 symboles communs bien placés
✞	✡	⊕	✠	2 symboles communs mal placés
⊕	✝	✞	✠	1 symbole commun bien placé et 1 symbole commun mal placé
✠	⊕	✡	✞	2 symboles communs bien placés
☪	✠	✡	✞	3 symboles communs bien placés

A. ☪✝✡✞ B. ✝☪✡✞ C. ☪✝✡✠ D. ✡✞☪✝ E. ✞✝☪✡

27

⊕	✞	✠	☪	3 symboles communs mal placés
✡	⊕	✞	☪	2 symboles communs bien placés
☪	✠	✝	✡	2 symboles communs mal placés
✠	✞	✡	☪	1 symbole commun bien placé et 1 symbole commun mal placé
✡	⊕	✞	✝	3 symboles communs bien placés

A. ✠⊕✝✞ B. ✝✞✠⊕ C. ✠⊕✞✝ D. ✝✞⊕✠ E. ✞✝⊕✠

28

✞	☪	✠	✝	1 symbole commun bien placé et 1 symbole commun mal placé
✞	✝	✡	✠	2 symboles communs mal placés
✠	✝	✞	✡	2 symboles communs bien placés
☪	✞	✡	✠	3 symboles communs mal placés
✡	✠	☪	✞	3 symboles communs mal placés

A. ☪⊕✞✡ B. ☪✞✡⊕ C. ⊕☪✞✡ D. ⊕☪✡✞ E. ☪⊕✡✞

29

☪	✡	✝	✞	2 symboles communs bien placés
✡	✠	✞	☪	2 symboles communs mal placés
⊕	✞	✝	✠	3 symboles communs bien placés
✡	✝	✠	☪	3 symboles communs mal placés
✝	✞	☪	✠	1 symbole commun bien placé et 1 symbole commun mal placé

A. ✠✝✡⊕ B. ✝✡✠⊕ C. ✡⊕✝✠ D. ⊕✡✝✠ E. ✝✠✡⊕

30

1 symbole commun bien placé et 2 symboles communs mal placés
2 symboles communs mal placés
2 symboles communs bien placés
3 symboles communs mal placés
2 symboles communs bien placés et 1 symbole commun mal placé

Raisonnement numérique 1 : arithmétique

Pour chaque question, une seule réponse convient.
Reporter les réponses sur la feuille-réponse.

31 Calculer la moyenne arithmétique des nombres : 20, 12 et 38.

A. 20 B. $\frac{3}{70}$ C. $\frac{70}{3}$ D. 44,6 E. autre réponse

32 Calculer : $6^2 + 8^2$.

A. 10^2 B. 14^2 C. 10^4 D. 14^4 E. autre réponse

33 Calculer approximativement : $5\sqrt{8} - 3\sqrt{17} + 2\sqrt{24}$.

A. $4\sqrt{15}$ B. 4×7 C. $7\sqrt{2}$ D. 13 E. autre réponse

34 Quelle est la forme canonique de : $x^2 + 2x + 3$?

A. $(x+1)^2 - 2$ B. $(x+1)^2 + 2$ C. $(x+1)^2 - 3$ D. $(x-1)^2 + 2$ E. autre réponse

35 Combien font 90 km/h en km/min ?

A. 0,5 B. 1 C. 1,5 D. 2 E. autre réponse

36 Lequel de ces 5 nombres est premier : 32 ; 71 ; 77 ; 91 ; 171 ?

A. 32 B. 71 C. 77 D. 91 E. 171

37 Simplifier : $\sqrt{384}$.

A. $2\sqrt{32}$ B. $4\sqrt{6}$ C. $16\sqrt{3}$ D. $6\sqrt{8}$ E. $8\sqrt{6}$

38 Quel nombre n'est pas un diviseur de 178 ?

A. 1 B. 2 C. 47 D. 89 E. 178

39 Quel est le plus petit multiple commun aux 4 nombres : 12 ; 15 ; 18 ; 24 ?

A. 120 B. 150 C. 180 D. 240 E. 360

40 Quel nombre est un diviseur de 1 001 ?

A. 2 B. 14 C. 78 D. 91 E. 144

Raisonnement numérique 2 : problèmes

Pour chaque question, une seule réponse convient.
Reporter les réponses sur la feuille-réponse.

41 Calculer le tiers des 50 % du quart du triple de 160.

A. 20 B. 30 C. 40 D. 50 E. autre réponse

42 Calculer les 20 % des 50 % des 30 % de 2 500.

A. 50 B. 60 C. 65 D. 70 E. autre réponse

43 25 bougies coûtent 175 €. Quel est le prix de 3 paquets de 4 bougies en € ?

A. 75 € B. 78 € C. 82 € D. 84 € E. autre réponse

44 Je roule à 90 km/h sur 120 km. Quelle distance peut-on parcourir en doublant la vitesse et divisant le temps par trois ?

A. 60 km B. 80 km C. 100 km D. 240 km E. autre réponse

45 Dans une entreprise, une ouvrière fabrique 28 pièces en un certain temps. Si on augmente son rendement de 25 % et que l'on diminue de moitié le temps de travail, combien de pièces va-t-elle fabriquer ?

A. 10 B. 12 C. 14 D. 17,5 E. autre réponse

46 Dans 3 wagons SNCF, il y a en moyenne 9 450 paquets. La moitié de ces paquets sont des lettres. Le 1/5 de ces lettres sont des envois recommandés. Il existe trois types de recommandés : R1 ; R2 ; R3. On dénombre autant de R1 que de R2 et trois fois plus de R3 que de R1. Combien y a-t-il de recommandés R1 dans 2 wagons ?

A. 112 B. 126 C. 140 D. 150 E. autre réponse

47 Une personne part à 8 h 20 min d'une ville A. Elle s'arrête pour manger de 12 h 15 min à 13 h 30 min. Elle arrive à la ville B à 15 h 40 min. La distance entre les deux villes est de 730 km. Quelle est sa vitesse moyenne en km/h ?

A. 120 km/h B. 135 km/h C. 60 km/h D. 80 km/h E. autre réponse

48 Une personne roule à 90 km/h pendant 3 h 15 min. Elle s'arrête 2 h avant de repartir de 14 h 30 min à 17 h 20 min en roulant à 120 km/h. Quelle est la distance parcourue en km ?

A. 320 km B. 450,5 km C. 570 km D. 632,5 km E. autre réponse

49 Une personne effectue 200 km à 90 km/h. Elle s'arrête de 12 h 20 min à 14 h 50 min. Elle reprend la route pour effectuer 150 km à 70 km/h puis 40 km à 50 km/h. Quel est le temps total (à une minute près) de trajet pendant lequel elle a roulé ?

A. 4 h 20 min B. 4 h 57 min C. 5 h 7 min D. 6 h 12 min E. autre réponse

50 **Une personne roule à 90 km/h sur 150 km. Pendant le même temps une autre personne roule à 120 km/h. Quelle est sa distance parcourue en km ?**

A. 100 km **B. 120 km** **C. 180 km** **D. 200 km** **E. autre réponse**

Test d'observation sur des images

Pour chaque question, une seule réponse convient.
Reporter les réponses sur la feuille-réponse.

Retrouver le morceau qui n'est pas un élément du bloc.

51

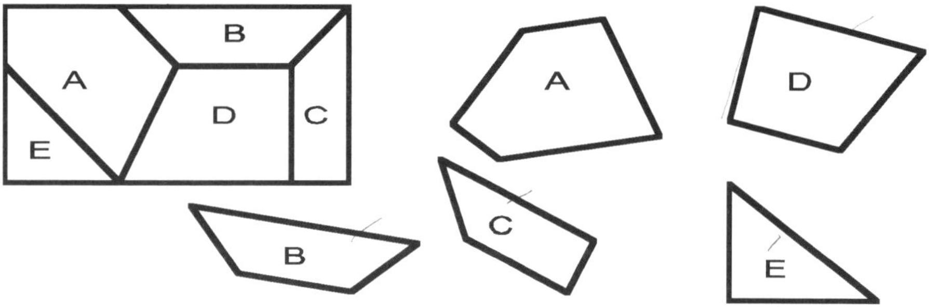

A. ☐ **B.** ☐ **C.** ☐ **D.** ☐ **E.** ☐

52

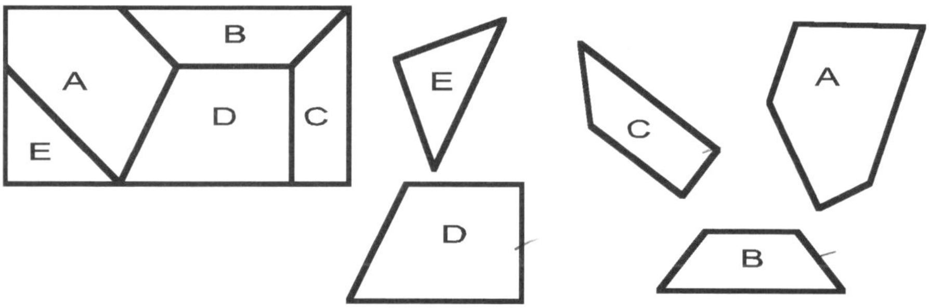

A. ☐ **B.** ☐ **C.** ☐ **D.** ☐ **E.** ☐

53

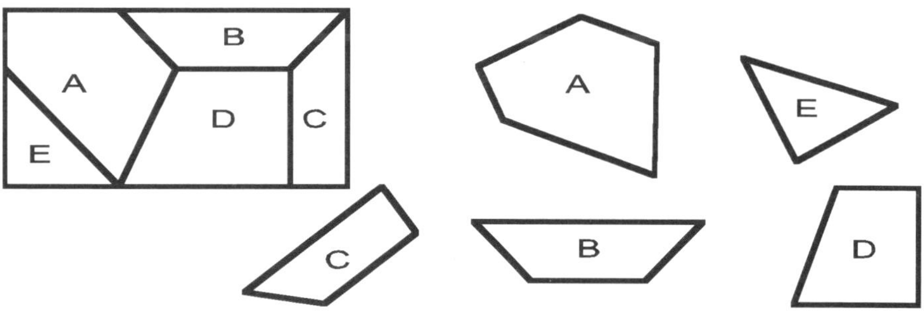

A. ☐ **B.** ☐ **C.** ☐ **D.** ☐ **E.** ☐

54
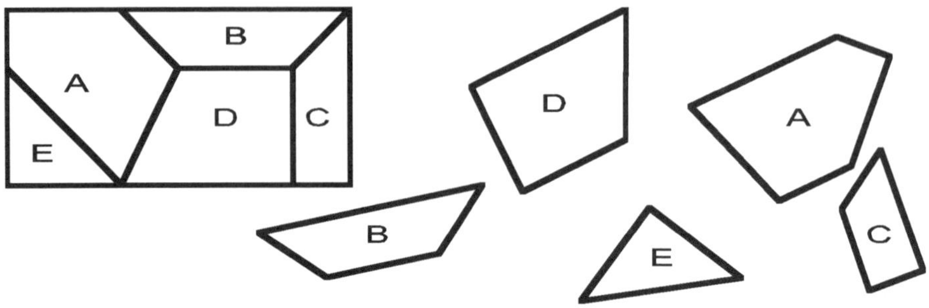

A. ☐ B. ☐ C. ☐ D. ☐ E. ☐

55
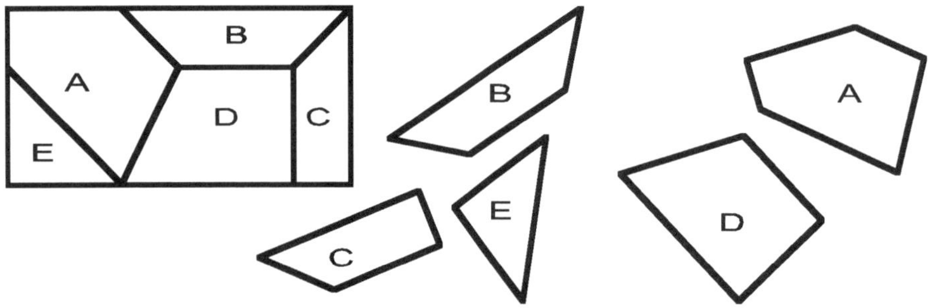

A. ☐ B. ☐ C. ☐ D. ☐ E. ☐

Raisonnement logique sur une suite numérique

Pour chaque question, une seule réponse convient.
Reporter les réponses sur la feuille-réponse.

Remplacer le symbole @ par une des réponses proposées.

À partir du premier nombre, on obtient le deuxième par un opérateur simple. On obtient le troisième par un autre opérateur simple. On reprend le même procédé pour trouver les autres nombres. Chaque opérateur est une multiplication ou une addition par un nombre entier ou fractionnaire simple, négatif ou positif.

56 | 3 | 7 | 6 | 10 | @ |

A. 5 **B.** 6 **C.** 7 **D.** 8 **E.** 9

57 | 2 | 4 | 1 | 2 | @ |

A. – 3 **B.** – 2 **C.** – 1 **D.** 0 **E.** 1

58 | 1 | 5 | 10 | 14 | @ |

A. 27 **B.** 28 **C.** 29 **D.** 30 **E.** 31

59 | 2 | 4 | 12 | 24 | @ |

A. 69 B. 70 C. 71 D. 72 E. 73

60 | − 3 | − 1 | 2 | 4 | @ |

A. 7 B. 8 C. 9 D. 10 E. 11

Aptitude verbale 1 : conjugaison

Pour chaque question, une seule réponse convient.
Reporter les réponses sur la feuille réponse.

Voici un mode et un temps donnés pour chaque exercice. Quel est le verbe bien conjugué ou orthographié ?

61 Plus-que-parfait du subjonctif.

A. Qu'il eut été
B. Qu'ils eurent assiégé
C. Qu'il eut faillit
D. Que vous eussiez pus
E. Que j'eusse fait

62 Imparfait de l'indicatif.

A. Il jettait
B. Il modellait
C. Vous aimiez
D. Vous avez
E. Je fuiais

63 Présent du conditionnel.

A. Tu tralluirais
B. Nous fayoterions
C. Il fustigerrait
D. Vous cycliserez
E. Ils daguerraient

64 Imparfait du subjonctif.

A. Qu'il rondit
B. Que tu ronnéotes
C. Qu'il fermât
D. Qu'il busse
E. Que je suffisse

65 Passé simple de l'indicatif.

A. Il abstrut
B. Je conciliai
C. Vous védétisâtes
D. Tu écatisais
E. Nous cuisimes

66 Passé composé de l'indicatif.

A. Nous avons corseté
B. Vous êtes éfrités
C. J'ai vétu
D. Ils ont faillis
E. Tu as suivis

67 Passé première forme du conditionnel.

A. Il auraît pourfendu
B. J'aurai eu
C. Ils eurent jeté
D. Vous auriez haï
E. Il serait en bonne forme

68 Présent du subjonctif.

A. Que vous courriez
B. Que vous tuez
C. Que tu tuilais
D. Qu'ils écrivent
E. Qu'il finissait

69 Futur simple de l'indicatif.

A. Ils jèteront
B. Il envoiera
C. Nous irions
D. Vous facherez
E. Il mégira

70 Présent de l'impératif.

A. Volle
B. Subi
C. Vends
D. Jeûnes
E. Aïgris

Aptitude verbale 2 : vocabulaire

Pour chaque question, une seule réponse convient.
Reporter les réponses sur la feuille réponse.

Dans les phrases suivantes, il faut remplacer @ par l'une des réponses proposées. Pour les cinq exercices suivants, toutes les réponses proposées ne seront utilisées qu'une seule fois.

71 Cette cathédrale possède un magnifique @.

A. Pistou B. Pinacée C. Pinasse D. Pingre E. Pinacle

72 Dans ce parc, le plus beau spécimen est une @.

A. Pistou B. Pinacée C. Pinasse D. Pingre E. Pinacle

73 Sur une @, nous avons traversé le lac.

A. Pistou B. Pinacée C. Pinasse D. Pingre E. Pinacle

74 Ce monsieur est de plus en plus @ avec les années.

A. Pistou B. Pinacée C. Pinasse D. Pingre E. Pinacle

75 Je n'oublierai jamais le @ que nous préparait notre grand-mère.

A. Pistou B. Pinacée C. Pinasse D. Pingre E. Pinacle

Dans les phrases suivantes, il faut remplacer @ par l'une des réponses proposées. Pour les cinq exercices suivants, toutes les réponses proposées ne seront utilisées qu'une seule fois.

76 Paris mérite bien le qualificatif de @.

A. Cosmopolite B. Xénophobe C. Idoine D. Acrostiche E. Acronyme

77 En guise de missive, j'utilisais volontiers un @.

A. Cosmopolite B. Xénophobe C. Idoine D. Acrostiche E. Acronyme

78 **Encore un @, sommes-nous bien compréhensible ?**

A. Cosmopolite **B. Xénophobe** **C. Idoine** **D. Acrostiche** **E. Acronyme**

79 **Cet individu est un @, ses propos ont toujours un caractère fallacieux.**

A. Cosmopolite **B. Xénophobe** **C. Idoine** **D. Acrostiche** **E. Acronyme**

80 **Dire que cette solution est @ semble une lapalissade.**

A. Cosmopolite **B. Xénophobe** **C. Idoine** **D. Acrostiche** **E. Acronyme**

Raisonnement logique sous forme de tableau

Pour chaque question, une seule réponse convient.
Reporter les réponses sur la feuille réponse.

Six lettres : A B C D E F

Les six lettres représentent une suite qui se répète indéfiniment.

Quelle lettre remplace @ ? Les réponses s'écrivent dans le sens de la lecture habituelle : de gauche vers la droite et du haut vers le bas. La lecture du tableau commence toujours par la première case de la première ligne.

Voici un exemple :

A	B	C	D
A	B	C	D
A	B	@	D
A	B	C	@

Sur chaque ligne, les lettres décrivent la suite. La réponse est donc : C D.

81

A	A	@	A
B	B	B	B
@	C	C	C
D	D	D	D

A. AC **B. DE** **C. BA** **D. AB** **E. DC**

82

A	B	C	@
A	C	C	E
A	D	C	F
A	@	C	A

A. AB **B. AC** **C. DE** **D. ED** **E. CD**

83

A	B	C	D
F	@	B	C
E	F	A	B
D	E	@	A

A. BF B. AF C. AE D. EC E. DF

84

A	F	E	D
B	@	F	C
C	D	A	B
D	C	@	A

A. BE B. CF C. AF D. DC E. EB

85

A	B	C	D
@	E	D	C
E	F	A	@
D	C	B	A

A. AE B. BC C. DE D. FB E. CD

Raisonnement logique : vues en perspective

Pour chaque question, une seule réponse convient.
Reporter les réponses sur la feuille réponse.

La première image de chaque exercice représente le modèle éclaté ou plan des trois faces visibles d'un cube en perspective. Cette image est suivie de cinq cubes vus en perspective. Lequel de ces cinq cubes a une vue éclatée identique à la première image ?

86

A B C D E

87

A B C D E

88

A B C D E

89

A B C D E

90

A B C D E

Test de raisonnement sur un planning

Pour chaque question, une seule réponse convient.
Reporter les réponses sur la feuille réponse.

Un cabinet de quatre infirmières : Cécile, Nathalie, Denise et Simone se partagent tout l'emploi du temps de 6 heures à 20 heures tous les jours de la semaine. Les heures du dimanche après-midi sont comptées double. Deux infirmières sont toujours de service, l'une est en visite à domicile quand la seconde travaille au cabinet. Exception : les mercredi après-midi et samedi après-midi une seule infirmière travaille en cabinet ; le dimanche, seules les visites à domicile sont assurées. Chaque infirmière travaille 42 heures par semaine par bloc de 7 heures par jour et sans interruption : de 6 heures à 13 heures ou de 13 heures à 20 heures. Chaque infirmière fait autant d'heures en cabinet qu'en visite. Le lundi matin, Cécile travaille au cabinet pendant que Nathalie effectue les visites à domicile. C'est le contraire le mardi après-midi. Le planning de mercredi matin est identique à celui de lundi matin. Le jeudi matin, Cécile a la même activité que le mardi après-midi. Le jeudi après-midi, Nathalie a le même emploi du temps que le mardi après-midi. Le vendredi après-midi est identique au mardi après-midi sauf que les services sont permutés. Il en est de même le lundi matin et le samedi matin. Denise travaille avec Simone les lundi après-midi, mardi matin et vendredi matin. Denise travaille au cabinet le mardi matin et effectue les visites le vendredi matin. Simone travaille au cabinet le lundi après-midi. Elle travaille aussi les après-midi du mercredi, du jeudi et du dimanche. Nathalie travaille le jeudi après-midi. Denise termine les services.

91 Qui travaille le lundi matin au cabinet ?
A. Cécile B. Nathalie C. Denise D. Simone E. Personne

92 Qui travaille le mercredi après-midi en visite à domicile ?
A. Cécile B. Nathalie C. Denise D. Simone E. Personne

93 Qui travaille le lundi après-midi et le jeudi matin ?
A. Cécile B. Nathalie C. Denise D. Simone E. Personne

94 Qui travaille le samedi après-midi mais non le mercredi après-midi ?
A. Cécile B. Nathalie C. Denise D. Simone E. Personne

95 Qui travaille le mercredi matin et le jeudi après-midi ?
A. Cécile B. Nathalie C. Denise D. Simone E. Personne

96 Qui effectue les visites le samedi après-midi et le dimanche matin ?
A. Cécile B. Nathalie C. Denise D. Simone E. Personne

97 Qui travaille avec Simone le vendredi matin ?
A. Cécile B. Nathalie C. Denise D. Simone E. Personne

98 Qui ne travaille pas le mercredi ?
A. Cécile B. Nathalie C. Denise D. Simone E. Personne

99 Qui ne travaille pas le samedi mais travaille le mercredi ?
A. Cécile B. Nathalie C. Denise D. Simone E. Personne

100 Qui effectue les visites le samedi ?
A. Cécile B. Nathalie C. Denise D. Simone E. Personne

Feuille-réponse du concours n° 7

Pour chaque question, cocher la bonne réponse.

	A	B	C	D	E		A	B	C	D	E		A	B	C	D	E		A	B	C	D	E
1						26						51						76					
2						27						52						77					
3						28						53						78					
4						29						54						79					
5						30						55						80					
6						31						56						81					
7						32						57						82					
8						33						58						83					
9						34						59						84					
10						35						60						85					
11						36						61						86					
12						37						62						87					
13						38						63						88					
14						39						64						89					
15						40						65						90					
16						41						66						91					
17						42						67						92					
18						43						68						93					
19						44						69						94					
20						45						70						95					
21						46						71						96					
22						47						72						97					
23						48						73						98					
24						49						74						99					
25						50						75						100					

Nombre total de bonnes réponses r =
Note /20 = r/5 =

Corrigé

Raisonnement logique

Cinq symboles que l'on peut remplacer par des chiffres :

1 2 3 4 5

Les cinq symboles représentent une suite qui se répète indéfiniment.

Les réponses s'écrivent dans le sens de la lecture habituelle : de gauche vers la droite et du haut vers le bas.

❶ 

Les symboles suivent la progression de la suite. **Réponse : C.**

❷ 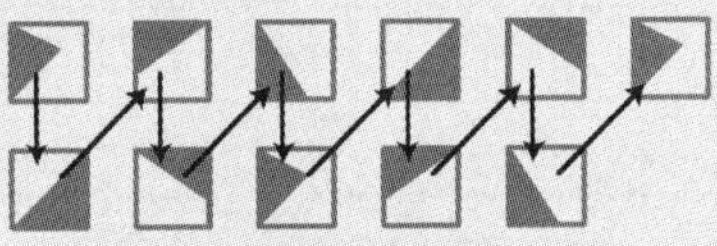

Les symboles suivent la progression de la suite. **Réponse : B.**

❸ 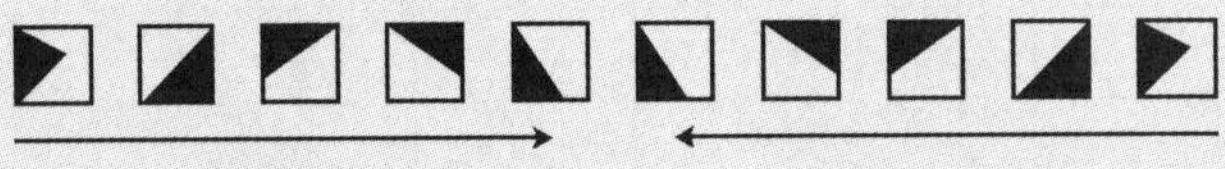

Les symboles suivent la progression de la suite. **Réponse : C.**

❹ 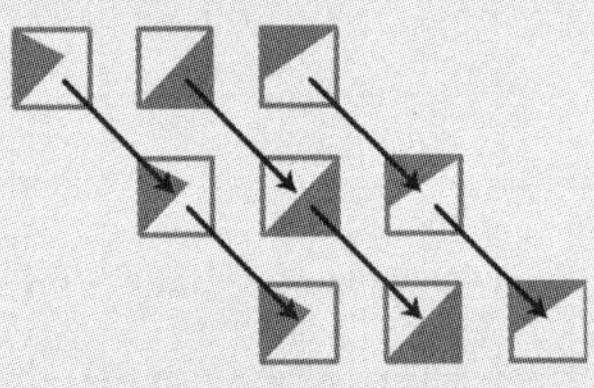

Symboles identiques. **Réponse E.**

❺ 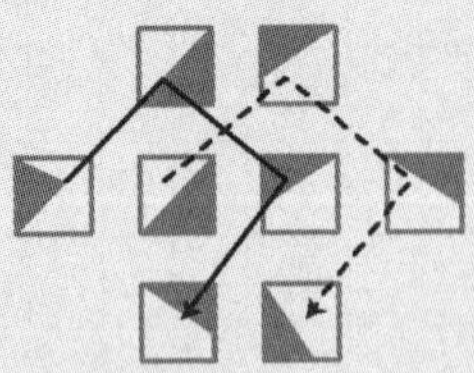

Les symboles suivent la progression de la suite.

On suit la même progression pour les seconds symboles de chaque binôme.

Réponse : B.

❻
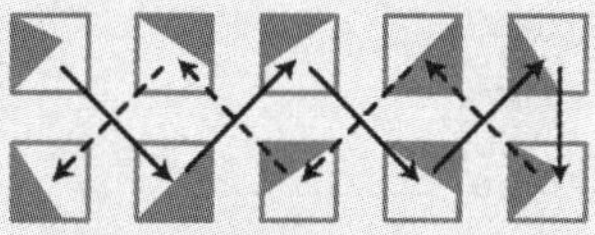

À partir du premier symbole de la première ligne, les symboles suivent la progression de la suite. **Réponse : A.**

❼
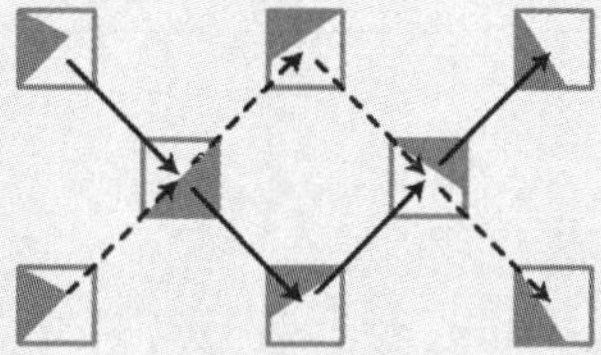

Les symboles suivent la progression de la suite. **Réponse : D.**

❽
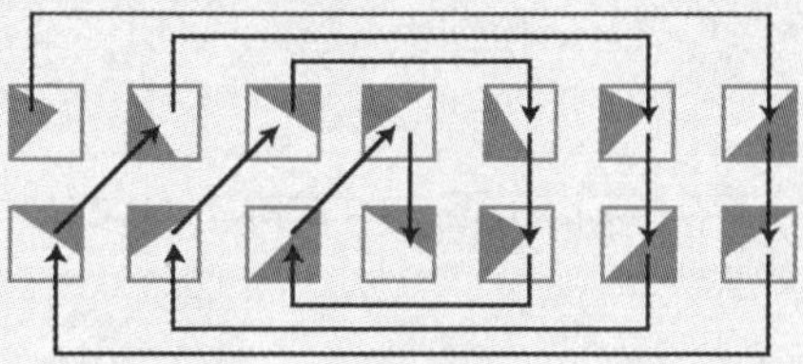

À partir du premier symbole de la première ligne, le cheminement décrit une sorte de spirale. **Réponse : A.**

❾
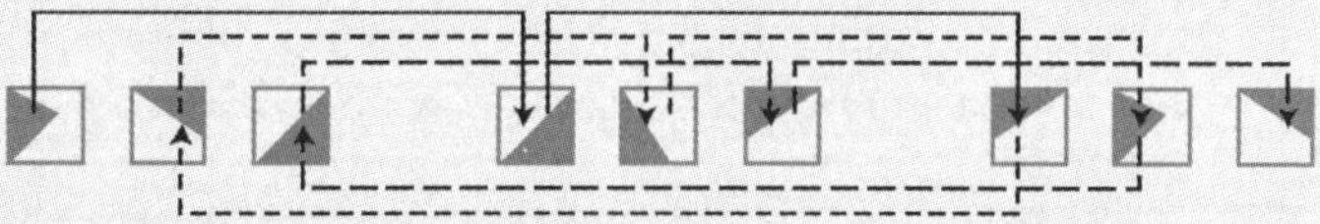

À partir du premier symbole de la première ligne, les symboles de chaque trinôme suivent la progression normale. **Réponse : A.**

❿

Une flèche en trait plein indique une progression normale des symboles de la suite.

Une flèche en trait pointillé court indique une progression d'un symbole sur deux de la suite.

Une flèche en trait pointillé long indique une progression d'un symbole sur trois de la suite.

Réponse : B.

Test d'attention

Pour les questions 11 à 15, se reporter à la grille de correction page 201.

Raisonnement logique sur un tableau

Pour les questions 16 à 20, se reporter à la grille de correction page 201.

	Intérimaires	En poste	Déplacées	*Totaux*
Journée	15 %	10 %	20 %	*45 %*
Matin ou nuit	X	Y	10 %	*55 %*

X + Y = 45 %

Raisonnement logique : M. Mind

Trouver la bonne réponse à partir des symboles utilisés :

☪ ✡ ✠ ⌖ ✞ ✟

On peut remplacer les symboles par les chiffres :

1 2 3 4 5 6

On regarde si chaque réponse proposée vérifie toutes les lignes de l'énoncé.
Par exemple :

21

✠ ✟ ✞ ⌖	2 symboles communs bien placés
✡ ✠ ⌖ ☪	2 symboles communs bien placés
✠ ✟ ⌖ ✡	1 symbole commun bien placé et 1 symbole commun mal placé
⌖ ☪ ✞ ✠	1 symbole commun bien placé et 1 symbole commun mal placé
✟ ⌖ ✞ ✠	1 symbole commun bien placé et 1 symbole commun mal placé

✡✟✞☪ Remplit la condition : ligne 1 de l'énoncé (symboles 2 et 3).
Remplit la condition : ligne 2 de l'énoncé (symboles 1 et 4).
Remplit la condition : ligne 3 de l'énoncé (symboles 2 et 1).
Remplit la condition : ligne 4 de l'énoncé (symboles 3 et 4).
Remplit la condition : ligne 5 de l'énoncé (symboles 2 et 3).

C'est la seule solution proposée qui remplit toutes les lignes de l'énoncé : **réponse A.**

Pour les questions 22 à 30, se reporter à la grille de correction page 201.

Raisonnement numérique 1 : arithmétique

31 Calculer la moyenne arithmétique des nombres : 20, 12 et 38.

$$\frac{20 + 12 + 38}{3} = \frac{70}{3}.$$

32 Calculer : $6^2 + 8^2 = 36 + 64 = 100 = \mathbf{10^2}$.

❸❸ Calculer approximativement : $5\sqrt{8} - 3\sqrt{17} + 2\sqrt{24}$.
$\simeq 5\sqrt{9} - 3\sqrt{16} + 2\sqrt{25} = 5 \times 3 - 3 \times 4 + 2 \times 5 = 15 - 12 + 10 =$ **13**.

❸❹ Quelle est la forme canonique de : $x^2 + 2x + 3$?
$(x + 1)^2 + 2$.

❸❺ Combien font 90 km/h en km/min ?
$\frac{90 \text{ km}}{60 \text{ min}} = \frac{90}{60}$ km/min = **1,5 km/min**.

❸❻ Lequel de ces 5 nombres est premier : 32 ; 71 ; 77 ; 91 ; 171 ?
32 est divisible, entre autres par 2,
71 est premier,
77 est divisible, entre autres par 7,
91 est divisible, entre autres par 7,
171 est divisible, entre autres par 3.

❸❼ Simplifier : $\sqrt{384} = \sqrt{2^7 \times 3} = \sqrt{2 \times 3 \times 2^6} = 2^3 \times \sqrt{2 \times 3} = \mathbf{8\sqrt{6}}$.

❸❽ Quel nombre n'est pas un diviseur de 178 ? **C'est** 47.

❸❾ Quel est le plus petit multiple commun aux 4 nombres : 12 ; 15 ; 18 ; 24 ?
$12 = 2^2 \times 3$;
$15 = 3 \times 5$;
$18 = 2 \times 3^2$;
$24 = 2^3 \times 3$.
PPMC $= 2^3 \times 3^2 \times 5 = 8 \times 9 \times 5 =$ **360**.

❹⓿ Quel nombre est un diviseur de 1 001 ? **C'est 91**.

Raisonnement numérique 2 : problèmes

❹❶ Calculer le tiers des 50 % du quart du triple de 160.
$160 \times \frac{1}{3} \times \frac{1}{2} \times \frac{1}{4} \times 3 =$ **20**.

❹❷ Calculer les 20 % des 50 % des 30 % de 2 500.
$2\,500 \times \frac{20}{100} \times \frac{50}{100} \times \frac{30}{100} = 75$.

❹❸ 25 bougies coûtent 175 €. Quel est le prix de 3 paquets de 4 bougies ?
Une bougie = 175 ÷ 25 = 7 €.
4 × 3 = 12 bougies = 12 × 7 = **84 €**.

44 Je roule à 90 km/h sur 120 km. Quelle distance peut-on parcourir en doublant la vitesse et divisant le temps par trois ?
T = 120/90 = 4/3 heure = 80 minutes.
La nouvelle vitesse = 180 km/h ; le nouveau temps est 4/9 heure ; alors la distance = 180 × 4/9 = **80 km.**

45 Dans une entreprise, une ouvrière fabrique 28 pièces en un certain temps. Si on augmente son rendement de 25 % et que l'on diminue de moitié le temps de travail, combien de pièces va-t-elle fabriquer ?
28 pièces en un temps T.
28 × (1 + 25 %) = 35 pièces en ce même temps.
Si le temps est divisé par 2, le nombre de pièces sera égal à : 35/2 = **17,5.**

46 Dans 3 wagons SNCF, il y a en moyenne 9 450 paquets. La moitié de ces paquets sont des lettres. Le 1/5 de ces lettres sont des envois recommandés. Il existe trois types de recommandés : R1 ; R2 ; R3. On dénombre autant de R1 que de R2 et trois fois plus de R3 que de R1. Combien y a-t-il de recommandés R1 dans 2 wagons ?
9 450 paquets dans trois wagons,
3 150 paquets dans un wagon,
1 575 lettres dans un wagon,
315 recommandés dans un wagon,
63 recommandés R1 dans un wagon,
126 recommandés R1 dans deux wagons.

47 Une personne part à 8 h 20 min d'une ville A. Elle s'arrête pour manger de 12 h 15 min à 13 h 30 min. Elle arrive à la ville B à 15 h 40 min. La distance entre les deux villes est de 730 km. Quelle est sa vitesse moyenne ?
T = (12 h 15 – 8 h 20) + (15 h 40 – 13 h 30) = 6 h 05 = 365 minutes.
Vitesse = 730 km/365 min = 2 km/min = **120 km/h.**

48 Une personne roule à 90 km/h pendant 3 h 15min. Elle s'arrête 2 h avant de repartir de 14 h 30 min à 17 h 20 min en roulant à 120 km/h. Quelle est la distance parcourue ?
3 h 15 min = 3,25 h.
Première distance = 90 × 3,25 = 292,5 km.
Seconde distance = 120 × (17 h 20 – 14 h 30) = 120 × (2 + 5/6) = 340 km.
Distance totale = 292,5 + 340 = **632,5 km.**

49 Une personne effectue 200 km à 90 km/h. Elle s'arrête de 12 h 20 min à 14 h 50 min. Elle reprend la route pour effectuer 150 km à 70 km/h puis 40 km à 50 km/h. Quel est le temps total (à une minute près) de trajet pendant lequel elle a roulé ?
Premier temps = 200/90 = 20/9 h.
Deuxième temps = 150/70 = 15/7 h.
Troisième temps = 40/50 = 4/5 h.
Temps total = 20/9 + 15/7 + 4/5 = 1 627/315 = **5 h 09 min 54,3 s.**

(50) Une personne roule à 90 km/h sur 150 km. Pendant le même temps une autre personne roule à 120 km/h. Quelle est sa distance parcourue ?
Temps = 150/90 h.
Distance = 120 × Temps = 120 × 150/90 = **200 km.**

Test d'observation sur des images

Pour les questions 51 à 55, se reporter à la grille de correction page 197.

Raisonnement logique sur une suite numérique

Remplacer le symbole @ par une des réponses proposées.

À partir du premier nombre, on obtient le deuxième par un opérateur simple. On obtient le troisième par un autre opérateur simple. On reprend le même procédé pour trouver les autres nombres. Chaque opérateur est une multiplication ou une addition par un nombre entier ou fractionnaire simple, négatif ou positif.

(56) | 3 | 7 | 6 | 10 | @ |
Premier opérateur = + 4. Second opérateur = – 1.

(57) | 2 | 4 | 1 | 2 | @ |
Premier opérateur = × 2. Second opérateur = – 3.

(58) | 1 | 5 | 10 | 14 | @ |
Premier opérateur = + 4. Second opérateur = × 2.

(59) | 2 | 4 | 12 | 24 | @ |
Premier opérateur = × 2. Second opérateur = × 3.

(60) | – 3 | – 1 | 2 | 4 | @ |
Premier opérateur = + 2. Second opérateur = + 3.

Aptitude verbale 1 : conjugaison

Voici un mode et un temps donnés pour chaque exercice.
Quel est le verbe bien conjugué ou orthographié ?

(61) Plus-que-parfait du subjonctif.
Réponse E : Que j'eusse fait

(62) Imparfait de l'indicatif.
Réponse C : Vous aimiez

63 Présent du conditionnel.
Réponse B : Nous fayoterions

64 Imparfait du subjonctif.
Réponse C : Qu'il fermât

65 Passé simple de l'indicatif.
Réponse B : Je conciliai

66 Passé composé de l'indicatif.
Réponse A : Nous avons corseté

67 Passé première forme du conditionnel.
Réponse D : Vous auriez haï

68 Présent du subjonctif.
Réponse D : Qu'ils écrivent

69 Futur simple de l'indicatif.
Réponse E : Il mégira

70 Présent de l'impératif.
Réponse C : Vends

Aptitude verbale 2 : vocabulaire

Dans les phrases suivantes, il faut remplacer @ par l'une des réponses proposées. Pour les cinq exercices suivants, toutes les réponses proposées ne seront utilisées qu'une seule fois.

71 Cette cathédrale possède un magnifique pinacle.
Réponse E : Pinacle : élément d'architecture gothique

72 Dans ce parc, le plus beau spécimen est une pinacée.
Réponse B : Pinacée : arbre résineux

73 Sur une pinasse, nous avons traversé le lac.
Réponse C : Pinasse : bateau de pêche

74 Ce monsieur est de plus en plus pingre avec les années.
Réponse D : Pingre : avare

75 Je n'oublierai jamais le pistou que nous préparait notre grand-mère.
Réponse A : Pistou : soupe provençale

Dans les phrases suivantes, il faut remplacer @ par l'une des réponses proposées. Pour les cinq exercices suivants, toutes les réponses proposées ne seront utilisées qu'une seule fois.

76 Paris mérite bien le qualificatif de cosmopolite.

Réponse A : Cosmopolite : fréquenté par des personnes du monde entier

77 En guise de missive, j'utilisais volontiers un acrostiche.

Réponse D : Acrostiche : pièce de vers de forme particulière

78 Encore un acronyme, sommes-nous bien compréhensible ?

Réponse E : Acronyme : sigle prononcé comme un simple mot

79 Cet individu est un xénophobe, ses propos ont toujours un caractère fallacieux.

Réponse B : Xénophobe : celui qui manifeste de l'hostilité contre les étrangers

80 Dire que cette solution est idoine semble une lapalissade.

Réponse C : Idoine : qui convient

Raisonnement logique sous forme de tableau

Six lettres : A B C D E F

Les six lettres représentent une suite qui se répète indéfiniment.

Quelle lettre remplace @ ? Les réponses s'écrivent dans le sens de la lecture habituelle : de gauche vers la droite et du haut vers le bas. La lecture du tableau commence toujours par la première case de la première ligne.

+ 1 (progression dans le sens de la suite) ————→

– 1 (progression dans le sens inverse de la suite) - - - - - - - - →

+ 0 (progression nulle de la suite) -·-·-·-·→

81 **Réponse A : AC**

A	A	A	A
B	B	B	B
C	C	C	C
D	D	D	D

82 Réponse C : DE

A	B	C	D
A	C	C	E
A	D	C	F
A	E	C	A

83 Réponse B : AF

A	B	C	D
F	A	B	C
E	F	A	B
D	E	F	A

84 Réponse E : EB

A	F	E	D
B	E	F	C
C	D	A	B
D	C	B	A

85 Réponse D : FB

A	B	C	D
F	E	D	C
E	F	A	B
D	C	B	A

Raisonnement logique : vues en perspective

La première image de chaque exercice représente le modèle éclaté ou plan des trois faces visibles d'un cube en perspective. Cette image est suivie de cinq cubes vus en perspective. Lequel de ces cinq cubes a une vue éclatée identique à la première image ?

86 Réponse : A

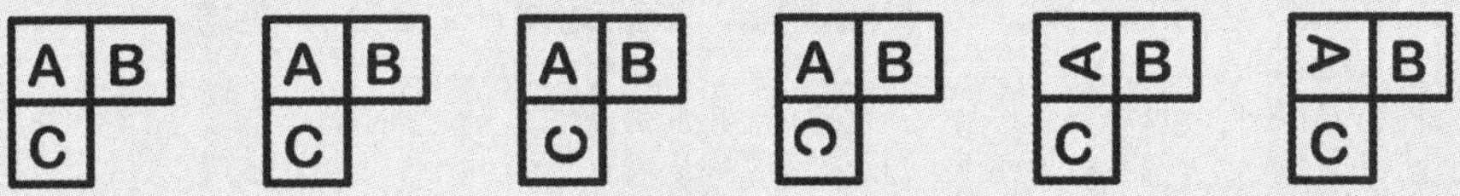

A

87 Réponse : E

E

88 Réponse : B

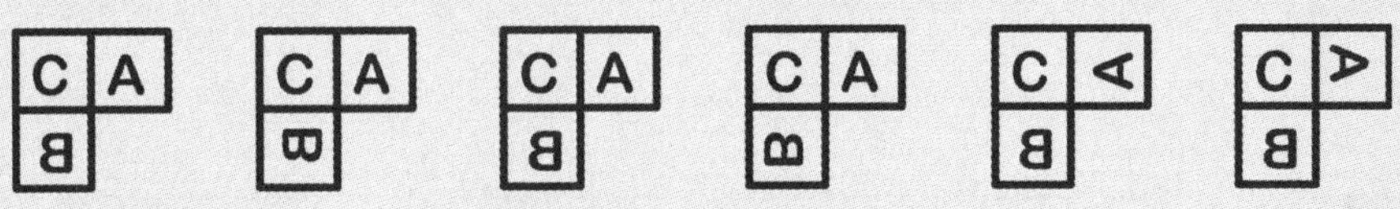

B

89 Réponse : D

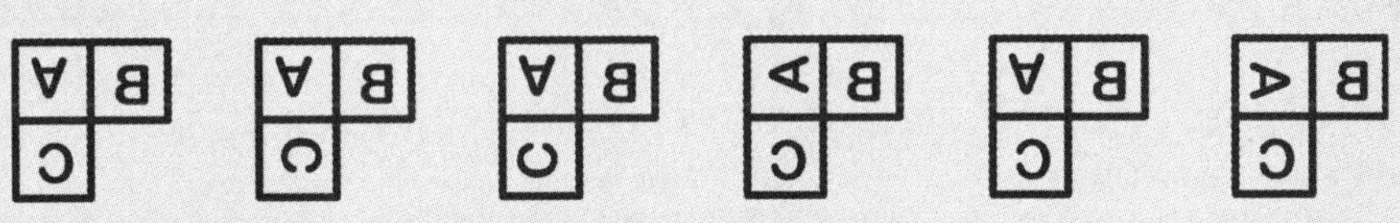

D

90 Réponse : C

C

Test de raisonnement sur un planning

Voici le planning répondant aux critères de l'énoncé.

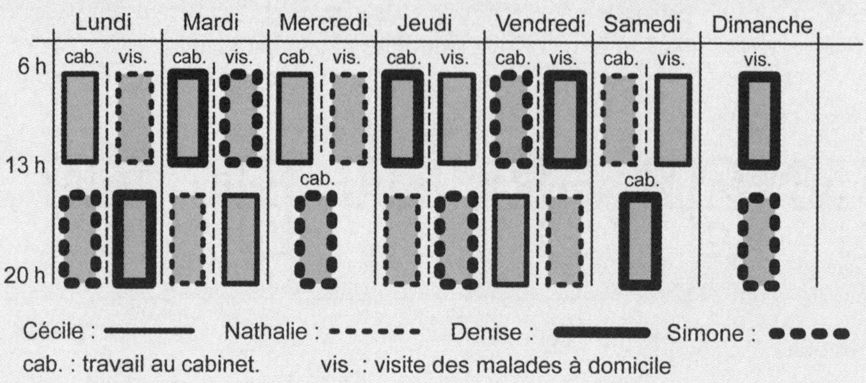

❾❶ Qui travaille le lundi matin au cabinet ?
Réponse A : Cécile

❾❷ Qui travaille le mercredi après-midi en visite à domicile ?
Réponse E : Personne

❾❸ Qui travaille le lundi après-midi et le jeudi matin ?
Réponse C : Denise

❾❹ Qui travaille le samedi après-midi mais non le mercredi après-midi ?
Réponse C : Denise

❾❺ Qui travaille le mercredi matin et le jeudi après-midi ?
Réponse B : Nathalie

❾❻ Qui effectue les visites le samedi après-midi et le dimanche matin ?
Réponse E : Personne

❾❼ Qui travaille avec Simone le vendredi matin ?
Réponse C : Denise

❾❽ Qui ne travaille pas le mercredi ?
Réponse C : Denise

❾❾ Qui ne travaille pas le samedi mais travaille le mercredi ?
Réponse D : Simone

100 Qui effectue les visites le samedi ?
Réponse A : Cécile

Feuille-réponse du concours n° 7

	A	B	C	D	E		A	B	C	D	E		A	B	C	D	E		A	B	C	D	E
1			×			26	×					51					×	76	×				
2		×				27			×			52		×				77				×	
3			×			28			×			53				×		78					×
4					×	29				×		54			×			79		×			
5		×				30					×	55	×					80			×		
6	×					31			×			56					×	81	×				
7				×		32	×					57			×			82			×		
8	×					33				×		58		×				83		×			
9	×					34		×				59				×		84					×
10		×				35			×			60	×					85				×	
11	×					36		×				61					×	86	×				
12				×		37					×	62			×			87					×
13					×	38			×			63		×				88		×			
14	×					39					×	64			×			89				×	
15	×					40				×		65		×				90			×		
16				×		41	×					66	×					91	×				
17	×					42					×	67				×		92					×
18			×			43				×		68				×		93			×		
19		×				44		×				69					×	94			×		
20					×	45				×		70			×			95		×			
21	×					46		×				71					×	96					×
22					×	47	×					72		×				97			×		
23			×			48				×		73			×			98			×		
24	×					49					×	74				×		99				×	
25					×	50				×		75	×					100	×				

8

Concours blanc n° 8

Durée
1 heure 30 minutes

Nombre de questions : 100.
Vous devez reporter vos réponses sur la « feuille réponse ».
Tout instrument de calcul est interdit.
Chaque question, notée sur un point, est suivie de cinq propositions de réponse dont une seule est exacte.
Vous pouvez utiliser des feuilles de brouillon.

Sujet

Raisonnement logique

Pour chaque question, une seule réponse convient.

Reporter les réponses sur la feuille-réponse.

Cinq notes de musique : 

Les cinq notes représentent une suite qui se répète indéfiniment.

Quelle note remplace 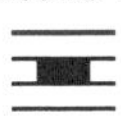 ?

Les réponses s'écrivent de gauche vers la droite et du haut vers le bas.

1 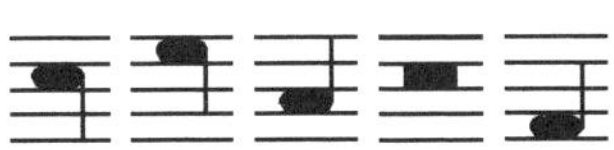

A.  B.  C.  D.  E. 

2 

A.  B. 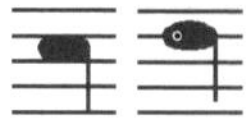 C.  D.  E. 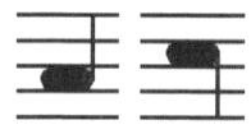

3 

A.  B. 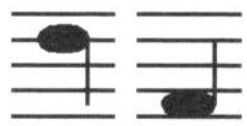 C.  D. 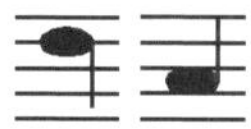 E. 

4 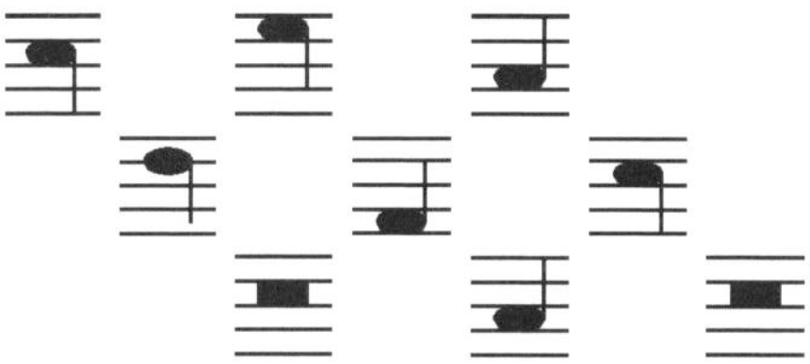

A. 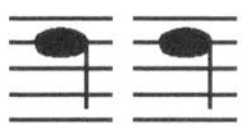 B. 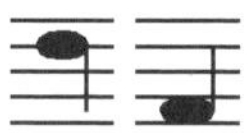 C.  D. 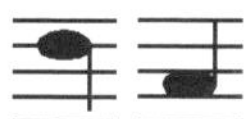 E. 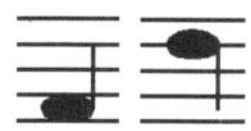

5 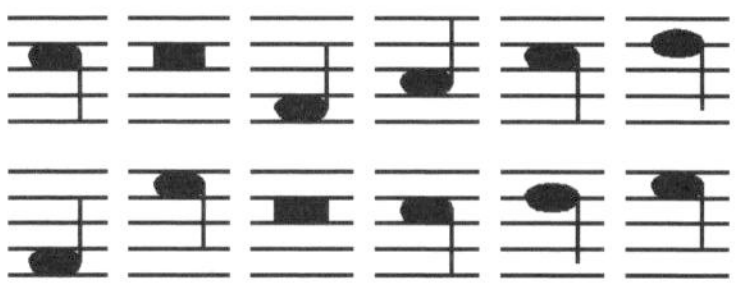

A. 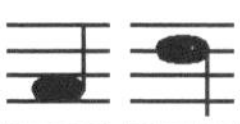 B.  C.  D. 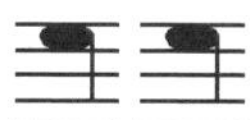 E. 

6 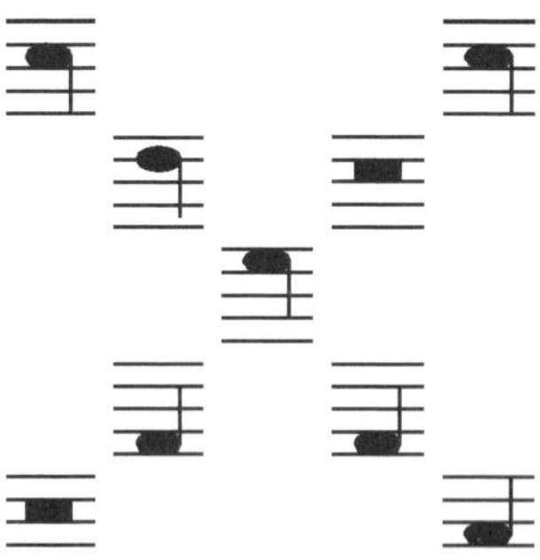

A. 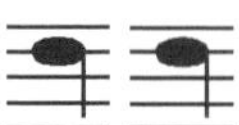 B.  C.  D. 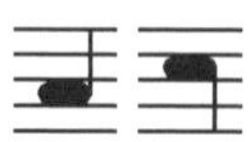 E. 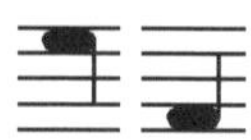

❼ 

A.  B. 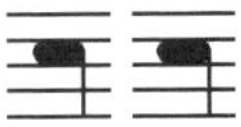 C.  D.  E. 

❽ 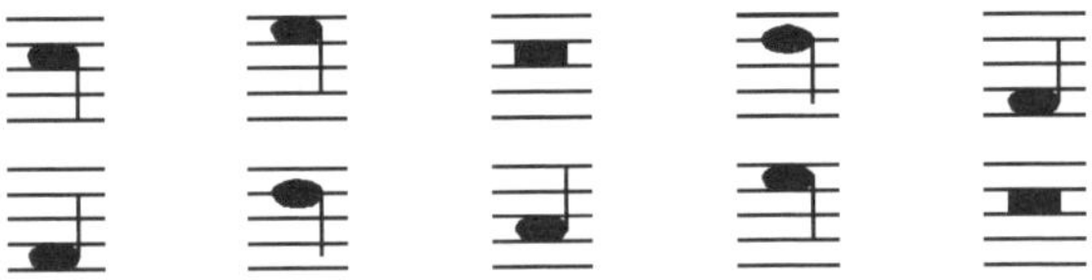

A.  B. 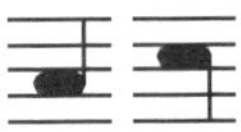 C.  D.  E. 

❾ 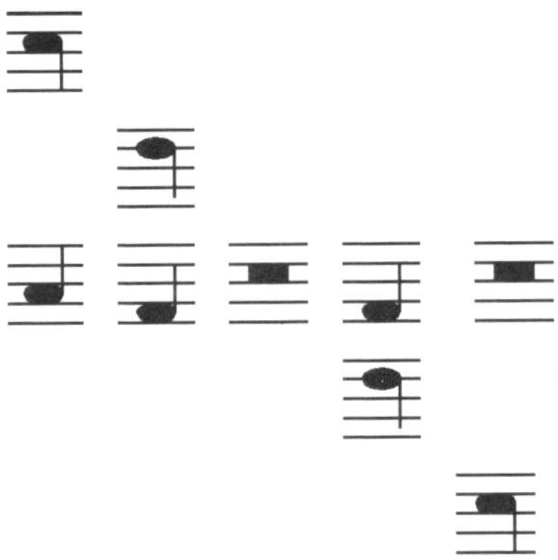

A. 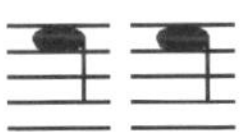 B. 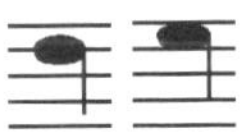 C.  D. 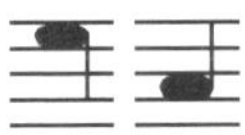 E. 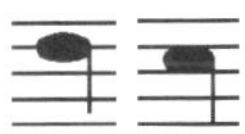

❿ 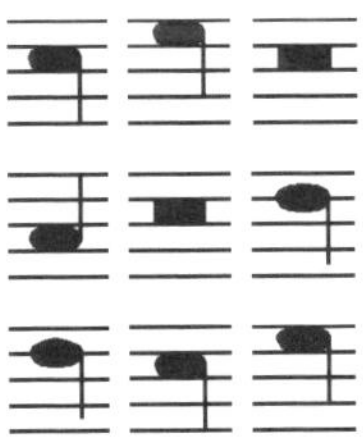

A.  B.  C.  D. 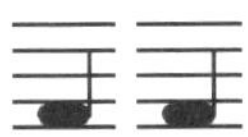 E. 

Test d'attention

Pour chaque question, une seule réponse convient.
Reporter les réponses sur la feuille-réponse.

Voici un texte : « Le coq et la perle » fable de La Fontaine :

Un jour un Coq détourna
Une Perle, qu'il donna
Au beau premier lapidaire.
« Je la crois fine, dit-il ;
Mais le moindre grain de mil
Serait bien mieux mon affaire. »
Un ignorant hérita
D'un manuscrit, qu'il porta
Chez son voisin le libraire.
« Je crois, dit-il, qu'il est bon ;
Mais le moindre ducaton
Serait bien mieux mon affaire. »

11 Combien de mots comporte cette fable ?

A. 59 B. 60 C. 61 D. 62 E. 63

12 Combien de fois trouve-t-on la lettre « a » ?

A. 22 B. 23 C. 24 D. 25 E. 26

13 Combien de fois trouve-t-on la lettre « e » sans accent ?

A. 24 B. 25 C. 26 D. 27 E. 28

14 Combien de fois trouve-t-on la lettre « n » ?

A. 19 B. 20 C. 21 D. 22 E. 23

15 Combien de fois trouve-t-on la lettre « o » ?

A. 16 B. 17 C. 18 D. 19 E. 20

Raisonnement logique sur des images

Pour chaque question, une seule réponse convient.
Reporter les réponses sur la feuille-réponse.

Chaque bloc de quatre figures possède un « point » commun.
Retrouvez-le, sur l'une des cinq réponses proposées.

16 

A.  B.  C.  D.  E. 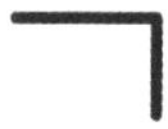

17 

A.  B.  C.  D.  E. 

18 

A.  B. 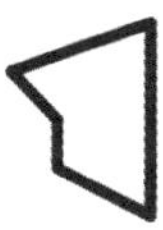 C.  D.  E. 

19
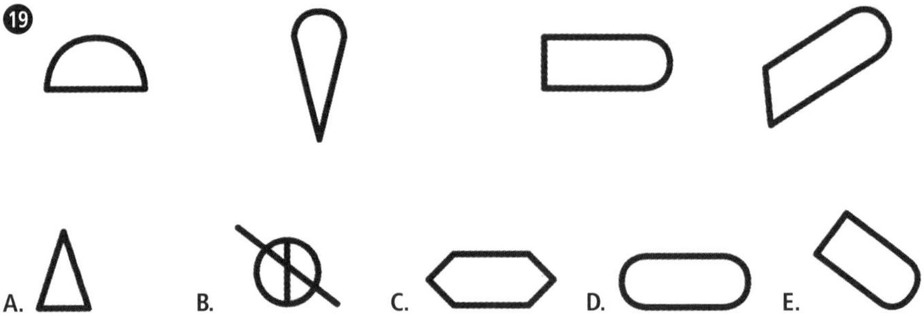

20
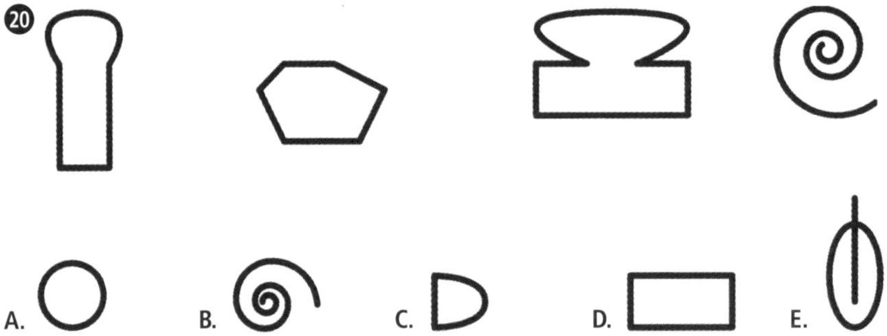

Test d'observation

Pour chaque question, une seule réponse convient.
Reporter les réponses sur la feuille-réponse.

Répondre aux questions à partir du tableau suivant :

Prénom	Âge	Diplôme obtenu en	Nombre de malades	Service à l'hôpital
Marie-Sylvie	41	1988	21	médecine
Marie-Laure	25	1989	17	pneumologie
Marie-Laurence	24	1988	07	pneumologie
Pierre	24	1986	17	chirurgie
Jean-Pierre	31	1984	19	cardiologie
Marie-Jeanne	43	1987	21	médecine
Jean-Paul	29	1983	02	cardiologie
Marie-Jeanne	29	1987	19	médecine
Laurence	21	1988	05	médecine
Nathalie	32	1982	08	chirurgie
Marie	29	1983	20	cardiologie

Prénom	Âge	Diplôme obtenu en	Nombre de malades	Service à l'hôpital
Sylvie	28	1983	17	pneumologie
Marie-Pierre	22	1989	10	cardiologie
Marie-Sylvie	41	1988	12	médecine
Marie-Laure	35	1989	06	pneumologie
Marie	31	1980	12	cardiologie
Sylvie	25	1985	15	pneumologie
Laurence	33	1979	17	médecine
Nathalie	27	1984	18	chirurgie
Marie-Pierre	24	1986	15	cardiologie
Marie-Sylvie	26	1987	19	médecine
Marie-Laure	31	1988	20	pneumologie
Pierre	48	1989	10	chirurgie
Jean-Pierre	22	1987	15	cardiologie
Marie-Jeanne	32	1984	16	médecine
Laurence	30	1982	19	médecine
Nathalie	43	1988	22	chirurgie
Marie	24	1985	17	cardiologie
Sylvie	24	1988	14	pneumologie
Marie-Pierre	27	1984	17	cardiologie

21 Combien de personnes ont eu le diplôme entre 1985 et 1989 ?

A. 1 B. 2 C. 3 D. 4 E. autre réponse

22 Combien de personnes ont moins de 29 ans, plus de 15 malades et travaillent en médecine ou cardiologie ?

A. 1 B. 2 C. 3 D. 4 E. autre réponse

23 Combien de femmes ont entre 25 et 40 ans inclus, plus de 12 malades et leur diplôme avant 1987 ?

A. 6 B. 7 C. 8 D. 9 E. autre réponse

24 Combien de personnes en chirurgie ou cardiologie ont moins de 12 malades et entre 30 et 37 ans exclus ?

A. 1 B. 2 C. 3 D. 4 E. autre réponse

25 Combien d'hommes travaillant en médecine ou cardiologie ont entre 27 et 35 ans exclus et moins de 18 malades ?

A. 1 B. 2 C. 3 D. 4 E. autre réponse

26 Combien de personnes ont le diplôme depuis 1884, travaillent en médecine ou pneumologie et ont entre 1 et 21 malades ?

A. 1 B. 2 C. 3 D. 4 E. autre réponse

27 Combien de femmes n'ayant pas encore 33 ans ont le diplôme depuis 1987 et un prénom incluant Marie ?

A. 4 B. 5 C. 6 D. 7 E. autre réponse

28 Combien de personnes dont le prénom inclus Marie ou Pierre ont moins de 19 malades et travaillent en médecine ou cardiologie ?

A. 5 B. 6 C. 7 D. 8 E. autre réponse

29 Combien de personnes dont le prénom commence par Marie ont entre 18 et 29 ans et entre 14 et 21 malades ?

A. 2 B. 3 C. 4 D. 5 E. autre réponse

30 Combien de personnes de moins de 37 ans ont le diplôme depuis 1986, travaillent en chirurgie ou médecine et entre 15 et 19 malades ?

A. 1 B. 2 C. 3 D. 4 E. autre réponse

Raisonnement numérique 1 : arithmétique

Pour chaque question, une seule réponse convient.
Reporter les réponses sur la feuille-réponse.

31 Calculer approximativement : $3\sqrt{17} + 5\sqrt{80} - 6\sqrt{48} - 7\sqrt{35}$.

A. 27 B. -27 C. $\sqrt{27}$ D. $-\sqrt{27}$ E. autre réponse

32 Calculer approximativement : $(1{,}05)^4$.

A. 6 B. 4,5 C. 4,2 D. 1,2 E. autre réponse

33 Calculer approximativement : $(0{,}993)^2$.

A. 0,98 B. 9,8 C. 98 D. 980 E. autre réponse

34 Quel temps met-on pour parcourir 60 km à la vitesse de 48 km/h ?

A. 65 min B. 70 min C. 1 h 15 min D. 85 min E. 2 h 30 min

35 Calculer approximativement (3 j + 15 h + 40 min) × 6,5.

A. 21 j 20 min B. 22 j 17 h C. 22 j 18 h D. 23 j 17 h E. autre réponse

36 Calculer : $-25 \times 10^{-3} \times 4 \times (10^{-5})^2$.

A. -11^{10} B. -10^{11} C. -10^{-11} D. 10^{-11} E. 10^{11}

37 Simplifier : $\sqrt{450}$.

A. $15\sqrt{2}$ B. $30\sqrt{2}$ C. $15\sqrt{5}$ D. $30\sqrt{3}$ E. $20\sqrt{5}$

38 Calculer : $4\sqrt{2} - 5\sqrt{8} + 7\sqrt{50}$.

A. $-29\sqrt{2}$ B. $29\sqrt{2}$ C. $8\sqrt{60}$ D. $-8\sqrt{44}$ E. $8\sqrt{44}$

39 Trouver la valeur de *x* solution de l'équation : $7(2x - 1) + 4(6 - 4x) = 1$.

A. 4/3 B. − 6 C. 6 D. − 8 E. 8

40 Calculer : $\left(\frac{256}{64}\right)^3 =$

A. $\frac{1}{2}$ B. 2^{-3} C. 32 D. 2^6 E. 128

Raisonnement numérique 2 : problèmes

Pour chaque question, une seule réponse convient.
Reporter les réponses sur la feuille-réponse.

41 Une personne met 3 h 15 min pour effectuer 150 km. À la même vitesse une autre personne fait 120 km. Quelle est la durée du voyage ?

A. 2 h 36 min B. 3 h 15 min C. 3 h 45 min D. 3 h 53 min E. autre réponse

42 Une personne met 3 h 15 min pour effectuer 150 km. À la même vitesse une autre personne roule pendant 6 h 30 min. Quelle est la distance parcourue ?

A. 150 km B. 180 km C. 250 km D. 350 km E. autre réponse

43 Une personne roule à 60 km/h pendant 3 h 15 min. Cette même distance est effectuée par une autre personne en 2 h 30 min. Quelle est sa vitesse ?

A. 60 km/h B. 65 km/h C. 72 km/h D. 78 km/h E. autre réponse

44 Pendant qu'une personne roule à 60 km/h pendant 3 h 15 min, une autre personne effectue cette même distance à 130 km/h. Combien de temps met-elle ?

A. 75 min B. 1 h 30 min C. 95 min D. 2 h 20 min E. autre réponse

45 Un professeur effectue 2/5 de son enseignement à *p* € de l'heure, les 2/3 de ce qui reste à *q* € de l'heure, le reste à *m* € de l'heure. Quel est son salaire horaire moyen ?

A. $(2p + 2q + m) \div 3$ B. $2p + 2q + 2m \div 5$ C. $\frac{p + q + m}{3}$

D. $\frac{2p + 2q + m}{5}$ E. autre réponse

46 Une voiture a parcouru 318,75 km en 3 h 45 min. À la même vitesse que devient cette distance en 5 h 30 min ?

A. 320,5 km B. 467,5 km C. 485 km D. 527,5 km E. autre réponse

47 Une somme placée pendant 3 ans à un taux de 6 % par an en intérêts simples s'élève à 5 428 €. Quelle est cette somme placée ?

A. 4 600 € B. 4 750 € C. 5 250 € D. 5 500 € E. autre réponse

48 Une personne achète une armoire, un lit et 3 coussins. L'armoire vaut 4 fois le prix du lit. Ce dernier vaut 20 coussins plus 1 200 €. Le total vaut x €. Quel est le prix d'un coussin (en fonction de x) ?

A : $x + 6\,000 \div 103$ B : $3x + 6\,000 \div 103$ C : $x - 6\,000 \div 103$

D : $\frac{x - 6\,000}{103}$ E. autre réponse

49 Trois personnes se partagent un petit terrain. La première prend 1/3 du terrain plus 50 m^2. La seconde prend 1/4 du terrain plus 75 m^2. La troisième prend les 250 m^2 restants. Quelle est la surface totale du petit terrain ?

A. 350 m^2 B. 420 m^2 C. 550 m^2 D. 700 m^2 E. autre réponse

50 Une blessure occupe une surface S avant le traitement. Au bout de quelques jours, avec les soins attentifs apportés par de gentilles infirmières, la longueur de la blessure est divisée par 4 et sa largeur est réduite de 1/5. Que vaut (en fonction de S) la surface de la blessure au bout de ces quelques jours ?

A. $\frac{S}{3}$ B. $\frac{2 \times S}{3}$ C. $S \div 2$ D. $\frac{S}{5}$ E. autre réponse

Raisonnement logique sur une suite numérique

Pour chaque question, une seule réponse convient.
Reporter les réponses sur la feuille-réponse.

Remplacer le symbole ★ par une des réponses proposées.
À partir du premier nombre, on obtient le deuxième par un opérateur simple. On obtient le troisième par un autre opérateur simple. On reprend le même procédé pour trouver les autres nombres. Chaque opérateur est une multiplication ou une addition par un nombre entier ou fractionnaire simple, négatif ou positif.

51 | – 1 | – 2 | 1 | 2 | ★ |

A. 5 B. 6 C. 7 D. 8 E. 9

52 | 5 | 6 | – 12 | – 11 | ★ |

A. 19 B. 20 C. 21 D. 22 E. 23

53 | – 3 | – 6 | 6 | 12 | ★ |

A. – 13 B. – 12 C. – 11 D. – 10 E. – 9

54 [5] [2] [4] [1] [★]

A. – 1 B. 0 C. 1 D. – 2 E. 3

55 [– 1] [1] [– 2] [2] [★]

A. – 3 B. – 2 C. – 1 D. 0 E. 1

Test d'observation sur des images

Pour chaque question, une seule réponse convient.

Reporter les réponses sur la feuille-réponse.

Retrouver le morceau qui n'est pas un élément du bloc.

56

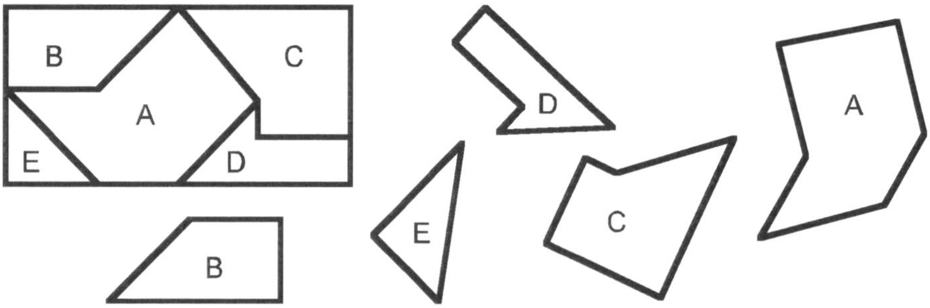

A. ☐ B. ☐ C. ☐ D. ☐ E. ☐

57

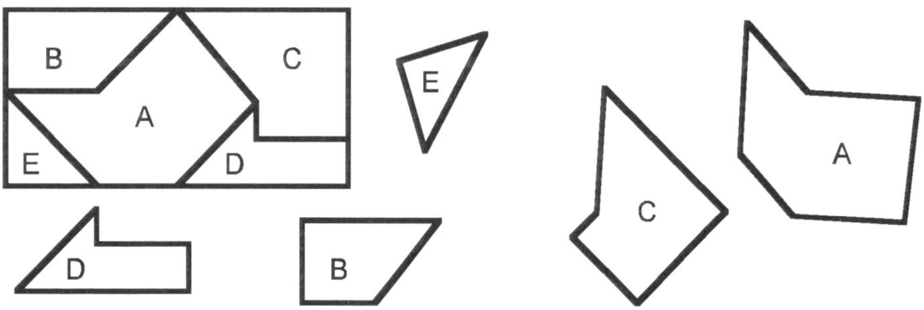

A. ☐ B. ☐ C. ☐ D. ☐ E. ☐

58
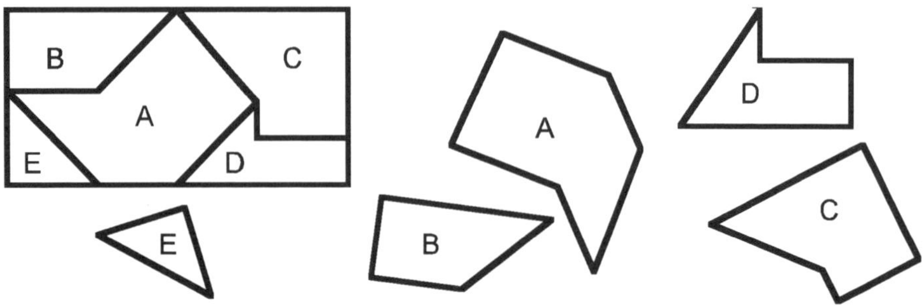

A. ☐ B. ☐ C. ☐ D. ☐ E. ☐

59
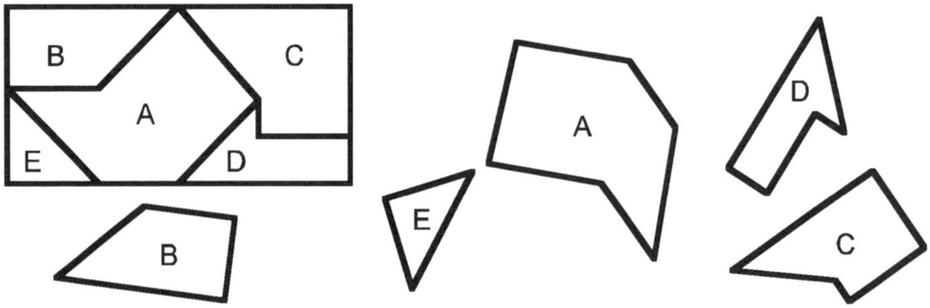

A. ☐ B. ☐ C. ☐ D. ☐ E. ☐

60
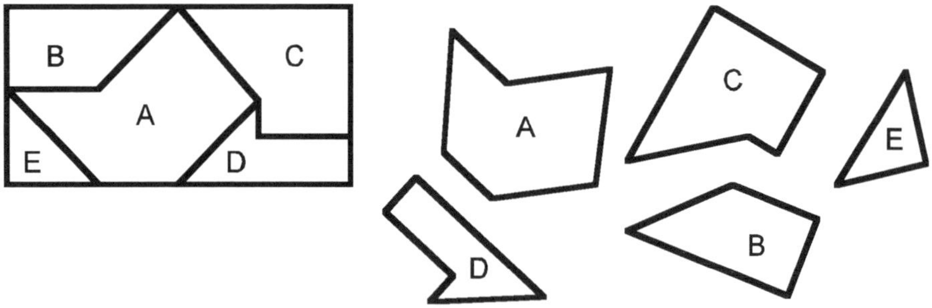

A. ☐ B. ☐ C. ☐ D. ☐ E. ☐

Test d'attention sur des symboles

Pour chaque question, une seule réponse convient.
Reporter les réponses sur la feuille réponse.

Voici cinq lettres suivies de leurs équivalents sous forme de symboles. L'ensemble est suivi d'un grand nombre de symboles comme un texte.

61 **Combien de fois trouve-t-on l'équivalent de la lettre h dans le texte ?**

A. 34 **B.** 36 **C.** 38 **D.** 40 **E.** Autre réponse

62 **Combien de fois trouve-t-on l'équivalent de la lettre i dans le texte ?**

A. 32 **B.** 30 **C.** 33 **D.** 31 **E.** Autre réponse

63 **Combien de fois trouve-t-on l'équivalent de la lettre j dans le texte ?**

A. 43 **B.** 44 **C.** 45 **D.** 46 **E.** Autre réponse

64 **Combien de fois trouve-t-on l'équivalent de la lettre k dans le texte ?**

A. 46 **B.** 47 **C.** 48 **D.** 49 **E.** Autre réponse

65 **Combien de fois trouve-t-on l'équivalent de la lettre g dans le texte ?**

A. 28 **B.** 29 **C.** 30 **D.** 31 **E.** Autre réponse

Aptitude verbale 1 : orthographe

Pour chaque question, une seule réponse convient.
Reporter les réponses sur la feuille réponse.

Voici un texte de Bentham : *Introduction aux principes de la morale et de la législation.* Quel est le nombre de fautes d'orthographe et de grammaire pour chaque exercice ?

66 Quels sont les agents qui, placés dans la sphère d'influence de l'homme sont suceptible de bonheur ? Ils sont de deux sortes : d'autres êtres humains, autrement dit des personnes, et d'autres animaux, dont d'anciens juristes négligèrent les intérêts par insensibilité, et qui de ce fait ont été rabaissés au rang d'objet. Les religions indoue et musulmane semblent leur avoir témoingnée une certaine attention.

A. 0 B. 1 C. 2 D. 3 E. 4

67 Pourquoi n'a-t-on pas tenu compte universellement de leur différence de sensibilité ? Parce que les lois, qui sont le fruit d'une crainte mutuelle, ont tiré parti du sentiment que les animaux sont doué de moins de raison et qu'ils ne disposent pas des mêmes ressources vitales que l'homme. Pour qu'elles raisons ne les auraient-ils pas ? On ne peut en donner aucune explications. Si le fait de manger était tout, nous aurions un bon motif pour dévorer certains d'entre eux de la manière que nous aimons : nous nous en trouverrions mieux et eux pas plus mal, puisqu'ils n'ont pas la capacité d'anticiper comme nous sur les souffrances à venir.

A. 0 B. 1 C. 2 D. 3 E. 4

68 La mort qu'ils connaissent en général entre nos mains est par ce moyen toujours plus rapide et moins douloureuse que celle qui les attendrait dans l'ordre fatal de la nature. Si le fait de tuer était tout, nous aurions un bon motif pour détruire ceux qui nous importune : nous ne nous en sentirions pas plus mal, et ils ne se porteraient pas moins bien d'être morts. Mais y a-t-il une seule raison pour que nous tolérions de les torturer ? Je n'en vois aucune. Y en a-t-il une pour que nous refusions de les maltraiter ?

A. 0 B. 1 C. 2 D. 3 E. 4

69 Oui, et plusieurs. Il y eut une époque, et j'avoue avec tristesse qu'en bien des lieux ce temps n'est pas révolu, où la plus grande partie de l'espèce, sous la dénomination d'esclaves, était considérée aux yeux de la loi de la même manière que les animaux des races inférieures sont traités en Angleterre par exemple. Le jour viendra peut-être où le reste du règne animal retrouvera ses droits qui n'auraient jamais pu être enlevés autrement que par le bras de la tyrannie.

A. 0 B. 1 C. 2 D. 3 E. 4

70 Les Français ont déjà réalisés que la peau foncée n'est pas une raison pour abandonner sans recour un être humain aux caprices d'un persécuteur. Peut-être finira-t-on un jour par s'apercevoir que le nombre de jambes, la pilosité de la peau ou l'extrémité de l'os sacrum sont des raisons tout aussi insuffisantes d'abandonner une créature sensible au même sort. Quoi d'autre

devrait tracer la ligne de démarcasion ? Serait-ce la faculté de raisonner ou peut-être la faculté du langage ?

A. 0 **B. 1** **C. 2** **D. 3** **E. 4**

Aptitude verbale 2 : vocabulaire

Pour chaque question, une seule réponse convient.
Reporter les réponses sur la feuille réponse.

Dans les phrases suivantes, il faut associer la définition à l'une des réponses proposées. Pour les cinq exercices suivants, les réponses ne seront utilisées qu'une seule fois.

71 Agir avec ruse.
A. Circonvenir **B. Épreindre** **C. Appendre** **D. Pourfendre** **E. Déchoir**

72 Accrocher.
A. Circonvenir **B. Épreindre** **C. Appendre** **D. Pourfendre** **E. Déchoir**

73 Descendre de rang.
A. Circonvenir **B. Épreindre** **C. Appendre** **D. Pourfendre** **E. Déchoir**

74 Critiquer vivement.
A. Circonvenir **B. Épreindre** **C. Appendre** **D. Pourfendre** **E. Déchoir**

75 Presser quelque chose.
A. Circonvenir **B. Épreindre** **C. Appendre** **D. Pourfendre** **E. Déchoir**

Dans les phrases suivantes, il faut associer la définition à l'une des réponses proposées. Pour les cinq exercices suivants, les réponses ne seront utilisées qu'une seule fois.

76 Illusoire.
A. Prolixe **B. Cuistre** **C. Civette** **D. Cystite** **E. Fallacieux**

77 Bavard.
A. Prolixe **B. Cuistre** **C. Civette** **D. Cystite** **E. Fallacieux**

78 Carnivore.
A. Prolixe **B. Cuistre** **C. Civette** **D. Cystite** **E. Fallacieux**

79 Inflammation.
A. Prolixe **B. Cuistre** **C. Civette** **D. Cystite** **E. Fallacieux**

80 Pédant.
A. Prolixe **B. Cuistre** **C. Civette** **D. Cystite** **E. Fallacieux**

Test d'observation sur un texte

Pour chaque question, une seule réponse convient.
Reporter les réponses sur la feuille réponse.

Voici un texte : « Dans l'amphithéâtre se déroulaient les plus importants spectacles de gladiateurs de l'antiquité à Rome. C'étaient les divertissements préférés des Romains qui faisaient entraîner spécialement les esclaves pour combattre entre eux. »
On veut classer tous les mots de ce texte dans l'ordre alphabétique inversé.
Les mots identiques se classent les uns à la suite des autres.

81 Quel est le rang de classement du mot « à » ?

A. 29 B. 30 C. 31 D. 32 E. 33

82 Quel est le rang de classement du mot « Dans » ?

A. 26 B. 27 C. 28 D. 29 E. 30

83 Quel est le rang de classement du mot « plus » ?

A. 7 B. 8 C. 9 D. 10 E. Autre réponse

84 Quel est le rang de classement du mot « importants » ?

A. 22 B. 23 C. 24 D. 25 E. Autre réponse

85 Quel est le rang de classement du mot « gladiateurs » ?

A. 16 B. 17 C. 18 D. 19 E. 20

Test de raisonnement logique sur des images

Pour chaque question, une seule réponse convient.
Reporter les réponses sur la feuille réponse.

Dans les trois premières images, le chiffre inscrit est en relation avec une propriété de la figure géométrique. Quel chiffre remplace le point d'interrogation dans la quatrième image ?

86

A. 2 B. 3 C. 4 D. 5 E. 6

87

A. 0 B. 1 C. 2 D. 3 E. 4

88
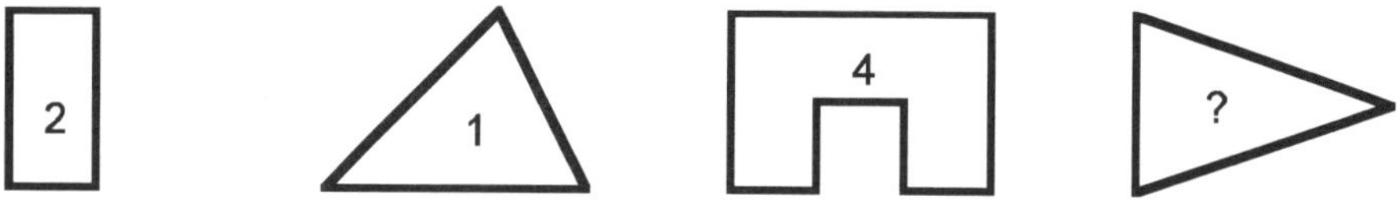

A. 0 B. 1 C. 2 D. 3 E. 4

89
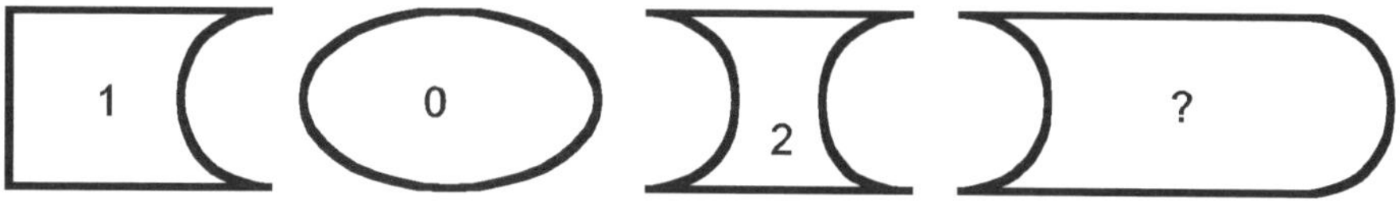

A. 0 B. 1 C. 2 D. 3 E. 4

90

A. 2 B. 3 C. 4 D. 5 E. 6

Test de raisonnement sur une suite logique

Pour chaque question, une seule réponse convient.
Reporter les réponses sur la feuille réponse.

La première ligne de dessins et de chiffres constitue une suite logique. Quel est le symbole suivant de cette suite ?

91
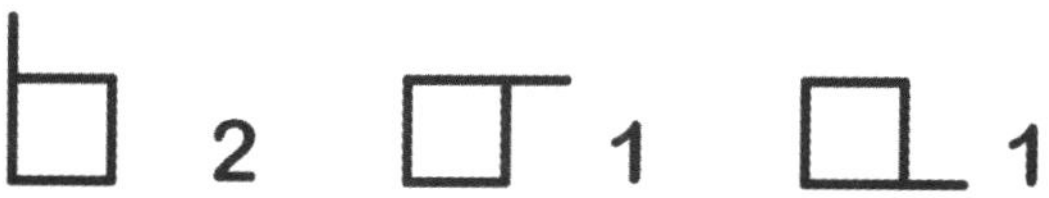

A B C D E

92
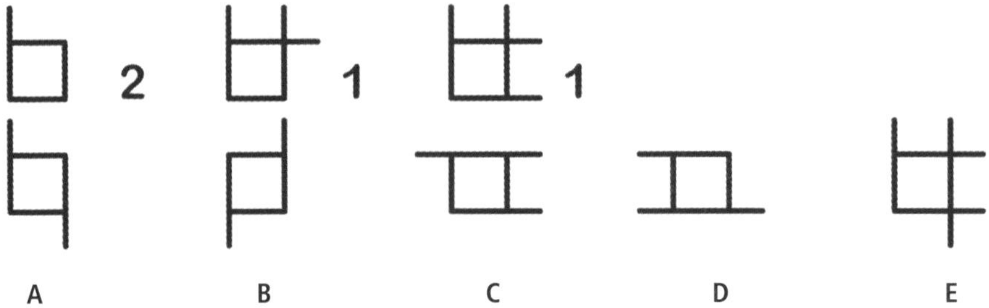

93
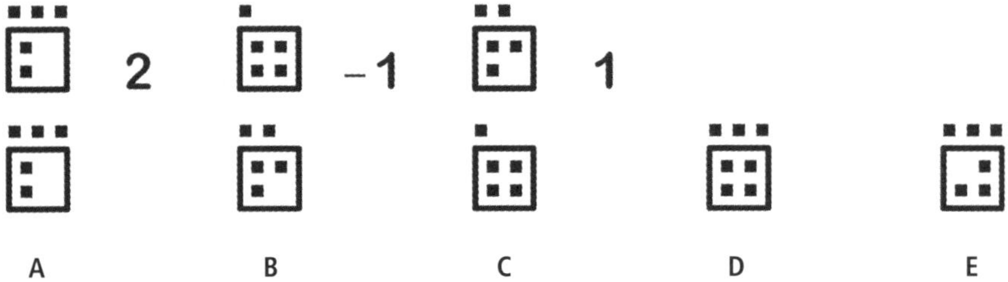

94
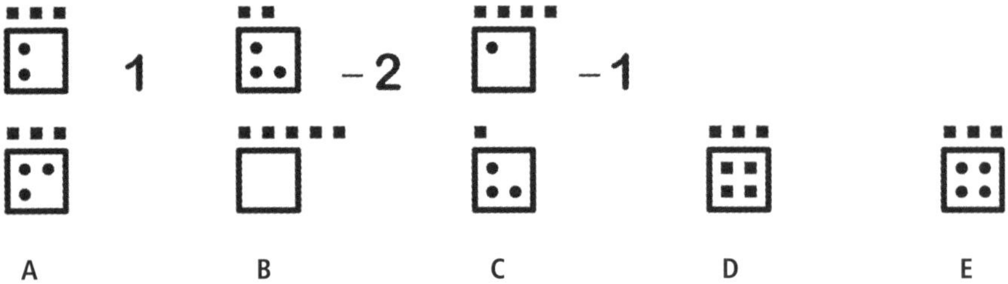

95
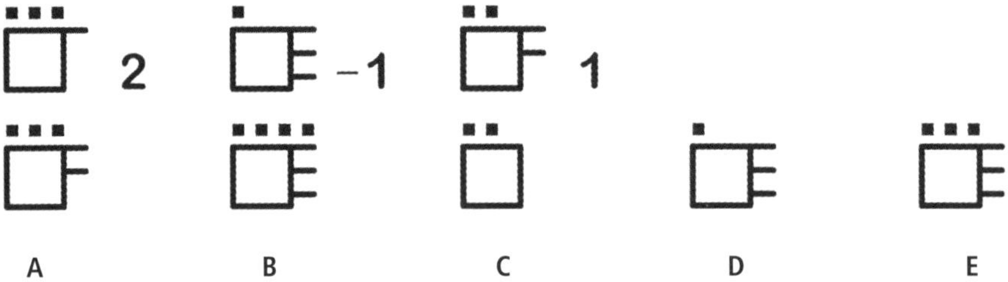

96
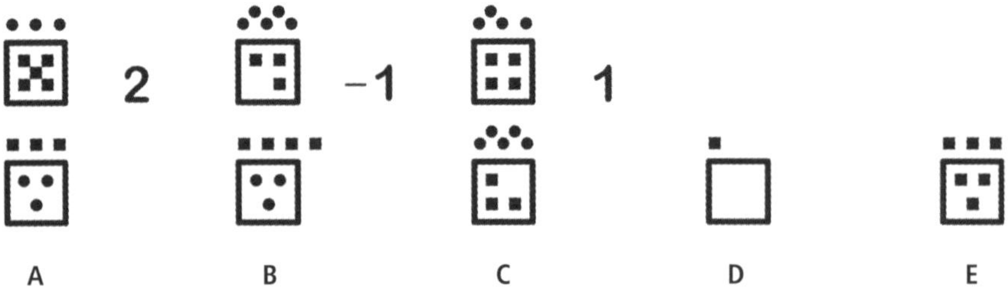

97

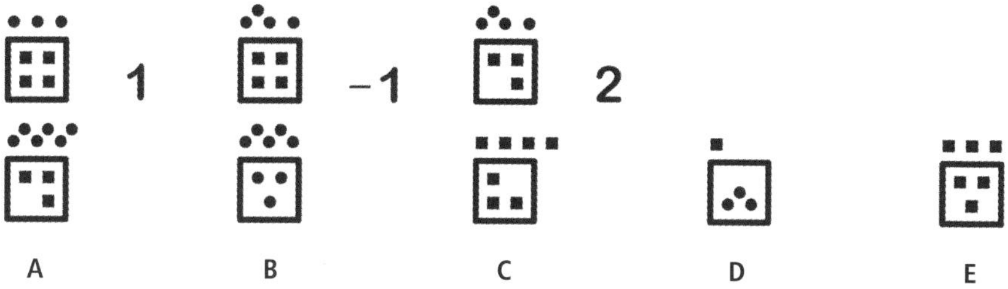

98

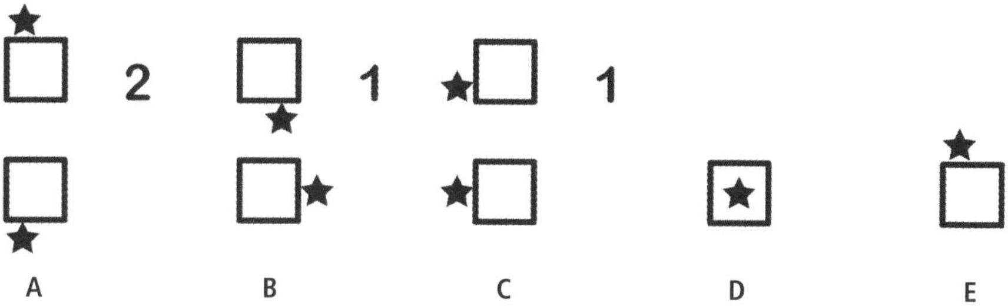

99

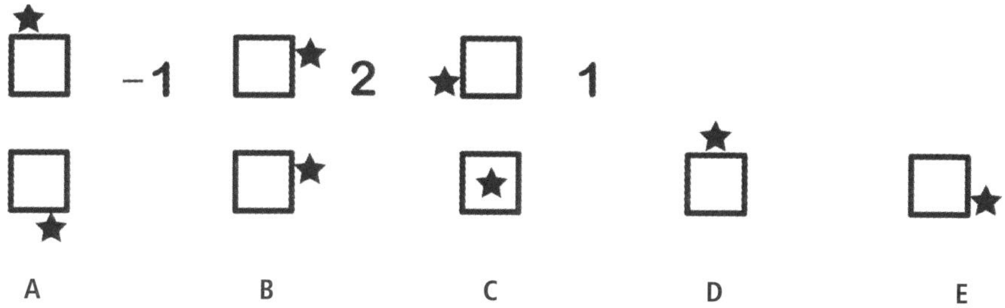

100

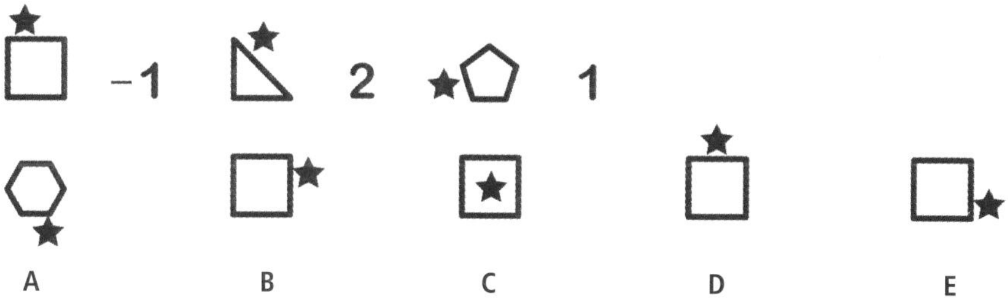

Feuille-réponse du concours n° 8

Pour chaque question, cocher la bonne réponse.

	A	B	C	D	E		A	B	C	D	E		A	B	C	D	E		A	B	C	D	E
1						26						51						76					
2						27						52						77					
3						28						53						78					
4						29						54						79					
5						30						55						80					
6						31						56						81					
7						32						57						82					
8						33						58						83					
9						34						59						84					
10						35						60						85					
11						36						61						86					
12						37						62						87					
13						38						63						88					
14						39						64						89					
15						40						65						90					
16						41						66						91					
17						42						67						92					
18						43						68						93					
19						44						69						94					
20						45						70						95					
21						46						71						96					
22						47						72						97					
23						48						73						98					
24						49						74						99					
25						50						75						100					

Nombre total de bonnes réponses r =
Note /20 = r/5 =

Corrigé

Raisonnement logique

Cinq notes de musique : 1 2 3 4 5

Les cinq notes représentent une suite qui se répète indéfiniment.

Quelle note remplace  ?

Les réponses s'écrivent de gauche vers la droite et du haut vers le bas.

❶ 

Progression d'une note sur deux. **Réponse : C.**

❷ 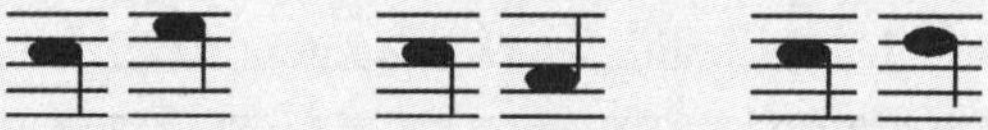

La première note de chaque binôme est identique.

La seconde note de chaque binôme saute une note sur deux de la suite.

Réponse : B.

❸ 

La première note de chaque binôme suit la progression normale des notes.

Il en est de même pour les secondes notes de chaque binôme, mais en écrivant de la droite vers la gauche. **Réponse : C.**

❹ 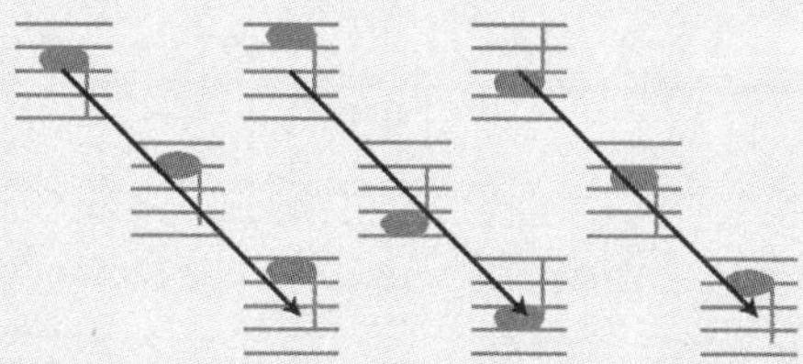

Progression d'une note. **Réponse : C.**

5 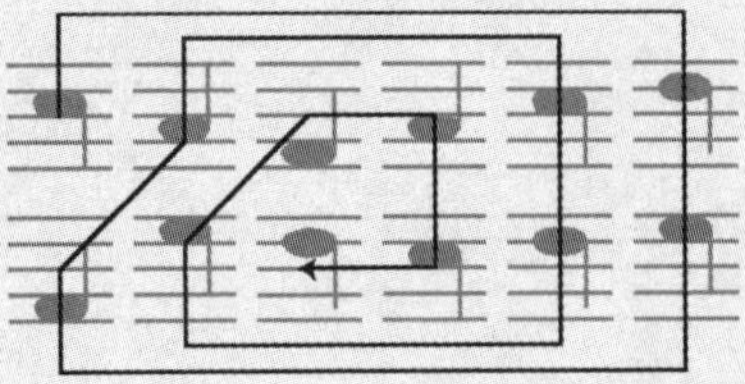

On décrit une sorte de spirale comme l'indiquent les flèches. Réponse : A.

6 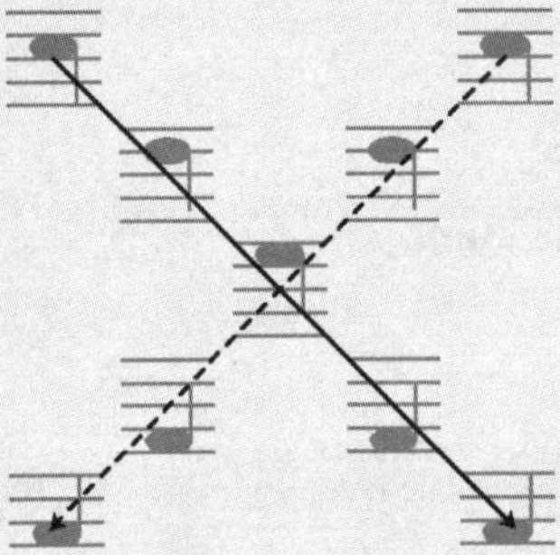

Réponses : C.

7 

La première note de chaque binôme décrit la suite. La seconde note de chaque binôme décrit la suite dans le sens inverse. **Réponse : C.**

8 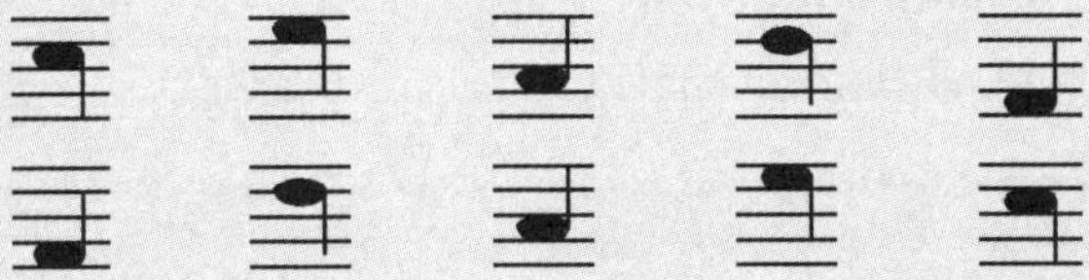

Sur la première ligne, une note sur deux apparaît. La seconde ligne est l'inverse de la première ligne. **Réponse : B.**

9 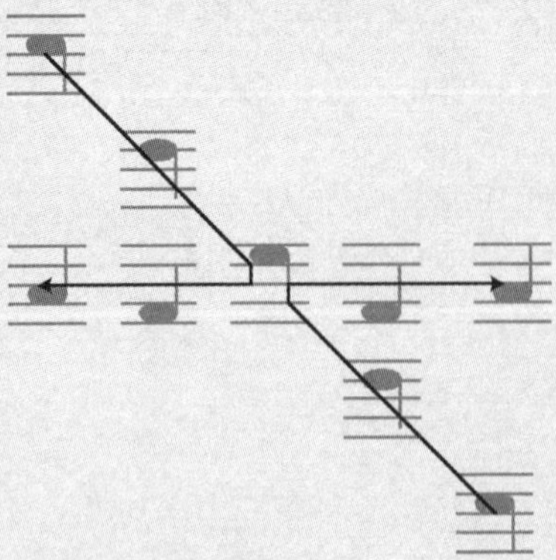

Progression normale des notes de la suite. **Réponse : D.**

⑩ 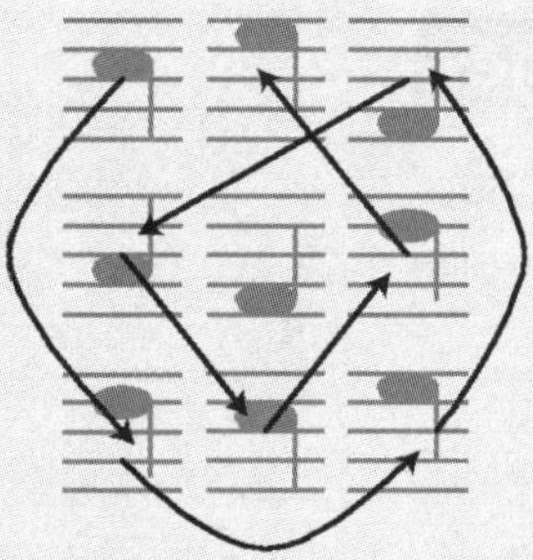

À partir de la première note (première ligne, premier symbole) on décrit une sorte de spirale. **Réponse : D.**

Test d'attention

Pour les questions 11 à 15, se reporter à la grille de correction page 236.
« Le coq et la perle » fable de La Fontaine :

Un jour un Coq détourna
Une Perle, qu'il donna
Au beau premier lapidaire.
« Je la crois fine, dit-il ;
Mais le moindre grain de mil
Serait bien mieux mon affaire. »
Un ignorant hérita
D'un manuscrit, qu'il porta
Chez son voisin le libraire.
« Je crois, dit-il, qu'il est bon ;
Mais le moindre ducaton
Serait bien mieux mon affaire. »

⑪ Combien de mots comporte cette fable ?
D = 62

⑫ Combien de fois trouve-t-on la lettre « a » ?
A = 22

⑬ Combien de fois trouve-t-on la lettre « e » sans accent ?
D = 27

⑭ Combien de fois trouve-t-on la lettre « n » ?
E = 23

⑮ Combien de fois trouve-t-on la lettre « o » ?
A = 16

Raisonnement logique sur des images

Chaque bloc de quatre figures possède un « point » commun.
Retrouvez-le, sur l'une des cinq réponses proposées.

16 Un axe vertical de symétrie : A.

17 Un axe horizontal de symétrie: C.

18 Le plus long côté rectiligne est vertical: B.

19 Un arc de cercle seulement : E.

20 Plus de deux côtés rectilignes : D.

Test d'observation

Pour les questions 21 à 30, se reporter à la grille de correction page 236.

Raisonnement numérique 1 : arithmétique

31 Calculer approximativement : $3\sqrt{17} + 5\sqrt{80} - 6\sqrt{48} - 7\sqrt{35}$.
$\simeq 3\sqrt{16} + 5\sqrt{81} - 6\sqrt{49} - 7\sqrt{36} = 3 \times 4 + 5 \times 9 - 6 \times 7 - 7 \times 6 = \mathbf{-27}$.

32 Calculer approximativement : $(1{,}05)^4 \approx 1 + 4 \times 0{,}05 = 1 + 0{,}2 = \mathbf{1{,}2}$.

33 Calculer approximativement : $(0{,}993)^2 \approx 1 - 2 \times 0{,}007 = \mathbf{0{,}98}$.

34 Quel temps met-on pour parcourir 60 km à la vitesse de 48 km/h ?
$T = \frac{60}{48} = 1{,}25$ h = **1 h 15 min.**

35 Calculer (3 j + 15 h + 40 min) × 6,5 = (4 320 + 900 + 40) × 6,5 =
34 190 min = **23 j + 17 min + 50 s.**

36 Calculer : $-25 \times 10^{-3} \times 4 \times (10^{-5})^2$.
$-100 \times 10^{-3} \times 10^{-10} = -10^{(2-3-10)} = \mathbf{-10^{-11}}$.

37 Simplifier $\sqrt{450}$.
$\sqrt{2 \times 9 \times 25} = 3 \times 5\sqrt{2} = \mathbf{15\sqrt{2}}$.

38 Calculer : $4\sqrt{2} - 5\sqrt{8} + 7\sqrt{50} = 4\sqrt{2} - 10\sqrt{2} + 35\sqrt{2} = \mathbf{29\sqrt{2}}$.

❸❾ Trouver la valeur de x solution de l'équation : $7(2x - 1) + 4(6 - 4x) = 1$.

$14x - 7 + 24 - 16x = 1$;

$14x - 16x = 7 - 24 + 1$;

$-2x = -16$.

$\mathbf{x = 8}$.

❹⓪ Calculer : $\left(\frac{256}{64}\right)^3 = 4^3 = 2^6$.

Raisonnement numérique 2 : problèmes

❹❶ Une personne met 3 h 15 min pour effectuer 150 km. À la même vitesse une autre personne fait 120 km. Quelle est la durée du voyage ?

$V = 150 \div 3{,}25$. Temps $= 120 \div 150 \times 3{,}25 = 2{,}6$ h = **2 h 36 min.**

❹❷ Une personne met 3 h 15 min pour effectuer 150 km. À la même vitesse une autre personne roule pendant 6 h 30 min. Quelle est la distance parcourue ?

$V = 150 \div 3{,}25$. Distance $= 6{,}5 \div 3{,}25 \times 150 =$ **300 km.**

❹❸ Une personne roule à 60 km/h pendant 3 h 15 min. Cette même distance est effectuée par une autre personne en 2 h 30 min. Quelle est sa vitesse ?

$D = 60 \times 3{,}25$. Vitesse $= 60 \times 3{,}25 \div 2{,}5 =$ **78 km/h.**

❹❹ Pendant qu'une personne roule à 60 km/h pendant 3 h 15 min, une autre personne effectue cette même distance à 130 km/h. Combien de temps met-elle ?

$D = 60 \times 3{,}25$. Temps $= 60 \times 3{,}25 \div 130 = 1{,}5$ h = **1 h 30 min.**

❹❺ Un professeur effectue 2/5 de son enseignement à p € de l'heure, les 2/3 de ce qui reste à q € de l'heure, le reste à m € de l'heure. Quel est son salaire horaire moyen ?

$\frac{2}{5}$ du travail à p €/h. Il reste $\frac{3}{5}$ du temps de travail.

$\frac{2}{3} \times \frac{3}{5} = \frac{2}{5}$ à q €/h. Il reste $\frac{1}{5}$ du temps de travail.

$\frac{1}{5}$ à m €/h.

Salaire moyen $= \mathbf{\frac{(2p + 2q + m)}{5}}$ **€.**

❹❻ Une voiture a parcouru 318,75 km en 3 h 45 min. À la même vitesse que devient cette distance en 5 h 30 min ?

$V = 318{,}75 \div 3{,}75$. $D = V \times T = 318{,}75 \div 3{,}75 \times 5{,}5 =$ **467,5 km.**

47 Une somme placée pendant 3 ans à un taux de 6 % par an en intérêts simples s'élève à 5 428 €. Quelle est cette somme placée ?

Somme = $\dfrac{5\ 428}{1 + 3 \times 6\ \%} = \dfrac{5\ 428}{1{,}18}$ = **4 600 €**.

48 Une personne achète une armoire, un lit et 3 coussins. L'armoire vaut 4 fois le prix du lit. Ce dernier vaut 20 coussins plus 1 200 €. Le total vaut x €. Quel est le prix d'un coussin (en fonction de x) ?

A : armoire ; L : lit ; C : coussin ; x : total.

$x = A + L + 3C$.

$A = 4L$.

$L = 20C + 1\ 200$.

De ces trois dernières relations, on obtient : $x = 103C + 6\ 000$.

Soit : $x = 103 \times C + 6\ 000$ ou $\mathbf{C = \dfrac{x - 6\ 000}{103}}$.

49 Trois personnes se partagent un petit terrain. La première prend 1/3 du terrain plus 50 m^2. La deuxième prend 1/4 du terrain plus 75 m^2. La troisième prend les 250 m^2 restants. Quelle est la surface totale du petit terrain ?

S : surface du terrain.

Première personne = $\dfrac{1}{3}$ S + 50. Deuxième personne = $\dfrac{1}{4}$ S + 75.

Reste = S – les deux premières parts = $\left(\dfrac{1}{3} + \dfrac{1}{4}\right)$ S = 50 + 75 = $\dfrac{7}{12}$ S – 125 = 250.

Soit : S = $\dfrac{250 + 125}{\dfrac{5}{12}}$ = **900 m^2**.

50 Une blessure occupe une surface S avant le traitement. Au bout de quelques jours, avec les soins attentifs apportés par de gentilles infirmières, la longueur de la blessure est divisée par 4 et sa largeur est réduite de 1/5. Que vaut (en fonction de S) la surface de la blessure au bout de ces quelques jours ?

Surface = longueur × largeur.

Nouvelle surface = $\dfrac{4}{5} \times l \times \dfrac{L}{4} = \dfrac{1}{5} l \times L = \dfrac{S}{5}$.

Raisonnement logique sur une suite numérique

À partir du premier nombre, on obtient le deuxième par un opérateur simple. On obtient le troisième par un autre opérateur simple. On reprend le même procédé pour trouver les autres nombres. Chaque opérateur est une multiplication ou une addition par un nombre entier ou fractionnaire simple, négatif ou positif.

51 | –1 | –2 | 1 | 2 | 5 |

Le premier opérateur est : × 2. Le second opérateur est : + 3.

52

5	6	– 12	– 11	22

Le premier opérateur est : + 1. Le second opérateur est : × (– 2).

53

– 3	– 6	6	12	– 12

Le premier opérateur est : × 2. Le second opérateur est : × (– 1).

54

5	2	4	1	3

Le premier opérateur est : – 3. Le second opérateur est : + 2.

55

– 1	1	– 2	2	– 1

Le premier opérateur est : × (– 1). Le second opérateur est : – 3.

Test d'observation sur des images

Pour les questions 56 à 60, se reporter à la grille de correction page 236.

Test d'attention sur des symboles

g h i j k l j l i l h l g k l i k g h h h i l k g
h i l j k l g h k i j j j i h g l k g h k l g h k
h i l j k g h l i k l g h i k l h k j i h g k j g
l h k l g h k j l i k h g l h k l i j k g l h i k
l i k j l i k i l k i l k l h g l h i l h i j l g
l k l k i j k i l g l h i k l i k j i l g l h i l
g l h i k l j i j k i l h g k h l i k j g l h i k
g h i l k j i l j k i j k i l j i l j g h i j h g
h i l j g h i g h i j k i l k l k i l j k i l g h
l k j l i j k i l g h l j k g l h i k j l h i j k

61 Combien de fois trouve-t-on l'équivalent de la lettre h dans le texte ?
Réponse E : Autre réponse = 39

62 Combien de fois trouve-t-on l'équivalent de la lettre i dans le texte ?
Réponse A : 32

63 Combien de fois trouve-t-on l'équivalent de la lettre j dans le texte ?
Réponse D : 46

64 Combien de fois trouve-t-on l'équivalent de la lettre k dans le texte ?
Réponse B : 47

65 Combien de fois trouve-t-on l'équivalent de la lettre g dans le texte ?
Réponse C : 30

Aptitude verbale 1 : orthographe

Voici un texte de Bentham : *Introduction aux principes de la morale et de la législation.* Quel est le nombre de fautes d'orthographe et de grammaire pour chaque exercice ?

66 Quels sont les agents qui, placés dans la sphère d'influence de l'homme sont **suceptible** (susceptibles) de bonheur ? Ils sont de deux sortes : d'autres êtres humains, autrement dit des personnes, et d'autres animaux, dont d'anciens juristes négligèrent les intérêts par insensibilité, et qui de ce fait ont été rabaissés au rang d'objet. Les religions indoue et musulmane semblent leur avoir **témoingnée** (témoigné) une certaine attention.
Réponse C : 2

67 Pourquoi n'a-t-on pas tenu compte universellement de leur différence de sensibilité ? Parce que les lois, qui sont le fruit d'une crainte mutuelle, ont tiré parti du sentiment que les animaux sont **doué** (doués) de moins de raison et qu'ils ne disposent pas des mêmes ressources vitales que l'homme. Pour **qu'elles** (quelles) raisons ne les auraient-ils pas ? On ne peut en donner aucune **explications** (explication). Si le fait de manger était tout, nous aurions un bon motif pour dévorer certains d'entre eux de la manière que nous aimons : nous nous en **trouverrions** (trouverions) mieux et eux pas plus mal, puisqu'ils n'ont pas la capacité d'anticiper comme nous sur les souffrances à venir.
Réponse E : 4

68 La mort qu'ils connaissent en général entre nos mains est par ce moyen toujours plus rapide et moins douloureuse que celle qui les attendrait dans l'ordre fatal de la nature. Si le fait de tuer était tout, nous aurions un bon motif pour détruire ceux qui nous **importune** (importunent) : nous ne nous en sentirions pas plus mal, et ils ne se porteraient pas moins bien d'être morts. Mais y a-t-il une seule raison pour que nous tolérions de les torturer ? Je n'en vois aucune. Y en a-t-il une pour que nous refusions de les maltraiter ?
Réponse B : 1

69 Oui, et plusieurs. Il y eut une époque, et j'avoue avec tristesse qu'en bien des lieux ce temps n'est pas révolu, où la plus grande partie de l'espèce, sous la dénomination d'esclaves, était considérée aux yeux de la loi de la même manière que les animaux des races inférieures sont traités en Angleterre par exemple. Le jour viendra peut-être où le reste du règne animal retrouvera ses droits qui n'auraient jamais pu être enlevés autrement que par le bras de la tyrannie.
Réponse A : 0

70 Les Français ont déjà **réalisés** (réalisé) que la peau foncée n'est pas une raison pour abandonner sans **recour** (recours) un être humain aux caprices d'un persécuteur. Peut-être finira-t-on un jour par s'apercevoir que le nombre de jambes, la pilosité de la peau ou l'extrémité de l'os sacrum sont des raisons tout aussi insuffisantes d'abandonner une créature sensible au même sort. Quoi d'autre devrait tracer la ligne de **démarcasion** (démarcation) ? Serait-ce la faculté de raisonner, ou peut-être la faculté du langage ?
Réponse D : 3

Aptitude verbale 2 : vocabulaire

Dans les phrases suivantes, il faut associer la définition à l'une des réponses proposées. Pour les cinq exercices suivants, les réponses ne seront utilisées qu'une seule fois.

71 Agir avec ruse.

Réponse A : Circonvenir

72 Accrocher.

Réponse C : Appendre

73 Descendre de rang.

Réponse E : Déchoir

74 Critiquer vivement.

Réponse D : Pourfendre

75 Presser quelque chose.

Réponse B : Épreindre

Dans les phrases suivantes, il faut associer la définition à l'une des réponses proposées. Pour les cinq exercices suivants, les réponses ne seront utilisées qu'une seule fois.

76 Illusoire.

Réponse E : Fallacieux

77 Bavard.

Réponse A : Prolixe

78 Carnivore.

Réponse C : Civette

79 Inflammation.

Réponse D : Cystite

80 Pédant.

Réponse B : Cuistre

Test d'observation sur un texte

Voici le texte où les mots sont rangés dans l'ordre alphabétique inversé :

spectacles	spécialement	se	Rome	romains	qui
préférés	pour	plus	les	les	les
l'	l'	importants	gladiateurs	faisaient	eux
étaient	esclaves	entre	entraîner	divertissements	des
déroulaient	de	de	Dans	combattre	C'
antiquité	amphithéâtre	à			

81 Quel est le rang de classement du mot : à ?

Réponse E : 33

82 Quel est le rang de classement du mot : Dans ?

Réponse C : 28

83 Quel est le rang de classement du mot : plus ?

Réponse C : 9

84 Quel est le rang de classement du mot : importants ?

Réponse E : 15

85 Quel est le rang de classement du mot : gladiateurs ?

Réponse A : 16

Test de raisonnement logique sur des images

Dans les trois premières images, le chiffre inscrit est en relation avec une propriété de la figure géométrique. Quel chiffre remplace le point d'interrogation dans la quatrième image ?

86

Le chiffre indique le nombre d'angles internes aigus de l'image. **Réponse D : 5**

87

Le chiffre indique le nombre d'angles internes à 45° de l'image. **Réponse E : 4**

88

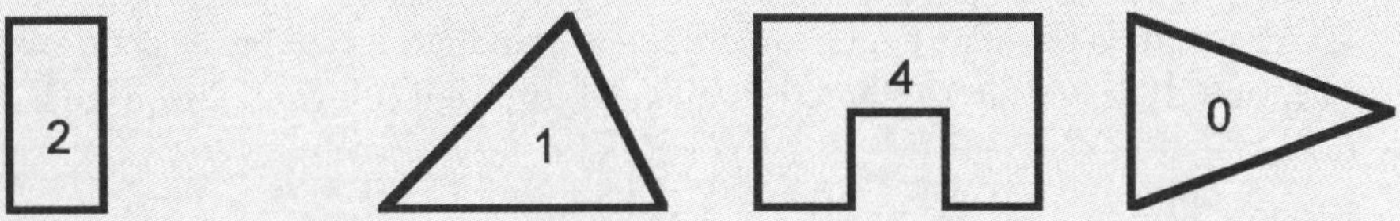

Le chiffre indique le nombre de côtés horizontaux de l'image. **Réponse A : 0**

89

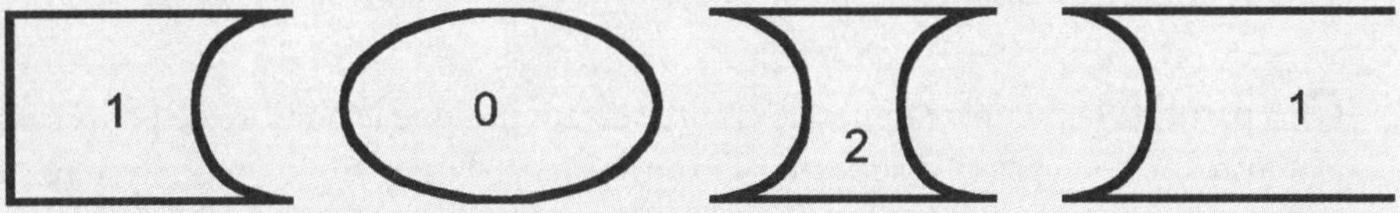

Le chiffre indique le nombre de côtés internes concaves (creux) de l'image. **Réponse B : 1**

90

Le chiffre indique le nombre de côtés obliques de l'image. **Réponse C : 4**

Test de raisonnement sur une suite logique

91 Déplacement du petit segment, sur chaque côté, d'un sommet à l'autre, dans le sens des aiguilles d'une montre, du nombre de positions indiqué par le chiffre suivant la figure.

Réponse A

❾❷ À partir de la première figure, le nombre de petits segments augmente du nombre indiqué par le chiffre suivant la figure.

Réponse E

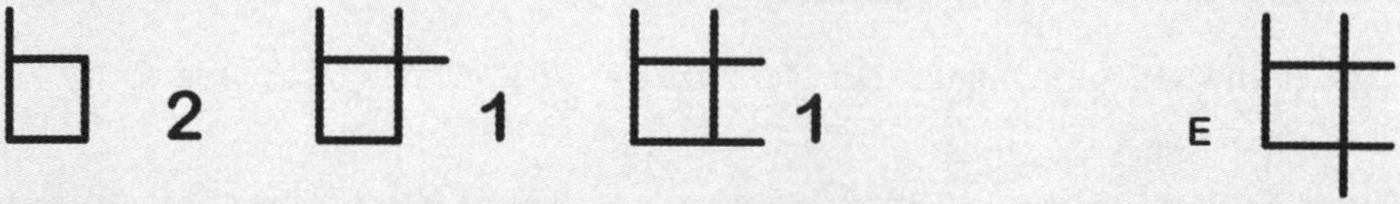

❾❸ À partir de la première figure, le chiffre suivant indique le nombre de petits carrés noirs à déplacer de l'extérieur vers l'intérieur quand il est positif et le contraire quand il est négatif.

Réponse C

❾❹ À partir de la première figure, le chiffre suivant indique le nombre de petits carrés noirs à transformer en petits disques de l'extérieur vers l'intérieur quand il est positif et le contraire quand il est négatif.

Réponse B

❾❺ À partir de la première figure, le chiffre suivant indique le nombre de petits carrés noirs à transformer en petits traits fixés sur le carré de l'extérieur vers l'intérieur quand il est positif et le contraire quand il est négatif.

Réponse D

❾❻ À partir de la première figure, le chiffre suivant indique le nombre de petits carrés noirs à l'intérieur du carré à transformer en petits disques à l'extérieur quand il est positif et le contraire quand il est négatif.

Réponse C

97 À partir de la première figure, le chiffre suivant indique le nombre de petits disques noirs à ajouter à l'extérieur du carré quand il est positif et le nombre de petits carrés noirs à ajouter à l'intérieur du carré quand il est négatif.

Réponse A

98 Déplacement de l'étoile, dans le sens des aiguilles d'une montre, du nombre de côtés indiqué par le chiffre suivant la figure.

Réponse E

99 Déplacement de l'étoile, du nombre de côtés indiqué par le chiffre suivant la figure dans le sens inverse des aiguilles d'une montre, si ce chiffre est positif et dans le sens contraire s'il est négatif.

Réponse A

100 Le déplacement de l'étoile répond aux mêmes critères que la question précédente. De plus, il y a diminution du nombre de côtés de la figure géométrique (carré pour le premier dessin) si le chiffre est négatif et le contraire s'il est positif.

Réponse A

Feuille-réponse du concours n° 8

	A	B	C	D	E		A	B	C	D	E		A	B	C	D	E		A	B	C	D	E
1			×			26					×	51	×					76					×
2	×					27			×			52				×		77	×				
3			×			28				×		53		×				78			×		
4			×			29				×		54					×	79				×	
5	×					30			×			55			×			80		×			
6			×			31		×				56					×	81					×
7			×			32				×		57		×				82			×		
8		×				33	×					58				×		83			×		
9				×		34			×			59			×			84					×
10				×		35				×		60	×					85	×				
11				×		36		×				61					×	86				×	
12	×					37	×					62	×					87					×
13				×		38		×				63				×		88	×				
14					×	39					×	64		×				89		×			
15	×					40				×		65			×			90			×		
16	×					41	×					66			×			91	×				
17			×			42					×	67					×	92					×
18		×				43				×		68		×				93			×		
19					×	44		×				69	×					94		×			
20				×		45				×		70				×		95				×	
21					×	46		×				71	×					96			×		
22			×			47	×					72			×			97	×				
23				×		48				×		73					×	98					×
24		×				49					×	74				×		99	×				
25	×					50				×		75		×				100	×				

9

Concours blanc n° 9

Durée
1 heure 30 minutes

Nombre de questions : 100.
Vous devez reporter vos réponses sur la « feuille réponse ».
Tout instrument de calcul est interdit.
Chaque question, notée sur un point, est suivie
de cinq propositions de réponse dont une seule est exacte.
Vous pouvez utiliser des feuilles de brouillon.

Sujet

Raisonnement logique

Pour chaque question, une seule réponse convient.
Reporter les réponses sur la feuille-réponse.

Cinq symboles : 

Les cinq symboles représentent une suite qui se répète indéfiniment.

Quel symbole remplace  ? Les réponses s'écrivent dans le sens de la lecture habituelle : de gauche vers la droite et du haut vers le bas.

1 

A.  B.  C.  D.  E. 

2 

A.  B.  C.  D.  E. 

3
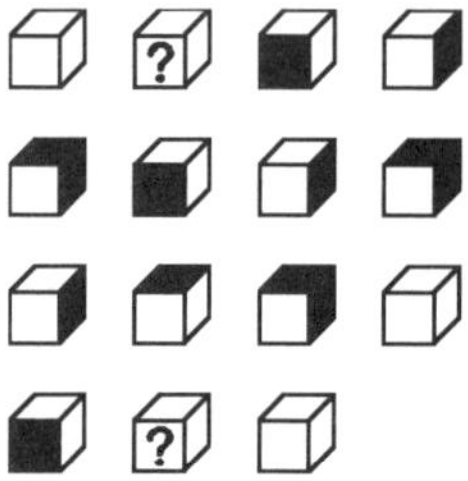

4
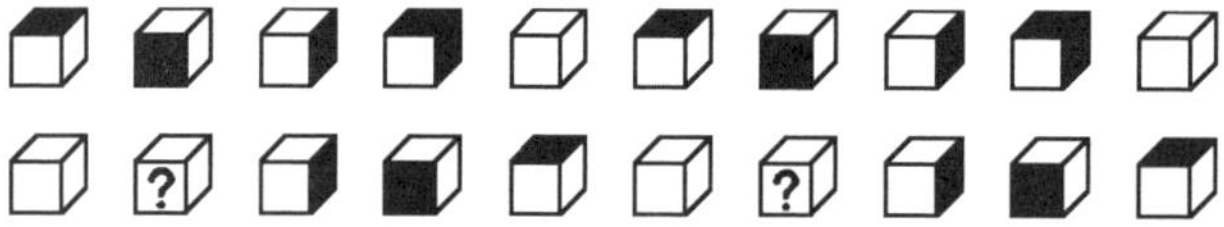

5
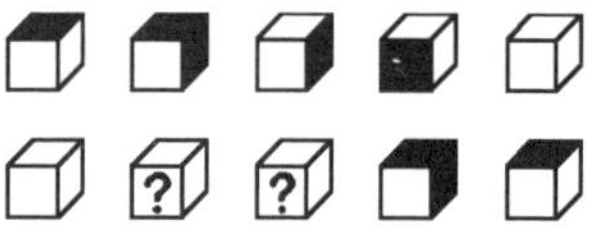

6
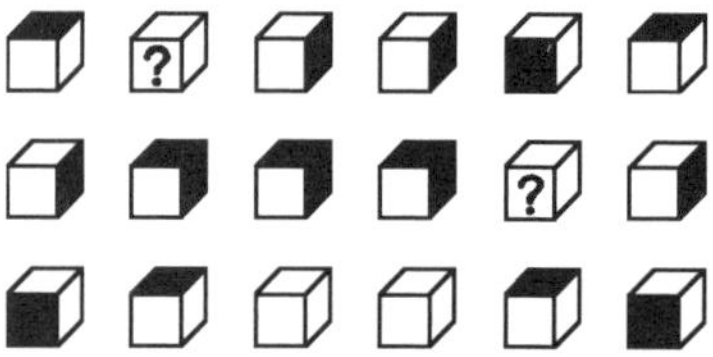

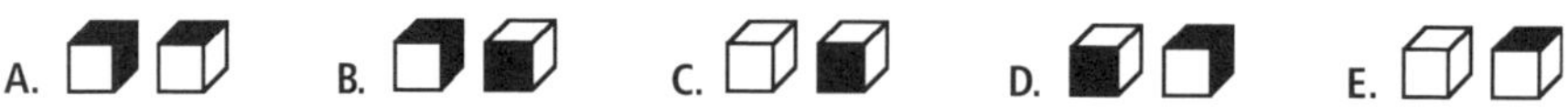

7

8

9 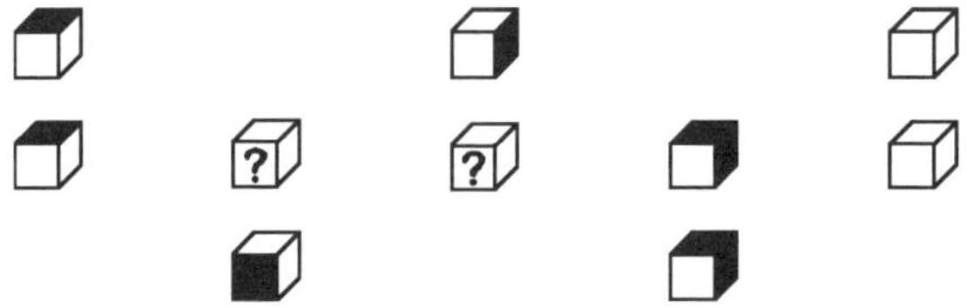

A.  B.  C.  D.  E. 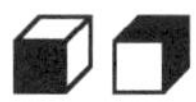

10 

A.  B.  C.  D.  E. 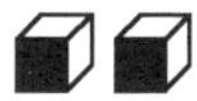

Raisonnement logique sur un texte

Pour chaque question, une seule réponse convient.
Reporter les réponses sur la feuille-réponse.

Voici une recette de cuisine où les propositions sont dans le désordre.
Cette recette comporte dix propositions.
Pour chaque question, quel est le bon numéro de la proposition ?

11 Avant la cuisson, beurrer les moules.

A. 1 B. 2 C. 3 D. 4 E. autre réponse

12 Réchauffer légèrement ce dessert avant de le servir.

A. 6 B. 7 C. 8 D. 9 E. autre réponse

13 Remplir les moules à l'aide d'une cuillère.

A. 1 B. 2 C. 3 D. 4 E. autre réponse

14 Démouler.

A. 7 B. 6 C. 5 D. 4 E. autre réponse

15 Dans une jatte, mélanger le sucre, le sucre roux, le sel et les œufs entiers. Fouetter le tout.

A. 1 B. 2 C. 3 D. 4 E. autre réponse

16 À l'aide d'une petite cuillère déposer un peu de miel sur chaque gâteau.

A. 6 B. 7 C. 8 D. 9 E. autre réponse

17 Mettre la pâte au frais pendant 30 minutes.

A. 1 B. 2 C. 3 D. 4 E. autre réponse

18 Placer les gâteaux dans un grand plat.

A. 6 B. 7 C. 8 D. 6 E. autre réponse

19 Ajouter la farine, le beurre fondu mais refroidi, le miel et la levure. Mélanger.

A. 1 B. 2 C. 3 D. 4 E. autre réponse

20 Mettre au four chaud (th. 6) pendant 5 minutes.

A. 5 B. 6 C. 7 D. 8 E. autre réponse

Test d'attention

Pour chaque question, une seule réponse convient.
Reporter les réponses sur la feuille-réponse.

Voici un texte où les lettres sont inversées :
« L'oiseau blessé d'une flèche » fable de La Fontaine :

Moɿtellement ɒtteint b'une flèɔhe empennèe,
Un Oiƨeau bèqloɿɒit ƨɒ tɿiƨte beƨtinèe,
Ǝt biƨɒit, en ƨoufftɿɒnt un ƨuɿɔɿoît be bouleuɿ :
« ꟻɒut il ɔontɿibueɿ á ƨon qɿoqɿe mɒlɥeuɿ!
Ɔɿuelƨ ɥumɒinƨ ! vouƨ tiɿez be noƨ ɒileƨ
ᗡe puoi fɒiɿe voleɿ ɔeƨ mɒɔɥineƨ moɿtelleƨ.
Mɒiƨ ne vouƨ moquez qoint, engeɒnɔe ƨɒnƨ qitiè :
Ƨouvent il vouƨ ɒɿɿive un ƨoɿt ɔomme le nôtɿe.
ᗡeƨ enfɒntƨ be ᒐɒqet toujouɿƨ une moitiè
ꟻouɿniɿɒ beƨ ɒɿmeƨ á l'ɒutɿe. »

21 Combien de fois trouve-t-on la lettre t ?

A. 23 B. 25 C. 27 D. 29 E. 31

22 Combien de fois trouve-t-on la lettre s ?

A. 28 B. 29 C. 27 D. 30 E. 26

23 Combien de fois trouve-t-on la lettre u ?

A. 18 B. 20 C. 22 D. 24 E. 25

24 Combien de fois trouve-t-on la lettre r ?

A. 26 B. 28 C. 29 D. 25 E. 24

25 Combien de fois trouve-t-on la lettre p ?

A. 6 B. 12 C. 9 D. 7 E. 5

Raisonnement logique : M. Mind

Pour chaque question, une seule réponse convient.
Reporter les réponses sur la feuille-réponse.

Soit un ensemble de 6 motifs :

☞ ✞ ☝ ☼ ☪ ☠

26 Trouver deux motifs sachant que :

☠ ☝
☼ ☠
} ont chacun un motif commun mal placé

A. ☼☝ B. ☝☼ C. ☠☝ D. ☝☠ E. ☞☼

27 Trouver deux motifs sachant que :

☠ ☼
☪ ☝
☪ ☠
} ont chacun un motif commun mal placé

A. ☪☠ B. ☠☼ C. ☪☼ D. ☼☪ E. ☼☠

28 Trouver trois motifs sachant que :

☼ ☝ ☪ a un motif commun bien placé
☼ ✞ ☠ a deux motifs communs mal placés
✞ ☼ ☪ a un motif commun mal placé

A. ☼☝☠ B. ☼☠✞ C. ☝☠✞ D. ☼✞☪ E. ☠☝✞

29 Trouver trois motifs sachant que :

☞ ✞ ☝ a un motif commun bien placé
☪ ☠ ☝ a deux motifs communs mal placés
☞ ☝ ☠ a un motif commun mal placé

A. ☞☠☪ B. ☞☪☠ C. ☠✞☪ D. ☝☠☞ E. ☪☠☝

30 Trouver deux motifs sachant que :

☼ ☪
☠ ☝
☪ ☝
} ont chacun un motif commun mal placé

A. ☼☝ B. ☠☼ C. ☠☝ D. ☝☠ E. ☝☼

Raisonnement numérique 1 : arithmétique

Pour chaque question, une seule réponse convient.
Reporter les réponses sur la feuille-réponse.

31 Calculer : $\sqrt{8} + \sqrt{2}$.

A. $3\sqrt{2}$ B. $5\sqrt{2}$ C. $\sqrt{10}$ D. 4 E. 2

32 Calculer : $3^2 + 4^2$.

A. 7^2 B. 7^4 C. 5^2 D. 12^2 E. autre réponse

33 Calculer : $\sqrt{8} \times \sqrt{6}$.

A. $\sqrt{14}$ B. $6\sqrt{8}$ C. $8\sqrt{6}$ D. $4\sqrt{3}$ E. autre réponse

34 Calculer : $\dfrac{-2}{(1 - \sqrt{3})} =$

A. $-1 + \sqrt{3}$ B. $1 + \sqrt{3}$ C. $-11\sqrt{3}$ D. $\sqrt{3} - 1$ E. autre réponse

35 Calculer : $73{,}4 \times 10^4 = a \times 10^1$.

A. 0,00734 B. 0,734 C. 73,4 D. 7 340 E. 73 400

36 Calculer : $4^{-3} \times 8^5 \times 2^{-4} \times 16^3$.

A. 4^{-17} B. 2^{17} C. 2^{-17} D. 4^{-180} E. 16^{-17}

37 Simplifier : $(3 + \sqrt{6}) \times (3 - \sqrt{6})$.

A. 3 B. -3 C. 6 D. $3\sqrt{6}$ E. $6\sqrt{3}$

38 Calculer : $(12 \div 16) \div (48 \div 64) =$

A. 60/80 B. 1 C. 76/64 D. 4/3 E. 16/19

39 Calculer : $(\sqrt{7} + \sqrt{5})^2$.

A. $\sqrt{12}$ B. 12 C. $12 + 2\sqrt{12}$ D. $12 + \sqrt{35}$ E. $12 + 2\sqrt{35}$

40 Trouver la valeur de x solution du système :

$$\begin{cases} 2x + 3y - z = 0 \\ 4x - 6y + 3z = 7 \\ -2x + 9y + 2z = 11 \end{cases}$$

A. $\frac{2}{3}$ B. 3 C. 2 D. $\frac{1}{2}$ E. $\frac{-1}{2}$

Raisonnement numérique 2 : problèmes

Pour chaque question, une seule réponse convient.
Reporter les réponses sur la feuille-réponse.

41 Des héritiers se partagent les frais de succession. S'ils versent chacun 880 €, il manque au total 2 840 €. S'ils versent 1 300 € chacun, il y a 100 € de trop. Quel est le nombre d'héritiers ?

A. 7 B. 8 C. 9 D. 10 E. autre réponse

42 En 12 jours, 9 ouvriers effectuent 3/4 d'un ouvrage. En 9 jours, combien faudra-t-il d'ouvriers pour finir l'ouvrage ?

A. 1 B. 3 C. 5 D. 7 E. autre réponse

43 La distance entre deux villes est 350 km ; le train roule à 140 km/h en moyenne. Il part de la première ville à 13 h 50 min. À quelle heure sera-t-il dans l'autre ville ?

A. 14 h 20 min B. 15 h 10 min C. 15 h 40 min D. 16 h 20 min E. autre réponse

44 Un enfant utilise des briques de 3 cm et 5 cm (d'épaisseur) pour une hauteur totale de 50 cm. Quel est le nombre pair de briques de 5 cm ?

A. 2 B. 4 C. 6 D. 9 E. autre réponse

45 Deux personnes veulent acheter une voiture. Chacune d'entre elles ne dispose pas de la somme suffisante. La première personne possède 3/5 du prix du véhicule alors que la deuxième personne en possède les 3/4. En mettant leur argent en commun il y aura p € de trop. Quel est le prix du véhicule en fonction de p ?

A. $\frac{10}{7p}$ B. $\frac{10p}{7}$ C. $\frac{14}{5p}$ D. $\frac{20p}{7}$ E. autre réponse

46 Quel est le nombre entier naturel tel que si on ajoute 10 à son triple, on obtient son carré ?

A. 3 B. 5 C. 12 D. 17 E. autre réponse

47 Un train part d'une ville A à 8 h en roulant vers B à 50 km/h. Un autre train part d'une ville B à 10 h en roulant vers A à 80 km/h. Les deux villes sont distantes de 500 km. À quelle heure arrive le train parti le premier ?

A. 18 h B. 18 h 30 C. 17 h 30 D. 17 h E. autre réponse

48 Une somme de 6 500 € est composée de 79 billets de 50 € et 100 €. Quel est le nombre de billets de 100 € ?

A. 30 B. 35 C. 42 D. 51 E. autre réponse

49 Une voiture part à 5 h d'une ville A vers une ville B en roulant à la vitesse de 100 km/h. Une autre voiture effectue le chemin inverse en partant à 5 h 30 min et en roulant à 80 km/h. Les deux villes sont séparées de 500 km. À quelle heure les deux voitures vont-elles se croiser ?

A. 3 h B. 5 h C. 6 h 30 min D. 8 h 15 min E. autre réponse

50 Fernand dépense 150 € en achetant 3 CD audio et 2 CD Rom. Eugène achète 4 CD audio et un CD Rom pour 120 €. Quel est le prix d'un CD Rom en € ?

A. 18 B. 28 C. 38 D. 48 E. autre réponse

Test d'observation sur des images

Pour chaque question, une seule réponse convient.
Reporter les réponses sur la feuille-réponse.

Retrouver le morceau qui n'est pas un élément du bloc.

51

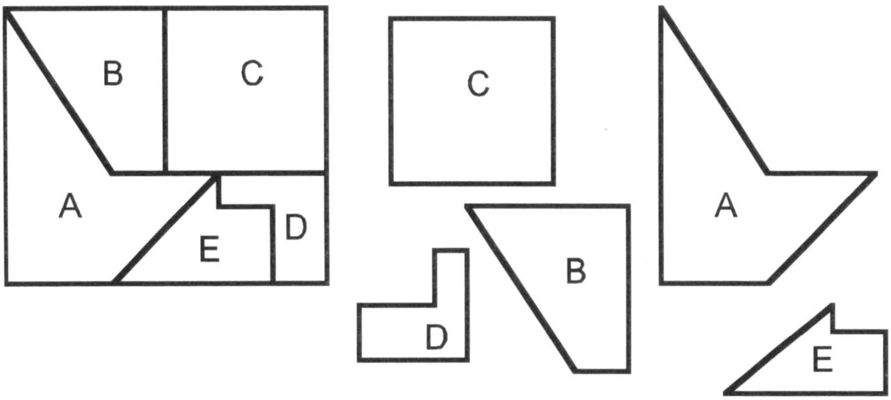

A. ☐ B. ☐ C. ☐ D. ☐ E. ☐

52

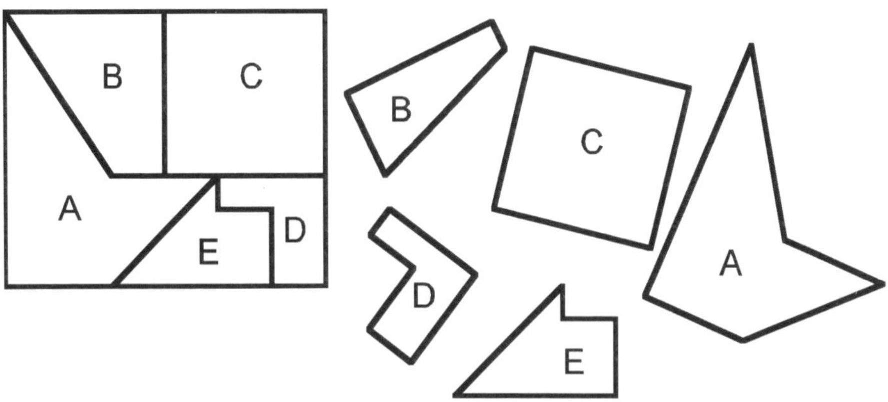

A. ☐ B. ☐ C. ☐ D. ☐ E. ☐

53

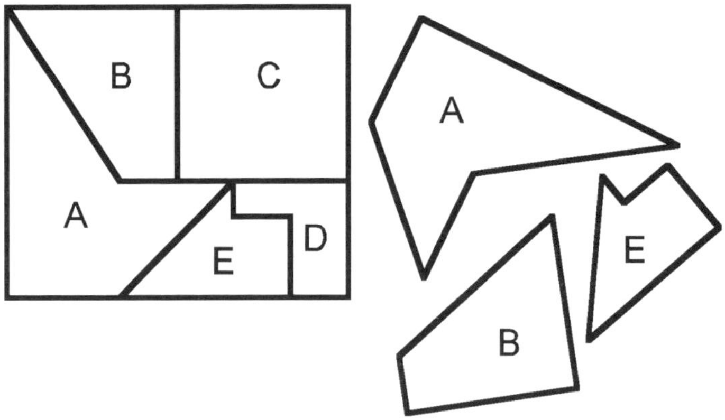

A. ☐ B. ☐ C. ☐ D. ☐ E. ☐

54

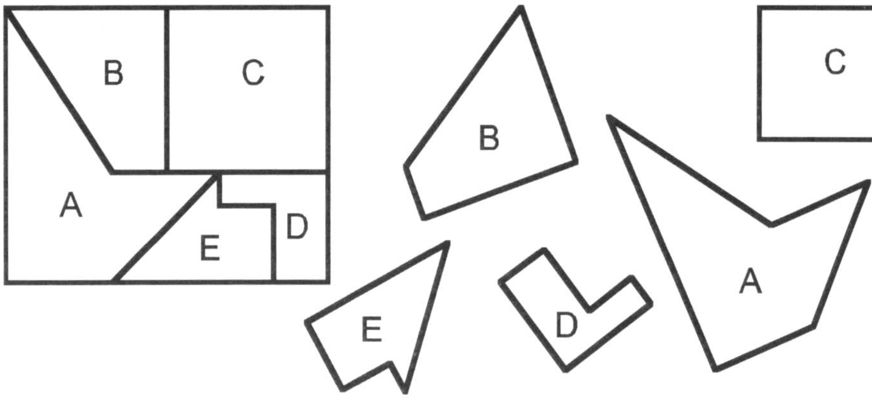

A. ☐ B. ☐ C. ☐ D. ☐ E. ☐

55

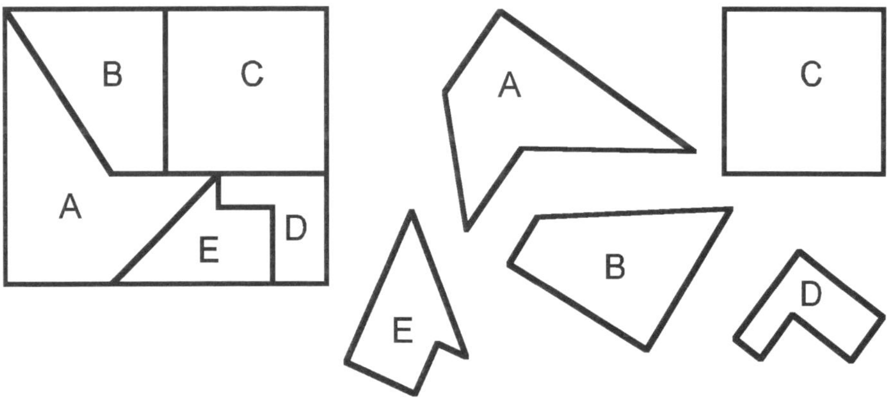

A. ☐ B. ☐ C. ☐ D. ☐ E. ☐

Test d'observation sur des tableaux

Pour chaque question, une seule réponse convient.

Reporter les réponses sur la feuille-réponse.

Ces tableaux représentent la répartition des malades dans trois services hospitaliers en fonction de la durée des séjours.

Quel tableau est équivalent au tableau « original » ?

56 Original

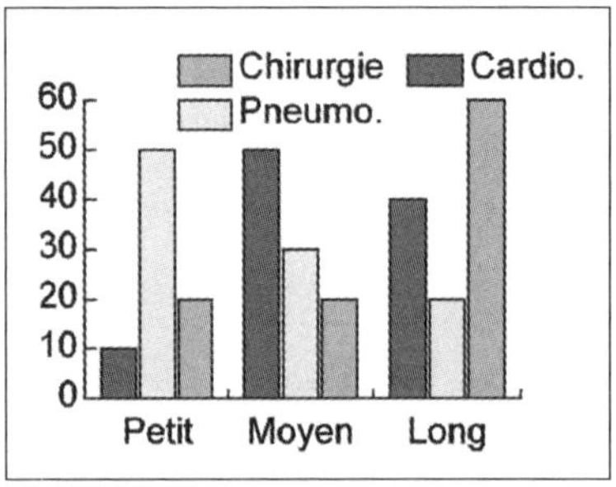

A

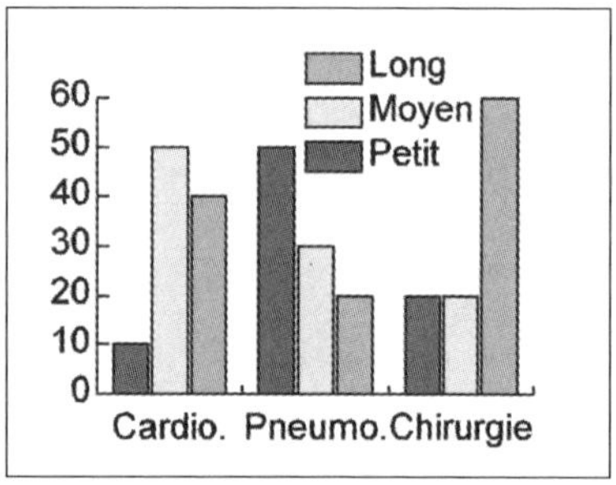

B

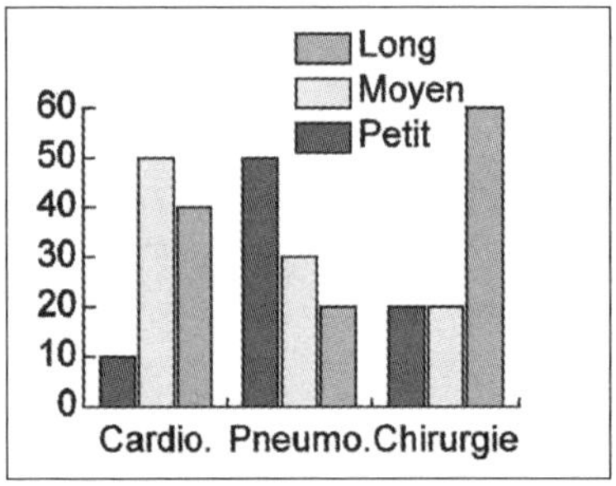

C

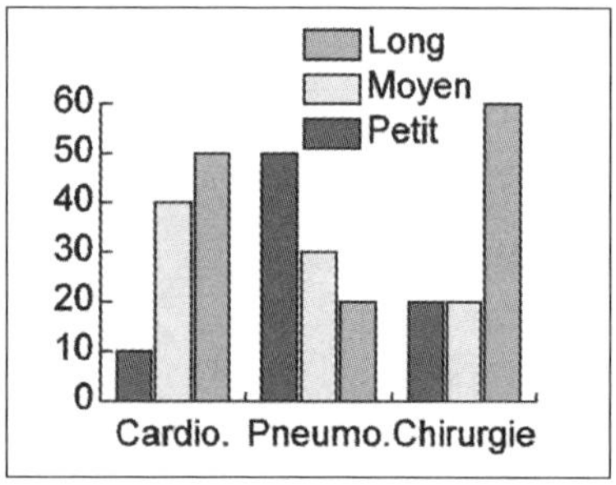

D

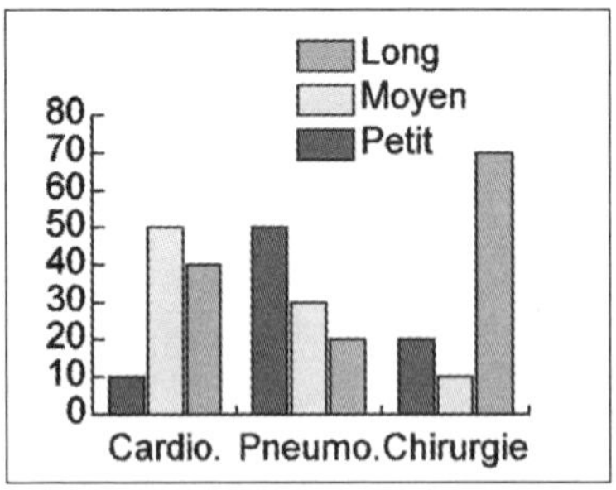

E

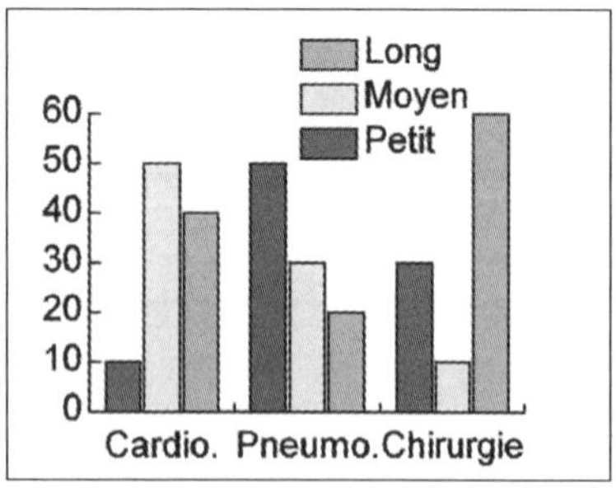

A. ☐ B. ☐ C. ☐ D. ☐ E. ☐

57 Original

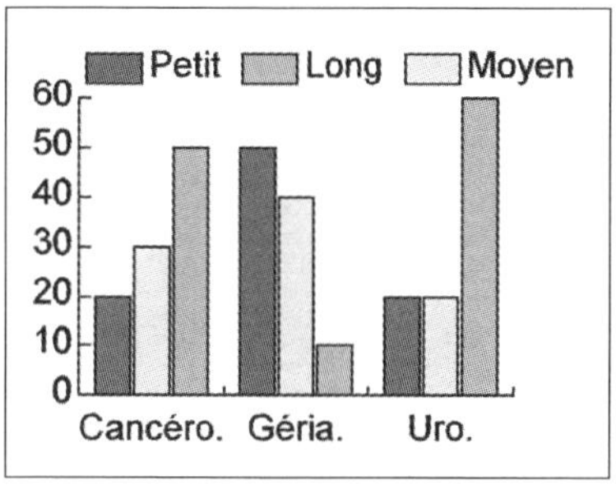

A

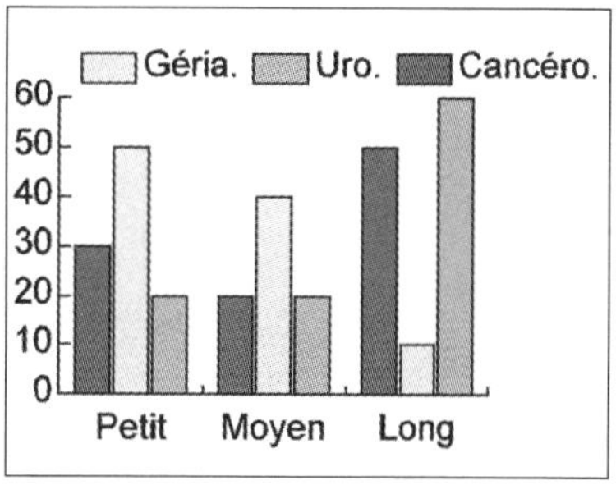

B

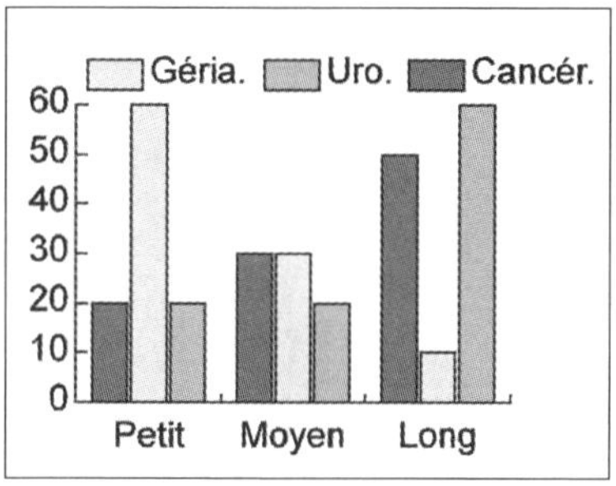

C

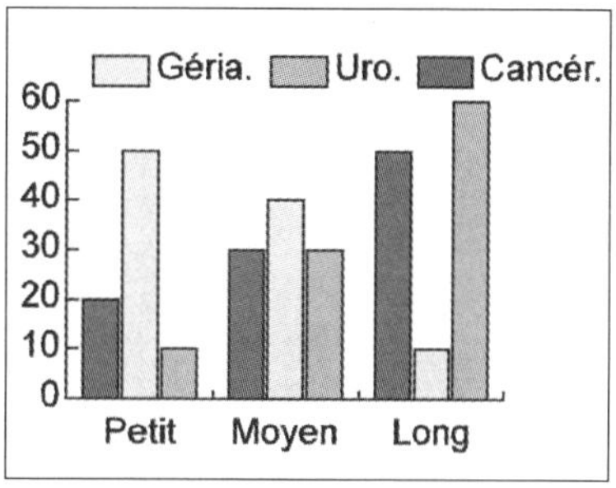

D

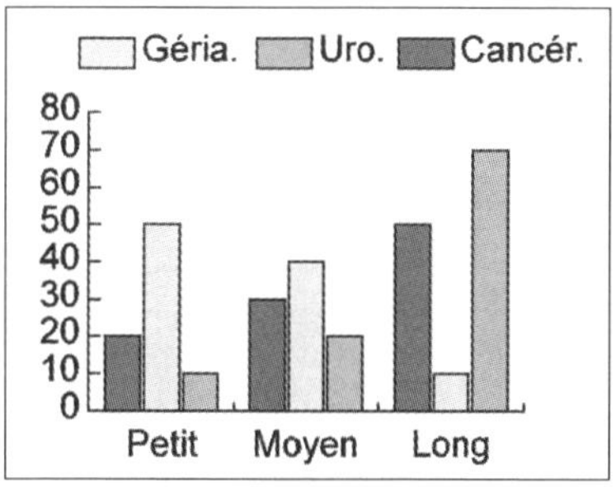

E

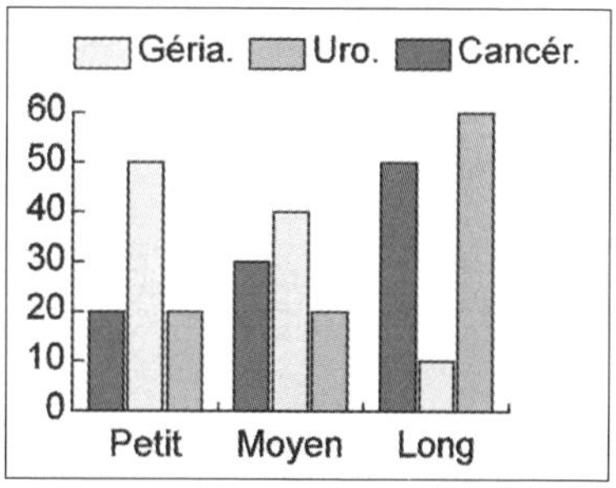

A. ☐ B. ☐ C. ☐ D. ☐ E. ☐ 58)

58 Original

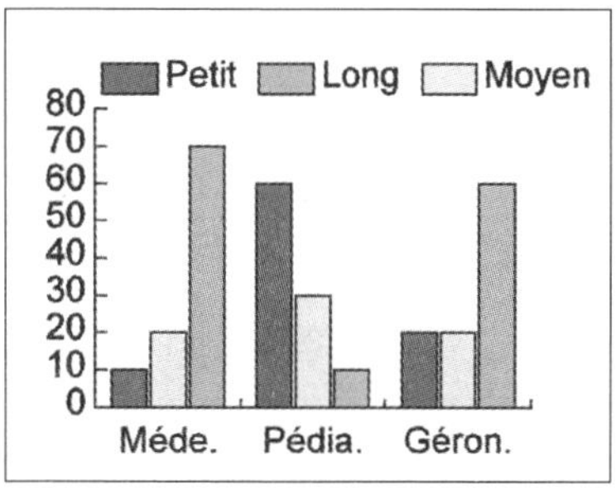

A

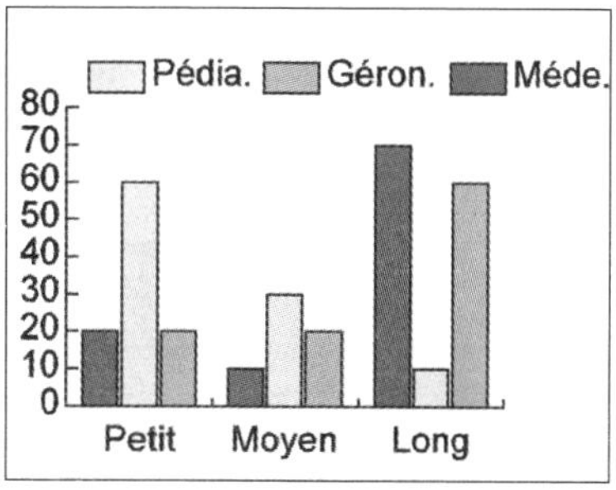

B

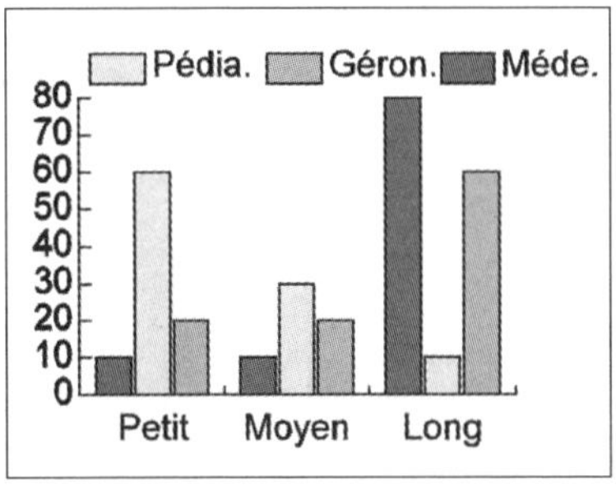

C

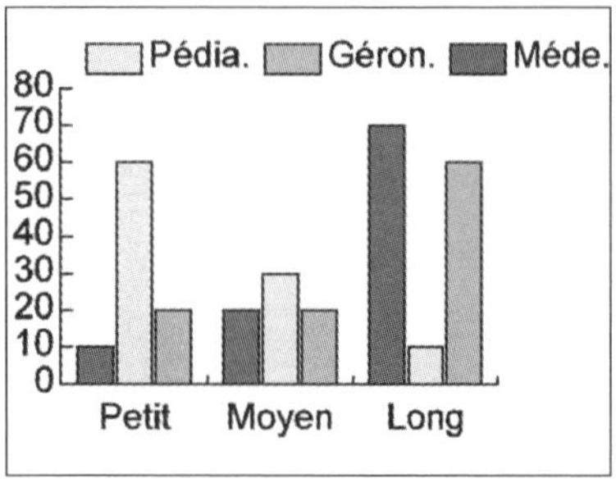

D

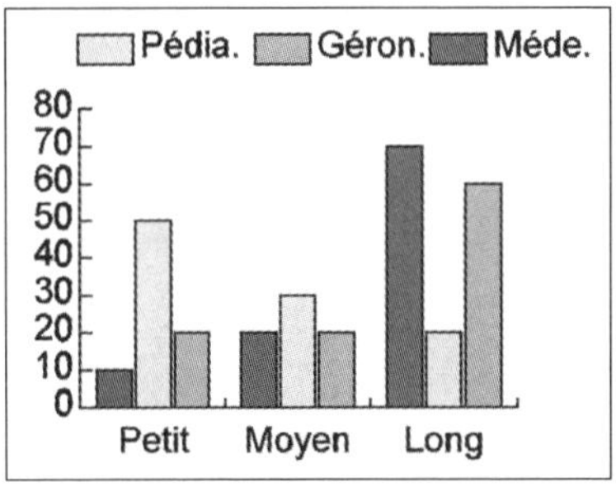

E

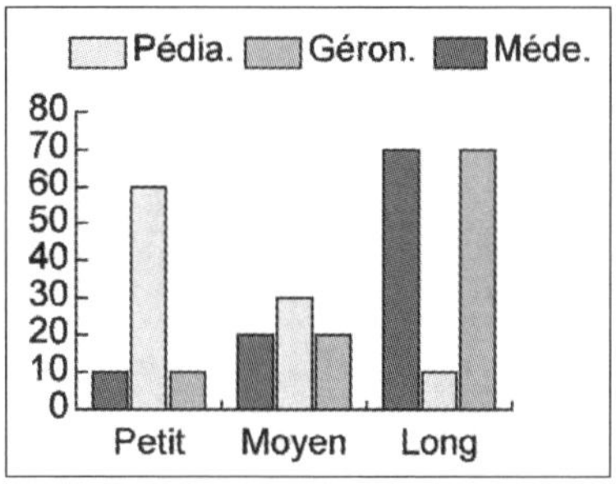

A. ☐ B. ☐ C. ☐ D. ☐ E. ☐

59 Original

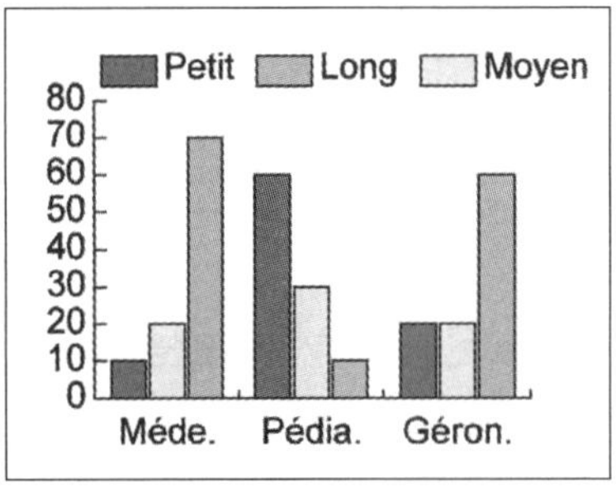

A

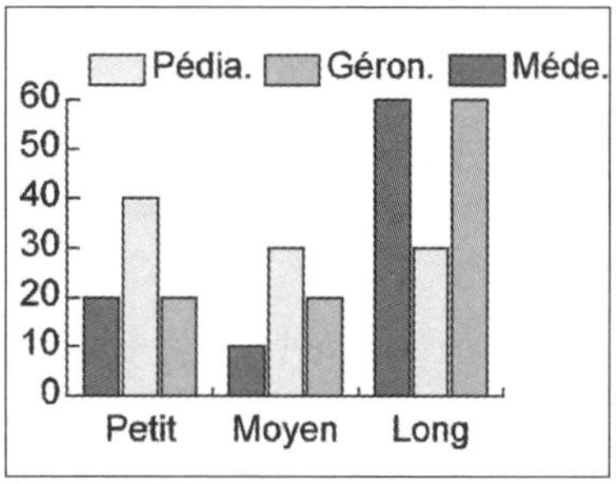

B

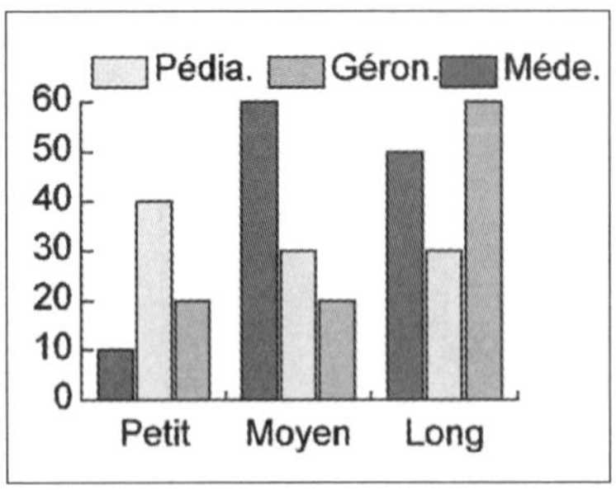

C

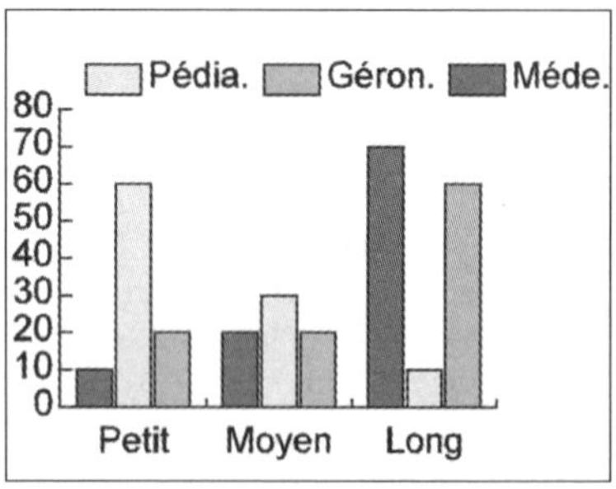

D

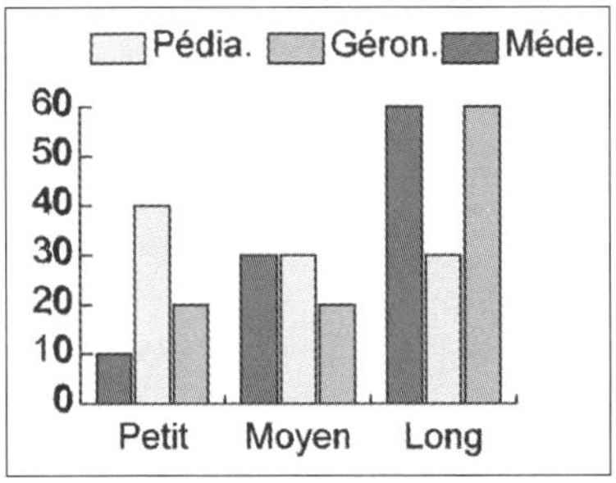

E

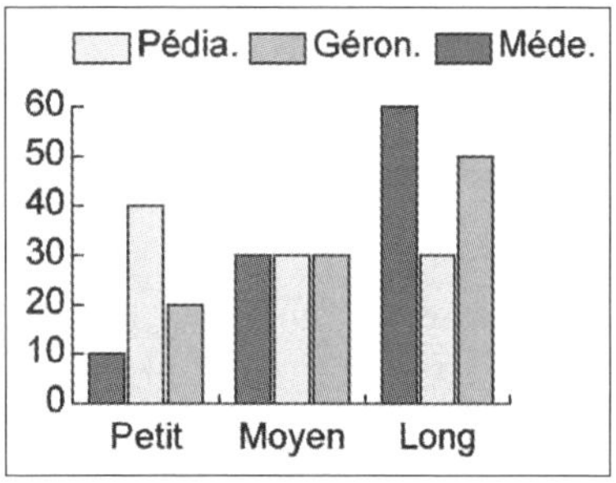

A. ☐ B. ☐ C. ☐ D. ☐ E. ☐

60 Original

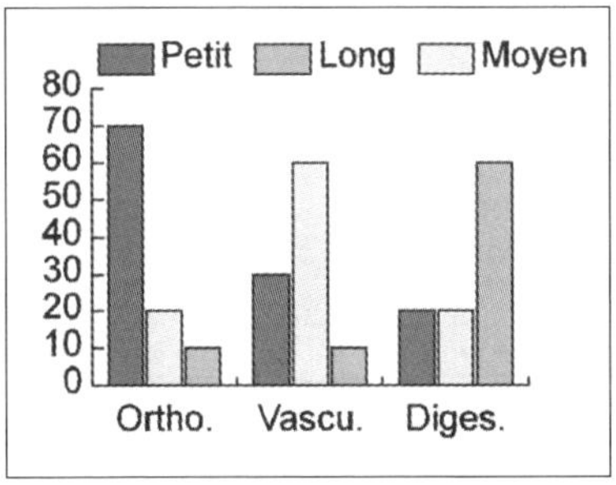

A

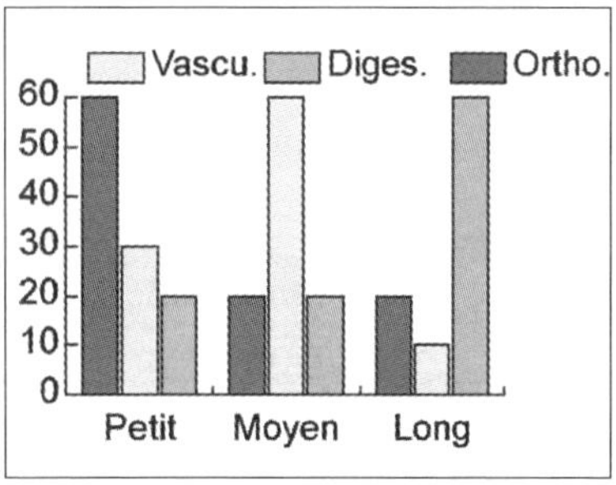

B

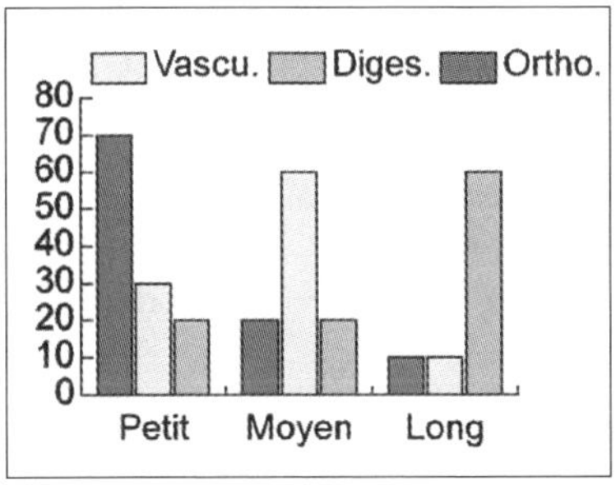

C

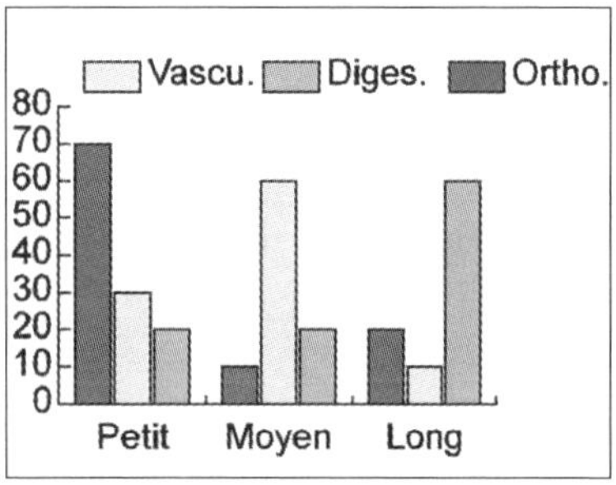

D

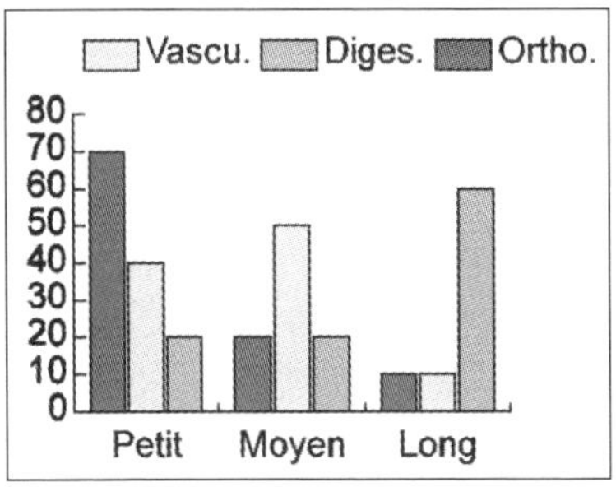

E

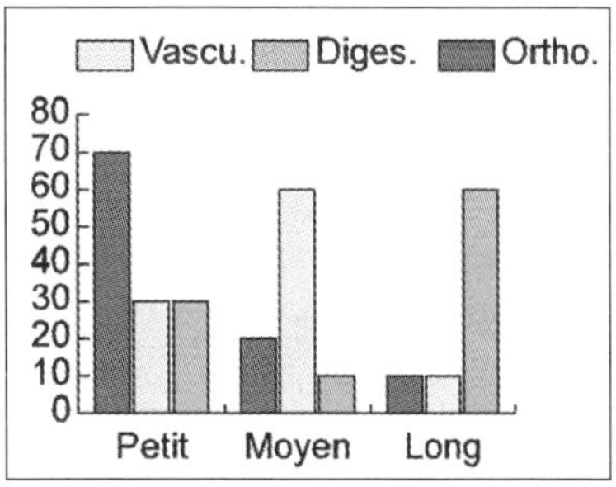

A. ☐ B. ☐ C. ☐ D. ☐ E. ☐

Test d'attention sur des mots

Pour chaque question, une seule réponse convient.

Reporter les réponses sur la feuille réponse.

Voici les lettres de l'alphabet et leurs équivalents sous forme de symboles.

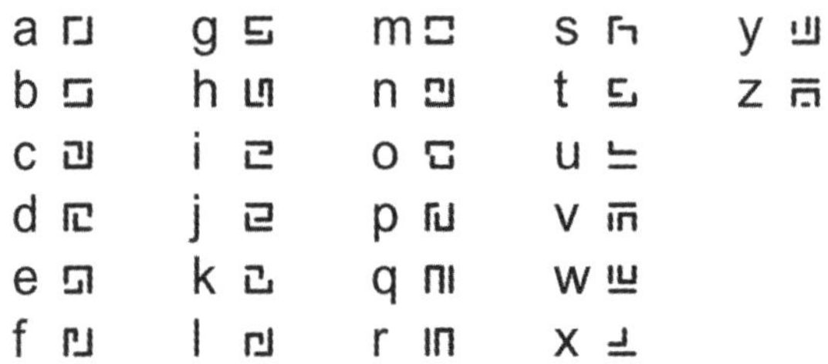

Voici une liste de mots où les lettres sont remplacées par leurs symboles.

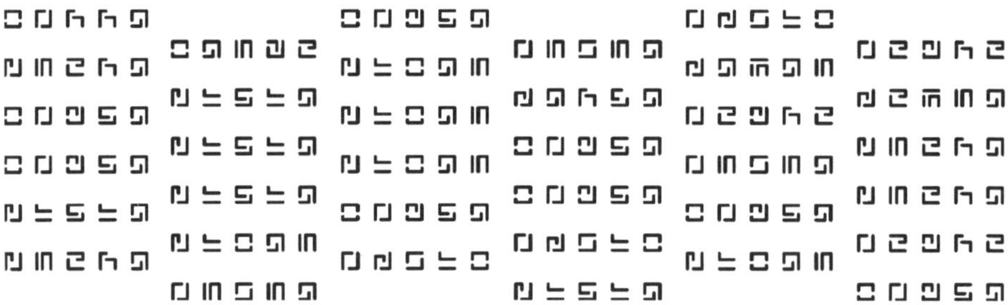

61 **Combien de fois trouve-t-on le mot « merci » dans le texte ?**

A. 1 **B. 2** **C. 3** **D. 4** **E. Autre réponse**

62 **Combien de fois trouve-t-on le mot « ainsi » dans le texte ?**

A. 2 **B. 3** **C. 4** **D. 5** **E. Autre réponse**

63 **Combien de fois trouve-t-on le mot « arbre » dans le texte ?**

A. 0 **B. 1** **C. 2** **D. 3** **E. Autre réponse**

64 **Combien de fois trouve-t-on le mot « livre » dans le texte ?**

A. 2 **B. 3** **C. 4** **D. 5** **E. Autre réponse**

65 **Combien de fois trouve-t-on le mot « furie » dans le texte ?**

A. 3 **B. 2** **C. 1** **D. 0** **E. Autre réponse**

Aptitude verbale 1 : orthographe

Pour chaque question, une seule réponse convient.
Reporter les réponses sur la feuille réponse.

Voici un texte de Montesquieu : *Lettres persanes*, 37.
Chaque phrase est coupée en cinq morceaux. Quel morceau comporte une faute d'orthographe ?

66 **Le roi de france est vieux. / Nous n'avons point d'exemple, dans nos histoires, d'un monarque qui ait si longtemps régné. / On dit qu'il possède à un très haut degré le talent de se faire obéir : / il gouverne avec le même génie / sa famille, sa cour, son État.**

A. ☐ **B.** ☐ **C.** ☐ **D.** ☐ **E.** ☐

67 **On lui a souvent entendu dire que, de tous les gouvernements du monde, celui des Turcs, / ou celui de notre auguste sultan, lui plairait le mieux ; tant il fait cas de la politique orientale ! / J'ai étudié son caractère, et j'y ai trouvé des contradictions qu'il m'est impossible de résoudre : / par exemple, il a un ministre qui n'a que dix-huit ans, et une maîtresse qui en a quatre-vingts ; / il aime sa religion, et il ne peut souffrir ceux qui disent qu'il là faut observer à la rigueur.**

A. ☐ **B.** ☐ **C.** ☐ **D.** ☐ **E.** ☐

68 **Quoiqu'il fuie le tumulte des villes, et qu'il se communique peu, il n'est occupé, / depuis le matin jusqu'au soir, qu'à faire parler de lui : il aime les trophés et les victoires ; mais il craint autant de voir un bon général à la tête de ses troupes, / qu'il aurait sujet de le craindre à la tête d'une armée ennemie. Il n'est, je crois, jamais arrivé qu'à lui, d'être, en même temps, comblé de plus de richesses qu'un prince n'en saurait espérer, et accablé d'une pauvreté qu'un particulier ne pourrait soutenir. / Il aime à gratifier ceux qui le servent ; mais il paie aussi libéralement les assiduités, / ou plutôt l'oisiveté de ses courtisans, que les campagnes laborieuses de ses capitaines.**

A. ☐ **B.** ☐ **C.** ☐ **D.** ☐ **E.** ☐

69 **Souvent il préfère un homme qui le déshabille, ou qui lui donne la serviette lorsqu'il se met à table, / à un autre qui lui prend des villes, ou lui gagne des batailles : il ne croit pas que la grandeur souveraine / doive être gêné dans la distribution des grâces ; et, sans examiner si celui qu'il comble de biens est homme de mérite, / il croit que son choix va le rendre tel aussi lui a-t-on vu donner une petite pension à un homme qui avait fui deux lieues, / et un beau gouvernement à un autre qui en avait fui quatre.**

A. ☐ **B.** ☐ **C.** ☐ **D.** ☐ **E.** ☐

70 **Il est magnifique, surtout dans ses bâtiments : / il y a plus de statues dans les jardins de son palais, que de citoyens dans une grande ville. / Sa garde est aussi forte que celle du prince devant / qui tous les trônes se renverse ; ses armées sont aussi nombreuses, / ses ressources aussi grandes, et ses finances aussi inépuisables.**

A. ☐ **B.** ☐ **C.** ☐ **D.** ☐ **E.** ☐

Aptitude verbale 2 : vocabulaire

Pour chaque question, une seule réponse convient.
Reporter les réponses sur la feuille réponse.

Dans les phrases suivantes, il faut remplacer @ par l'une des réponses proposées. Pour les cinq exercices suivants, toutes les réponses proposées ne seront utilisées qu'une seule fois.

71 Pour la correction de cet ouvrage, l'auteur insère un @ entre les pages.

A. Bucolique B. Bergamote C. Bernache D. Besace E. Béquet

72 Son odeur au subtil parfum de @ embaumait tout autour d'elle.

A. Bucolique B. Bergamote C. Bernache D. Besace E. Béquet

73 Au loin, avec son vol caractéristique, la @ poursuit sa migration.

A. Bucolique B. Bergamote C. Bernache D. Besace E. Béquet

74 Ce pauvre homme porte sur son dos tous ses effets dans sa @.

A. Bucolique B. Bergamote C. Bernache D. Besace E. Béquet

75 À chaque transhumance une image @ traverse mon esprit au passage des troupeaux.

A. Bucolique B. Bergamote C. Bernache D. Besace E. Béquet

Dans les phrases suivantes, il faut remplacer @ par l'une des réponses proposées. Pour les cinq exercices suivants, toutes les réponses proposées ne seront utilisées qu'une seule fois.

76 Au passage du Président, le soldat incline la @ du drapeau en berne.

A. Hampe B. Fallacieux C. Perfide D. Armada E. Hypocondriaque

77 Pour la construction de ce barrage hydraulique, une @ de camions est nécessaire.

A. Hampe B. Fallacieux C. Perfide D. Armada E. Hypocondriaque

78 Cette personne anxieuse est quelque peu @.

A. Hampe B. Fallacieux C. Perfide D. Armada E. Hypocondriaque

79 Cet individu fait un discours @. C'est un scélérat.

A. Hampe B. Fallacieux C. Perfide D. Armada E. Hypocondriaque

80 Cet homme est @, il faut s'en méfier, c'est un traître.

A. Hampe B. Fallacieux C. Perfide D. Armada E. Hypocondriaque

Raisonnement logique sous forme de tableau

Pour chaque question, une seule réponse convient.

Reporter les réponses sur la feuille réponse.

Six lettres : A B C D E F

Les six lettres représentent une suite qui se répète indéfiniment.

Quelle lettre remplace @ ? Les réponses s'écrivent dans le sens de la lecture habituelle : de gauche vers la droite et du haut vers le bas. La lecture du tableau commence toujours par la première case de la première ligne.

Voici un exemple :

A	B	C	D
A	B	C	D
A	B	@	D
A	B	C	@

Sur chaque ligne, les lettres décrivent la suite. La réponse est donc : C D.

81

A	B	C	D
B	@	F	E
B	A	@	E
A	B	C	D

A. AF **B. BE** **C. CD** **D. FB** **E. EE**

82

A	B	B	A
B	A	@	B
@	F	F	C
D	E	E	D

A. EC **B. BE** **C. AC** **D. CD** **E. FF**

83

A	F	@	D
B	A	F	C
C	@	E	B
D	E	F	A

A. BB **B. ED** **C. CA** **D. AF** **E. FE**

84

A	F	E	D
@	E	D	C
E	D	@	B
D	C	B	A

A. EF B. AC C. BE D. AE E. FC

85

A	F	@	D
F	A	B	C
E	@	C	B
D	E	F	A

A. AA B. BC C. DE D. ED E. FA

Raisonnement logique : vues en perspective

Pour chaque question, une seule réponse convient.
Reporter les réponses sur la feuille réponse.

La première image de chaque exercice représente le modèle éclaté ou plan des trois faces visibles d'un cube en perspective. Cette image est suivie de cinq cubes vus en perspective. Lequel de ces cinq cubes a une vue éclatée identique à la première image ?

86

A B C D E

87

A B C D E

88

A B C D E

89

A B C D E

90

A B C D E

Test de raisonnement sur un déroulement logique

Pour chaque question, une seule réponse convient.
Reporter les réponses sur la feuille réponse.

Le texte suivant décrit les dix étapes de la préparation de la confiture de châtaigne. Ces étapes ne sont pas données dans le bon ordre. D'autre part, certains mots écrits entre guillemets sont erronés. Cet exercice consiste à remettre les phrases dans le bon ordre et à remplacer les mots erronés par les mots idoines. Tous les mots sont écrits en lettres minuscules.

« 1) confiture de énoncé de la châtaignes.

2) remplissez quelques gouttes et versez par-dessus les pots du papier et un couvercle avant de recouvrir avec d'eau-de-vie.

3) écrasez à l'aide les légumes chauds d'un « ustensile » à fruits.

4) si le feu ne coule pas, vous pouvez éteindre la confiture.

5) faites-les 30 « années » cuire.

6) pesez doux cette bassine, mettez-la dans une purée sur « chauffage » pour la cuisson seconde.

7) pour savoir quand la terminée du mélange est cuisson, « ajouter » une petite cuiller et retournez-la un peu avec.

8) égouttez-les après cuisson la première puis seconde « carapace » enlevez la.

9) bouillante avant dans l'eau dure enlevez tout la peau des châtaignes et plongez-les.

10) ajoutez en cristallisé la moitié remuant de leur sucre en masse. Le liquide devient mélange. »

91 Quel est le rang de la phrase numéro 1 ?

A. 1 **B. 2** **C. 3** **D. 4** **E. 5**

92 Quel est le rang de la phrase numéro 5 ?

A. 1	B. 2	C. 3	D. 4	E. 5

93 Quel est le rang de la phrase numéro 7 ?

A. 6	B. 7	C. 8	D. 9	E. 10

94 Quel est le rang de la phrase numéro 10 ?

A. 3	B. 4	C. 5	D. 6	E. 7

95 Quel est le rang de la phrase numéro 2 ?

A. 5	B. 6	C. 8	D. 10	E. 5

96 Quel mot remplace « ustensile » de l'étape 3 ?

A. Moulin	B. Manège	C. Cirque	D. Tourniquet	E. Jouet

97 Quel mot remplace « années » de l'étape 5 ?

A. Jours	B. Mois	C. Décennies	D. Minutes	E. Siècles

98 Quel mot remplace « chauffage » de l'étape 6 ?

A. Braise	B. Feu	C. Cendre	D. Cheminée	E. Bois

99 Quel mot remplace « ajouter » de l'étape 7 ?

A. Éliminer	B. Suspendre	C. Prélever	D. Jeter	E. Détruire

100 Quel mot remplace « carapace » de l'étape 8 ?

A. Garniture	B. Couche	C. Protection	D. Emballage	E. Pellicule

Feuille-réponse du concours n° 9

Pour chaque question, cocher la bonne réponse.

	A	B	C	D	E		A	B	C	D	E		A	B	C	D	E		A	B	C	D	E
1						26						51						76					
2						27						52						77					
3						28						53						78					
4						29						54						79					
5						30						55						80					
6						31						56						81					
7						32						57						82					
8						33						58						83					
9						34						59						84					
10						35						60						85					
11						36						61						86					
12						37						62						87					
13						38						63						88					
14						39						64						89					
15						40						65						90					
16						41						66						91					
17						42						67						92					
18						43						68						93					
19						44						69						94					
20						45						70						95					
21						46						71						96					
22						47						72						97					
23						48						73						98					
24						49						74						99					
25						50						75						100					

Nombre total de bonnes réponses r =
Note /20 = r/5 =

Corrigé

Raisonnement logique

Cinq symboles que l'on peut remplacer par des chiffres :

1 2 3 4 5

Les cinq symboles représentent une suite qui se répète indéfiniment.
Les réponses s'écrivent dans le sens de la lecture habituelle : de gauche vers la droite et du haut vers le bas.

❶ 

Réponse : C.

❷ 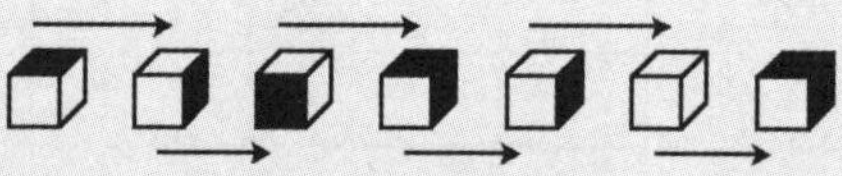

Les symboles suivent la progression de la suite. **Réponse : B.**

❸ 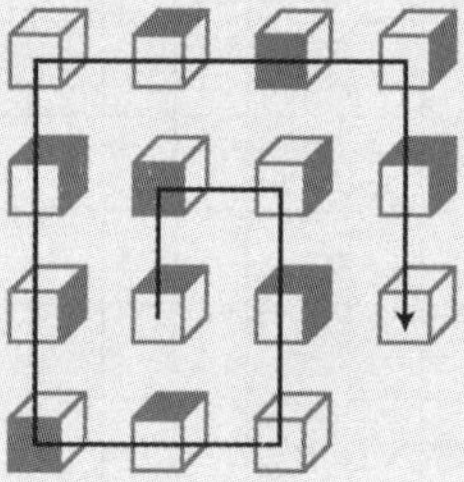

Réponse : A.

❹ 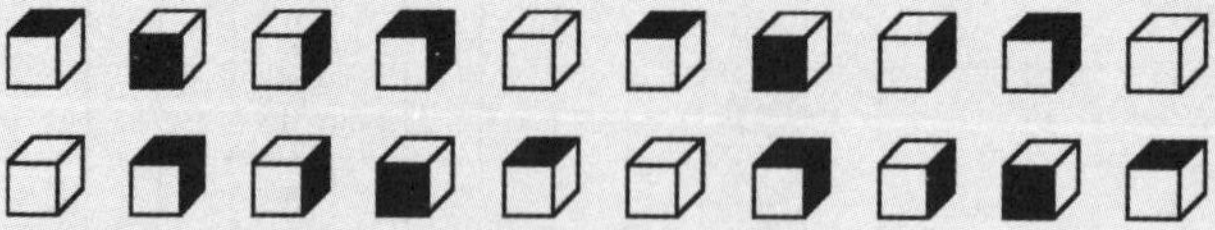

La première ligne décrit les symboles dans l'ordre de la suite.
La seconde ligne est l'inverse de la première ligne.
Réponse : A.

❺ 

Réponse : E.

6 

Les parties de gauche et droite sont symétriques.
Réponse : D.

7 

Pour le premier trinôme, la suite progresse normalement.
Pour le deuxième trinôme, la suite progresse d'un élément sur deux.
Pour le troisième trinôme, la suite progresse d'un élément sur trois.
Pour le dernier trinôme, la suite progresse d'un élément sur quatre.
Réponse : A.

8 

Pour les premiers éléments de chaque binôme, on décrit la suite en sens inverse, tout d'abord en progressant d'un élément puis de deux puis de trois.
Pour les seconds éléments de chaque binôme, on décrit la suite dans le sens normal, tout d'abord en progressant d'un élément puis de deux puis de trois.
Réponse : C.

9 

Progression normale des symboles de la suite.
Les symboles à la même verticale sont identiques.
Réponse : B.

10 

Pour le premier trinôme, la suite progresse normalement en sens inverse.
Pour le deuxième trinôme, la suite progresse d'un élément sur deux en sens inverse.
Pour le troisième trinôme, la suite progresse d'un élément sur trois en sens inverse.
Pour le dernier trinôme, la suite progresse d'un élément sur quatre en sens inverse.
Réponse : E.

Raisonnement logique sur un texte

Pour les questions 11 à 20, se reporter à la grille de correction page 272.

Test d'attention

« L'oiseau blessé d'une flèche » fable de La Fontaine :

Mortellement atteint d'une flèche empennée,
Un Oiseau déplorait sa triste destinée,
Et disait, en souffrant un surcroît de douleur :
« Faut-il contribuer à son propre malheur!
Cruels humains ! vous tirez de nos ailes
De quoi faire voler ces machines mortelles.
Mais ne vous moquez point, engeance sans pitié :
Souvent il vous arrive un sort comme le nôtre.
Des enfants de Japet toujours une moitié
Fournira des armes à l'autre. »

21 Combien de fois trouve-t-on la lettre t ?
C = 27

22 Combien de fois trouve-t-on la lettre s ?
A = 28

23 Combien de fois trouve-t-on la lettre u ?
E = 25

24 Combien de fois trouve-t-on la lettre r ?
A = 26

25 Combien de fois trouve-t-on la lettre p ?
D = 07

Raisonnement logique : M. Mind

Soit un ensemble de 6 motifs que l'on peut remplacer par des chiffres :

1	2	3	4	5	6
☞	✞	☝	☼	☪	☠

Pour chaque question, on cherche, parmi les réponses proposées, celle qui répond à toutes les conditions de l'énoncé.

Par exemple :

26	Trouver deux motifs sachant que :
	☠ ☝ } ont chacun un motif commun mal placé
	☼ ☠ }

A. ☼☝ B. ☝☼ C. ☠☝ D. ☝☠ E. ☞☼

La réponse A ne convient pas car le motif ☝ est bien placé pour la première condition de l'énoncé.

La réponse B convient car le symbole ☝ est mal placé pour la première condition de l'énoncé et le symbole ☼ est mal placé pour la seconde condition de l'énoncé.

La réponse C, identique à la première ligne de l'énoncé, ne peut donc pas être solution.

La réponse D ne convient pas car, par rapport à la première ligne de l'énoncé, les deux motifs sont mal placés.

La réponse E ne convient pas car, par rapport à la première ligne de l'énoncé, les deux motifs sont différents.

Conclusion : **seule la réponse B convient.**

Pour les questions 27 à 30, se reporter à la grille de correction page 270.

Raisonnement numérique 1 : arithmétique

31 Calculer : $\sqrt{8} + \sqrt{2} = 2\sqrt{2} + \sqrt{2} = \mathbf{3\sqrt{2}}$.

32 Calculer : $3^2 + 4^2 = 9 + 16 = 25 = \mathbf{5^2}$.

33 Calculer : $\sqrt{8} \times \sqrt{6} = \sqrt{6 \times 8} = \sqrt{16} \times \sqrt{3} = \mathbf{4\sqrt{3}}$.

34 Calculer : $\dfrac{-2}{1-\sqrt{3}} = \dfrac{-2 \times (1+\sqrt{3})}{(1-\sqrt{3}) \times (1-3)} = \dfrac{-2\,(1+\sqrt{3})}{1-3} = \dfrac{-2 \times 1\sqrt{3}}{-2} = \mathbf{1+\sqrt{3}}$.

35 Calculer : $73{,}4 \times 10^4 = a \times 10^1$; $a = \dfrac{73{,}4 \times 10^4}{10^1} = 73{,}4 \times 10^3 = \mathbf{73\ 400}$.

36 Calculer : $4^{-3} \times 8^5 \times 2^{-4} \times 16^3 = 2^{-6} \times 2^{15} \times 2^{-4} \times 2^{12} = \mathbf{2^{17}}$.

37 Simplifier : $(3+\sqrt{6}) \times (3-\sqrt{6}) = 9 - 6 = \mathbf{3}$.

38 Calculer : $(12 \div 16) \div (48 \div 64) = \dfrac{12}{16} \times \dfrac{64}{48} = \mathbf{1}$.

39 Calculer : $(\sqrt{7}+\sqrt{5})^2 = 7 + 2\sqrt{35} + 5 = \mathbf{12 + 2\sqrt{35}}$.

40 Trouver la valeur de x solution du système :

$$\left\{\begin{array}{l} 2x-3y+z=0 \\ 4x-6y+3z=7 \\ -2x+9y+2z=11 \end{array}\right\} = \left\{\begin{array}{l} a \\ b \\ c \end{array}\right\} \Leftrightarrow \left\{\begin{array}{l} -a+b+c \\ b \\ c \end{array}\right\} = \left\{\begin{array}{l} 6z=18 \\ 4x-6y+3z=7 \\ -2x+9y+2z=11 \end{array}\right\}$$

$$\Leftrightarrow \left\{\begin{array}{l} z=3 \\ 4x-6y=-2 \\ -2x+9y=5 \end{array}\right\} \Leftrightarrow \left\{\begin{array}{l} z=3 \\ 2x-3y=-1 \\ -2x+9y=5 \end{array}\right\} = \left\{\begin{array}{l} z=3 \\ b_1 \\ c_1 \end{array}\right\}$$

$$\Leftrightarrow \left\{\begin{array}{l} z=3 \\ b_1-c_1 \\ 3b_1+c_1 \end{array}\right\} = \left\{\begin{array}{l} z=3 \\ 6y=4 \\ 4x=2 \end{array}\right\} \Leftrightarrow \left\{\begin{array}{l} z=3 \\ y=\frac{2}{3} \\ x=\frac{1}{2} \end{array}\right\} ; \boldsymbol{x} = \frac{\mathbf{1}}{\mathbf{2}}$$

Raisonnement numérique 2 : problèmes

41 Des héritiers se partagent les frais de succession. S'ils versent chacun 880 €, il manque au total 2 840 €. S'ils versent 1 300 € chacun, il y a 100 € de trop. Quel est le nombre d'héritiers ?

N est le nombre d'héritiers et S la somme à partager.

$$\left\{\begin{array}{l} 880\,N = S - 2\,940 \\ 1\,300\,N = S + 100 \end{array}\right\} \Leftrightarrow \left\{\begin{array}{l} 880\,N = (S+100) - 2\,940 \\ 1\,300\,N = S + 100 \end{array}\right\} \Leftrightarrow \left\{\begin{array}{l} 880\,N = 1\,300\,N - 2\,940 \\ 1\,300\,N = S + 100 \end{array}\right\}$$

$$\Rightarrow (1\,300 - 800) \times N = 2\,940 \Leftrightarrow N = \frac{2\,940}{420} = 7$$

De ces deux dernières relations, on trouve : **N = 7.**

42 En 12 jours, 9 ouvriers effectuent 3/4 d'un ouvrage. En 9 jours, combien faudra-t-il d'ouvriers pour finir l'ouvrage ?

En 4 jours, 9 ouvriers effectuent le 1/4 de travail restant.

En 9 jours, **4 ouvriers** effectuent le 1/4 de travail restant.

43 La distance entre deux villes est 350 km ; le train roule à 140 km/h en moyenne. Il part de la première ville à 13 h 50 min. À quelle heure sera-t-il dans l'autre ville ?

$$T = \frac{D}{V} = \frac{350}{140} = 2{,}5 \text{ h} = 2 \text{ h } 30 \text{ min.}$$

L'arrivée sera à 13 h 50 + 2 h 30 = **16 h 20.**

44 Un enfant utilise des briques de 3 cm et 5 cm (d'épaisseur) pour une hauteur totale de 50 cm. Quel est le nombre pair de briques de 5 cm ?

X est le nombre de briques de 3 cm.

Y est le nombre pair de briques de 5 cm.

3X + 5Y = 50 admet comme solution X = 10 et **Y = 4** (nombre pair).

45 Deux personnes veulent acheter une voiture. Chacune d'entre elles ne dispose pas de la somme suffisante. La première personne possède 3/5 du prix du véhicule alors que la deuxième personne en possède les 3/4. En mettant leur argent en commun il y aura *p* € de trop. Quel est le prix du véhicule en fonction de *p* ?

P est le prix.

$\frac{3}{4}P + \frac{3}{5} \times P = P + p$; soit : $\frac{7}{20} \times P = p$; soit $\mathbf{P = \frac{20 \times p}{7}}$.

46 Quel est le nombre entier naturel tel que si on ajoute 10 à son triple, on obtient son carré ?

Soit N ce nombre :

$3N + 10 = N^2$ admet **N = 5** comme solution.

47 Un train part d'une ville A à 8 h en roulant vers B à 50 km/h. Un autre train part d'une ville B à 10 h en roulant vers A à 80 km/h. Les deux villes sont distantes de 500 km. À quelle heure arrive le train parti le premier ?

Temps du trajet = $\frac{D}{V} = \frac{500}{50} = 10$ h

Arrivée = 8 h + 10 h = **18 h.**

48 Une somme de 6 500 € est composée de 79 billets de 50 € et 100 €. Quel est le nombre de billets de 100 € ?

X est le nombre de billets de 50 €.

Y est le nombre de billets de 100 €.

$$\begin{Bmatrix} X + Y = 79 \\ 50X + 100Y = 6\,500 \text{ €} \end{Bmatrix} \Leftrightarrow \begin{Bmatrix} X + Y = 79 \\ X + 2Y = 130 \end{Bmatrix} \Leftrightarrow \begin{Bmatrix} X = 28 \\ Y = 51 \end{Bmatrix}$$

49 Une voiture part à 5 h d'une ville A vers une ville B en roulant à la vitesse de 100 km/h. Une autre voiture effectue le chemin inverse en partant à 5 h 30 min et en roulant à 80 km/h. Les deux villes sont séparées de 500 km. À quelle heure les deux voitures vont-elles se croiser ?

On note D la distance par rapport à la ville A à laquelle les voitures vont se croiser et T le temps au bout duquel elles vont se croiser.

Pour la première voiture : $D = 100 \times T$.

Pour la seconde voiture : $500 - D = 80 \times (T - 0{,}5)$.

Soit : $500 - 100 \times T = 80 \times T - 40$; $180 \times T = 540$; $T = 3$ h

Soit l'heure à laquelle elles vont se croiser est égale à **8 h.**

50 Fernand dépense 150 € en achetant 3 CD audio et 2 CD Rom. Eugène achète 4 CD audio et un CD Rom pour 120 €. Quel est le prix d'un CD Rom ?

On pose : X le prix d'un CD Rom et Y celui d'un CD audio.

$$\begin{Bmatrix} 3X + 2Y = 150 \\ 4Y + 1X = 120 \end{Bmatrix} \Leftrightarrow \begin{Bmatrix} 12X + 8Y = 600 \\ 12Y + 3X = 360 \end{Bmatrix} \Leftrightarrow \begin{Bmatrix} 4Y + X = 120 \\ 5X = 240 \end{Bmatrix} \Leftrightarrow \begin{Bmatrix} Y = 18 \\ X = 48 \end{Bmatrix} ; X = 48$$

Test d'observation sur des images

Pour les questions 51 à 55, se reporter à la grille de correction page 272.

Test d'observation sur des tableaux

Quel tableau est équivalent au tableau « original » ?

Ces tableaux représentent la répartition des malades dans trois services hospitaliers en fonction de la durée des séjours.

Pour chaque question, dans le tableau original, on fait la somme des petits, moyens et longs séjours. On compare ces résultats avec les mêmes sommes des cinq réponses proposées.

Par exemple :

56

Original

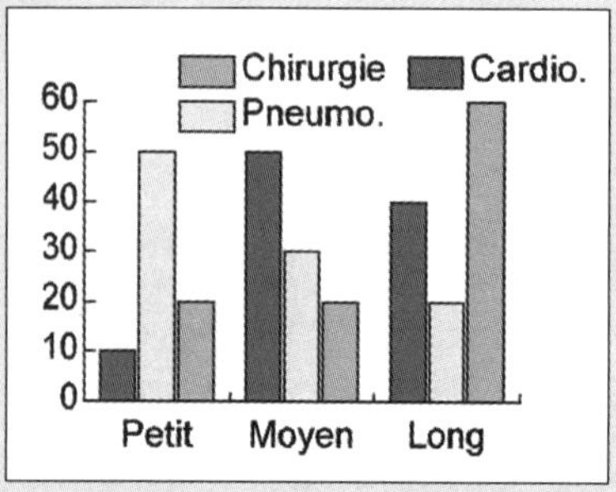

Petits séjours : 10 + 50 + 20 = 80
Moyens séjours : 50 + 30 + 20 = 100
Longs séjours : 40 + 20 + 60 = 120

A

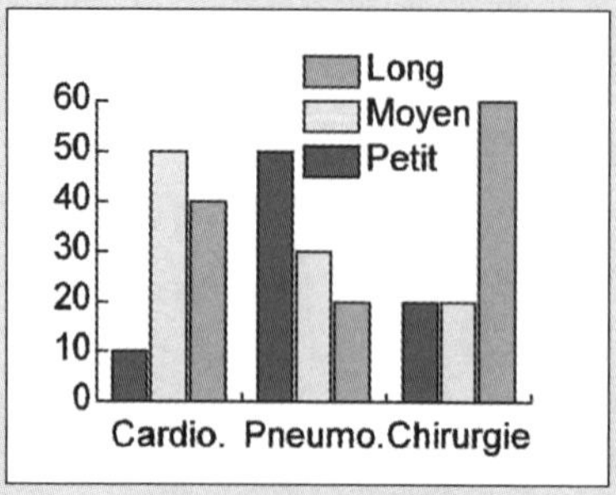

Petits séjours : 10 + 50 + 20 = 80
Moyens séjours : 50 + 30 + 20 = 100
Longs séjours : 40 + 20 + 60 = 120

B

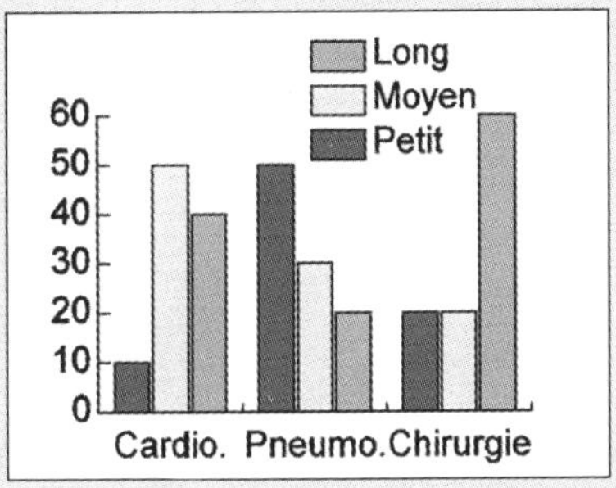

Petits séjours : 10 + 50 + 20 = 80
Moyens séjours : 30 + 40 + 20 = 90
Longs séjours : 50 + 20 + 60 = 130

C

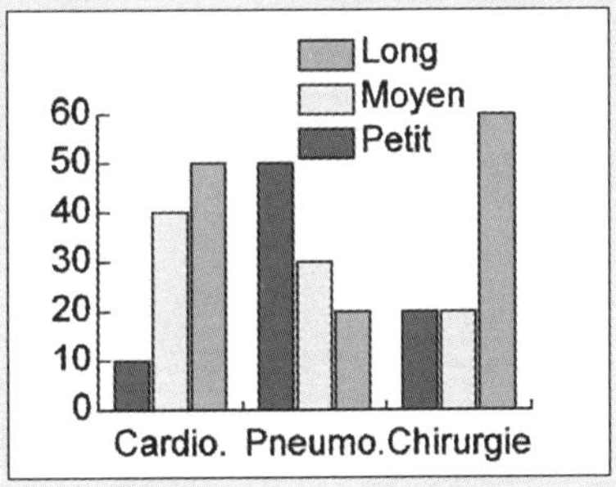

Petits séjours : 10 + 50 + 20 = 80
Moyens séjours : 50 + 40 + 20 = 110
Longs séjours : 40 + 30 + 60 = 130

D

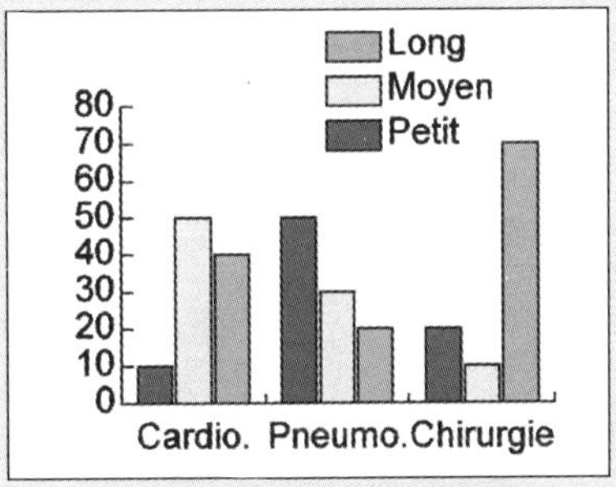

Petits séjours : 10 + 50 + 20 = 80
Moyens séjours : 50 + 30 + 10 = 90
Longs séjours : 40 + 20 + 70 = 130

E

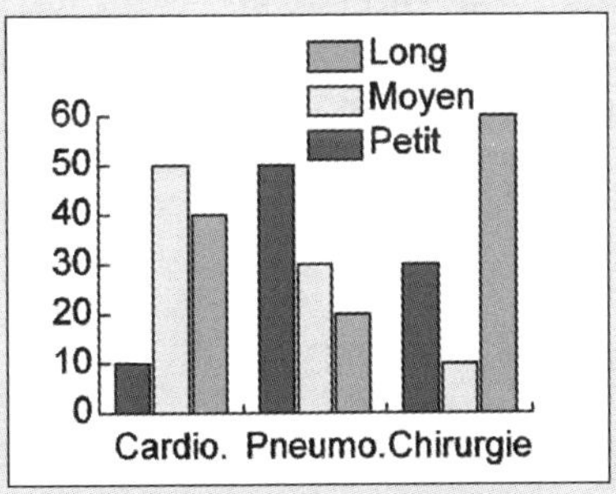

Petits séjours : 10 + 50 + 30 = 90
Moyens séjours : 50 + 30 + 10 = 90
Longs séjours : 40 + 20 + 60 = 120

Conclusion : seul le **tableau A** comporte les mêmes séjours que le tableau de départ.

Pour les questions 57 à 60, se reporter à la grille de correction page 272.

Tests d'attention sur des mots

masse	merci	mange	arbre	album	ainsi
frise	fugue	fumer	leste	lever	livre
mange	fugue	fumer	mange	ainsi	frise
mange	fugue	fumer	mange	arbre	frise
fugue	fumer	mange	album	mange	ainsi
frise	arbre	album	fugue	fumer	mange

61 Combien de fois trouve-t-on le mot « merci » dans le texte ?
Réponse A : 1

62 Combien de fois trouve-t-on le mot « ainsi » dans le texte ?
Réponse B : 3

63 Combien de fois trouve-t-on le mot « arbre » dans le texte ?
Réponse D : 3

64 Combien de fois trouve-t-on le mot « livre » dans le texte ?
Réponse E : 1

65 Combien de fois trouve-t-on le mot « furie » dans le texte ?
Réponse D : 0

Aptitude verbale 1 : orthographe

Voici un texte de Montesquieu : *Lettres persanes*, 37.
Chaque phrase est coupée en cinq morceaux. Quel morceau comporte une faute d'orthographe ?

66 Le roi de **france** (France) est vieux. / Nous n'avons point d'exemple, dans nos histoires, d'un monarque qui ait si longtemps régné. / On dit qu'il possède à un très haut degré le talent de se faire obéir : / il gouverne avec le même génie / sa famille, sa cour, son État.
Réponse A

67 On lui a souvent entendu dire que, de tous les gouvernements du monde, celui des Turcs, / ou celui de notre auguste sultan, lui plairait le mieux ; tant il fait cas de la politique orientale ! / J'ai étudié son caractère, et j'y ai trouvé des contradictions qu'il m'est impossible de résoudre : / par exemple, il a un ministre qui n'a que dix-huit ans et une maîtresse qui en a quatre-vingts ; / il aime sa religion, et il ne peut souffrir ceux qui disent qu'il **là** (la) faut observer à la rigueur.
Réponse E

68 Quoiqu'il fuie le tumulte des villes et qu'il se communique peu, il n'est occupé, / depuis le matin jusqu'au soir, qu'à faire parler de lui : il aime les **trophés** (trophées) et les victoires ; mais il craint autant de voir un bon général à la tête de ses troupes, / qu'il aurait sujet de le craindre à la tête d'une armée ennemie. Il n'est, je crois, jamais arrivé qu'à lui, d'être, en même temps, comblé de plus de richesses qu'un prince n'en saurait espérer, et accablé d'une pauvreté qu'un particulier ne pourrait soutenir. / Il aime à gratifier ceux qui le servent ; mais il paie aussi libéralement les assiduités, / ou plutôt l'oisiveté de ses courtisans, que les campagnes laborieuses de ses capitaines.
Réponse B

69 Souvent il préfère un homme qui le déshabille, ou qui lui donne la serviette lorsqu'il se met à table, / à un autre qui lui prend des villes, ou lui gagne des batailles : il ne croit pas que la grandeur souveraine / doive être **gêné** (gênée) dans la distribution des grâces ; et, sans examiner si celui qu'il comble de biens est homme de mérite, / il croit que son choix va le rendre tel ; aussi lui a-t-on vu donner une petite pension à un homme qui avait fui deux lieues, / et un beau gouvernement à un autre qui en avait fui quatre.
Réponse C

70 Il est magnifique, surtout dans ses bâtiments : / il y a plus de statues dans les jardins de son palais que de citoyens dans une grande ville. / Sa garde est aussi forte que celle du prince devant / qui tous les trônes se **renverse** (renversent) ; ses armées sont aussi nombreuses, / ses ressources aussi grandes et ses finances aussi inépuisables.
Réponse D

Aptitude verbale 2 : vocabulaire

Dans les phrases suivantes, il faut remplacer @ par l'une des réponses proposées. Pour les cinq exercices suivants, toutes les réponses proposées ne seront utilisées qu'une seule fois.

71 Pour la correction de cet ouvrage, l'auteur insère un béquet entre les pages.
Réponse E : Béquet : petit papier collé sur une copie pour signaler une modification

72 Son odeur au subtil parfum de bergamote embaumait tout autour d'elle.
Réponse B : Bergamote : fruit du bergamotier, dont la peau fournit une essence utilisée pour fabriquer des eaux de Cologne

73 Au loin, avec son vol caractéristique, la bernache poursuit sa migration.
Réponse C : Bernache : oie sauvage hivernant en Europe

74 Ce pauvre homme porte sur son dos tous ses effets dans sa besace.
Réponse D : Besace : long sac s'ouvrant par son milieu

75 À chaque transhumance une image bucolique traverse mon esprit au passage des troupeaux.
Réponse A : Bucolique : qui évoque la vie idéalisée des bergers

Dans les phrases suivantes, il faut remplacer @ par l'une des réponses proposées. Pour les cinq exercices suivants, toutes les réponses proposées ne seront utilisées qu'une seule fois.

76 Au passage du Président, le soldat incline la hampe du drapeau en berne.
Réponse A : Hampe : manche en bois qui supporte un drapeau

77 Pour la construction de ce barrage hydraulique, une armada de camions est nécessaire.
Réponse D : Armada : grand nombre

78 Cette personne anxieuse est quelque peu hypocondriaque.
Réponse E : Hypocondriaque : qui souffre d'inquiétude permanente

79 Cet individu fait un discours fallacieux. C'est un scélérat.
Réponse B : Fallacieux : qui cherche à tromper

80 Cet homme est perfide, il faut s'en méfier, c'est un traître.
Réponse C : Perfide : qui cache un désir de nuire

Raisonnement logique sous forme de tableau

Six lettres : A B C D E F
Les six lettres représentent une suite qui se répète indéfiniment.
Quelle lettre remplace @ ? Les réponses s'écrivent dans le sens de la lecture habituelle : de gauche vers la droite et du haut vers le bas. La lecture du tableau commence toujours par la première case de la première ligne.
+ 1 (progression dans le sens de la suite) ———→
– 1 (progression dans le sens inverse de la suite) - - - - - - - - →
+ 0 (progression nulle de la suite) –·–·–·–·→

81 **Réponse A : AF**

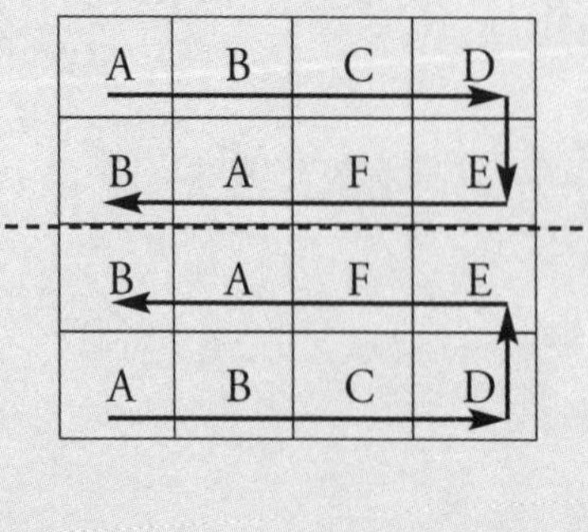

82 Réponse C : AC

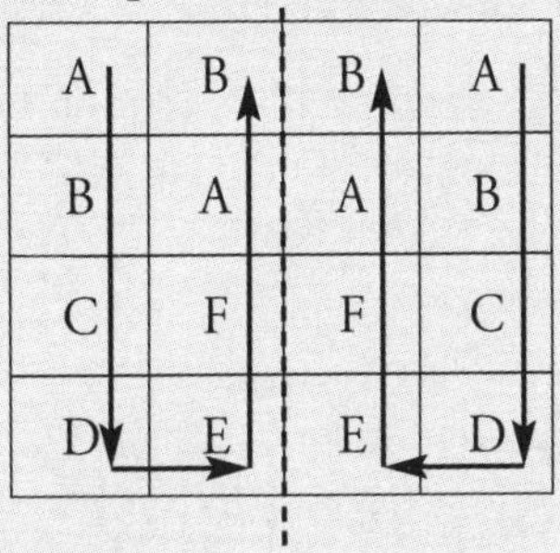

83 Réponse B : ED

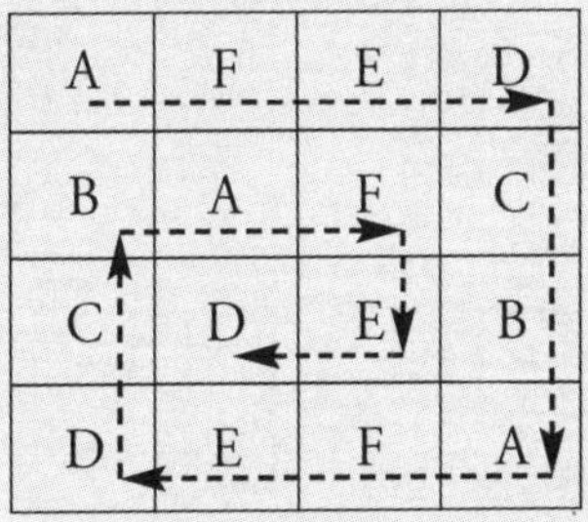

84 Réponse E : FC

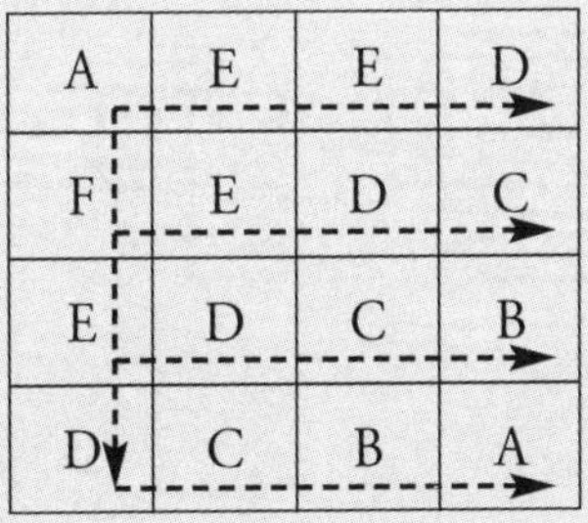

85 Réponse D : ED

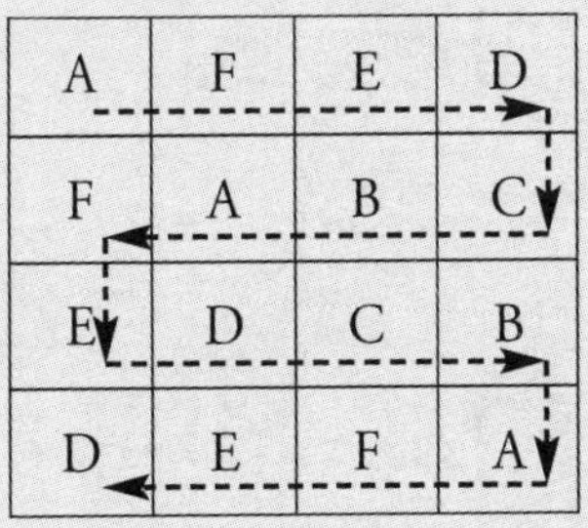

Raisonnement logique : vues en perspective

La première image de chaque exercice représente le modèle éclaté ou plan des trois faces visibles d'un cube en perspective. Cette image est suivie de cinq cubes vus en perspective. Lequel de ces cinq cubes a une vue éclatée identique à la première image ?

86 Réponse : E

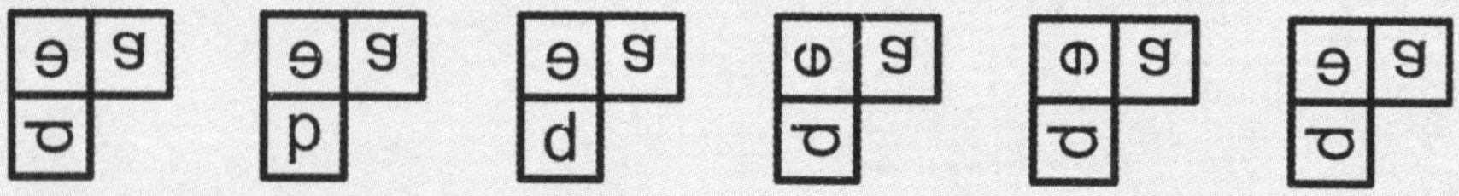

E

87 Réponse : B

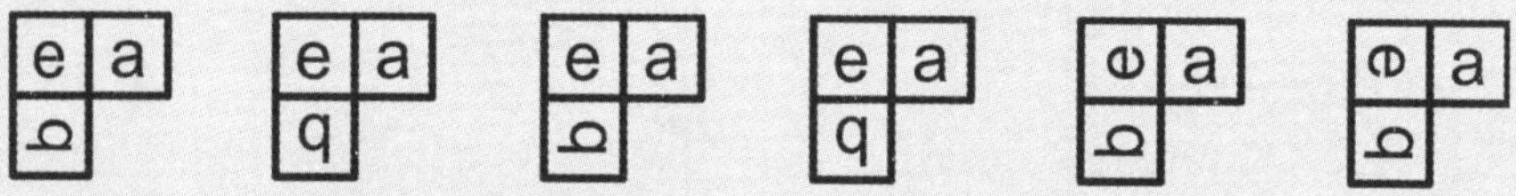

B

88 Réponse : A

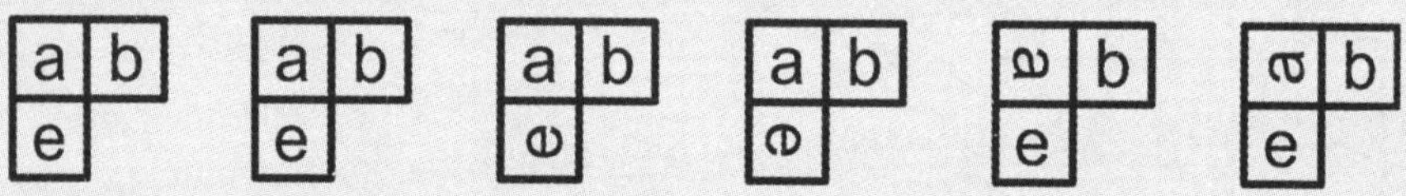

A

89 Réponse : C

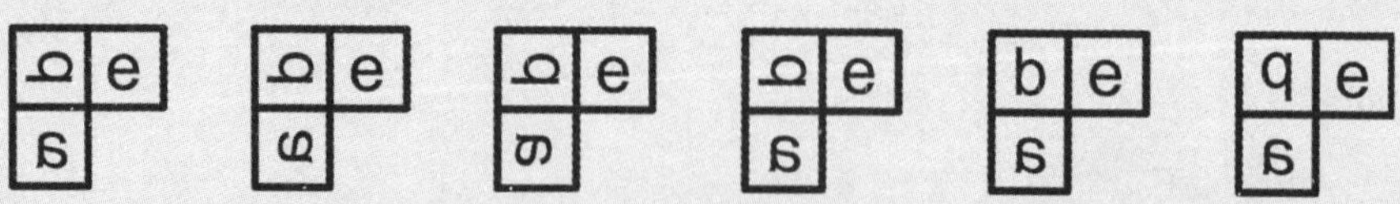

C

90 Réponse : D

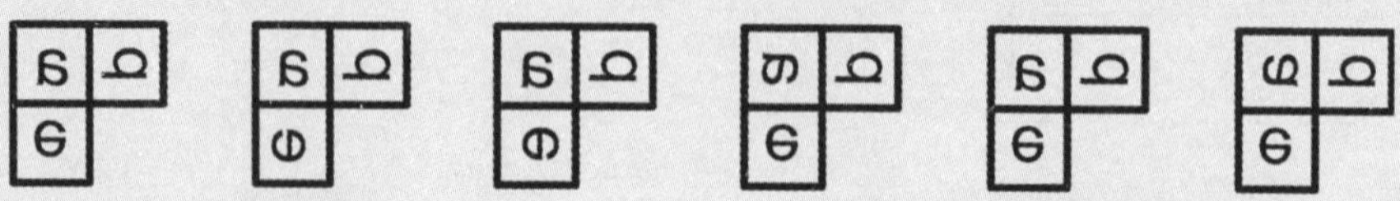

D

Test de raisonnement sur un déroulement logique

Le texte suivant décrit les dix étapes de la préparation de la confiture de châtaigne.
« 1) Énoncé de la confiture de châtaignes
2) Avant tout, enlevez la peau dure des châtaignes et plongez-les dans l'eau bouillante.
3) Faites-les cuire 30 minutes.
4) Égouttez-les après la première cuisson puis enlevez la seconde pellicule.
5) Écrasez les fruits chauds à l'aide d'un moulin à légumes.
6) Pesez cette purée, mettez-la dans une bassine sur feu doux pour la seconde cuisson.
7) Ajoutez en remuant la moitié de leur masse en sucre cristallisé. Le mélange devient liquide.
8) Pour savoir quand la cuisson est terminée, prélevez un peu du mélange avec une petite cuiller et retournez-la.
9) Si la confiture ne coule pas, vous pouvez éteindre le feu.
10) Remplissez les pots et versez par-dessus quelques gouttes d'eau-de-vie avant de recouvrir avec du papier et un couvercle. »

91 Quel est le rang de la phrase numéro 1 ?
Réponse A : 1

92 Quel est le rang de la phrase numéro 5 ?
Réponse C : 3

93 Quel est le rang de la phrase numéro 7 ?
Réponse C : 8

94 Quel est le rang de la phrase numéro 10 ?
Réponse E : 7

95 Quel est le rang de la phrase numéro 2 ?
Réponse D : 10

96 Quel mot remplace « ustensile » de l'étape 3 ?
Réponse A : Moulin

97 Quel mot remplace « années » de l'étape 5 ?
Réponse D : Minutes

98 Quel mot remplace « chauffage » de l'étape 6 ?
Réponse B : Feu

99 Quel mot remplace « ajouter » de l'étape 7 ?
Réponse C : Prélever

100 Quel mot remplace « carapace » de l'étape 8 ?
Réponse E : Pellicule

Feuille-réponse du concours n° 9

	A	B	C	D	E		A	B	C	D	E		A	B	C	D	E		A	B	C	D	E
1			×			26		×				51					×	76	×				
2				×		27				×		52		×				77				×	
3	×					28					×	53				×		78					×
4	×					29			×			54			×			79		×			
5					×	30					×	55	×					80			×		
6				×		31	×					56	×					81	×				
7	×					32			×			57					×	82			×		
8			×			33				×		58			×			83		×			
9		×				34		×				59				×		84					×
10					×	35					×	60		×				85				×	
11				×		36		×				61	×					86					×
12					×	37	×					62		×				87		×			
13					×	38		×				63				×		88	×				
14	×					39					×	64					×	89			×		
15	×					40				×		65				×		90				×	
16				×		41	×					66	×					91	×				
17			×			42					×	67					×	92			×		
18			×			43				×		68		×				93			×		
19		×				44		×				69			×			94					×
20		×				45				×		70				×		95				×	
21			×			46		×				71					×	96	×				
22	×					47	×					72		×				97				×	
23					×	48				×		73			×			98		×			
24	×					49					×	74				×		99			×		
25				×		50				×		75	×					100					×

10

Concours blanc n° 10

Durée
1 heure 30 minutes

Nombre de questions : 100.
Vous devez reporter vos réponses sur la « feuille réponse ».
Tout instrument de calcul est interdit.
Chaque question, notée sur un point, est suivie
de cinq propositions de réponse dont une seule est exacte.
Vous pouvez utiliser des feuilles de brouillon.

Sujet

Raisonnement logique

Pour chaque question, une seule réponse convient.
Reporter les réponses sur la feuille-réponse.

Cinq symboles : 

Les cinq symboles représentent une suite qui se répète indéfiniment.

Quel symbole remplace [?] ? Les réponses s'écrivent dans le sens de la lecture habituelle : de gauche vers la droite et du haut vers le bas.

❶ 

❷ 

3 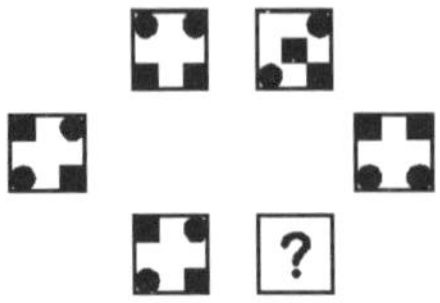

A.  B.  C.  D.  E. 

4 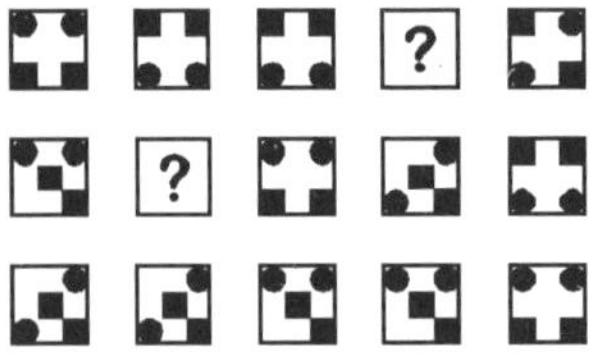

A.  B.  C.  D.  E. 

5 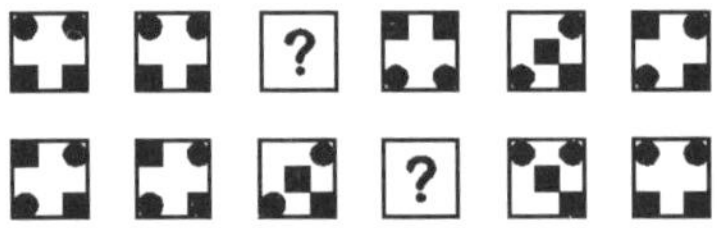

A.  B.  C.  D.  E. 

6 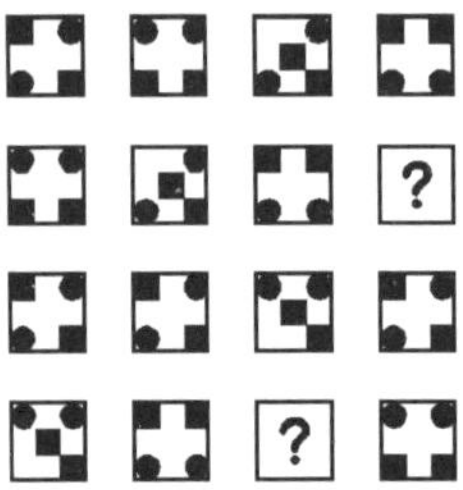

A.  B.  C.  D.  E. 

7 

A.  B.  C.  D.  E. 

8 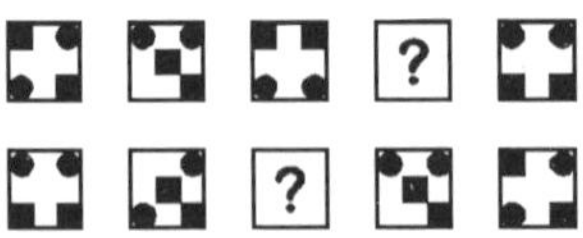

A.  B.  C.  D.  E. 

6

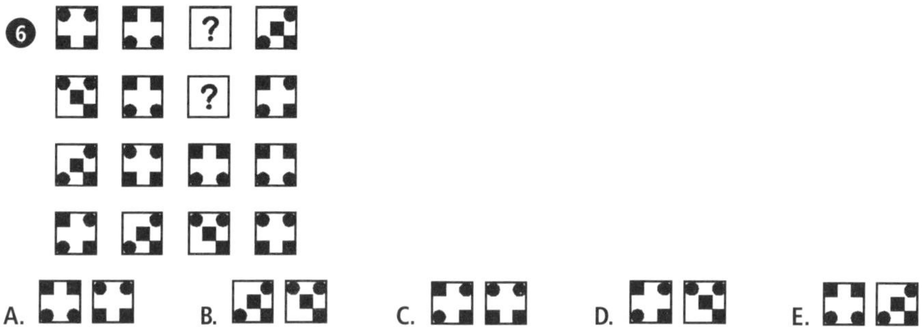

10

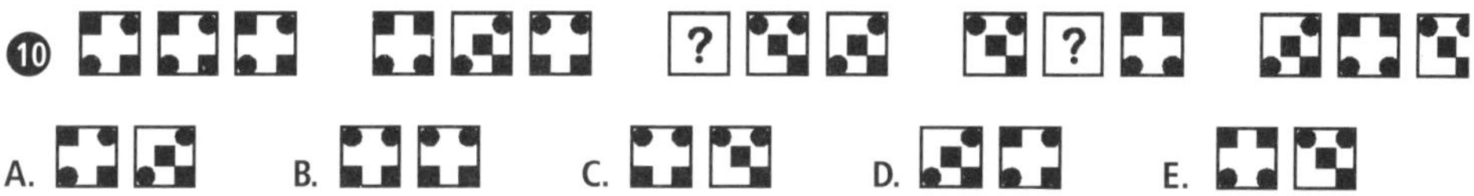

Raisonnement logique : M. Mind

Pour chaque question, une seule réponse convient.
Reporter les réponses sur la feuille-réponse.

Trouver la bonne réponse à partir des symboles utilisés :

11

2 symboles communs bien placés
2 symboles communs mal placés
1 symbole commun bien placé et 1 symbole commun mal placé
2 symboles communs bien placés
3 symboles communs bien placés

12

3 symboles communs mal placés
2 symboles communs bien placés
2 symboles communs mal placés
1 symbole commun bien placé et 1 symbole commun mal placé
3 symboles communs bien placés

13

☟	☹	☺	☝	1 symbole commun bien placé et 1 symbole commun mal placé
☟	☝	😐	☺	2 symboles communs mal placés
☺	☝	☟	😐	2 symboles communs bien placés
☹	☟	😐	☺	3 symboles communs mal placés
😐	☺	☹	☟	3 symboles communs mal placés

A. ☹✋☟😐 B. ☹☟😐✋ C. ✋☹☟😐 D. ✋☹😐☟ E. ☹✋😐☟

14

☹	😐	☝	☟	2 symboles communs bien placés
😐	☺	☟	☹	2 symboles communs mal placés
✋	☟	☝	☺	3 symboles communs bien placés
😐	☝	☺	☹	3 symboles communs mal placés
☝	☟	☹	☺	1 symbole commun bien placé et 1 symbole commun mal placé

A. ☺☝😐✋ B. ☝😐☺✋ C. 😐✋☝☺ D. ✋😐☝☺ E. ☝☺😐✋

15

😐	✋	☝	☹	1 symbole commun bien placé et 1 symbole commun mal placé
☺	😐	☝	✋	2 symboles communs mal placés
☝	✋	😐	☺	2 symboles communs bien placés
😐	☹	✋	☟	3 symboles communs mal placés
☹	✋	😐	☟	2 symboles communs bien placés et 1 symbole commun mal placé

A. ☹☟☺✋ B. ☟☹☺✋ C. ✋☹☺☟ D. ✋☹☟☺ E. ☹✋☟☺

16

☹	😐	✋	☺	☝	2 symboles communs bien placés et 2 symboles communs mal placés
☝	☹	☺	✋	☟	3 symboles communs bien placés et 1 symbole commun mal placé
😐	☹	✋	☝	☟	3 symboles communs mal placés et 1 symbole commun bien placé
☟	☝	☺	✋	☹	2 symboles communs bien placés et 2 symboles communs mal placés
☹	☟	☝	✋	☺	2 symboles communs bien placés et 2 symboles communs mal placés

A. ☹😐☺✋☟ B. 😐☹☺✋☟ C. ☺😐✋☟☹ D. ☹😐☟✋☺ E. ☟✋☹😐☺

17

☹	☺	✋	☝	☟	2 symboles communs bien placés et 2 symboles communs mal placés
😐	☺	✋	☝	☹	3 symboles communs bien placés et 1 symbole commun mal placé
☹	😐	☺	✋	☝	3 symboles communs mal placés et 1 symbole commun bien placé
☹	✋	☺	☟	☝	2 symboles communs bien placés et 2 symboles communs mal placés
😐	☺	☟	✋	☹	2 symboles communs bien placés et 2 symboles communs mal placés

A. 😐☺✋☟☝ B. 😐☺✋☝☟ C. 😐☺☝☟✋ D. ☝☟✋☺😐 E. ☝☟😐☺✋

18

✋	☺	😐	☝	☹	3 symboles communs mal placés et 1 symbole commun bien placé
☺	☟	☹	😐	☝	3 symboles communs mal placés et 1 symbole commun bien placé
☟	✋	😐	☺	☝	2 symboles communs bien placés et 2 symboles communs mal placés
☝	✋	☺	☹	😐	2 symboles communs bien placés et 2 symboles communs mal placés
☟	☹	😐	☺	✋	4 symboles communs mal placés et 1 symbole commun bien placé

A. ☟☹☹😐☺ B. ✋☟☹😐☺ C. ☟✋☺😐☹ D. ☹😐☺✋☟ E. ☟✋☹☺😐

19

☺	☟	✋	😐	☹	3 symboles communs mal placés et 1 symbole commun bien placé
😐	☟	☝	☹	☺	3 symboles communs mal placés et 1 symbole commun bien placé
😐	✋	☝	☟	☺	2 symboles communs bien placés et 2 symboles communs mal placés
✋	😐	☟	☝	☺	2 symboles communs bien placés et 2 symboles communs mal placés
✋	😐	☺	☝	☹	2 symboles communs bien placés et 2 symboles communs mal placés

A. ☝☹☟✋😐 B. ☝☟😐✋☹ C. ☹✋☟😐☝ D. 😐✋☝☹☟ E. 😐✋☟☝☹

20

☹	✋	😐	☝	☟	2 symboles communs bien placés et 2 symboles communs mal placés
😐	✋	☝	☹	☟	2 symboles communs bien placés et 2 symboles communs mal placés
✋	😐	☹	☟	☺	3 symboles communs mal placés et 1 symbole commun bien placé
☟	☝	✋	😐	☹	3 symboles communs mal placés et 1 symbole commun bien placé
😐	✋	☝	☟	☺	3 symboles communs bien placés et 1 symbole commun mal placé

A. ☹☟😐☺☝ B. ☹✋😐☺☝ C. ☝✋☹😐☺ D. ✋☝😐☺☹ E. ☹✋☝😐☺

Raisonnement numérique 1 : arithmétique

Pour chaque question, une seule réponse convient.
Reporter les réponses sur la feuille-réponse.

21 Calculer : 20 % de 150.

A. 30 B. 300 C. 3 000 D. 30 000 E. autre réponse

22 Calculer : 150 % de 20.

A. 0,003 B. 0,03 C. 0,3 D. 30 E. autre réponse

23 Quel est le reste de la division entière de 14 532 par 325 ?

A. 322 B. 232 C. 223 D. 323 E. autre réponse

24 Quelle est la valeur de a pour que $x = 3$ soit solution de l'équation : $ax^2 - 5x - 3 = 0$.

A. -1 B. 0 C. 1 D. 2 E. autre réponse

25 Calculer le quart de 7 j + 18 h + 39 min + 14 s.

A. 157 954 s B. 1 j 22 h 39 min 48,5 s C. 1 j 10 h 25 min 20 s D. 16 795 min E. autre réponse

26 Calculer : 3 km + 7 m + 40 hm en dam.

Réponses proposées : A. 700,7 B. 37,4 C. 34,7 D. 70,7 E. autre réponse

27 Calculer approximativement : 3 ha + 17 a + 121 m^2 en a.

A. 0,318 B. 3,18 C. 31,8 D. 318 E. autre réponse

28 Calculer approximativement : 15 m^3 − 15 hL − 15 daL − 15 L en L.

A. 1 300 B. 13 000 C. 13×10^4 D. 13×10^5 E. autre réponse

29 Quelle est la distance parcourue en km en 6 h 40 min à 75 km/h ?

A. 450 km B. 500 km C. 550 km D. 600 km E. autre réponse

30 Simplifier : $\frac{(\sqrt{3} - \sqrt{2})}{(\sqrt{2} + \sqrt{3})} =$

A. $-5 - \sqrt{6}$ B. $-5 + \sqrt{6}$ C. $-5 - \sqrt{5}$ D. $5 - 2\sqrt{6}$ E. $5 + 2\sqrt{6}$

Raisonnement numérique 2 : problèmes

Pour chaque question, une seule réponse convient.
Reporter les réponses sur la feuille-réponse.

31 Un train roule d'une ville A vers une ville B. Il part de A à 8 h en roulant à 100 km/h. Un autre train suit le chemin inverse. Il part de B à 9 h en roulant à 120 km/h. Les deux villes A et B sont distantes de 320 km. À quelle distance de A en km les deux trains vont-ils se croiser ?

A. 200 B. 220 C. 280 D. 285 E. autre réponse

32 Un vélo met un temps T en roulant à vitesse constante pour aller d'une ville A vers une autre ville B. En voiture, en roulant deux fois plus vite et en m'arrêtant au 2/3 de la distance, quelle proportion du temps T vais-je mettre ?

A. T/5 B. 2T/7 C. 3T/2 D. 3/T E. autre réponse

33 Soit A un nombre entier. Si A est pair, on le divise par deux. Si A est impair, on lui ajoute 1 puis on divise le résultat obtenu par deux. On obtient alors dans chaque cas un nouveau nombre. On reprend le processus tant que le nombre obtenu reste entier. Quel nombre obtient-on si A = 1 789 541 ?

A. 5 B. 4 C. 2 D. 1 E. autre réponse

34 La vitesse du son est d'environ 330 m/s. Quelle distance nous sépare d'un éclair si le son met trois secondes pour nous parvenir ?

A. 1,2 km B. 990 m C. 0,850 km D. 660 m E. autre réponse

35 Si à un jeu, on a trois chances sur cinq de gagner, combien en pourcentage a-t-on de « chances » de perdre ?

A. 20 B. 25 C. 30 D. 40 E. autre réponse

36 Si à un jeu, j'ai une chance sur deux de gagner ; en jouant deux fois de suite combien ai-je de chances de gagner ?

A. 1 sur 4 B. 3 sur 4 C. 2 sur 5 D. 4 sur 4 E. autre réponse

37 Un « mot » binaire ne peut prendre que deux valeurs (0 ou 1). Combien de valeurs différentes peut prendre un code de 8 mots binaires (octet) ?

A. 256 B. 16 C. 2 000 000 D. 64 E. autre réponse

38 De combien de façons différentes peut-on placer deux lettres distinctes parmi quatre lettres distinctes ?

A. 4 B. 8 C. 12 D. 24 E. autre réponse

39 De combien de façons différentes peut-on permuter quatre lettres distinctes ?

A. 4 B. 8 C. 16 D. 32 E. autre réponse

40 a et b sont deux nombres négatifs tels que : a < b. En ajoutant un nombre c négatif aux nombres : a et b, quelle relation obtient-on ?

A. $a + c > b + c$ B. $a - c > b - c$ C. $a - c < b - c$

D. $a + c < b + c$ E. autre réponse

Test d'observation sur des images

Pour chaque question, une seule réponse convient.
Reporter les réponses sur la feuille-réponse.

Retrouver le morceau qui n'est pas un élément du bloc.

41

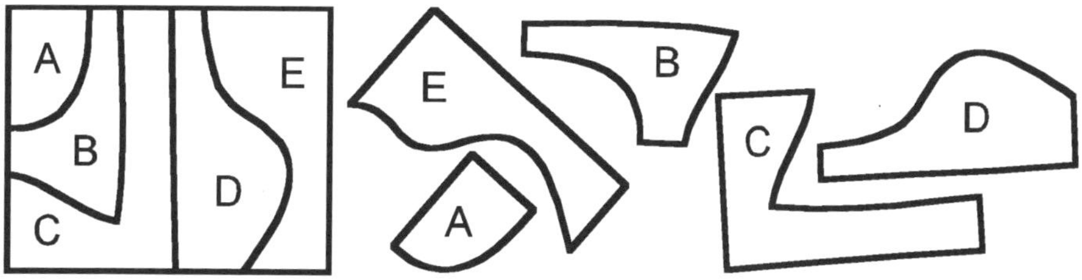

A. ☐ B. ☐ C. ☐ D. ☐ E. ☐

42

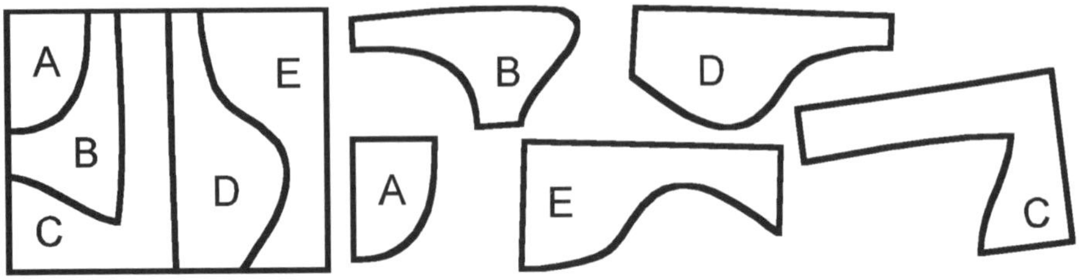

A. ☐ B. ☐ C. ☐ D. ☐ E. ☐

43

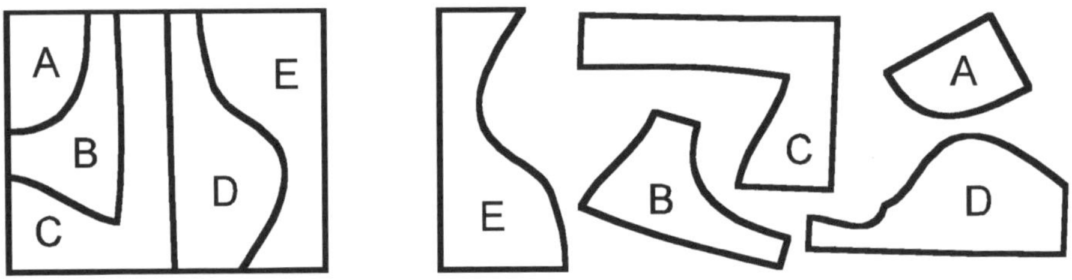

A. ☐ B. ☐ C. ☐ D. ☐ E. ☐

44

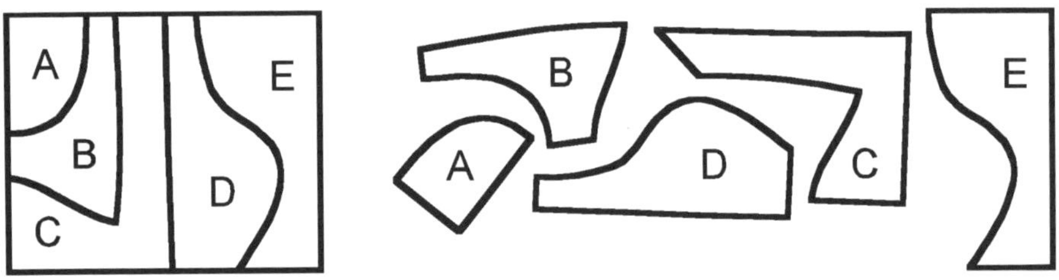

A. ☐ B. ☐ C. ☐ D. ☐ E. ☐

45

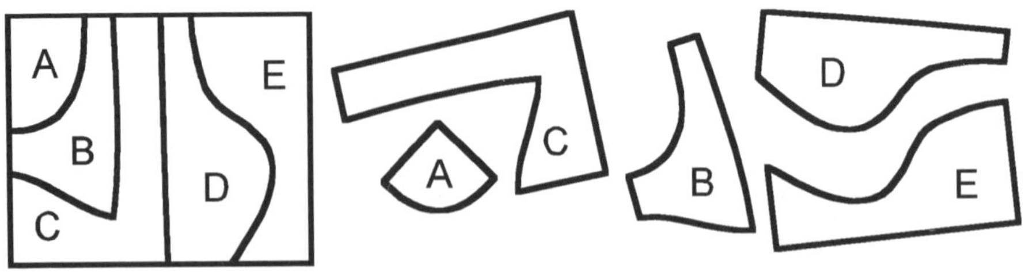

A. ☐ B. ☐ C. ☐ D. ☐ E. ☐

46

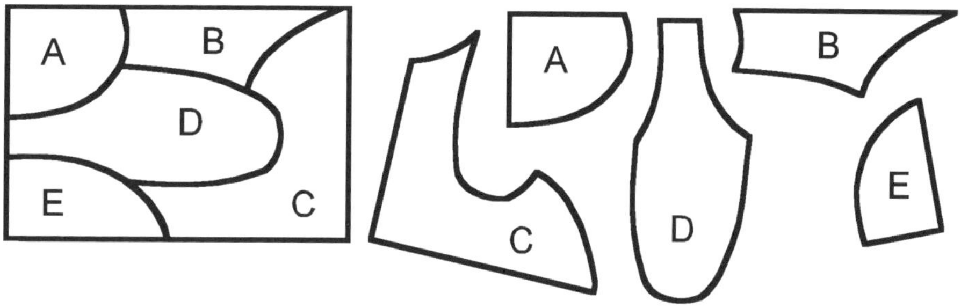

A. ☐ B. ☐ C. ☐ D. ☐ E. ☐

47

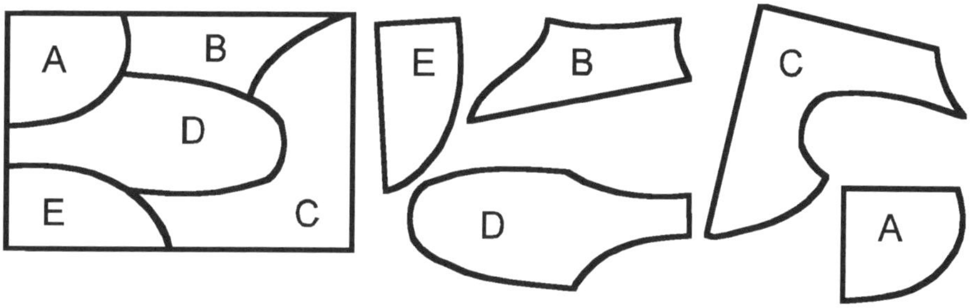

A. ☐ B. ☐ C. ☐ D. ☐ E. ☐

48

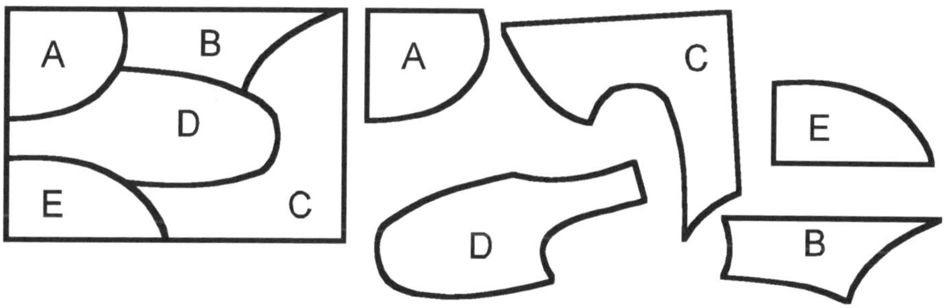

A. ☐ B. ☐ C. ☐ D. ☐ E. ☐

49

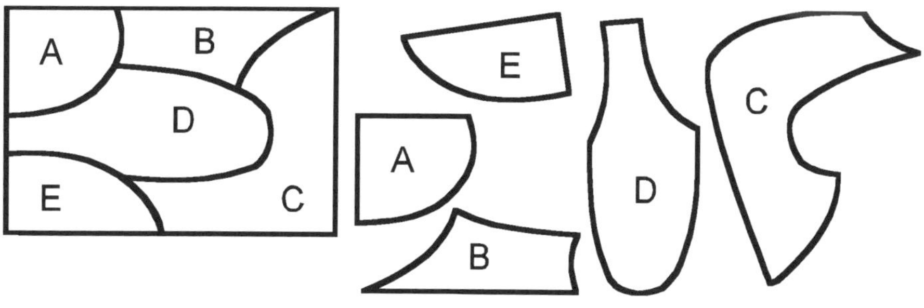

A. ☐ B. ☐ C. ☐ D. ☐ E. ☐

50

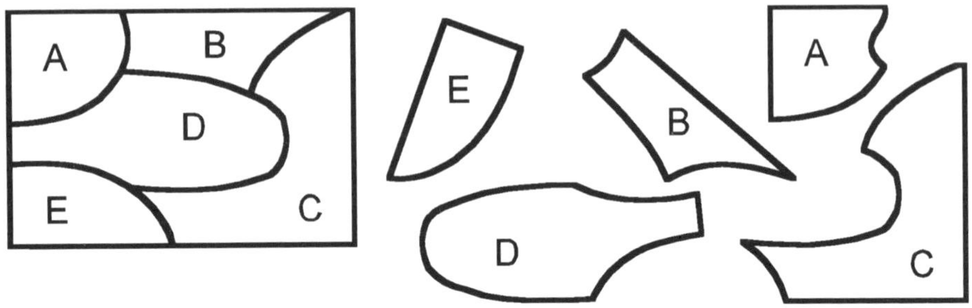

A. ☐ B. ☐ C. ☐ D. ☐ E. ☐

Raisonnement logique sur une suite numérique

Pour chaque question, une seule réponse convient.
Reporter les réponses sur la feuille-réponse.

Remplacer le symbole @ par une des réponses proposées.

À partir du premier nombre, on obtient le deuxième par un opérateur simple. On obtient le troisième par un autre opérateur simple. On reprend le même procédé pour trouver les autres nombres. Chaque opérateur est une multiplication ou une addition par un nombre entier ou fractionnaire simple, négatif ou positif.

51 | 6 | 7 | − 7 | − 6 | @ |

A. 6 **B.** 7 **C.** 8 **D.** 9 **E.** 10

52 | − 1 | − 3 | 6 | 18 | @ |

A. − 33 **B.** − 34 **C.** − 35 **D.** − 36 **E.** − 37

53 | 6 | 13 | 11 | 18 | @ |

A. 15 **B.** 16 **C.** 17 **D.** 18 **E.** 19

54 | 3 | 6 | 1 | 2 | @ |

A. − 7 **B.** − 6 **C.** − 5 **D.** − 4 **E.** − 3

55 | − 4 | − 1 | − 2 | 1 | @ |

A. 0 **B.** 1 **C.** 2 **D.** 3 **E.** 4

Test d'observation sur des tableaux

Pour chaque question, une seule réponse convient.

Reporter les réponses sur la feuille-réponse.

Quel tableau est équivalent au tableau « original » ?

Ces tableaux représentent la répartition de malades dans trois services hospitaliers en fonction de la durée des séjours.

56 Original

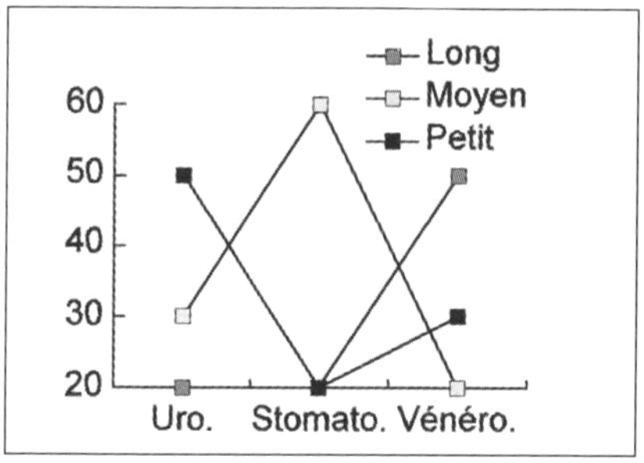

A

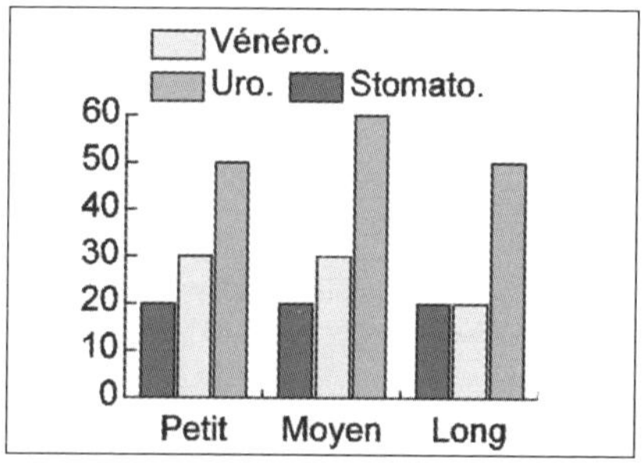

B

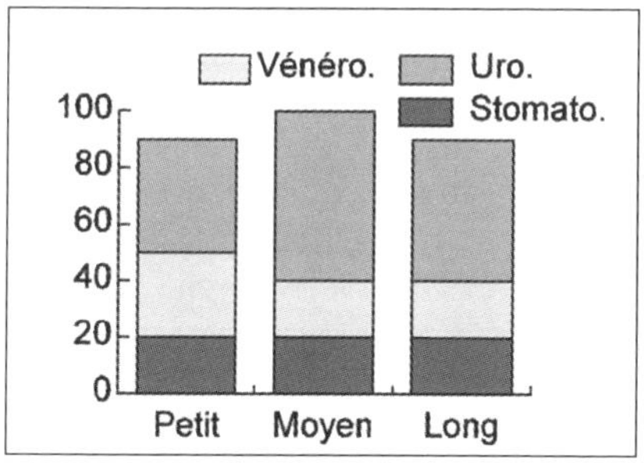

C

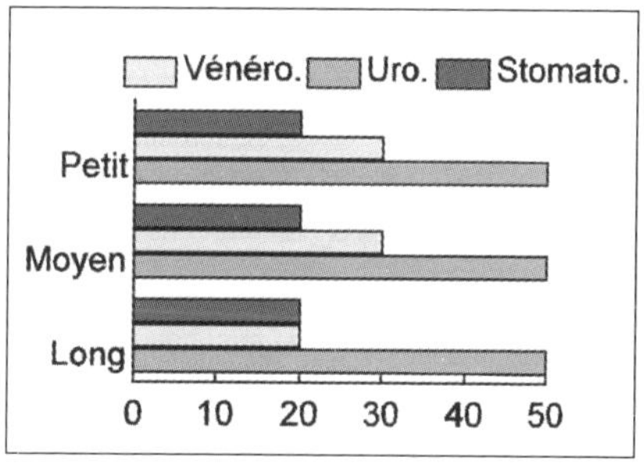

D

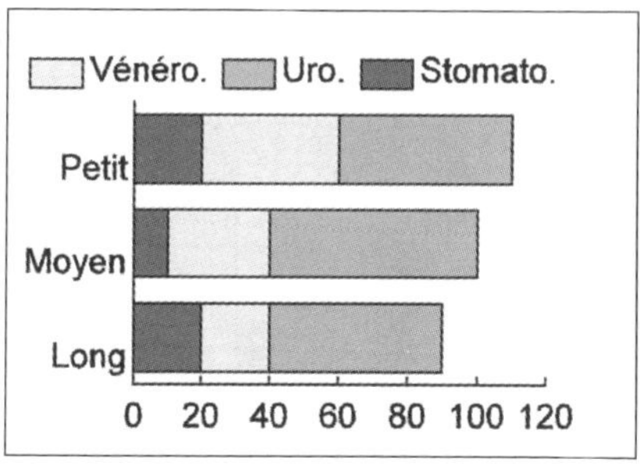

E

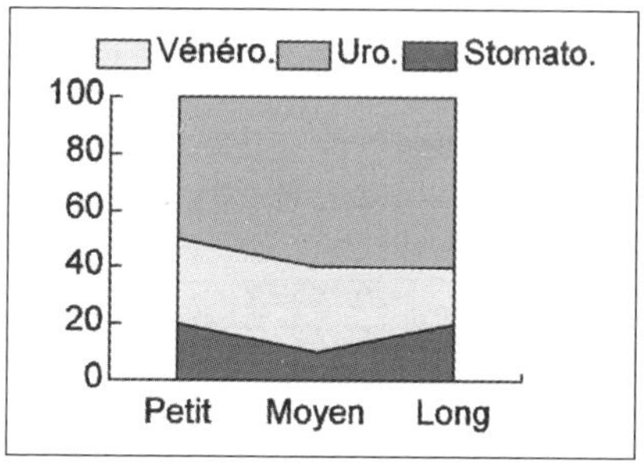

A. ☐ B. ☐ C. ☐ D. ☐ E. ☐

57 Original

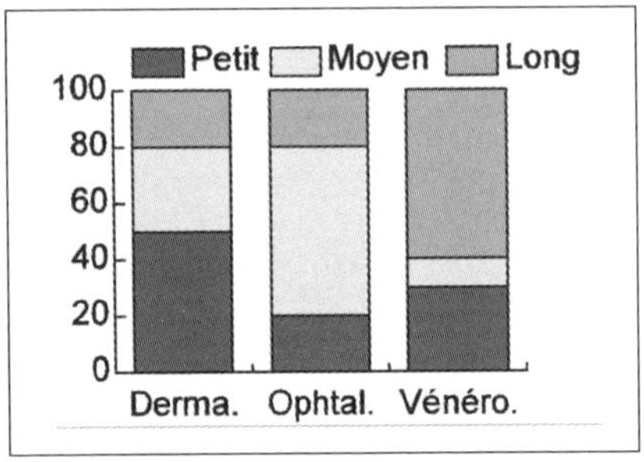

A

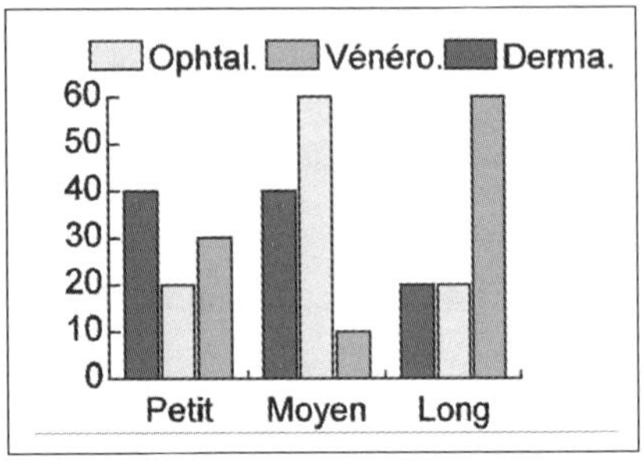

B

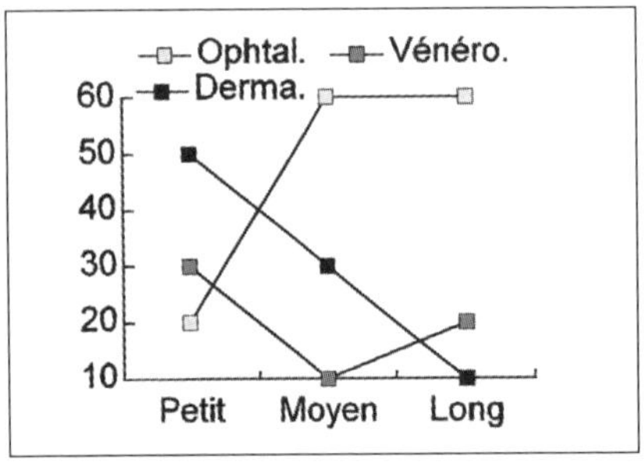

C

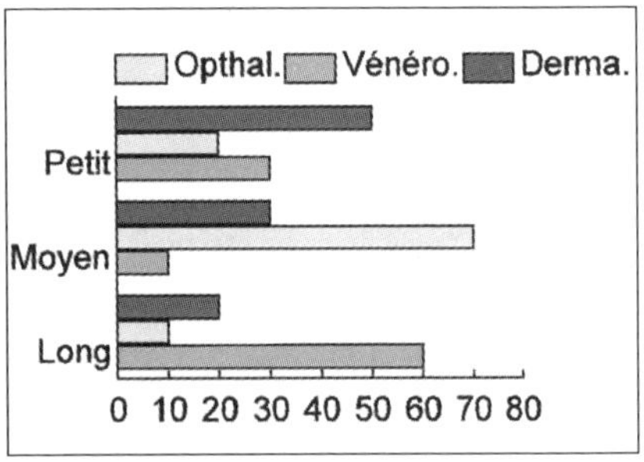

D

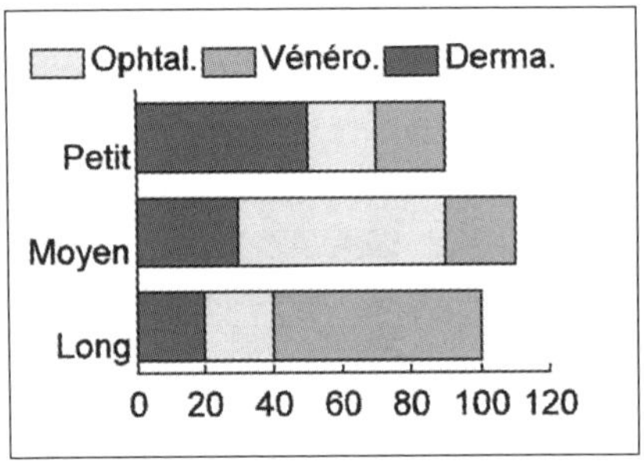

E

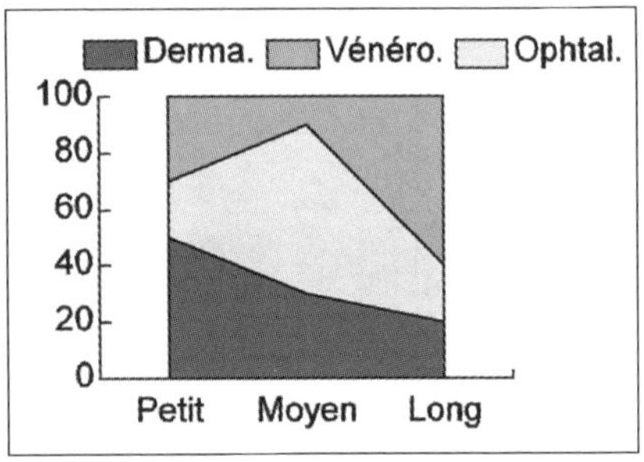

A. ☐ B. ☐ C. ☐ D. ☐ E. ☐

58 Original

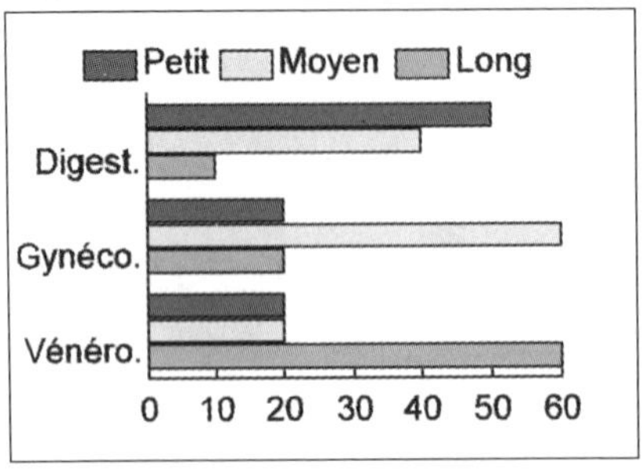

A

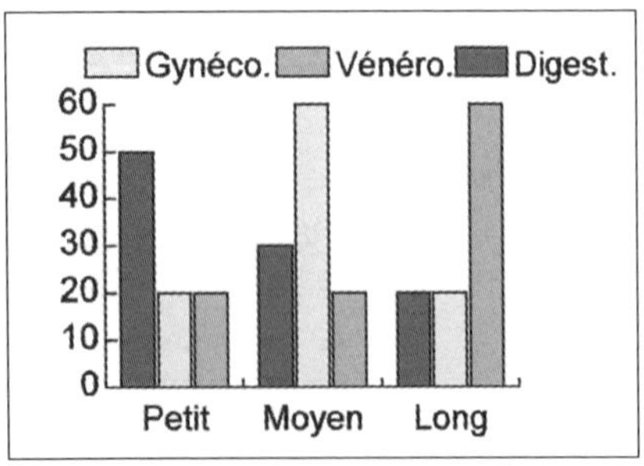

B

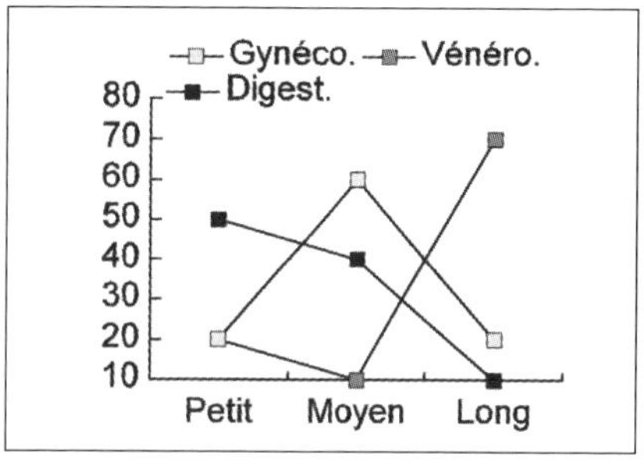

C

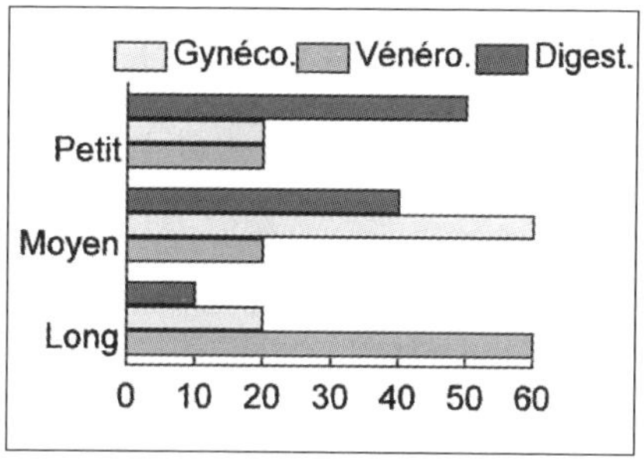

D

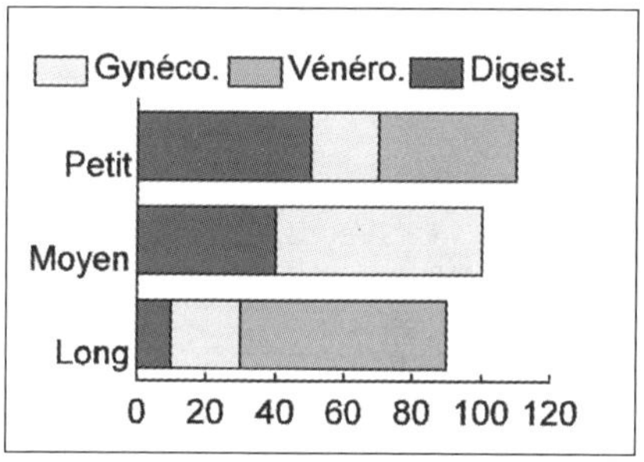

E

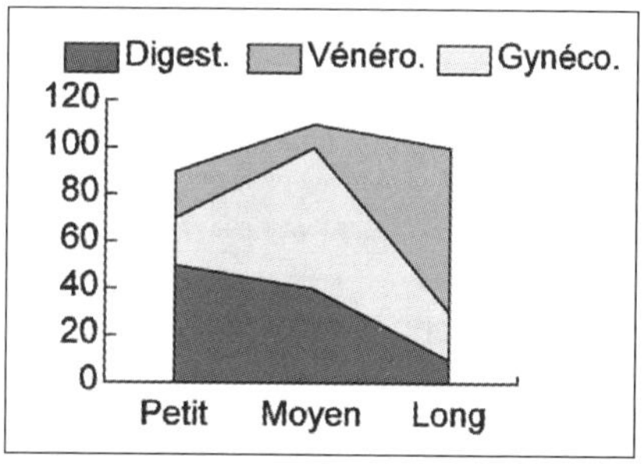

A. ☐ B. ☐ C. ☐ D. ☐ E. ☐

59 Original

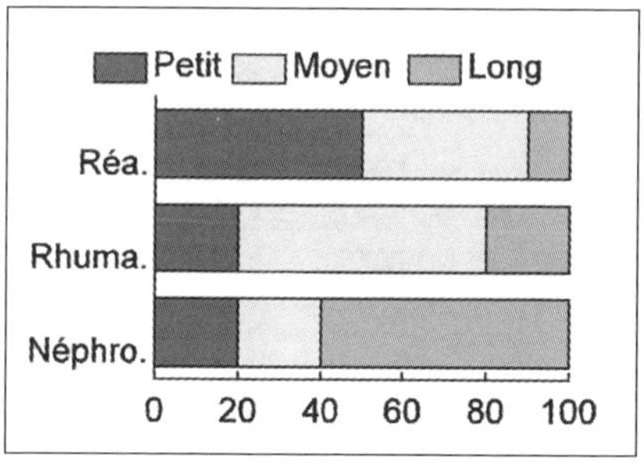

A

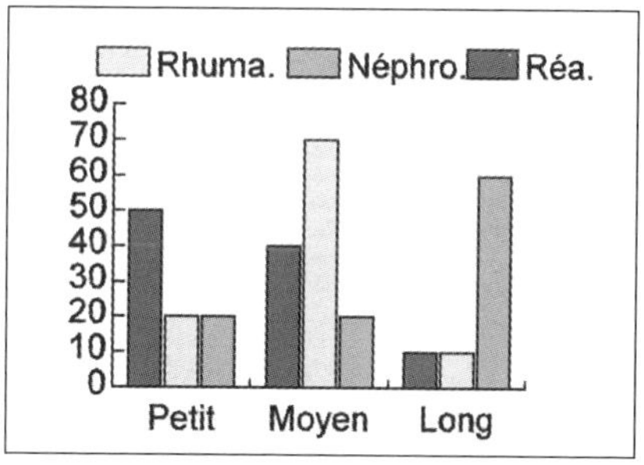

B

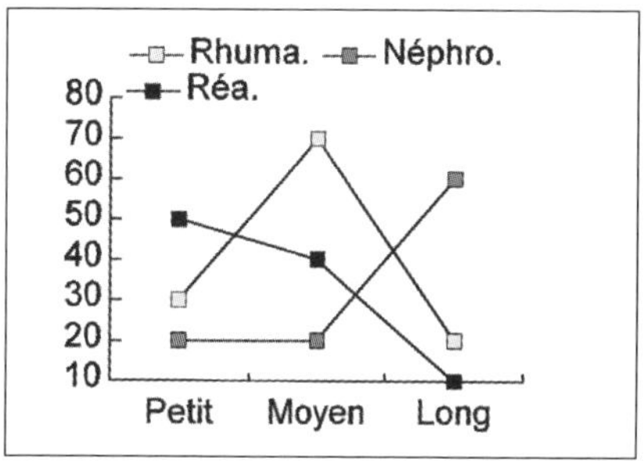

C

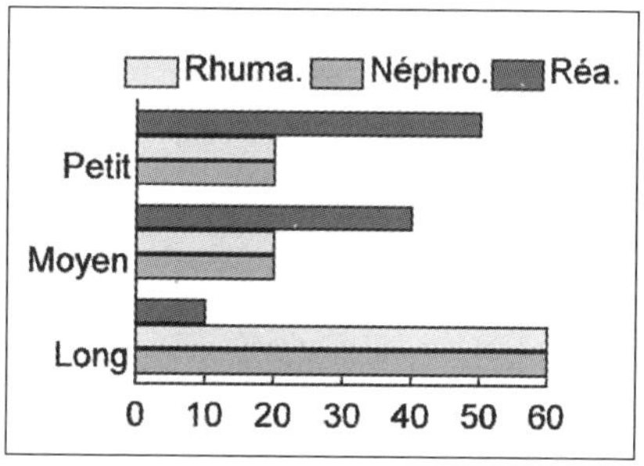

D

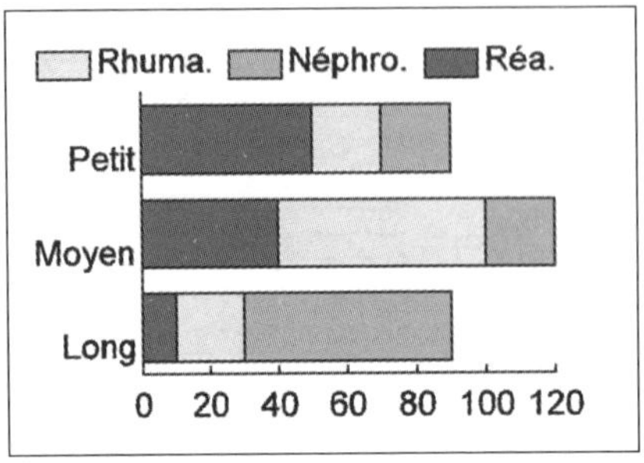

E

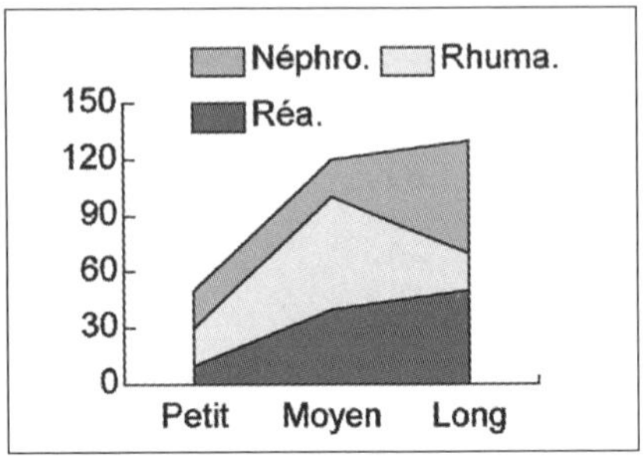

A. ☐ B. ☐ C. ☐ D. ☐ E. ☐

60 Original

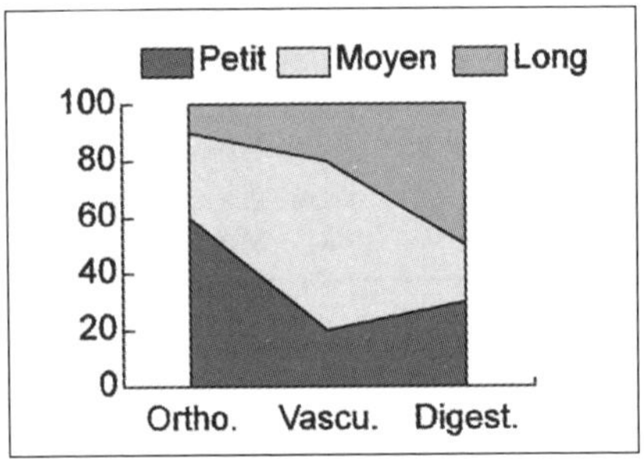

A

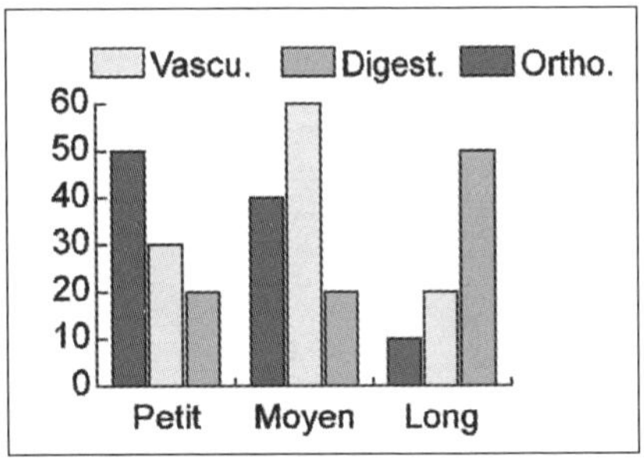

B

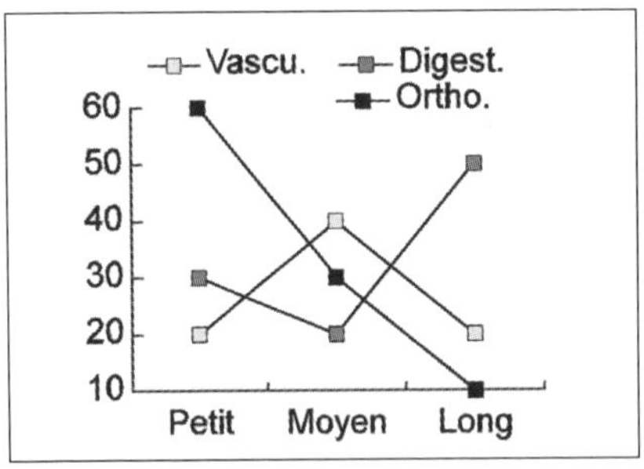

C

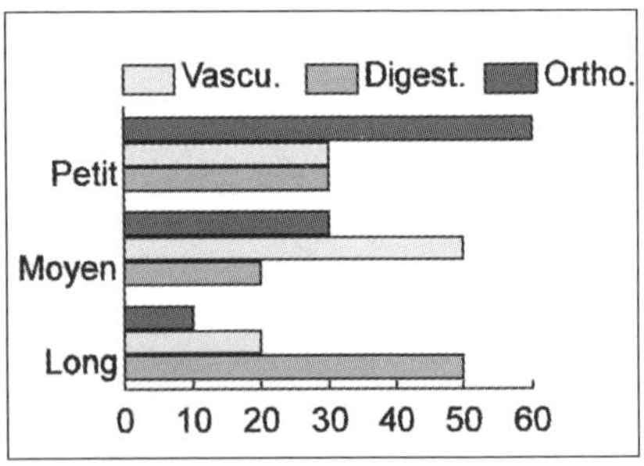

D

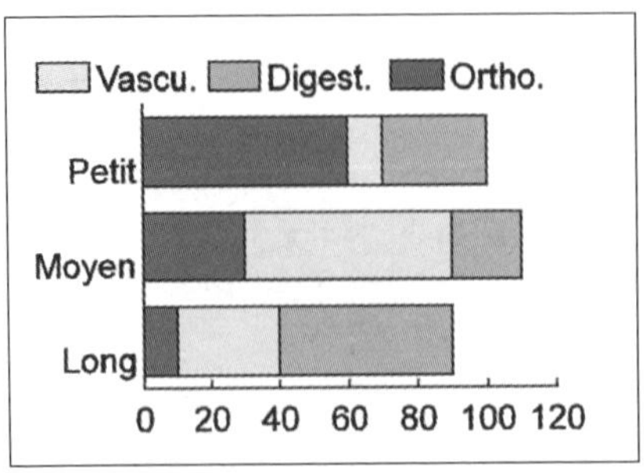

E

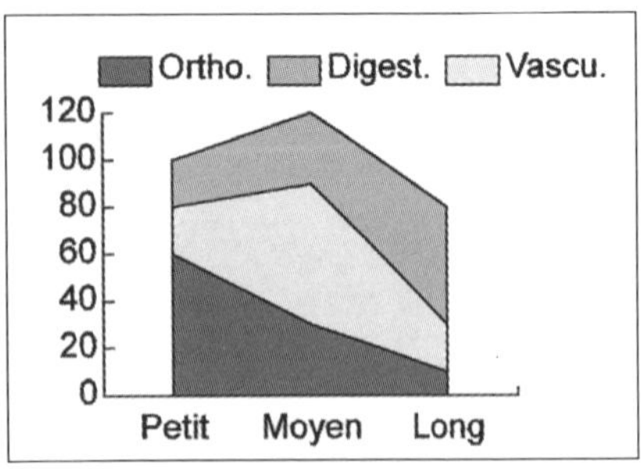

A. ☐ B. ☐ C. ☐ D. ☐ E. ☐

Aptitude verbale 1 : orthographe

Pour chaque question, une seule réponse convient.
Reporter les réponses sur la feuille réponse.

Voici un texte de Comte : *Cours de philosophie positive.*
Quel est le nombre de fautes d'orthographe et de grammaire pour chaque exercice ?

61 **À la vérité, la théorie vulgaire attribue, en général, au législateur, la faculté permanente de rompre inopinément l'harmonie nécessaire que nous considérons, à la seule condition d'être préalablement armé d'une autorité suffisante ; ce qui, sans doute, équivaut essentiellement à une entière négation de cette solidarité continue. Mais il est aisé de reconnaître qu'une telle opinion, fondée, en apparence, sur de grands exemples, constitue directement un véritable cercle vicieux, résultant d'une pure illusion sur les sources générales du pouvoir politique, où l'on prend le symptôme pour le principe.**

A. 0 B. 1 C. 2 D. 3 E. 4

62 **Sans établir scientifiquement ici la théorie positive de l'autorité, il est évident que, d'après la nature même de l'état social, tout pouvoir quelconque y est nécessairement constitué par un assentiment correspondant, spontanné ou réfléchi, explicite ou implicite, des diverses volontés individuelles, déterminées, suivant certaines convictions préalables, à concourrir à une action commune, dont ce pouvoir est d'abord l'organe et devient ensuite le régulateur.**

A. 0 B. 1 C. 2 D. 3 E. 4

63 **Ainsi l'autorité dérive réellement du concours, et non le concours de l'autorité, sauf la réaction inévitable, en sorte qu'aucun grand pouvoir ne saurait résulter que de dispositions fortement prépondérantes au sein de la société où il s'établit ; et, quand rien n'y prédomine hautement, les pouvoirs quelconques y sont, par suite, nécessairement faibles et languissant ; la correspondance étant d'ailleurs, dans tous les cas, d'autant plus irrésistible, qu'il s'agit d'une société plus étendue.**

A. 0 B. 1 C. 2 D. 3 E. 4

64 **La théorie ordinaire, en intervertissant radicalement cette relation générale, place évidement notre intelligence dans cette étrange situation, symptome habituel des conceptions métaphysiques, de ne pouvoir nullement comprendre quelles seraient les sources effectives de ces puissances politiques auxqu'elles on attribut ainsi une mystérieuse influence sociale, à moins de leur supposer directement une origine franchement surnaturelle, comme le fait, sans tant d'inconséquence, la politique théologique.**

A. 0 B. 1 C. 2 D. 3 E. 4

65 **D'un autre coté, aucun esprit juste ne saurait certe maiconnaître la haute influence que, par une réaction nécessaire, l'ensemble du régime politique exerce, avant tant d'évidence, sur le système général de la civilisation, et que caractérise même si souvent l'action incontestable, heureuse ou funeste, des institutions, des mesures, ou des événements purement politiques, jusque sur la marche propre des sciences et des arts, à tous les âges de la société, et encore plus dans son enfance.**

A. 0 B. 1 C. 2 D. 3 E. 4

Raisonnement logique de proposition

Pour chaque question, une seule réponse convient.
Reporter les réponses sur la feuille réponse.

Voici un texte simple. Vous devez répondre aux questions en vous limitant aux données du texte.
« Si je possède une ordonnance médicale, c'est qu'elle provient d'un médecin. Sur une ordonnance médicale sont inscrits des médicaments génériques ou non. Le pharmacien délivre les médicaments à la lecture de l'ordonnance médicale. Il peut substituer un médicament par un générique. Il peut aussi délivrer certains médicaments sans ordonnance médicale. »

66 Jean revient de la pharmacie avec un médicament générique. Il affirme que c'est un médecin qui le lui a prescrit.
A. Vrai **B. Faux** **C. On ne peut pas se prononcer avec certitude**

67 Jules dit à son médecin qu'il ne supporte pas les médicaments génériques. Le pharmacien ne modifiera pas l'ordonnance du médecin.
A. Vrai **B. Faux** **C. On ne peut pas se prononcer avec certitude**

68 Jacques présente à un pharmacien une ordonnance. Ce dernier dit qu'il ne peut pas le servir. Jacques affirme que le pharmacien doit servir toute ordonnance.
A. Vrai **B. Faux** **C. On ne peut pas se prononcer avec certitude**

69 José, médecin renommé de son canton, dit qu'il prescrit autant que possible des médicaments génériques car ils sont moins chers et font faire des économies à la Sécurité sociale !
A. Vrai **B. Faux** **C. On ne peut pas se prononcer avec certitude**

70 Si je sors de la pharmacie avec aucun médicament générique, c'est parce que mon pharmacien refuse d'en délivrer.
A. Vrai **B. Faux** **C. On ne peut pas se prononcer avec certitude**

Aptitude verbale 2 : vocabulaire

Pour chaque question, une seule réponse convient.
Reporter les réponses sur la feuille réponse.

Dans les phrases suivantes, il faut associer la définition à l'une des réponses proposées. Pour les cinq exercices suivants, les réponses ne seront utilisées qu'une seule fois.

71 Inscription.
A. Épitaphe **B. Épinette** **C. Épilogue** **D. Épinoche** **E. Épicène**

72 Dénouement.

A. Épitaphe B. Épinette C. Épilogue D. Épinoche E. Épicène

73 Nom qui ne varie pas selon le genre.

A. Épitaphe B. Épinette C. Épilogue D. Épinoche E. Épicène

74 Poisson.

A. Épitaphe B. Épinette C. Épilogue D. Épinoche E. Épicène

75 Clavecin.

A. Épitaphe B. Épinette C. Épilogue D. Épinoche E. Épicène

Dans les phrases suivantes, il faut associer la définition à l'une des réponses proposées. Pour les cinq exercices suivants, les réponses ne seront utilisées qu'une seule fois.

76 Se marier.

A. Conspuer B. Cogiter C. Courailler D. Couchailler E. Convoler

77 Manifester.

A. Conspuer B. Cogiter C. Courailler D. Couchailler E. Convoler

78 Multiplier les conquêtes.

A. Conspuer B. Cogiter C. Courailler D. Couchailler E. Convoler

79 Avoir des aventures d'un genre particulier, épisodiques.

A. Conspuer B. Cogiter C. Courailler D. Couchailler E. Convoler

80 Réfléchir.

A. Conspuer B. Cogiter C. Courailler D. Couchailler E. Convoler

Test de raisonnement logique sur des images 1

Pour chaque question, une seule réponse convient.

Reporter les réponses sur la feuille réponse.

Les trois premières images constituent une progression logique. Cette même progression logique est appliquée aux deux dernières images.

Quelle image est la suite logique de ces deux dernières ?

La seconde ligne d'images constitue les cinq réponses proposées.

81

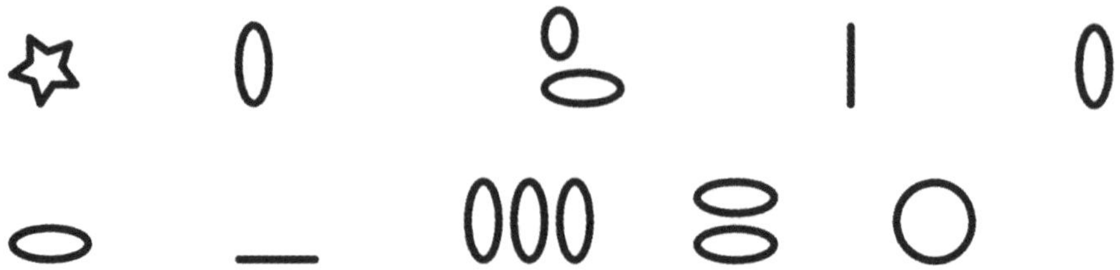

A B C D E

82

A B C D E

83

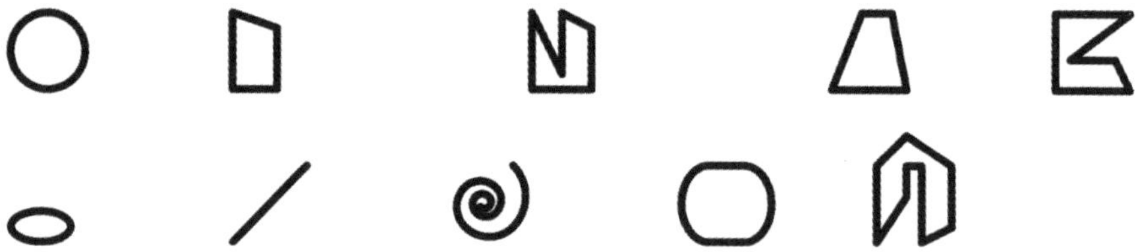

A B C D E

84

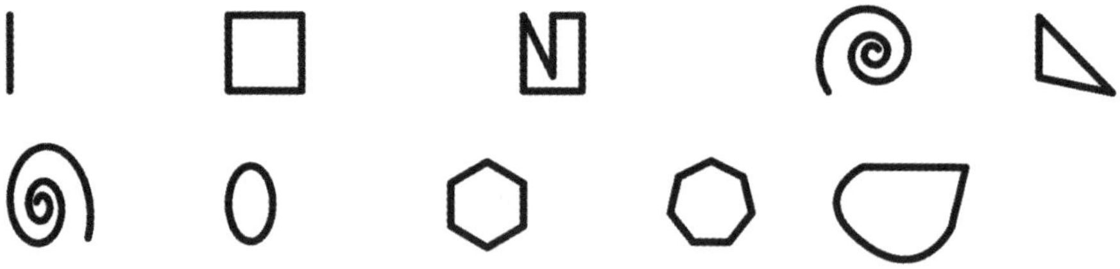

A B C D E

85

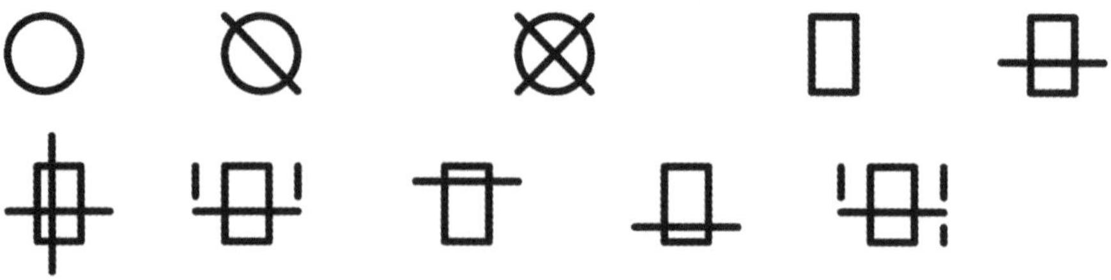

A B C D E

Test de raisonnement logique sur des images 2

Pour chaque question, une seule réponse convient.

Reporter les réponses sur la feuille réponse.

Dans les trois premières images, le chiffre inscrit est en relation avec une propriété de la figure géométrique. Quel chiffre remplace le point d'interrogation dans la quatrième image ?

86

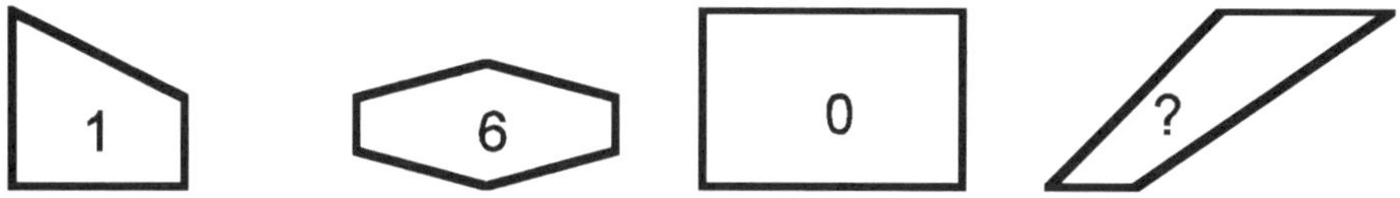

A. 5 **B.** 4 **C.** 3 **D.** 2 **E.** 1

87

A. 2 **B.** 3 **C.** 4 **D.** 5 **E.** 6

88

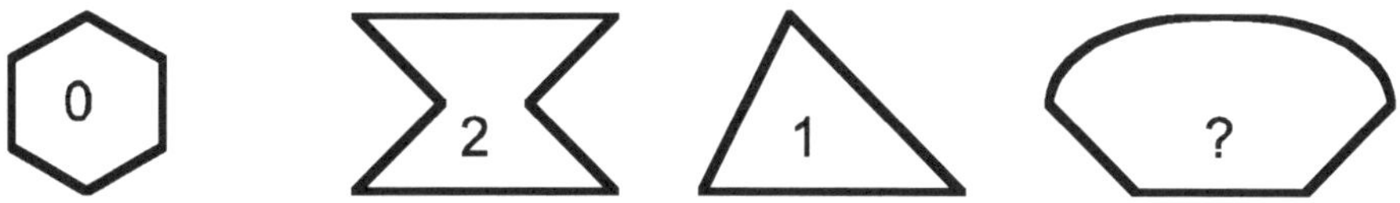

A. 10 **B.** 2 **C.** 1 **D.** 5 **E.** 8

89

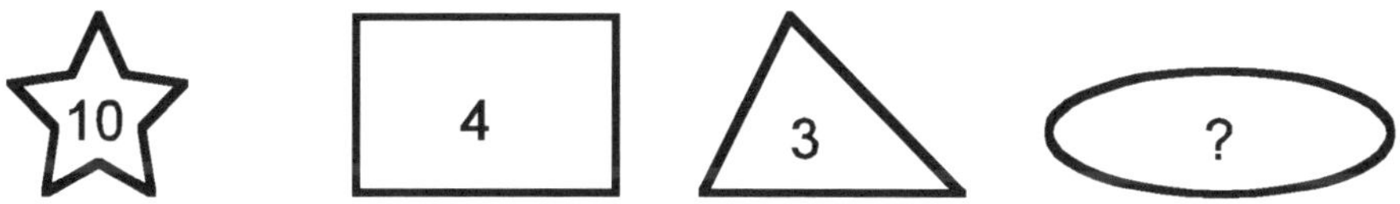

A. 4 **B.** 3 **C.** 2 **D.** 1 **E.** 0

90

A. 9 **B.** 8 **C.** 7 **D.** 6 **E.** 5

Test de raisonnement numérique sur des dosages

Pour chaque question, une seule réponse convient.
Reporter les réponses sur la feuille réponse.

91 Un flacon de chlorure de sodium a une concentration de 40 g/l. On prélève 20 cm^3 de cette solution. Quelle est la masse de chlorure de sodium contenu dans ce prélèvement ?

A. 0,8 g B. 8 g C. 80 g D. 0,08 g E. 8 mg

92 Un flacon de 0,5 l de solution de glucose a une masse de 510 g. Quelle est la concentration en g/l de cette solution ?

A. 5 g/l B. 10 g/l C. 15 g/l D. 20 g/l E. 25 g/l

93 Un flacon de 250 ml de permanganate de potassium a une concentration de 10 g/l. Quelle est la masse de cette solution ?

A. 250 g B. 252,5 g C. 255 g D. 260 g E. 265 g

94 Une solution concentrée à 60 g/l a une masse de 530 g. Quel est le volume de cette solution ?

A. 440 cm^3 B. 470 cm^3 C. 560 cm^3 D. 530 cm^3 E. 500 cm^3

95 Une solution a une concentration de 50 g/l. On veut prélever 4 g de soluté. Quel volume en cm^3 faut-il prélever ?

A. 60 cm^3 B. 70 cm^3 C. 80 cm^3 D. 90 cm^3 E. 100 cm^3

96 Un flacon contient 100 ml d'une solution concentrée à 75 % en glucose. Quel volume d'eau faut-il ajouter à cette solution pour que la concentration soit de 20 % ?

A. 60 cm^3 B. 70 cm^3 C. 80 cm^3 D. 90 cm^3 E. 275 cm^3

97 Une solution de soude est concentrée à 40 g/l. Quel volume d'eau (en ml) faut-il ajouter à 200 cm^3 de cette solution pour la diluer à une concentration de 12 g/l ?

A. 240 ml B. 252 ml C. 440 ml D. 467 ml E. 567 ml

98 Une solution de parfum est concentrée à 3 g pour 5 ml. Quel volume d'alcool faut-il ajouter à 20 ml de parfum pour obtenir une eau de toilette à 10 % ?

A. 75 ml B. 100 ml C. 200 ml D. 250 ml E. 300 ml

99 Une solution de 30 ml est concentrée à 40 % en principe actif d'un médicament. Quelle quantité de cette solution faut-il prélever pour former 50 ml de solution concentrée à 10 % ?

A. 7,5 ml B. 10 ml C. 12,5 ml D. 15 ml E. 20 ml

100 Pour obtenir 200 ml d'une solution d'alcool à 1,5 % en volume, on utilise une fiole de 12 ml d'alcool de concentration inconnue que l'on dilue. Quelle est cette concentration ?

A. 25 % B. 20 % C. 15 % D. 10 % E. 5 %

Feuille-réponse du concours n° 10

Pour chaque question, cocher la bonne réponse.

	A	B	C	D	E		A	B	C	D	E		A	B	C	D	E		A	B	C	D	E
1						26						51						76					
2						27						52						77					
3						28						53						78					
4						29						54						79					
5						30						55						80					
6						31						56						81					
7						32						57						82					
8						33						58						83					
9						34						59						84					
10						35						60						85					
11						36						61						86					
12						37						62						87					
13						38						63						88					
14						39						64						89					
15						40						65						90					
16						41						66						91					
17						42						67						92					
18						43						68						93					
19						44						69						94					
20						45						70						95					
21						46						71						96					
22						47						72						97					
23						48						73						98					
24						49						74						99					
25						50						75						100					

Nombre total de bonnes réponses r =
Note /20 = r/5 =

Corrigé

Raisonnement logique

Cinq symboles que l'on peut remplacer par des chiffres :

1 2 3 4 5

Les cinq symboles représentent une suite qui se répète indéfiniment. Les réponses s'écrivent dans le sens de la lecture habituelle : de gauche vers la droite et du haut vers le bas.

❶ 

Du premier au deuxième symbole, progression normale.
Du deuxième au troisième symbole, on saute un symbole.
Du troisième au quatrième symbole, on saute deux symboles.
Du quatrième au dernier symbole, on saute trois symboles.
Réponse : A.

❷ 

Les premiers symboles de chaque binôme décrivent la suite dans le sens inverse.
Les seconds symboles de chaque binôme décrivent la suite dans le sens normal.
Réponse : A.

❸ 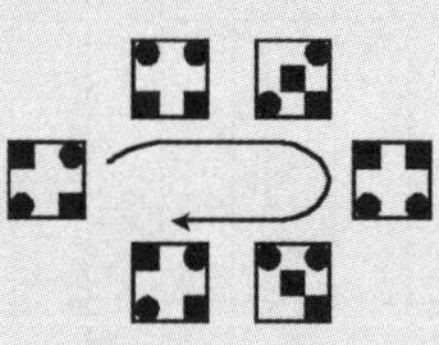

La progression est de un symbole sur deux.
Réponses : D.

❹ 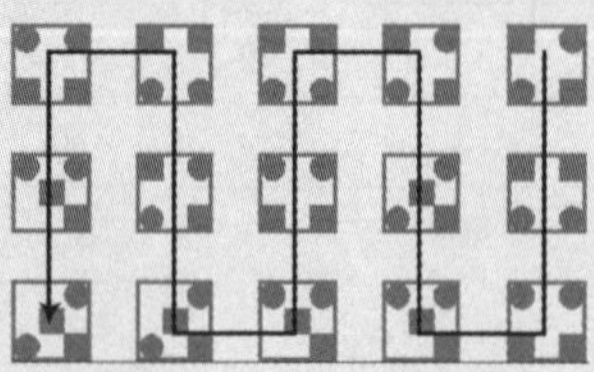

Réponse : D.

❺ 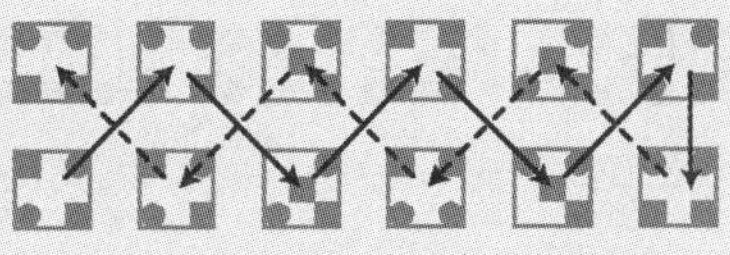

Le symbole de départ est le premier élément de la seconde ligne. On progresse d'un élément sur deux.

Réponse : C.

❻ 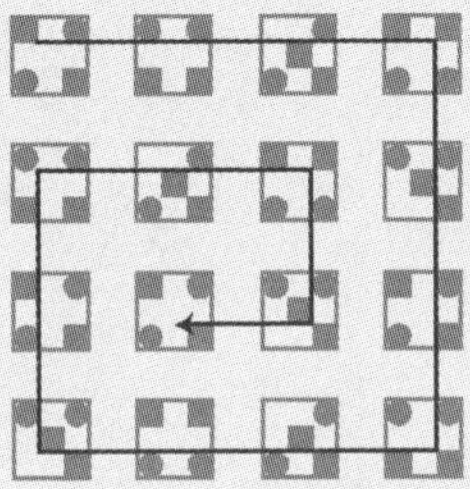

Progression d'un symbole sur deux.

Réponse : B.

❼ 

Pour les flèches du haut, progression normale des symboles de la suite.

Pour les flèches du bas, progression d'un symbole sur deux.

Réponse : A.

❽ 

Pour la première ligne, progression d'un symbole sur quatre.

La seconde ligne est l'inverse de la première ligne.

Réponse : E.

❾ 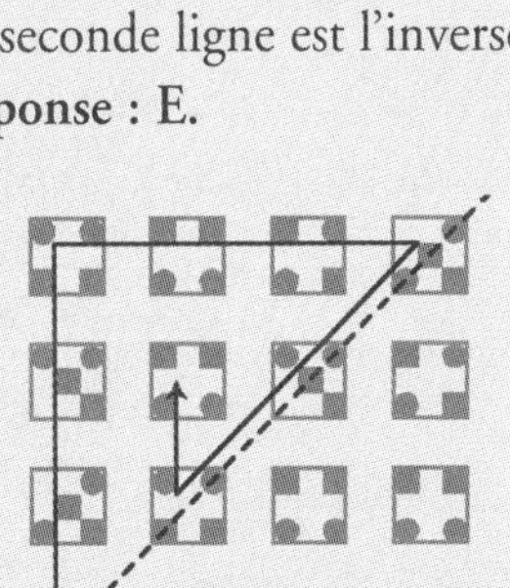

Progression des flèches dans le sens inverse des symboles de la suite.

Par symétrie suivant la ligne pointillée, on obtient l'autre moitié de l'exercice.

Réponse : D.

⑩ 

Les premiers symboles de chaque trinôme suivent la progression normale des éléments de la suite.

Les deuxièmes symboles de chaque trinôme décrivent la suite en sens inverse.

Les troisièmes symboles de chaque trinôme suivent la progression normale d'un élément sur deux de la suite.

Réponse : B.

Raisonnement logique : M. Mind

Pour chaque question, on cherche, parmi les réponses proposées, celle qui répond à toutes les conditions de l'énoncé.

Par exemple :

Trouver la bonne réponse à partir des symboles utilisés :

☹	😐	☺	🖐	👇	☝

On peut remplacer ces symboles par les chiffres :

1	2	3	4	5	6

⑪

☹	☝	☺	🖐	2 symboles communs bien placés
👇	😐	🖐	☺	2 symboles communs mal placés
🖐	☝	👇	☺	1 symbole commun bien placé et 1 symbole commun mal placé
☺	🖐	😐	👇	2 symboles communs bien placés
☹	☺	😐	👇	3 symboles communs bien placés

Les deux premiers symboles ☹ ☝ de la réponse A sont les réponses de la première ligne de l'énoncé.

Les deux derniers symboles 😐 👇 de la réponse A sont les réponses de la deuxième ligne de l'énoncé.

☝ est le symbole commun bien placé et 👇 est le symbole commun mal placé pour la troisième ligne de l'énoncé.

😐 👇 sont les deux symboles communs bien placés de la quatrième ligne de l'énoncé.

☹ 😐 👇 sont les trois symboles communs bien placés de la cinquième ligne de l'énoncé.

Conclusion : la **réponse A :** ☹ ☝ 😐 👇 est la solution de cet exercice.

Pour les questions 12 à 20, se reporter à la grille de correction page 310.

Raisonnement numérique 1 : arithmétique

21 Calculer : 20 % de 150 = 0,2 × 150 = **30.**

22 Calculer : 150 % de 20 = 1,5 × 20 = **30.**

23 Quel est le reste de la division entière de 14 532 par 325 ?
14 532 = 325 × 44 + **232.**

24 Quelle est la valeur de a pour que $x = 3$ soit solution de l'équation :
$ax^2 - 5x - 3 = 0$.
a × 9 – 5 × 3 – 3 = 9a – 15 – 3 = 9a – 18 = 0 si **a = 2.**

25 Calculer le quart de 7 j + 18 h + 39 min + 14 s
= 7 × (24 × 60 × 60) + 18 × (60 × 60) + 39 × 60 + 14 = 671 954 s ;
$\frac{671\,954}{4}$ = 167 988,5 s = **1 j + 22 h + 39 min + 48,5 s.**

26 Calculer : 3 km + 7 m + 40 hm en dam = 300 + 0,7 + 400 = **700,7 dam.**

27 Calculer approximativement : 3 ha + 17 a + 121 m^2 en a =
300 + 17 + 1,21 = **318,21 a.**

28 Calculer approximativement : 15 m^3 – 15 hL – 15 daL – 15 L =
15 000 – 1 500 – 150 – 15 = **13 335 L.**

29 Quelle est la distance parcourue en 6 h 40 min à 75 km/h ?

$$D = V \times T = 75 \times (6\text{ h }40\text{ min}) = 75 \times \left(6\text{ h} + \frac{40}{60}\text{ h}\right)$$

$$= 75 \times \left(6 + \frac{2}{3}\right) = 75 \times \left(\frac{20}{3}\right) = \mathbf{500\ km.}$$

30 Simplifier : $\frac{\sqrt{3} - \sqrt{2}}{\sqrt{2} + \sqrt{3}} = \frac{(\sqrt{3} - \sqrt{2})^2}{3 - 2} = \frac{3 - 2\sqrt{6} + 2}{1} = 5 - 2\sqrt{6}$.

Raisonnement numérique 2 : problèmes

31 Un train roule d'une ville A vers une ville B. Il part de A à 8 h en roulant à 100 km/h. Un autre train suit le chemin inverse. Il part de B à 9 h en roulant à 120 km/h. Les deux villes A et B sont distantes de 320 km. À quelle distance de A les deux trains vont-ils se croiser ?

On pose D et T les distances et temps où les deux trains vont se croiser. D est exprimé par rapport au premier train.

$D = 100 \times T$;

$320 - D = 120 \times (T - 1)$.

De ces deux dernières relations, on obtient : T = 2 h et D = **200 km.**

❸❷ Un vélo met un temps T en roulant à vitesse constante pour aller d'une ville A vers une autre ville B. En voiture, en roulant deux fois plus vite et en s'arrêtant au 2/3 de la distance, quelle proportion du temps T vais-je mettre ?

Distance = Vitesse × Temps ; $\frac{2}{3}$ Distance = 2 × Vitesse × T.

De ces deux dernières relations, on obtient : **Temps =** $\frac{T}{3}$.

❸❸ Soit A un nombre entier. Si A est pair, on le divise par deux. Si A est impair, on lui ajoute 1 puis on divise le résultat obtenu par deux. On obtient alors dans chaque cas un nouveau nombre. On reprend le processus tant que le nombre obtenu reste entier. Quel nombre obtient-on si A = 1 789 541 ?

On obtient 1.

❸❹ La vitesse du son est d'environ 330 m/s. Quelle distance nous sépare d'un éclair si le son met trois secondes pour nous parvenir ?

Distance = 330 × 3 = **990 m.**

❸❺ Si à un jeu, on a trois chances sur cinq de gagner, combien en pourcentage a-t-on de « chances » de perdre ?

3 chances sur 5 de gagner donc 2 chances sur 5 de perdre soit **40 %.**

❸❻ Si, à un jeu, j'ai une chance sur deux de gagner ; en jouant deux fois de suite combien ai-je de chance de gagner ?

1er jeu	*2e jeu*
Perdre	Perdre
Perdre	Gagner
Gagner	Perdre
Gagner	Gagner

Dans les trois derniers cas on gagne, soit **3 chances sur 4**.

❸❼ Un « mot » binaire ne peut prendre que deux valeurs (0 ou 1). Combien de valeurs différentes peut prendre un code de 8 mots binaires (octet) ?

$\mathbf{2^8 = 256}$.

38 De combien de façons différentes peut-on placer deux lettres distinctes parmi quatre lettres distinctes ?

On dénombre **12 possibilités différentes.**

39 De combien de façons différentes peut-on permuter quatre lettres distinctes ?

$4 \times 3 \times 2 \times 1 =$ **24 choix.**

40 a et b sont deux nombres négatifs tels que : a < b. En ajoutant un nombre c négatif aux nombres : a et b, quelle relation obtient-on ?

a + c < b + c.

Test d'observation sur des images

Pour les questions 41 à 50, se reporter à la grille de correction page 307.

Raisonnement logique sur une suite numérique

À partir du premier nombre, on obtient le deuxième par un opérateur simple. On obtient le troisième par un autre opérateur simple. On reprend le même procédé pour trouver les autres nombres. Chaque opérateur est une multiplication ou une addition par un nombre entier ou fractionnaire simple, négatif ou positif.

51 | 6 | 7 | –7 | –6 | @ |

Premier opérateur : **+ 1** ; second opérateur : **× (– 1)**

52 | –1 | –3 | 6 | 18 | @ |

Premier opérateur : **× 3** ; second opérateur : **× (– 2)**

53 | 6 | 13 | 11 | 18 | @ |

Premier opérateur : **+ 7** ; second opérateur : **– 2**

54 | 3 | 6 | 1 | 2 | @ |

Premier opérateur : **× 2** ; second opérateur : **– 5**

55 | –4 | –1 | –2 | 1 | @ |

Premier opérateur : **+ 3** ; second opérateur : **× 2**

Test d'observation sur des tableaux

Quel tableau est équivalent au tableau « original » ?

Ces tableaux représentent la répartition de malades dans trois services hospitaliers en fonction de la durée des séjours.

Pour chaque question, dans le tableau original, on fait la somme des petits, moyens et longs séjours. On compare ces résultats avec les mêmes sommes des cinq réponses proposées.

Par exemple :

56

Original

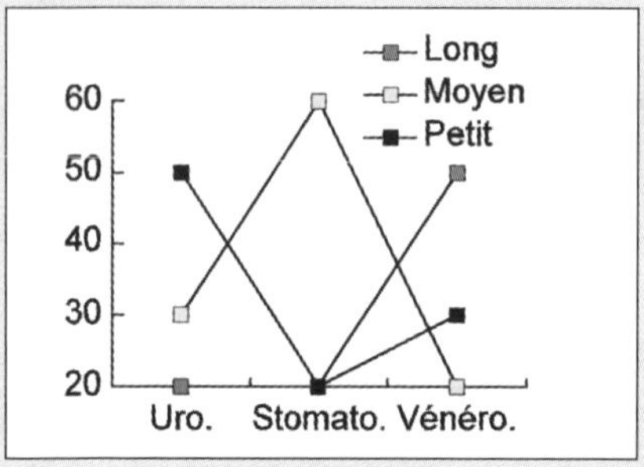

Petits séjours : 50 + 20 + 30 = 100
Moyens séjours : 30 + 60 + 20 = 110
Longs séjours : 20 + 20 + 50 = 90

A

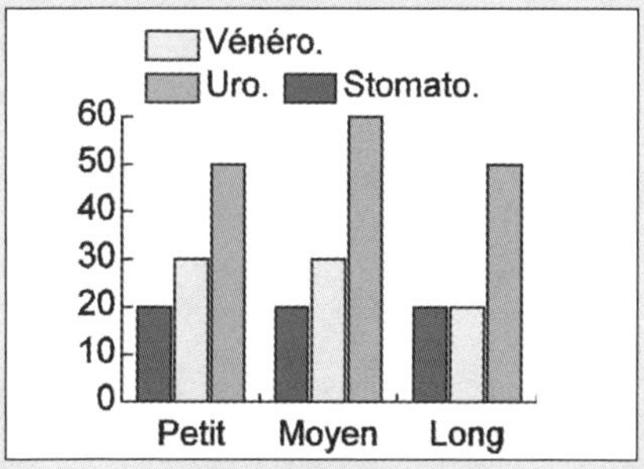

Petits séjours : 20 + 30 + 50 = 100
Moyens séjours : 20 + 30 + 60 = 110
Longs séjours : 20 + 20 + 50 = 90

B

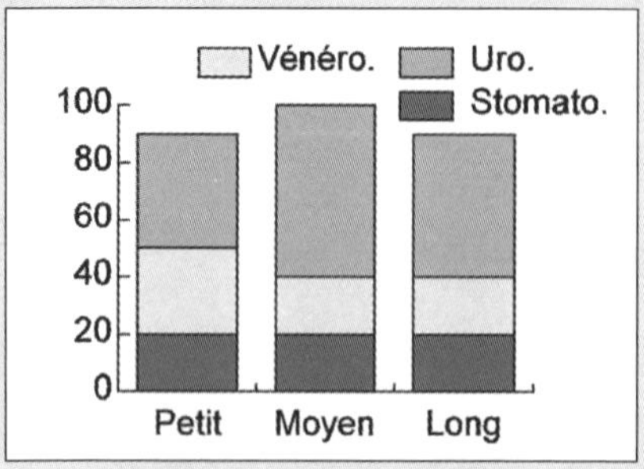

Petits séjours : 20 + 30 + 40 = 90
Moyens séjours : 20 + 20 + 60 = 100
Longs séjours : 20 + 20 + 50 = 90

C

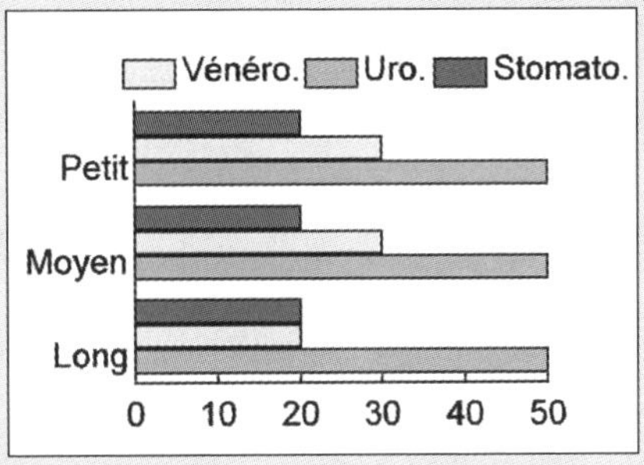

Petits séjours : 20 + 30 + 50 = 100
Moyens séjours : 20 + 30 + 50 = 100
Longs séjours : 20 + 20 + 50 = 90

D

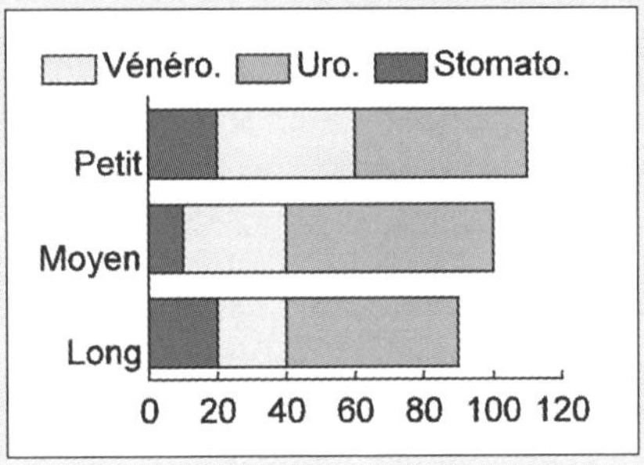

Petits séjours : 20 + 40 + 50 = 110
Moyens séjours : 10 + 30 + 60 = 100
Longs séjours : 20 + 20 + 50 = 90

E

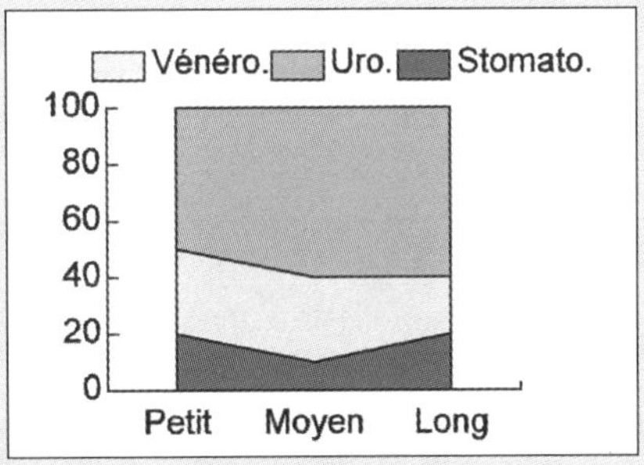

Petits séjours : 20 + 30 + 50 = 100
Moyens séjours : 10 + 30 + 60 = 100
Longs séjours : 20 + 20 + 60 = 100

En conclusion, seul le tableau A comporte les mêmes séjours que le tableau de départ.

Pour les questions 57 à 60, se reporter à la grille de correction page 310.

Aptitude verbale 1 : orthographe

Voici un texte de Comte : *Cours de philosophie positive.*
Quel est le nombre de fautes d'orthographe et de grammaire pour chaque exercice ?

61 À la vérité, la théorie vulgaire attribue, en général, au législateur la faculté permanente de rompre inopinément l'harmonie nécessaire que nous considérons, à la seule condition d'être préalablement armé d'une autorité suffisante ; ce qui, sans doute, équivaut essentiellement à une entière négation de cette solidarité continue. Mais il est aisé de reconnaître qu'une telle opinion, fondée, en apparence, sur de grands exemples, constitue directement un véritable cercle vicieux, résultant d'une pure illusion sur les sources générales du pouvoir politique, où l'on prend le symptôme pour le principe.
Réponse A : 0

62 Sans établir scientifiquement ici la théorie positive de l'autorité, il est évident que, d'après la nature même de l'état social, tout pouvoir quelconque y est nécessairement constitué par un assentiment correspondant, **spontanné** (spontané) ou réfléchi, explicite ou implicite, des diverses volontés individuelles, déterminées, suivant certaines convictions préalables, à **concourrir** (concourir) à une action commune, dont ce pouvoir est d'abord l'organe et devient ensuite le régulateur.
Réponse C : 2

63 Ainsi l'autorité dérive réellement du concours, et non le concours de l'autorité, sauf la réaction inévitable, en sorte qu'aucun grand pouvoir ne saurait résulter que de dispositions fortement prépondérantes au sein de la société où il s'établit ; et, quand rien n'y prédomine hautement, les pouvoirs quelconques y sont, par suite, nécessairement faibles et **languissant** (languissants) ; la correspondance étant d'ailleurs, dans tous les cas, d'autant plus irrésistible qu'il s'agit d'une société plus étendue.
Réponse B : 1

64 La théorie ordinaire, en intervertissant radicalement cette relation générale, place **évidement** (évidemment) notre intelligence dans cette étrange situation, **symptome** (symptôme) habituel des conceptions métaphysiques, de ne pouvoir nullement comprendre quelles seraient les sources effectives de ces puissances politiques **auxqu'elles** (auxquelles) on **attribut** (attribue) ainsi une mystérieuse influence sociale, à moins de leur supposer directement une origine franchement surnaturelle, comme le fait, sans tant d'inconséquence, la politique théologique.
Réponse E : 4

65 D'un autre **coté** (côté), aucun esprit juste ne saurait **certe** (certes) **maiconnaître** (méconnaître) la haute influence que, par une réaction nécessaire, l'ensemble du régime politique exerce, avant tant d'évidence, sur le système général de la civilisation, et que caractérise même si souvent l'action incontestable, heureuse ou funeste, des institutions, des

mesures ou des événements purement politiques, jusque sur la marche propre des sciences et des arts, à tous les âges de la société, et encore plus dans son enfance.

Réponse D : 3

Raisonnement logique de proposition

Voici un texte simple. Vous devez répondre aux questions en vous limitant aux données du texte.

« Si je possède une ordonnance médicale, c'est qu'elle provient d'un médecin. Sur une ordonnance médicale sont inscrits des médicaments génériques ou non. Le pharmacien délivre les médicaments à la lecture de l'ordonnance médicale. Il peut substituer un médicament par un générique. Il peut aussi délivrer certains médicaments sans ordonnance médicale. »

66 Jean revient de la pharmacie avec un médicament générique. Il affirme que c'est un médecin qui le lui a prescrit.

Réponse C : On ne peut pas se prononcer avec certitude car certains médicaments sont vendus sans ordonnance par le pharmacien

67 Jules dit à son médecin qu'il ne supporte pas les médicaments génériques. Le pharmacien ne modifiera pas l'ordonnance du médecin.

Réponse C : On ne peut pas se prononcer avec certitude car on ne sait pas si le médecin a prescrit ou non des médicaments génériques

68 Jacques présente à un pharmacien une ordonnance. Ce dernier dit qu'il ne peut pas le servir. Jacques affirme que le pharmacien doit servir toute ordonnance.

Réponse B : Faux car on ne sait pas s'il s'agit d'une ordonnance médicale. En effet, les ordonnances ne sont pas toutes médicales

69 José, médecin renommé de son canton, dit qu'il prescrit autant que possible des médicaments génériques car ils sont moins chers et font faire des économies à la Sécurité sociale !

Réponse C : On ne peut pas se prononcer avec certitude car rien en ce sens n'est dit dans l'énoncé

70 Si je sors de la pharmacie avec aucun médicament générique, c'est parce que mon pharmacien refuse d'en délivrer.

Réponse C : On ne peut pas se prononcer avec certitude car on ne sait pas si ces médicaments ont des équivalents génériques

Aptitude verbale 2 : vocabulaire

Dans les phrases suivantes, il faut associer la définition à l'une des réponses proposées. Pour les cinq exercices suivants, les réponses ne seront utilisées qu'une seule fois.

71 Inscription.

Réponse A : Épitaphe

72 Dénouement.

Réponse C : Épilogue

73 Nom qui ne varie pas selon le genre.

Réponse E : Épicène

74 Poisson.

Réponse D : Épinoche

75 Clavecin.

Réponse B : Épinette

Dans les phrases suivantes, il faut associer la définition à l'une des réponses proposées. Pour les cinq exercices suivants, les réponses ne seront utilisées qu'une seule fois.

76 Se marier.

Réponse E : Convoler

77 Manifester.

Réponse A : Conspuer

78 Multiplier les conquêtes.

Réponse C : Courailler

79 Avoir des aventures d'un genre particulier, épisodiques.

Réponse D : Couchailler

80 Réfléchir.

Réponse B : Cogiter

Test de raisonnement logique sur des images 1

Les trois premières images constituent une progression logique. Cette même progression logique est appliquée aux deux dernières images.
Quelle image est la suite logique de ces deux dernières ?
La seconde ligne d'images constitue les cinq réponses proposées.

81 Réponse D : Progression du nombre d'ellipses

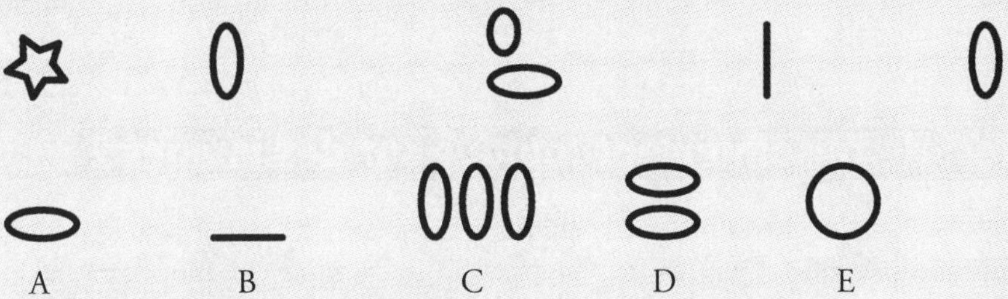

82 Réponse B : Progression du nombre d'angles aigus

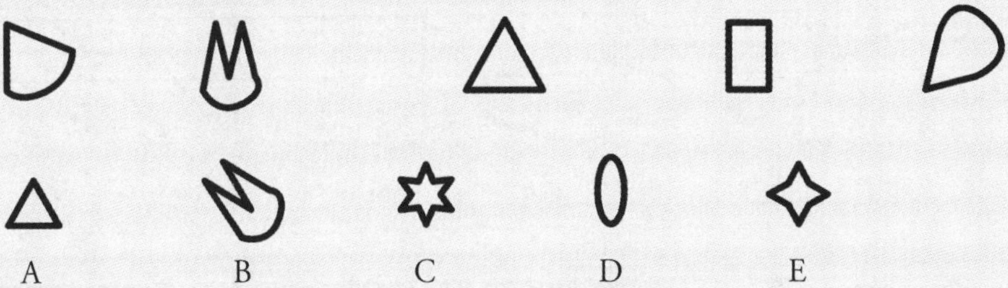

83 Réponse E : Progression du nombre de côtés parallèles

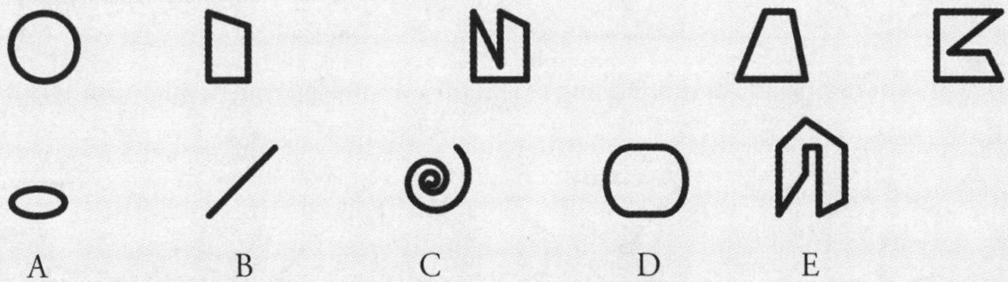

84 Réponse C : Progression du nombre de côtés verticaux

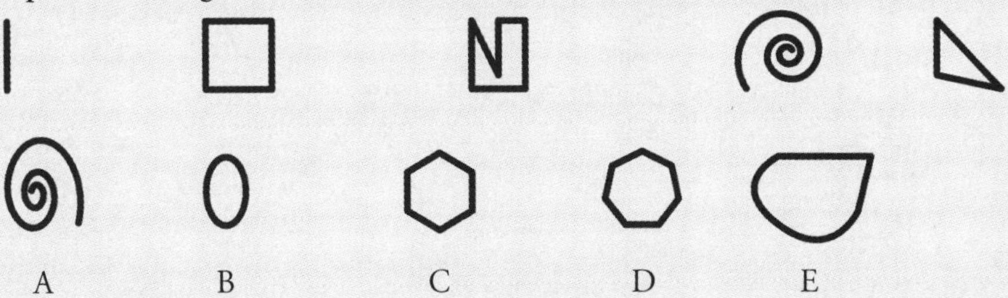

85 Réponse A : Progression du nombre de traits ajoutés à la figure de départ

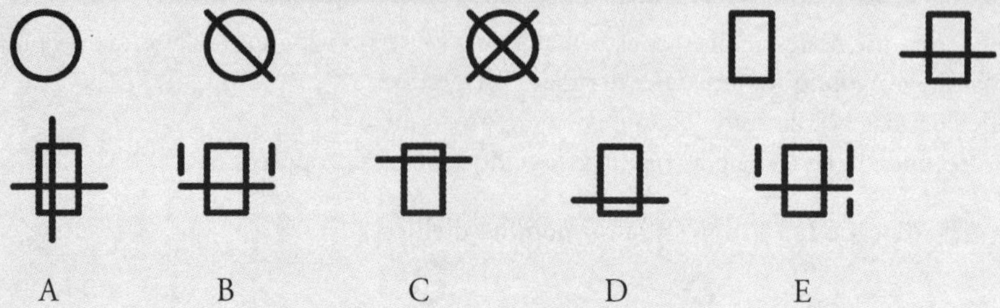

Test de raisonnement logique sur des images 2

Dans les trois premières images, le chiffre inscrit est en relation avec une propriété de la figure géométrique. Quel chiffre remplace le point d'interrogation dans la quatrième image ?

86

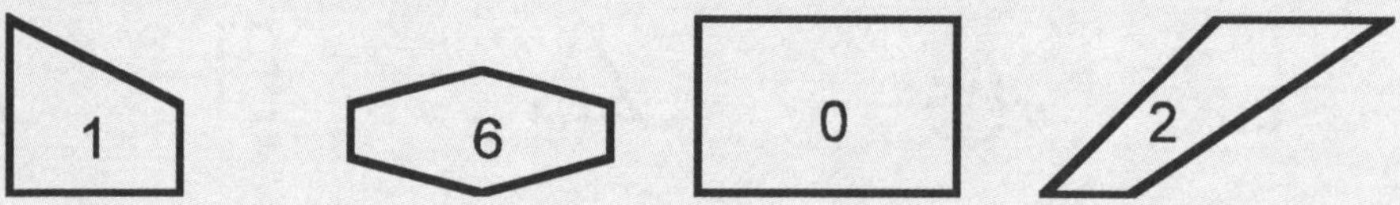

Le chiffre indique le nombre d'angles internes obtus de l'image. **Réponse** D : 2

87

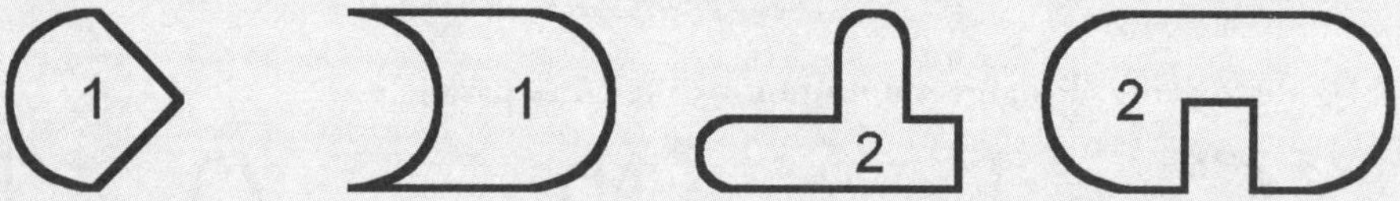

Le chiffre indique le nombre d'angles internes obtus de l'image. **Réponse** D : 2

88

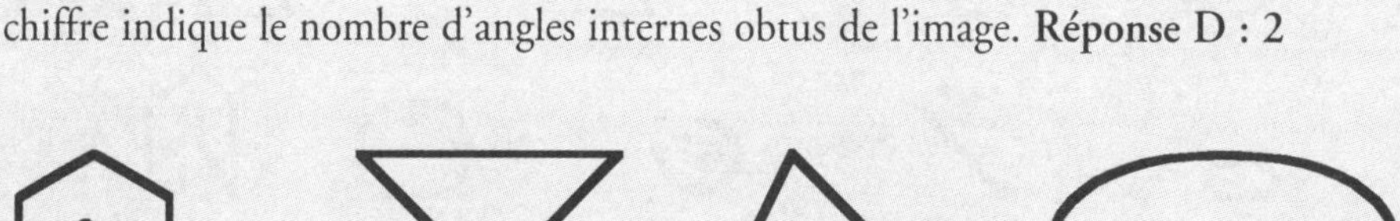

Le chiffre indique le nombre d'angles internes obtus de l'image. **Réponse** D : 2

89

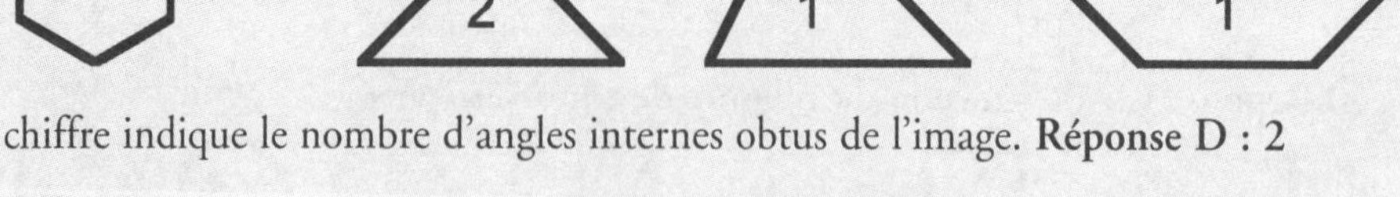

Le chiffre indique le nombre d'angles internes obtus de l'image. **Réponse** D : 2

90 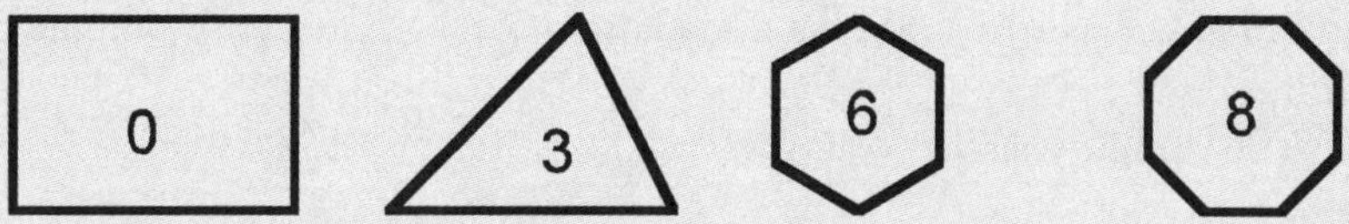

Le chiffre indique le nombre d'angles internes obtus de l'image. **Réponse D : 2**

Test de raisonnement numérique sur des dosages

91 Un flacon de chlorure de sodium a une concentration de 40 g/l. On prélève 20 cm^3 de cette solution. Quelle est la masse de chlorure de sodium contenu dans ce prélèvement ?

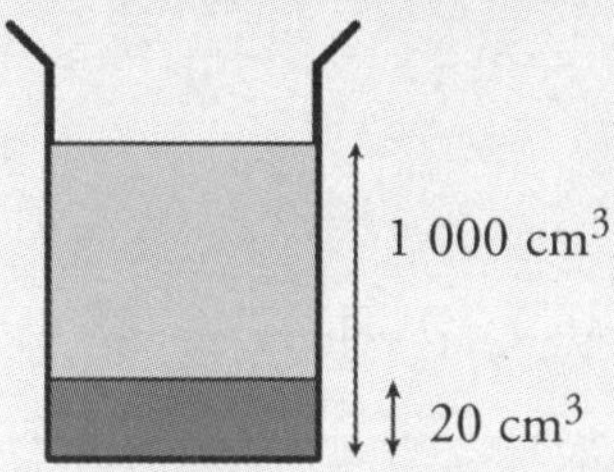

1 litre = 1 000 cm^3

1 000 cm^3 ⟷ 40 g

20 cm^3 ⟷ $40 \times \frac{20}{1\,000} = 0{,}8$ g

C'est une proportionnalité ou une « règle de trois »

La masse de chlorure de sodium est : **A = 0,8 g**

92 Un flacon de 0,5 l de solution de glucose a une masse de 510 g. Quelle est la concentration en g/l de cette solution ?

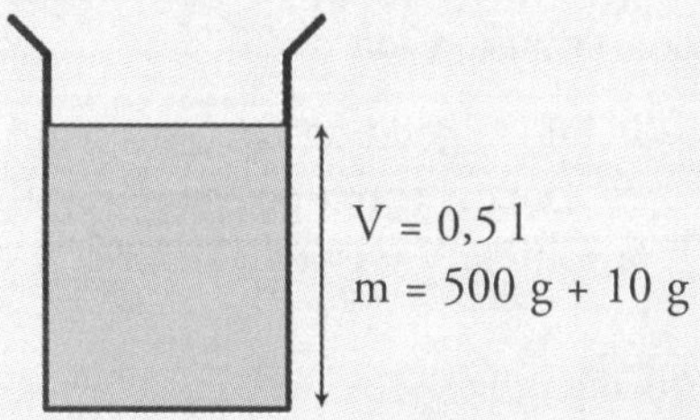

0,5 l d'eau a une masse de 0,5 kg = 500 g
Si la masse totale est de 510 g, il y a donc : 500 g d'eau et 10 g de glucose
0,5 l ⟷ 10 g
1 l ⟷ 2 × 10 = 20 g
Soit : 20 g/l

La concentration en g/l de cette solution est : **D = 20 g/l**

93 Un flacon de 250 ml de permanganate de potassium a une concentration de 10 g/l. Quelle est la masse de cette solution ?

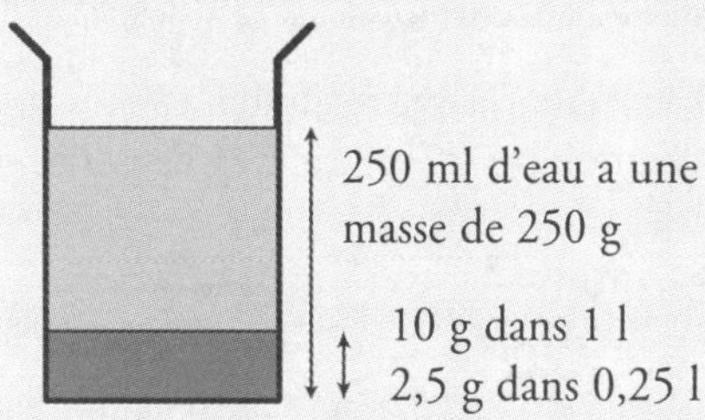

1 litre d'eau a une masse de 1 000 g.
250 ml d'eau a une masse de 250 g.
Concentration :
10 g ⟷ 1 l
$\frac{10}{4} = 2{,}5$ g ⟷ 0,25 l
La masse totale est de 250 g + 2,5 g = 252,5 g

La masse de cette solution est : **B = 252,5 g**

94 Une solution concentrée à 60 g/l a une masse de 530 g. Quel est le volume de cette solution ?

On note : V le volume cherché.

Pour l'eau : $1\ cm^3 \longleftrightarrow 1\ g$

$V\ cm^3 \longleftrightarrow V\ g$

Concentration : $1\ 000\ cm^3 \longleftrightarrow 60\ g$

Soit par une proportionnalité : $V\ cm^3 \longleftrightarrow V \times \frac{60}{1\ 000} = \frac{6 \times V}{100}\ g$

La masse totale est solution de l'équation :

$$V + \frac{6 \times V}{100} = 530$$

$$V \times (1 + 0{,}06) = 530$$

$$V = \frac{530}{1{,}06} = 500$$

Le volume total est : **E = 500 cm³**

95 On veut prélever 4 g d'une solution concentrée à 50 g/l. Quel volume en cm³ faut-il prélever ?

Concentration : $50\ g \longleftrightarrow 1\ l = 1\ 000\ cm^3$

Prélèvement : $4\ g \longleftrightarrow V = \frac{4}{50} \times 1\ 000 = 80\ cm^3$

Le prélèvement est : **C = 80 cm³**

96 Un flacon contient 100 ml d'une solution concentrée à 75 % en glucose. Quel volume d'eau faut-il ajouter à cette solution pour que la concentration soit de 20 % ?

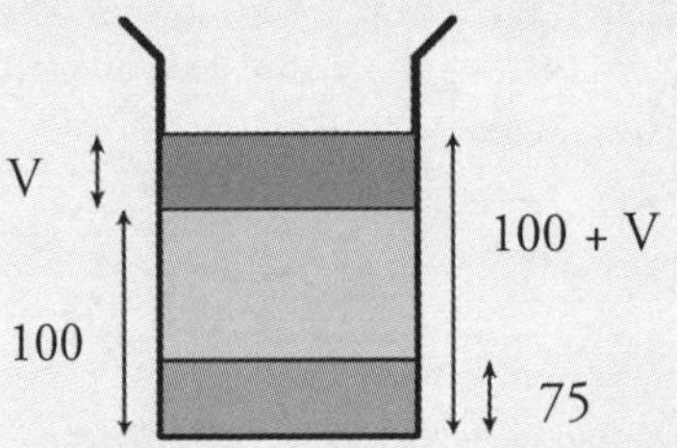

Dans 100 ml de solution, il y a 75 ml de glucose. Si la concentration passe à 20 % (= 1/5), le volume V d'eau à ajouter sera de :

$$\frac{1}{5} = \frac{75}{100 + V}$$

De cette relation on obtient : $V = 275\ cm^3$

Le volume d'eau à ajouter est : **E = 275 cm³**

97 Une solution de soude est concentrée à 40 g/l. Quel volume d'eau (en ml) faut-il ajouter à 200 cm³ de cette solution pour la diluer à une concentration de 12 g/l ?

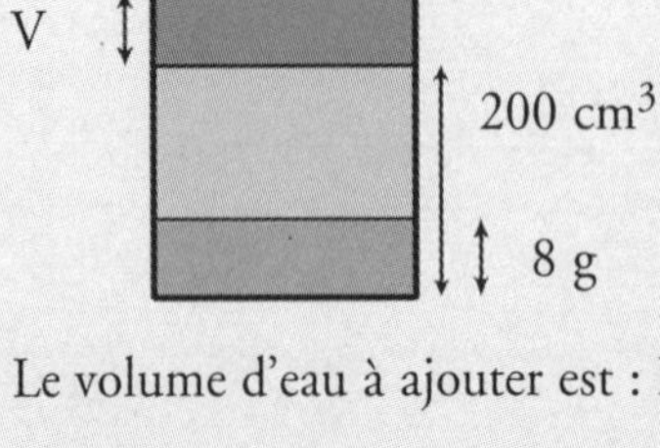

V est le volume d'eau à ajouter.

Concentration = 40 g/l, soit 8 g dans 200 cm³ = 0,2 l

$$\frac{8}{200 + V} = \frac{12}{1\ 000}$$

Soit $V = \frac{1\ 400}{3}$; $467\ cm^3 = 467\ ml$

Le volume d'eau à ajouter est : **D = 467 ml**

98 Une solution de parfum est concentrée à 3 g pour 5 ml. Quel volume d'alcool faut-il ajouter à 20 ml de parfum pour obtenir une eau de toilette à 10 % ?

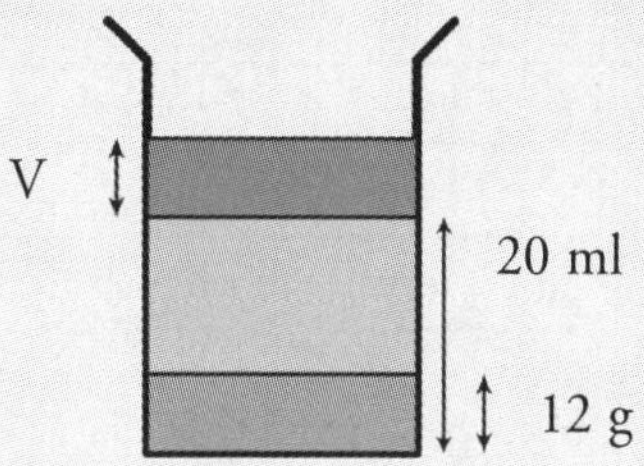

V est le volume d'alcool à ajouter

Concentration de 3 g pour 5 ml, soit de 12 g pour 20 ml

$$\frac{12}{20 + V} = 10\ \%$$

On obtient : V = 100 ml

Le volume d'alcool à ajouter est : **B = 100 ml**

99 Une solution de 30 ml est concentrée à 40 % en principe actif d'un médicament. Quelle quantité de cette solution faut-il prélever pour former 50 ml de solution concentrée à 10 % ?

Dans 50 ml à une concentration de 10 %, il y a 5 ml de principe actif.

Dans 30 ml concentré à 40 %, il y a 12 ml de principe actif ; soit 5 ml de principe actif dans 12,5 ml de solution.

Il faut donc prélever 12,5 ml de solution et ajouter 50 – 12,5 = 37,5 ml d'eau.

Le volume de la solution à prélever est : **C = 12,5 ml**

100 Pour obtenir 200 ml d'une solution d'alcool à 1,5 % en volume, on utilise une fiole de 12 ml d'alcool de concentration inconnue que l'on dilue. Quelle est cette concentration ?

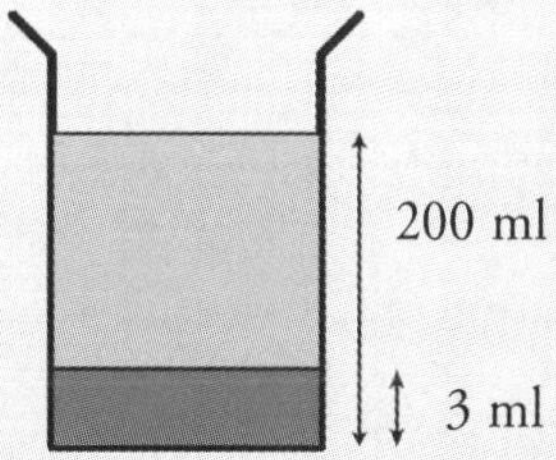

$$\frac{1,5}{100} \times 200 = 3 \text{ ml d'alcool pur à prélever}$$

3 ml d'alcool dans une fiole de 12 ml représente un taux de $\frac{3}{12} = \frac{1}{4} = \frac{25}{100} = 25\ \%$

La concentration est : **A = 25 %**

Feuille-réponse du concours n° 10

	A	B	C	D	E		A	B	C	D	E		A	B	C	D	E		A	B	C	D	E
1	×					26	×					51	×					76					×
2	×					27				×		52				×		77	×				
3				×		28		×				53		×				78			×		
4				×		29		×				54					×	79				×	
5			×			30				×		55			×			80		×			
6		×				31	×					56	×					81				×	
7	×					32					×	57					×	82		×			
8					×	33				×		58			×			83					×
9				×		34		×				59				×		84			×		
10		×				35				×		60		×				85	×				
11	×					36		×				61	×					86				×	
12			×			37	×					62			×			87	×				
13			×			38			×			63		×				88			×		
14				×		39					×	64					×	89					×
15					×	40				×		65				×		90		×			
16	×					41					×	66			×			91	×				
17	×					42		×				67			×			92				×	
18			×			43				×		68		×				93		×			
19					×	44			×			69			×			94					×
20					×	45	×					70			×			95			×		
21	×					46					×	71	×					96					×
22				×		47		×				72			×			97				×	
23		×				48				×		73					×	98		×			
24				×		49			×			74				×		99			×		
25		×				50	×					75		×				100	×				

Mise en page : MACAO Sarl
Achevé d'imprimer en février 2004 sur les presses de la SAGIM CANALE
Dépôt légal : février 2004 – N° d'impression : 7162
Imprimé en France

Notes

Notes

Notes

Notes

Notes

Notes

Notes

Notes